Deutscher Multimedia Kongreß '96

Perspektiven multimedialer Kommunikation

Springer

Berlin
Heidelberg
New York
Barcelona
Budapest
Hongkong
London
Mailand
Paris
Santa Clara
Singapur
Tokio

Ulrich Glowalla · Eric Schoop (Hrsg.)

Deutscher Multimedia Kongreß '96

Perspektiven multimedialer Kommunikation

4. Deutscher Multimedia Kongreß '96
Leipzig, 12. - 14. Mai 1996

Springer

Prof. Dr. Ulrich Glowalla
Universität Gießen
Fachbereich Psychologie
Otto-Behaghel-Straße 10/F
35394 Gießen
e-mail: glowalla@psychol.uni-giessen.de

Prof. Dr. Eric Schoop
Technische Universität Dresden
Lehrstuhl für Informationsmanagement
Mommsenstraße 13
01062 Dresden
e-mail: schoop@rmhs1.urz.tu-dresden.de

ISBN-13: 978-3-540-60907-0 e-ISBN-13: 978-3-642-93573-2
DOI: 10.1007/978-3-642-93573-2

Cip-Eintrag beantragt

Umschlaggestaltung: Künkel+Lopka, Ilvesheim.

Satz: Reproduktionsfertige Vorlage der Herausgeber
SPIN: 10532766 33/3020 - 5 4 3 2 1 0 - Gedruckt auf säurefreiem Papier

Vorwort

Es zeichnet sich immer klarer ab, daß Multimedia- und Kommunikationstechniken die zentrale Infrastruktur des 21. Jahrhunderts bilden werden. Die Verantwortlichen in Wirtschaft und Politik haben dies erkannt und bereits damit begonnen, die Chancen von Multimedia- und Kommunikationstechnik zur Steigerung der Produktivität unserer Wirtschaft, zur Schaffung neuer Produkte und Dienstleistungen und damit neuer Arbeitsplätze zu nutzen.

Auf der CEBIT '96 war deutlich zu erkennen, daß die Unsicherheit bei den verschiedenen Anbietern auf dem Multimediamarkt gewichen ist und einer hektischen Betriebsamkeit Platz gemacht hat. Diese Entwicklung trägt sicherlich auch dazu bei, daß der Deutsche Multimedia Kongreß vom 12. bis 14. Mai dieses Jahres bereits zum vierten Mal stattfinden wird und sich als erfolgreiche und teilnehmerstarke Veranstaltung zum Thema Multimedia fest etablieren konnte. Der Wechsel des Veranstaltungsortes ist als Indikator dieses Erfolges zu werten. Nachdem der Multimedia Kongreß insgesamt dreimal in Heidelberg stattfinden konnte, war im letzten Jahr deutlich zu erkennen, daß die räumlichen Gegebenheiten des Heidelberger Kongreßhauses den Anforderungen des Kongresses und vor allem auch der Ausstellung nicht länger gewachsen sein würden. Die Veranstalter sind daher gerne der Einladung gefolgt, den 4. Deutschen Multimedia Kongreß im neuen Kongreßzentrum der Leipziger Messe zu gestalten. Wir denken, daß es den Veranstaltern wieder gelungen ist, ein attraktives Programm zusammenzustellen und die *Key Player* des Multimedia-Marktes nach Leipzig zu locken. Auf diese Weise können die aktuellen Entwicklungen und Trends im deutschen und auch internationalen Multimediamarkt wieder auf hohem Niveau gezeigt und kompetent diskutiert werden.

Mit besonderer Freude hat uns erfüllt, daß sich der Bundesminister für Bildung, Wissenschaft, Forschung und Technologie, Dr. Jürgen Rüttgers, ohne Zögern wieder als Schirmherr für unsere Veranstaltung zur Verfügung gestellt hat. Ein Grußwort im Vorprogramm, ein Vorwort im Hauptprogramm und ein Beitrag in diesem Tagungsband dokumentieren eindrucksvoll, wie engagiert Minister Rüttgers und sein Stab den Kongreß unterstützen.

Wie ein roter Faden zieht sich das Thema Internet und Online-Dienste durch alle Veranstaltung des 4. Deutschen Multimedia Kongresses. "Multimedia goes online" lautet die Devise!

Die Herausgeber haben die Beiträge zu diesem Tagungsband in vier Themenbereiche klassifiziert. Die Stichworte Multimedia und Gesellschaft charakterisieren den ersten Bereich. Der Beitrag von Bundesminister Dr. Rüttgers führt in den Themenbereich ein. Es schließen sich Beiträge von dem Ministerpräsidenten des Freistaates Sachsen, Professor Kurt Biedenkopf, und Dr. Mark Wössner an, dem Vorsitzenden des Vorstandes der Bertelmann AG. Beiträge zur Entwicklung der menschlichen Kommunikation in der Informationsgesellschaft, zur Telearbeit und zur Entwicklung elektronischer Märkte in der Informationsgesellschaft runden den Bereich Multimedia und Gesellschaft ab.

Den zweiten Themenbereich bilden Grundlagen und Perspektiven multimedialer Kommunikation. Im ersten Beitrag werden das Internet und die Online-Dienste an Hand einer *Guided Tour* durch den Dschungel der Multimedia-Kommunikation erläutert. Der zweite Beitrag bringt uns die Macht der Visualisierung mittels Multimedia und Virtual Reality-Techniken näher. Die beiden verbleibenden Beiträge geben zum einen einen Überblick über die technischen Strukturen und organisatorischen Zusammenhänge der Kommunikation über das Internet und versuchen zum anderen eine Antwort auf die Frage zu geben, wie erfolgreiche Anbieter auf dem Netz der Netze operieren.

Der dritte Themenbereich trägt den Titel Neue Produkte, Dienstleistungen und Berufe. Dieser Themenbereich faßt neun verschiedene Workshops und ein Diskussionsforum zusammen. Der Workshop Telelernen gestattet Einblicke in den Aufbau des virtuellen Campus bzw. Bildungszentrums. Im Workshop Der Online-Redakteur antworten berufserfahrene Praktiker auf die Frage, worin die spezifischen Qualifikationen von Redakteuren liegen sollten, die für das Internet oder Online-Dienste schreiben.

Die Überschrift Publishing und Broadcasting faßt die Beiträge der Workshops Electronic Publishing und Interaktives TV zusammen. Die neuen Entwicklungen im Bereich *Cross Media Publishing* und im Bereich des interaktiven Fernsehens bilden hier die Schwerpunkte.

Der Workshop Medizin und Telemedizin dokumentiert die Entwicklung der Telekooperation im Bereich Medizin und der Workshop Multimedia und Recht versucht, Antworten zu geben auf die Frage, welche Werke für Verlage und Urheber schutzbedürftig sind und welche Aspekte Verwertungrechte umfassen müssen.

Unter der Überschrift Kalkulation und Finanzdienstleistungen sind wiederum zwei Workshops zusammengefaßt. Henry Steinhau hat mit Unterstützung vieler Praktiker aus Multimedia-Agenturen viele Daten und Fakten aus der Praxis zusammengetragen, um Aussagen über die tatsächlichen Produktionskosten verschiedenartiger Multimedia-Anwendungen machen zu können. Die restlichen Beiträge erlauben einen Blick in die sich entwickelnde elektronische Bank. Das Thema Markt und Marketing umfaßt die Beiträge zweier Workshops und eines Diskussionsforums und nimmt somit einen recht breiten Raum ein. Vier aktuelle Beispiele aus unterschiedlichen Regionen verschaffen einen Überblick über multimediales Standortmarketing. Vier weitere Beiträge zeigen konkrete Anwendungen von Werbung mit Multimedia. Zwei Beiträge schließlich diskutieren die Themen Marketing und Werbung in Online-Diensten aus der Sicht des Handels und der Agenturen.

Den vierten und letzten Themenbereich bilden Multimedia-Prognosen und daraus ableitbare Unternehmensstrategien. Der erste Beitrag stellt eine mehrdimensionale Charakterisierung des Multimediamarktes zur Diskussion und liefert Klassifikationshinweise und Fragestellungen, um die zahlreichen Studien und Prognosen zum Multimediamarkt einordnen und beurteilen zu können. Der zweite Beitrag legt eine breit angelegte Analyse des Multimediamarktes in den USA sowie in Japan, England und Frankreich vor. Europäische Märkte, speziell der französische Markt, werden im dritten Beitrag analysiert und der vierte und gleichzeitig letzte Beitrag zeigt schließlich am Beispiel des Themas Multimedia und Marketing auf, wie basierend auf einer kritischen Würdigung für Markanalysen eine Unternehmensstrategie entwickelt werden kann.

Wie im vergangenen Jahr hat der Springer-Verlag die Organisation des Kongresses übernommen und sich dabei durch einen kompetent besetzten Kongreßbeirat sowie einen hoch qualifizierten Technikbeirat unterstützen lassen.

Schirmherr
Dr. Jürgen Rüttgers,
Bundesminister für Bildung, Wissenschaft, Forschung und Technologie

Kongreßbeirat
Dr. Ralf Cordes, Bosch Telecom
Arnoud de Kemp, Springer-Verlag
Christof Ehrhart, Bertelsmann
Prof. Dr. Ulrich Glowalla, Universität Gießen
Rainer Grabowski, CHIP
Manfred Harnischfeger, Bertelsmann
Dr. Ralf Guido Herrtwich, RWE Telliance
Dr. Georg Rainer Hofmann, KPMG Unternehmensberatung
Prof. Dr. Günter Koch, ESI Bilbao
Bernd-Jürgen Martini, MMM
Nicolas Metzke, Apple
Paulus Neef, Pixelpark
Norbert Pohle, Deutsche Telekom
Dr. Hans-Peter Quadt, Deutsche Telekom
Gerhard Rossbach, dpunkt
Prof. Dr. Eric Schoop, TU Dresden
Sibylle Seidel, SPIEGEL-Verlag
Dr. Wolf Siegert, IRIS Media
Henry Steinhau, screen Multimedia
Volker Tietgens, CONCEPT!
Jürgen Werner, Deutsche Bank
Hartmut Wittig, IBM

Technikbeirat
Prof. Julian Herrey, Berlin
Lutz Kohler, Heidelberg
Josef Rahmen, Leipzig

Veranstalter des Kongresses
Springer-Verlag, Wissenschaftliche Kommunikation
Dr. Georg Ralle
In Zusammenarbeit mit
Deutscher Kommunikationsverband BDW
Anne Zumbruch

Getragen wird der Kongreß von führenden Unternehmen des Multimedia- und Kommunikationsmarktes sowie Medienunternehmen und Finanzdienstleistern wie Apple, ASTRA, Bertelsmann, Chip, Concept!, Deutsche Bank, Deutsche Telekom, ESI, IBM, Intel, Stern, Der Spiegel, STTI und Springer-Verlag. In verschiedenen Beiträgen und der begleitenden Fachausstellung werden diese und weitere Unternehmen neue Produkte, Dienstleistungen und laufende Entwicklungsprojekte vorstellen.

Die Herausgeber dieses Bandes danken allen Vortragenden und beitragenden Autoren für die Erstellung ihrer Beiträge. Unser Dank gilt auch den Mitgliedern des Kongreßbeirates, ohne deren Mithilfe die Veranstaltung bestimmt kein so interessantes Programm vorzuweisen hätte. Ohne den Technikbeirat bestehend aus Professor Julian Herrey, Lutz Kohler und Josef Rahmen wäre es kaum möglich gewesen, die technische Infrastruktur zu planen und zu realisieren. Auch den bereits namentlich aufgeführten Unternehmen der Informationsindustrie möchten wir für ihre großzügige finanzielle und technologische Unterstützung herzlich danken.

Bärbel Gansebohm und Matthias Hippe von der Abteilung Wissenschaftliche Kommunikation des Springer-Verlages dürfen nicht unerwähnt bleiben, da sie sich im Vorfeld des Kongresses um alle organisatorischen Belange engagiert gekümmert haben. Herrmann Engesser und Brygida Georgiadis von der Planung Informatik II des Springer-Verlages in Heidelberg haben das Entstehen des Bandes in gewohnt profesioneller Weise begleitet.

Heike Marsel und Thomas Schraml von der TU Dresden sowie Dr. Gudrun Häfele und Dr. Alfred Kohnert von der Universität Gießen gilt unserer ganz besonderer Dank. Sie haben uns in allen Phasen der Arbeit an diesem Tagungsband kompetent unterstützt. Ohne ihre aufopferungsvolle Mitarbeit wäre es uns nicht möglich gewesen, den Tagungsband rechtzeitig vor dem Kongreß fertigzustellen. Hierzu hat schließlich auch Regine Schädlich vom Springer-Verlag in Berlin maßgeblich beigetragen. Ihnen allen und auch den namentlich nicht aufgeführten Personen, die zum Gelingen des 4. Deutschen Mutlimedia Kongresses in Leipzig und des Tagungsbandes beigetragen haben, gilt unser aufrichtiger Dank.

Gießen und Dresden, im April 1996

Ulrich Glowalla
Eric Schoop

Autoren

Anmerkung der Herausgeber. Wir Herausgeber laden die Leser zum interaktiven Dialog mit den Autoren ein. Damit kann die unmittelbare Kommunikation mit den Referenten während des Kongresses eine konstruktive Fortsetzung im indirekten Gedankenaustausch nach der Tagung erfahren. Als *Gateway* dienen unsere beiden Adressen. Wir werden auf allen Kanälen (Telefon, Brief, Fax, E-Mail) für eine reibungslose Informationsvermittlung sorgen.

Aus redaktionellen Gründen erscheinen die Beiträge im Tagungsband nicht in der gleichen Ordnung wie im Kongreß-Programm aufgeführt. Um es den Tagungsteilnehmern zu erleichtern, Beiträge bestimmter Referenten schnell im Tagungsband zu finden, haben wir auf den folgenden zwei Seiten alle Autoren namentlich in alphabetischer Reihefolge aufgeführt und die Seitenzahl angegeben, auf der ihr Beitrag im Tagungsband beginnt.

[1] Bei den Bildquellenrecherchen für den Beitrag von Wolf Siegert im vorliegenden Band konnten nicht alle Rechteurheber identifiziert werden. Ihre berechtigten Ansprüche werden daher auch im Nachhinein durch den Verlag abgegolten.

Inhaltsverzeichnis

III Neue Produkte, Dienstleistungen und Berufe 81

I

Multimedia und Gesellschaft

Zukunftsfaktor Multimedia

Jürgen Rüttgers
Bundesminister für Bildung, Wissenschaft, Forschung und Technologie, Bonn

1 Globale Gesellschaft

An der Schwelle zum 21. Jahrhundert steht unsere Gesellschaft vor tiefgreifenden, strukturellen Veränderungen. Wir entwickeln uns unaufhaltsam in Richtung Informationsgesellschaft. Wir organisieren unsere Arbeit neu. Telekooperation ermöglicht bisher nicht gekannte Formen der Arbeitsteilung. Wir entwickeln neue Formen der Kommunikation. E-Mail und Internet ergänzen und konkurrieren mit Rundfunk, Telefon und Briefpost. Wir ändern Routinevorgänge unseres Alltagslebens: das Einkaufen, das Bezahlen, das Vereinbaren von Terminen. Wir beschreiten neue Wege in der Lehre und beim Lernen und es entstehen völlig neue Berufe und Qualifikationen.

Alles dies sind reale Veränderungen. Sie geschehen heute, nicht erst morgen. Wir denken und handeln – zumindest in den Ausschnitten, die uns die Infowelten vermitteln – im wahrsten Sinne des Wortes "global".

2 Multimedia möglich machen

Der Rat für Forschung, Technologie und Innovation bei Bundeskanzler Helmut Kohl hat sich im vergangenen Jahr intensiv mit dem deutschen Weg in die Informationsgesellschaft befaßt. Er empfiehlt, die Chancen der neuen Multimedia-Techniken nutzen. Deshalb heißt mein politisches Ziel: Multimedia möglich machen!

"Multimedia möglich machen" heißt in erster Linie, Rahmenbedingungen zu schaffen, unter denen die modernen Informations- und Kommunikationstechnologien in Deutschland optimale Entfaltungsbedingungen finden. Dazu gehört in erster Linie die Liberalisierung der deutschen Telekommunikationsmärkte. Der Zeitplan hierfür steht fest. Das Schlußdatum für das Netzmonopol ist der 31.12.1997. Das ist ein wichtiger Termin für neue Netzbetreiber und es wird ein tiefer Einschnitt für die Deutsche Telekom. Das flächendeckende ISDN-Angebot in Deutschland und die zahlreichen und rasch gewachsenen Glasfaserstrecken ermöglichen es, daß der Weg in die Informationsgesellschaft rein technisch in Deutschland kein Trampelpfad ist, sondern eine Art Autobahn.

Die Marktöffnung ist notwendig für Investitionen und Entwicklungsdynamik in der Telekommunikation in Deutschland. Hinreichend für international konkurrenzfähige Standortbedingungen ist sie jedoch nicht. Sie muß vielmehr flankiert werden durch eine weitgehende Deregulierung. Es darf nicht sein, daß ein

Investor für einen bundeseinheitlichen Dienst die Genehmigungen von mehr als einem Dutzend Landesmedienanstalten einholen muß. Es darf auch nicht sein, daß beispielsweise der Anbieter eines Teleshopping-Dienstes keine Klarheit darüber bekommt, ob es nun Rundfunk oder Individualkommunikation ist, was er da anbietet. Und wenn dann noch einer die Frage stellt, ob Teleshopping unter das Ladenschlußgesetz fällt, dann weiß man in Deutschland gar nicht so genau, ob das ein Witz ist oder Ernst.

Wir brauchen in Deutschland Planungssicherheit für die Investoren, für die Bürgerinnen und Bürger. Wir brauchen einen überschaubaren und einheitlichen Ordnungsrahmen für Datenkommunikation und Multimedia. Deshalb habe ich das Thema aufgegriffen. Ich werde Vorschläge für ein Multimedia-Gesetz des Bundes vorlegen, das vom Grundsatz der Gewerbefreiheit im Multimedia-Bereich ausgeht.

3 Kommunikationstechnologien zum Nutzen der Gesellschaft

Die gesetzlichen Rahmenbedingungen bilden die legale Seite der Verfassung einer Informationsgesellschaft. Die gesellschaftlichen Lebensbedingungen der Informationsgesellschaft bestimmen ihre soziale Verfassung. Viele Menschen haben Angst um den Arbeitsplatz, der ihnen durch den Computer weggenommen werden könnte. Manche fürchten Verluste an sozialem Kontakt, an Gelegenheit zum täglichen Gespräch von Mensch zu Mensch, bei der Arbeit, beim Einkaufen. Gerade viele Ältere fragen sich: Werde ich mithalten können in einer Welt mit ständig steigenden Anforderungen an Schnelligkeit, analytischer Intelligenz, Anpassungsfähigkeit?

Auch in einer hochtechnisierten Welt darf die Menschlichkeit nicht auf der Strecke bleiben. Das heißt zum Beispiel: Neue Kommunikationstechniken müssen auch für ältere Menschen anwenderfreundlich gestaltet und nutzbar gemacht werden. Wir brauchen in unserer Gesellschaft nicht nur hochqualifizierte Kommunikationsexperten. Wir brauchen ebenso Menschen mit der Gabe, anderen zuzuhören, auf sie einzugehen, ihnen Geborgenheit zu vermitteln.

Manche Entwicklungen, die zur Zeit im Internet beobachtet werden und eine etwas übertriebene Aufmerksamkeit auf sich ziehen, wecken alles andere als ein Gefühl der Geborgenheit. Was Schlagzeilen macht, das sind die Rechtsverstöße im Internet, das sind Anschläge auf den guten Geschmack und die guten Sitten. Aber sie sind zahlenmäßig gering. Das Negative überwiegt in der öffentlichen Darstellung. Leidtragende sind die vielen Millionen, die die neue Informationstechnik positiv nutzen.

Noch ist die Rechtslage im Umgang mit dem globalen Informationsnetz unklar. Wir brauchen deshalb Grundsätze und Maßnahmen zur Bekämpfung von Mißbrauch. Dazu gehört die Bestrafung der Einspeisung von jugendgefährdendem, gesetzes- und verfassungswidrigem Material in die Datennetze. Wir brauchen aber auch ein stärkeres Engagement der Netzwerkanbieter beim Kampf gegen Netzbeschmutzer sowie einen eigenen Beitrag der Informationswirtschaft zur Akzeptanz der neuen Medien durch die Gesellschaft. Soft- und Hardwareproduzenten sollten mit "elektronischen Schlüsseln" für den heimischen PC die Eltern bei der Kontrolle der Internet-Inhalte unterstützen. Die Werkzeuge müssen sicher und preiswert sein. Am besten sollten sie kostenlos angeboten werden.

In einem weltweiten Netz laufen nationale Alleingänge ins Leere. Staatliche Zensur kann keine Lösung sein. Der Nutzer in Schweden, der einen nach schwedischen Verhältnissen vielleicht legalen Inhalt ins Internet einspeist, könnte sich in den USA damit strafbar machen. Wir brauchen deshalb ein einheitliches Vorgehen und ein international gültiges Regelwerk, mit dem Netzbeschmutzern im Internet das Handwerk gelegt werden kann.

Das geeignete Forum für erste Schritte einer internationalen Abstimmung sind die G7-Konferenzen. Ich werde deshalb das Thema auf die Tagesordnung des nächsten Treffens der G7-Forschungsminister bringen. Wenn sich die Länder auf einen Verhaltenskodex, ein moralisches und juristisches Regelwerk geeinigt haben, können die nationalen Lizenznehmer von Netzen auf diese Standards verpflichtet werden. Gleiches müßte dann auch für die Dienste-Anbieter und Kunden gelten. Mein Ziel ist, daß wir uns gemeinsam auf Verfahren einigen, wie Netzbeschmutzern im Internet über Landesgrenzen hinweg das Handwerk gelegt werden kann.

4 Zugang zu Datennetzen

Damit sich die Informationsgesellschaft entwickeln kann, muß den Menschen das Rüstzeug gegeben werden, die Entwicklung mit wachem Geist zu begleiten und mitzugestalten. Die dazu notwendige Kompetenz muß unser Bildungssystem vermitteln.

Dringend notwendig ist eine Verbesserung der Ausstattung der Schulen mit der erforderlichen Hard- und Software und eine entsprechende Aus- und Fortbildung unserer Lehrer. Das Bundesministerium für Bildung, Wissenschaft, Forschung und Technologie hat deshalb gemeinsam mit der Deutschen Telecom AG die Initiative "Schulen ans Netz" gestartet, die von einer Reihe von Sponsoren unterstützt wird. Wir wollen in kurzer Zeit 10.000 deutsche Schulen an die Datenbahnen anschließen. Dazu sollen sie das deutsche Wissenschaftsnetz in einer mehrjährigen Anlaufzeit kostenlos nutzen können. Außerdem wird ein deutscher Bildungsserver eingerichtet, den die beteilgten Schulen als Informations- und Kommunikationsplattform nutzen können. Die Schulen sollen die Chance haben, aktuelles Online-Multimedia zu praktizieren. Sie sollen nicht Computer-Geschichte lernen, sondern Medienzukunft kennenlernen.

Das neue deutsche Breitbandwissenschaftsnetz macht Höchstleistungsrechner mit hohen Übertragungsraten überregional zugänglich und erleichtert die Übertragung visueller Information. Multimedia-Anwendungen aus den Bereichen Medizin, Telekooperation und Teleteaching haben damit eine bundesweite Plattform.

5 Innovationen sichern Arbeitsplätze

Neue Technologien und neue Arbeitsplätze haben Zukunft in Deutschland! Die wichtigste Aufgabe in Deutschland in dieser Zeit heißt ohne Frage: Arbeitslosigkeit bekämpfen und neue Arbeitsplätze schaffen. In diesem Winter waren über 4 Millionen Menschen in Deutschland ohne Arbeit. Hier muß gehandelt werden, das Warten auf den Konjunkturfrühling reicht nicht. Zwischen 1983 und 1992 wurden in Deutschland schon einmal mehr als 3 Millionen zusätzliche Arbeitsplätze im alten Bundesgebiet geschaffen. Das waren die Früchte moderater Lohnpolitik und konsequenter Haushaltskonsolidierung. Beides muß auch heute wieder ein Leitfaden für Politik und Tarifpartner sein.

Der Grundkonsens zwischen Sozialpartnern und Politik in Deutschland ist beispiellos in Europa. Die vor uns liegenden Herausforderungen können wir nur gemeinsam lösen. Es ist sinnlos, den Finger trotzig auf die Politik zu richten, so als könnten von Bonn aus Arbeitgeber- und Arbeitnehmeraufgaben abschließend geregelt werden.

Der Staat ist verantwortlich für günstige Rahmenbedingungen. Das Schaffen von Arbeitsplätzen darf nicht durch überhöhte Kosten, einengende Regulierungen und zuviel Staat erschwert werden. Stabilitätspolitik ist das A und O unserer Zukunftssicherung. Deshalb wird die Bundesregierung den Konsolidierungskurs im Haushalt fortsetzen. Die Ausgaben des Bundes waren im vergangenen Jahr erstmals seit 1953 rückläufig! Die Ausgaben sanken um 1,4 Prozent. Die Fortsetzung der Konsolidierungspolitik ist die Voraussetzung für ein weiteres Senken der Steuer- und Abgabenlast. Die Bundesregierung hat hierzu einen klaren Fahrplan beschlossen, der bis in die kommende Legislaturperiode hineinreicht.

Aber Konsolidierung ist nur die eine Seite. Damit Zukunft möglich wird, flankieren wir die Konsolidierungspolitik mit einer aktiven Innovationspolitik. Einer unserer zentralen Ansatzpunkte ist es, eine Offensive für unternehmerische Selbständigkeit und Innovationsfähigkeit anzustoßen. Die Existenzgründer werden steuerlich entlastet, der Zugang zu Innovationskapital verbessert.

Jeder Existenzgründer gibt im Schnitt vier weiteren Menschen Arbeit. Gerade in der Computerbranche liegt ein großes Potential, vor allem für innovative Dienstleistungen. Die Bedeutung kleiner und mittlerer Unternehmen für die Dynamik und die strukturelle Erneuerung unserer Wirtschaft kann gar nicht überschätzt werden. Zwischen 1990 und 1994 wurden im deutschen Mittelstand trotz zwischenzeitlicher Rezession knapp 1 Millionen neuer Arbeitsplätze geschaffen.

Wir brauchen eine neue Kultur der Selbständigkeit! Die Erziehung zu Eigeninitiative, Wagemut und Selbständigkeit muß bereits in Familie und Schule beginnen. Universitäten sollen Forscher- und Unternehmergeist wecken, keine Angestelltenmentalität. Es ist erschreckend, daß in Deutschland mehr als 50 Prozent aller Hochschulabsolventen in den öffentlichen Dienst gehen, aber keine 15 Prozent ein Unternehmen gründen!

Unsere Gesellschaft zollt den Spitzenleistungen in Sport und Kunst bereitwillig die größte Anerkennung. Noch wichtiger für unsere Zukunft sind aber hervorragende Leistungen in der Forschung, in der Gründung und Führung von Unternehmen. Hierfür wäre mehr gesellschaftliche Anerkennung angebracht! Manche Strategien der Unternehmensführung waren allerdings wenig geeignet, öffentliche Begeisterung zu wecken.

Die Strategie der Kostenreduzierung, des *lean management* und der *lean production* haben viele Unternehmen über die Rezession hinweg gerettet und manche auch zurück zu satten Renditen geführt. Aber Unternehmen brauchen nicht nur heute und morgen Gewinne, sie brauchen eine langfristig existenzsichernde Rentabilität. Und dazu brauchen sie vor allem eine langfristige Wachstumsstrategie. Daß dies mit Verschlankung allein nicht zu schaffen ist, haben jüngste Untersuchungen gezeigt: Zahlreiche schlanke Unternehmen wachsen weniger, wagen weniger und weisen geringere Innovationsraten auf.

6 Stärkung des Wirtschaftsstandortes Deutschland

Unser Land konkurriert mit vielen guten Plätzen auf der ganzen Welt um Zukunftsinvestitionen. Die Globalisierung der Märkte hat für die Informations- und Kommunikationswirtschaft besondere Bedeutung. Für Kapital und Wissen gibt es heute fast keine Grenzen mehr. Immer größere Teile der Wirtschaft sind international verflochten, sie wachsen zu einem Weltmarkt zusammen. Dies bedeutet mehr Konkurrenz für deutsche Unternehmen, aber auch zusätzliche Marktchancen.

Die Bundesregierung will Deutschland zu einem starken Standort machen in einer wirtschaftlich und politisch freien Welt und in einem sich einigenden Europa. Wir werden deshalb konsequent auf die Verwirklichung der Wirtschafts- und Währungsunion 1999 hinarbeiten. Auch dies ist ein Stück Planungssicherheit für Bürger und Unternehmer.

Der EURO wird genauso stabil sein wie die D-Mark. Das Stabilitätsbewußtsein in Deutschland ist gewiß keine Hysterie. Aber die deutschen Erfahrungen mit zwei großen Inflationen sind tief im Bewußtsein unseres Volkes verankert. Deshalb stehen die Stabilitätskriterien des Maastricht-Vertrages für uns nicht zur Disposition. Aber der Zeitplan für die Wirtschafts- und Währungsunion muß eingehalten werden!

7 Zukunftschance Informationstechnologie

Die EXPO 2000 wird die erste Weltausstellung auf deutschem Boden sein. Sie gibt uns Deutschen die Gelegenheit, vor aller Welt die Bilanz von 10 Jahren Deutscher Einheit zu ziehen. Das Leitthema der EXPO "Mensch-Natur-Technik" beschreibt das Spannungs- und Gestaltungsfeld, vor dem sich das 21. Jahrhundert entfalten wird. Die Informations- und Kommunikationstechniken werden die Infrastruktur der Informationsgesellschaft dieses kommenden Jahrhunderts bilden.

Dem Wirtschaftsbereich der Informations- und Kommunikationstechnologien gehört die Zukunft. Ich setze auf die Unternehmer und auf die Anwender dieser Technologien. Die multimediale Gesellschaft ist Aufgabe, aber auch Chance, die wir nutzen müssen. Deshalb will ich Multimedia möglich machen.

Multimedia-Zukunft: eine Skizze

Kurt Biedenkopf
Ministerpräsident des Freistaates Sachsen, Dresden

1 Multimedia-Visionen

Die Beschleunigung des technischen Fortschritts hat uns in den letzten Jahrzehnten oftmals in die Versuchung geführt, mit allzu großen Worten die Phänomene zu beschreiben, welche sich mit der Nutzbarmachung neuer Verfahren und neuer Produkte einstellen.

Die Entwicklung des Automobils zum Massenprodukt und die explosive Vermehrung der Möglichkeiten der zivilen Luftfahrt beispielsweise führten dazu, daß Enthusiasten und Skeptiker das Zeitalter der Mobilität einläuteten. Die einen sahen darin unendliche Chancen, die anderen unbeherrschbare Risiken für die menschliche Gesellschaft. Heute leben wir mit dem Phänomen der weltweiten Mobilität und machen von ihr Gebrauch wie von einem Naßrasierer: Wir benutzen ihn regelmäßig, wir beherrschen ihn weitestgehend, und nur bei falscher Handhabung aus Unachtsamkeit oder Leichtsinn wird uns bisweilen schmerzhaft oder gar blutig bewußt, daß in jedem nützlichen Ding als Kehrseite auch etwas Gefährliches steckt.

Zur Zeit sind wir gerade dabei, das "Informationszeitalter" einzuläuten. Wir reden von "Quantensprüngen" in der weltweiten Kommunikation, schwärmen mit den Enthusiasten von globaler Vernetzung ohne Grenzen, die die unterschiedlichsten Kulturen auf der Welt einander näherbringen kann. Früher hatten wir einen Brief-Freund in Holland, dem wir zweimal im Jahr schrieben. Morgen schon sitzt der 8-jährige pakistanische e-mail-Partner unseres Enkels virtuell in dessen Kinderzimmer und hilft ihm, seinen Englisch-Aufsatz zu schreiben.

Wir vergleichen das Phänomen "Multimedia" mit der Erfindung des Buchdrucks und wagen die Vermutung, daß damit auch eine Art zweite Aufklärung ihren Anfang nehmen könnte oder gar eine zweite Neuzeit beginnt.

Das Mindeste, was Multimedia-Anhänger erwarten, ist die Lösung unserer Arbeitsmarktprobleme und - zum Beispiel durch Teleworking - die Linderung von Verkehrs- und Umweltproblemen.

Skeptiker wiederum warnen angesichts der Informationsflut vor der Entstehung eines Informationsproletariats, vor der Entstehung einer parallelen, virtuellen Welt, einer Scheinwelt, die mit der Wirklichkeit nichts mehr zu tun hat. Ich habe sogar schon die Befürchtung gehört, daß der Umgang mit Multimedia über kurz oder lang nicht nur die menschliche Lebensweise, sondern den Menschen *selbst* völlig verändern könnte.

Von dem soeben Beschriebenen ist vieles bedenkenswert und das meiste auch ernst zu nehmen, aber: Die Erfahrung des zuendegehenden Jahrhunderts lehrt uns, daß wir uns vor allzu großen Worten hüten sollten.

Ist Multimedia wirklich ein neues Medium? Die Geschichte des Menschen und damit der Kommunikation und der Medien im weitesten Sinne begann vielleicht mit der Zeichensprache. Der Gestik und Mimik folgte jedenfalls alsbald das gesprochene Wort, dann das geschriebene und damit der Brief. Der erste Ulrich Wickert der Geschichte hieß womöglich Herold und trug anderer Leute Erlebnisse und Weisheiten aus entrollten Schriften auf Marktplätzen vor. Später gab es handgeschriebene, dann gedruckte Bücher und Zeitungen. Irgendwann begannen die Menschen zu telegraphieren, dann zu telefonieren. Der Rundfunk kam hinzu und schließlich das Fernsehen.

Jetzt gehen wir "online" mit allen diesen Medien. Wir verschicken unsere Briefe online, wir entleihen Bücher online aus Bibliotheken und Filme aus Videotheken, wir lesen online Zeitungen und schicken die Heimarbeit online an unseren Arbeitgeber.

Selbst die archaische Kommunikationsform der Gebärde findet sich in veränderter Form in der online-Welt wieder: Manche zwischen zwei Freaks ausgetauschte e-mail-Botschaft erinnert jedenfalls mit ihren Kürzeln, symbolischen "emoticons" und Verknappungen mehr an gutturale Urzeit-Laute und Gebärden als an die uns bekannte deutsche Schriftsprache.

Daraus folgt: Multimedia ist natürlich kein neues Medium, also kein "plus", sondern ein "aliud" und somit nicht mehr und nicht weniger als schlicht ein anderer neuer Verbreitungsweg für die uns bisher bekannten Medien.

Neu ist allerdings, daß erstens *alle* bisher bekannten Medien über ein und denselben Verbreitungsweg transportiert werden, daß zweitens schneller, daß drittens weltweit und grenzenlos Bücher gelesen, Briefe verschickt und Filme nach Bedarf angesehen werden können.

Neu ist auch, daß Individual- und Massenkommunikation ineinander übergehen, schwer zu unterscheiden sind. Wenn jemand ein e-mail an 300 Internet-Freunde schickt, betreibt er dann noch Individualkommunikation unter dem Schutz des Briefgeheimnisses und des Datenschutzes? Oder unterliegt er als Herausgeber einer "Freundeskreis-Zeitung" schon der Impressumspflicht unserer Pressegesetze?

Wenn jemand einen hochspezialisierten, für Anleger wertvollen Börseninformationsdienst an 50 exklusive Abonnenten schickt, die dafür 5.000 Mark Bezugsgebühr zu zahlen bereit sind, kann derjenige dann wegen der geringen Abnehmerzahl überhaupt unter "Zeitung" oder "Informationsdienst" subsumiert werden? Gilt für ihn bei falschen Tatsachenbehauptungen die Gegendarstellungs-Verpflichtung? Wer befindet darüber, für welche online-Nutzung das Pressegesetz und für welche das Briefgeheimnis gilt?

Neu ist schließlich auch, daß Rundfunk und Zeitung, Rundfunk und Videoausleihe, Rundfunk und das bebilderte Buch durch die neuen technischen Möglichkeiten, Mixturen aus herkömmlichen Medien herzustellen, schwerer voneinander abzugrenzen sind.

Wenn also Multimedia kein neues Medium darstellt, so wirft es doch unzählige interessante neue Fragen auf, die beantwortet werden müssen. Einige Bereiche möchte ich skizzenhaft bezeichnen.

2 Der Bereich Wirtschaft

Der Weltmarkt in der Informationswirtschaft hatte 1993 bereits ein Volumen von 3300 Milliarden DM, man erhofft sich jährliche Wachstumsraten von 7 - 15 % (Bericht der Bundesregierung, 1996). Deutschland partizipierte an der Entwicklung mit einem Umsatzvolumen von 392 Mrd. DM. 1,4 Millionen Menschen waren in der Informationswirtschaft beschäftigt.

Die technischen Voraussetzungen in Deutschland für den Weg ins Multimediazeitalter scheinen günstig. Wir verfügen über eine der modernsten Telekommunikationsinfrastrukturen der Welt. Durch das Engagement der Deutschen Telekom in den letzten Jahren wurde zum Beispiel nirgends soviel Glasfaserkabel verlegt wie in den neuen Bundesländern und speziell in Sachsen. Gemessen an der Ausstattung mit Personalcomputern liegt Deutschland mit 19 PCs pro 100 Einwohner zwar nur im Mittelfeld (USA-39), dafür aber mit steigender Tendenz.

Zukunftsminister Rüttgers hat während der letzten CeBIT-Messe mitgeteilt, daß 1995 in Deutschland mehr Computer als Autos verkauft wurden. Je mehr Hardware aber installiert und vernetzt wird, umso mehr wächst die Nachfrage nach Software. Der Programmbedarf wird in den nächsten Jahren um ein Vielfaches zunehmen.

Betrachtet man das Heute, so kann niemand mehr behaupten, wir stünden am Beginn einer neuen Entwicklung. Wir befinden uns vielmehr bereits mittendrin. Die Marktunsicherheit vieler Hersteller - auch das ist bei der CeBIT ´96 spürbar gewesen - ist gewichen und hat hektischer Betriebsamkeit Platz gemacht. Auch wenn noch eine gewisse Ziellosigkeit erkennbar ist: jeder will dabeisein und seine Chance nicht verpassen. Die großen Medienunternehmen, Bertelsmann, Kirch und die anderen internationalen Konzerne, richten sich auf das Ziel aus, den multimedialen Markt möglichst breitflächig zu besetzen. Im Internet gesellen sich zu den surflustigen Freizeit-Nutzern zunehmend Teilnehmer, die gezielt finden und gezielt gefunden werden wollen, um damit Geld zu verdienen oder Produkte bekannt zu machen. Zunehmend kommt - übrigens ohne große Regulierungsvorgaben durch Gesetzgeber - über professionell betriebene Online-Dienste eine gewisse Ordnung in die Dinge. Die wirtschaftliche Nutzung der neuen technischen Möglichkeiten ist auf dem Vormarsch.

Ernst Joachim Mestmäcker (1996) beschreibt die Entwicklung zutreffend, wenn er sagt, daß denjenigen Staaten und damit ihren Volkswirtschaften eine Führungsrolle im internationalen Wettbewerb zuwächst, welche den technischen Fortschritt nicht als Gefahr für hergebrachte Regulierungen, sondern ihn mit Hilfe von Marktöffnung und Wettbewerb als Motor auch des wirtschaftlichen Fortschritts nutzen.

Und Nicholas Negroponte (1995) beschreibt aus der Sicht der Unternehmen ebenso zutreffend, was zur Zeit geschieht, nämlich daß sich ein Industriezweig nach dem anderen im Spiegel betrachtet und "über seine Zukunft in einer digitalen Welt nachdenkt, wobei diese Zukunft zu beinahe hundert Prozent davon bestimmt wird, inwieweit die jeweilige Firma ihre Produkte oder Angebote in digitaler Form anzubieten vermag."

Die Informationsgesellschaft wird neue Beziehungen zwischen Arbeit und Leben schaffen. Der Wirtschaftsfaktor "menschliche Arbeit" wird nachhaltig flexibilisiert werden, da er orts- und zeitunabhängig zur Verfügung steht.

Das heißt aber auch, daß die Nachfrage nach qualifizierter Arbeit überall dort zurückgehen wird, wo sich die von Menschen geleisteten Tätigkeiten in Gebiete verlagern lassen, in denen Arbeit gleicher Qualität zu geringeren Kosten angeboten wird.

Daraus folgt, daß auch die Beschäftigungserwartungen, die mit der Informationsgesellschaft und damit der Ausbreitung von Multimedia verbunden werden, erneut überprüft und kritischer gesehen werden sollten. Bisher gibt es keine gesicherten Erkenntnisse, die die optimistischen Annahmen über die Beschäftigungswirkungen rechtfertigen könnten, von denen noch immer ausgegangen wird. Mir scheint, daß die Prognosen, auf denen diese Erwartungen beruhen, zwar die *neuen* Beschäftigungschancen gesehen, die Substitutionseffekte jedoch nicht ausreichend gewürdigt haben.

Der Substitutionsprozeß wird sich angesichts der sinkenden Kosten für Kapital und Wissen beschleunigen. Die Produktionsseite der neuen Technologien wird in besonderer Weise an diesem Substitutionsprozeß teilnehmen (Computer bauen Computer). Ob die durch die neuen Möglichkeiten erschlossenen zusätzlichen Dienstleistungen nach ihren Beschäftigungswirkungen und Einkommenschancen den Wegfall der Nachfrage in der Produktion nicht nur ausgleichen, sondern wesentlich übertreffen werden, scheint mehr als ungewiß. Daß eine Nichtteilnahme an der Entwicklung der Informationsgesellschaft per Saldo mehr Beschäftigungsverlust bedeutet als eine Teilnahme, ist auf der anderen Seite aber wohl nicht zu bestreiten.

John F. Kennedy hat einmal gesagt: "If men have the talent to invent new machines that put men out of work, they have the talent to put those men back to work."

Global betrachtet wird diese Aussage auch in Zeiten weltweiter Vernetzung und damit Arbeitsteilung ihre Gültigkeit behalten. Ob sie aber auch für jede einzelne Hochlohn-Industrienation weiter gilt, bleibt eine offene Frage und damit eine Herausforderung.

3 Der Bereich Politik und Recht

Ganz wesentlich für das Bestehen dieser Herausforderung in Deutschland wird sein, wie die Politik die Regeln der Informationsgesellschaft gestaltet.

Die allgemeine politische Debatte und die Entscheidungen des Bundesverfassungsgerichtes zu den klassischen elektronischen Medien zeigen, wie schwer es uns nach wie vor fällt, uns von dem Gedanken zu lösen, das Angebot etwa der öffentlich-rechtlichen Rundfunksender gehöre im weiteren Sinne zur staatlichen Daseinsvorsorge. Die zögerliche Haltung der politischen Institutionen, auch des BVerfG, gegenüber der Forderung, private Anbieter zuzulassen, obwohl die technischen Voraussetzungen für Vielfalt inzwischen unstreitig existieren, ist Ausdruck dieser letztendlich vormundschaftlichen Haltung.

Wir sollten uns davor hüten, diese Haltung bei der Gestaltung einer Kommunikationsordnung für die neuen multimedialen Angebote zugrundezulegen. Alle elaboraten Versuche, staatliche Daseinsvorsorge und Meinungsfreiheit miteinander in Übereinstimmung zu bringen, haben offensichtlich vor dem Hintergrund der Entwicklung der Medienlandschaft keinen Bestand.

Angesichts der materiellen und der Denkbesitzstände, die in den letzten Jahren entstanden sind und sich der höchsten Autorität verfassungsrechtlicher Absicherung erfreuen, wird es jedoch schwer möglich sein, die bestehenden Strukturen mit der Eindeutigkeit weiterzuentwickeln, die durch die globalen technischen Entwicklungen ebenso geboten wären wie durch die von Mestmäcker (1996) benannten ordnungspolitischen Gesichtspunkte.

Dies hat große Bedeutung für die Formulierung einer Kommunikationsordnung. Erstens muß darauf hingewirkt werden, daß die Regulierung des Rundfunks nicht auf neue Dienste übertragen wird. Zum zweiten darf der Angebotsbereich, der sich am Gedanken der Daseinsvorsorge orientiert, nicht weiter ausgedehnt werden. Schrumpft seine Bedeutung *im Zuge des Wettbewerbs,* so darf es für ihn keinen gegen diese Auswirkung eines offenen Marktes gerichteten Schutz geben. Wenn der Wettbewerb für die Vielfalt sorgen kann, die man zu Zeiten der Knappheit an Übertragungsmöglichkeiten von der sogenannten Binnenpluralität erwartet hat, entfällt die Notwendigkeit eines besonderen Schutzes bestimmter Anbieter.

Die bevorstehende Aufgabe der Politik wird nicht sein, bei den neuen Diensten und Übertragungsmöglichkeiten den Weg zum Ziel exakt zu beschreiben. Es wird sich als aussichtslos erweisen, wenn man versuchte, eine Art "Masterplan" zu entwickeln. Kolumbus hatte, als er auf große Fahrt ging, auch keinen "Masterplan", Amerika zu entdecken. Er wollte nach Indien und erfuhr erst bei seiner Ankunft, daß er ein viel bedeutenderes Ziel erreicht hatte.

Ich will damit sagen: Die Politik muß den Prozeß, der längst begonnen hat, verantwortlich begleiten und aufpassen, daß das Schiff nicht aus dem Ruder läuft, sie darf aber die Initiative nicht durch zu enge Regularien bremsen.

Alles, was jetzt zu tun ist, muß die Frage beantworten: Welche Regularien sind erforderlich, damit Multimedia sich entfalten kann? Anmeldepflichten, unnütze Aufsichtsverfahren und medienrechtliche Beschränkungen müssen vermieden werden. Das globale elektronische Straßennetz ist vorhanden. Jeder, der darauf fahren will und sich an ein Mindestmaß von Verkehrsregeln hält, soll losfahren dürfen.

Wenn diese Grundsätze bei der neuen Kommunikationsordnung beachtet werden, ist auch der sich andeutende Zuständigkeitskonflikt zwischen Bund und Ländern vermeidbar. Wenn außerdem die These stimmt, daß Multimedia kein neues Medium ist, folgt daraus, daß Bund und Länder jeweils für die Teile des Ganzen zuständig sind, für die sie schon immer zuständig waren. Beide hätten jeweils nur im Rahmen ihrer bisherigen Aufgaben gesetzliche Anpassungen an die neuen technischen Verbreitungsmöglichkeiten vorzunehmen.

Ich habe deshalb auch Zweifel daran, ob ein Länder-Staatsvertrag, welcher Online-Dienste als einen Regelungsgegenstand *sui generis* betrachtet, notwendig und sinnvoll ist. Geht eine Zeitung online, gilt das Pressegesetz in Länderzuständigkeit, geht der Rundfunk online, gelten die Länder-Rundfunkgesetze. Erforderliche Anpassungen der Ländergesetze an die neuen technischen Möglichkeiten sind natürlich erforderlich. Für alles, was darüber hinausgeht, sehe ich nicht notwendig eine Länder-Zuständigkeit.

4 Der gesellschaftliche Bereich

Für die zukünftigen Aufgaben der Länder im Rahmen ihrer verfassungsrechtlich geschützten - und unverzichtbaren - Kulturhoheit gibt es jedoch einige wichtige Felder im Zusammenhang mit Multimedia.

Zunächst einmal muß auf die für die Gewährleistung der Gesellschaftsverträglichkeit der neuen Techniken bedeutsame Selbstkontrolle der beteiligten Unternehmen und Führungskräfte hingewiesen werden. Derartige Selbstkontrollen anzuregen und durch öffentlichen Diskurs lebendig zu erhalten, kann auch Aufgabe im Rahmen der Kulturhoheit sein. Das Verbot einer institutionellen Einflußnahme des Staates auf verfassungsrechtlich geschützte Bereiche ist nicht gleichbedeutend mit staatlicher Abstinenz im Rahmen des Dialogs einer Bürgergesellschaft *(civil society)*. Diese Unterscheidung spielt auch im Bereich der Tarifautonomie eine wichtige Rolle.

Vor allem aber stehen die Länder vor umfassenden Neuorientierungen ihrer Schul- und Bildungspolitik, wenn es um die Begründung und Förderung von Medienkompetenz geht. Schulische Erziehung, Ausbildung und Bildung werden immer die wichtigste Prärogative der Länder bleiben. Hier wird die Kulturhoheit auch in Zukunft von niemandem ernsthaft in Frage gestellt werden (wenngleich Schwerfälligkeiten in den bestehenden Systemen immer wieder zum Ruf nach Zentralisation zu Lasten der Länder führen). Neuere Vorschläge und Diskussionen um eine notwendige Dezentralisation im Schul- und Bildungswesen deuten eher auf eine Stärkung dieser Dimension der Kulturhoheit der Länder hin.

Über die Zukunft der Mediengesellschaft, einschließlich der Akzeptanz ihrer wirtschaftlichen und sozialen Auswirkungen, wird jedoch primär in den Bereichen entschieden werden, in denen die Menschen lernen, mit den neuen *Kulturtechniken* umzugehen. Für diese Bereiche sind die Länder zuständig. Ihr Beitrag zur Zukunft wird deshalb darin bestehen müssen, sich von hergebrachten Vorstellungen über die Aufgaben staatlicher Daseinsvorsorge und kultureller Vormundschaft im Medienbereich zu trennen.

Die modernen Medien-Techniken bieten eine Chance, die Information zu demokratisieren und den vormundschaftlichen Staat gewissermaßen zu unterlaufen.

Aber: Der Staat hat die Aufgabe, die Maturität entwickeln zu helfen, die Voraussetzung ist für die Fähigkeit, aus der Flut von Angeboten die richtigen und wichtigen auszuwählen.

Die Länder müssen im Rahmen ihrer Kulturhoheit durch die schulische und bildungspolitische Vermittlung von Medienkompetenz die Voraussetzungen für eine in freiheitlicher Verantwortung durch die Bürger selbst gestaltete Informationsgesellschaft schaffen.

Pfarrer Friedrich Schorlemmer spricht im Zusammenhang mit Multimedia von der "Faszination des Bösen", er sieht den Menschen "vom Baum der Erkenntnis in den Urwald der Information" gekommen. Die Botschaft - so sagt er - mache sich die Dummheit der Käufer zunutze, und die Medienmacher müßten sich wie einst die Atomphysiker fragen: "Dürfen wir alles, was wir können?"

Diese Frage müssen wir uns immer stellen. Aber wir dürfen auch nicht nachlassen in der Anstrengung, die Bürger zu befähigen, daß sie von allem, was sie dürfen, auch so viel wie möglich können.

Von Böckenförde stammt der Satz, daß der freiheitliche, demokratische Staat die Bedingungen, auf denen er beruht, nicht selbst erzeugen oder erneuern kann. Darin liegt das Risiko, aber auch die Kühnheit der Idee einer freiheitlich verfaßten Bürgergesellschaft begründet. In Deutschland fällt es aufgrund unserer historischen Prägungen und der Erfahrungen der Vergangenheit besonders schwer, sich dem Urteil freier und verantwortungsfähiger Bürger anzuvertrauen, das sich im Wettbewerb der Meinungen und Ideen bildet und entwickelt. Wir sind deshalb auch besonders empfänglich für das Angebot, die Risiken der Bürgergesellschaft durch eine wie immer geartete staatliche Fürsorge und Vorsorge abzulösen oder doch zu mindern. Von ihnen erwarten wir offenbar Gewißheiten, die eine offene Gesellschaft nicht bieten kann. Daß sich der Anspruch auf derartige Gewißheiten, oder doch die Erwartung, der Staat könne sie gewähren, nicht mit den Freiheiten verträgt, die wir zu Recht beanspruchen, ist keineswegs allgemeine Einsicht.

Wie immer wir in der Vergangenheit mit diesem inneren Widerspruch fertig geworden sein mögen, und welche besonderen Bedingungen uns dabei auch unterstützt haben mögen: Wenn die Informationsgesellschaft nicht Orwell'sche Dimensionen annehmen, sondern sich in unserem Land zum Wohle einer Bürgergesellschaft freier und verantwortungsfähiger Menschen entfalten können soll, dann müssen wir den Widerspruch zwischen Gewißheit und Freiheit zugunsten der *Freiheit* entscheiden. Darin - und nicht im Festhalten an der Illusion, sie könnten im Medienbereich die von vielen ersehnten Gewißheiten gewähren - liegt der kulturelle Auftrag der Länder und die auf die neue Wirklichkeit bezogene Rechtfertigung ihrer Kulturhoheit. Daß sie diese Aufgabe im Grundsatz gemeinsam, in der Ausgestaltung durchaus auch in Konkurrenz untereinander wahrnehmen, darauf müssen sie sich in Zukunft vor allem konzentrieren.

Literatur

Bericht der Bundesregierung (1996). *Info 2000 - Deutschlands Weg in die Informationsgesellschaft.* Hrsg.: BMWi, Februar 1996.

Mestmäcker, J. (1996). *Kommunikationsordnung 2000.* Punktation der ersten Besprechung der Expertengruppe Medien der Bertelsmann Stiftung vom 24. Januar 1996 in Gütersloh.

Negroponte, N. (1995). *Total digital: Die Welt zwischen 0 und 1 oder die Zukunft der Kommunikation.* München: Bertelsmann Verlag.

Informationsgesellschaft und Demokratie - Was bedeutet die digitale Revolution für die Gesellschaft?

Mark Wössner
Vorsitzender des Vorstandes der Bertelsmann AG, Gütersloh

Zusammenfassung. Wissen ist Macht. Dieser alte Sinnspruch enthält die ganze Doppeldeutigkeit des Informationsbegriffs. Einerseits gilt: Wer anderen Informationen voraus hat, kann darauf seine Macht über sie begründen – in diesem Fall sprechen wir von "Herrschaftswissen". Andererseits kann die Verbreitung von Informationen auch die entgegengesetzte Wirkung hervorrufen und Herrschaft kontrollieren: Darin steckt ihr aufklärerisches Potential, das Demokratie möglich macht.

1 Medien und Demokratie

Die "Info-Elite" ist keine Erfindung unserer Tage. Die französische Philosophin Simone Veil hat darauf aufmerksam gemacht, daß es nicht die Verfügung über die Produktionsmittel war, die am Ursprung der Herrschaft von Menschen über Menschen stand, sondern die Verfügung über Wissen (Veil, 1995). Die ersten Menschen schufen religiöse Riten, um sich mit der Natur zu versöhnen. Je komplexer diese Riten wurden, desto weniger konnten sie ein Allgemeingut bleiben. Schließlich wurden sie zum Geheimnis einiger weniger, der Priester. Die formale Kenntnis der Riten reichte aus, um ihre Autorität zu begründen. Damit war die "Info-Elite" geboren.

Aufgrund der eigentümlichen Ambivalenz, daß Informationen ebensogut Herrschaftsinstrument wie Fundament der Demokratie sein können, haben die Medien eine Rolle gespielt, die sich nicht auf einen einfachen Nenner bringen läßt. Die Einführung neuer Medien hat oft erst einmal dazu beigetragen, bereits bestehende Wissensklüfte zu vergrößern. Als Johannes Gutenberg den Buchdruck erfand, gab es in Europa nur wenige, die die Kulturtechnik des Lesens beherrschten. Das Buch war also zunächst ein ausgesprochen elitäres Medium.

Dennoch möchten wir das Buch heute nicht missen. Wir halten es nicht nur für ein unersetzliches Kulturgut, wir messen ihm auch einen hohen gesellschaftlichen Wert bei. Denn auf längere Sicht hat die Erfindung des Buchdrucks eine demokratisierende Wirkung entfaltet. Die bürgerliche Öffentlichkeit, wie sie sich im Zeitalter der Aufklärung herausbildete, wäre ohne die Printmedien nicht möglich gewesen.

Weil die Vorstellung vom mündigen Staatsbürger voraussetzt, daß jedermann Zugang zu Informationen hat, mußte das Buch in demokratischen Gesellschaften zum Allgemeingut werden. Der moderne Staat, aber auch die Verlage haben dies ermöglicht. Der Staat, indem er die allgemeine Schulpflicht einführte und öffentliche Bibliotheken einrichtete. Die Verlage, indem sie beispielsweise mit der Einführung des Taschenbuchs das Medium erst für breite Bevölkerungsschichten erschwinglich machten.

1.1 An der Schwelle zur Informationsgesellschaft

Nun erleben wir eine mediale Revolution, die sich als ähnlich folgenreich erweisen könnte wie die Erfindung des Buchdrucks: den Eintritt in die Informationsgesellschaft. Information wird zum Rohstoff, sie ist nicht mehr an bestimmte mediale Träger wie das Buch, die Zeitung oder das Fernsehen gebunden. Sie läßt sich über Computer und Datennetze abrufen. So zeichnet sich das Bild eines souveränen Mediennutzers ab, der sich unabhängig von Raum und Zeit sein persönliches, allein auf ihn zugeschnittenes Informationsangebot zusammenstellt.

Dieser Strukturwandel der Medienwelt beinhaltet für die Gesellschaft zunächst einmal eine Chance. Bekanntlich unterlagen die sogenannten "Massenmedien" immer dem Zwang, ein Programm für das größte gemeinsame Publikumsinteresse zusammenstellen zu müssen. Dieser Zwang hat sich zwar als durchaus schöpferisch erwiesen, aber eine Beschränkung blieb er dennoch. Vergessen wir auch nicht, daß die Auswahlmechanismen, derer sich die Massenmedien bedienten, um ein Bild der Wirklichkeit zusammenzusetzen, oft sehr kritisch beurteilt worden sind.

Dieser Engpaß, der besonders im Bereich des Fernsehens zu beobachten war, wird durch die technologischen Fortschritte auf den Gebieten der Digitalisierung und Datenkompression aufgehoben. Es wird in Zukunft keine Information mehr geben, die völlig unbemerkt bleiben müßte, nur weil sie nicht durch ein Massenmedium transportiert wurde. Jedermann wird Informationen in einer allgemein zugänglichen Form veröffentlichen können.

Die neue Informationsfreiheit ist in Ansätzen schon heute im Internet erlebbar. Dieses dezentral strukturierte Datennetz, das Millionen von Rechnern rund um den Erdball miteinander verbindet, wurde jahrzehntelang nur von Wissenschaftlern für Datenaustausch und Recherchen genutzt. In den letzten Jahren öffnete sich das Internet durch die Einführung einer graphischen Benutzeroberfläche, des "World Wide Web", sehr viel breiteren Nutzerkreisen. Weltweit haben schon jetzt bis zu 40 Millionen Menschen Zugang zum Internet. Hinzu kommen derzeit 12 Millionen Abonnenten kommerzieller Online-Dienste wie AOL, den Bertelsmann gemeinsam mit dem amerikanischen Unternehmen America Online betreibt.

1.2 Eine Chance für mehr Demokratie, lokal und global

Nimmt man das Internet und die Online-Dienste zum Maßstab, wird die Gesellschaft des 21. Jahrhunderts mehr noch als eine Informationsgesellschaft eine

Kommunikationsgesellschaft sein. Aus den Vereinigten Staaten wissen wir, daß die begeisterten Anhänger der globalen Netze diese nicht in erster Linie zum Anzapfen von Datenbanken benutzen, sondern zur gegenseitigen Verständigung. Sie bilden virtuelle Gemeinschaften, die sich immer neu zusammensetzen und einen Austausch mit Gleich- und Andersgesinnten über alle Grenzen hinweg ermöglichen, seien sie räumlicher, kultureller oder sozialer Natur.

Hier liegt eine unbestreitbare Chance für demokratische Gesellschaften, die Partizipation der Bürger zu fördern. Langjährige Erfahrungen mit lokalen Netzen in den USA haben gezeigt, daß die Informationsgesellschaft den Menschen deutlich bessere Möglichkeiten eröffnet, sich über ihre Interessen zu verständigen und an der Kommunalpolitik zu beteiligen. Städte und Gemeinden werden transparenter und bürgernäher, wenn sie Verwaltungsinformationen aller Art über die Netze zur Verfügung stellen. Howard Rheingold schildert in seinem Buch "Die virtuelle Gemeinschaft" das Beispiel des "Public Electronic Network" (PEN) in Santa Monica (Rheingold, 1994).

Was hingegen Diktaturen betrifft, so läßt sich schon jetzt absehen, daß die grenzenlose Kommunikationsfreiheit des Informationszeitalters sie vor eine denkbar große Herausforderung stellt. Die Inhalte in den Datennetzen entziehen sich totaler politischer Kontrolle. Es gibt nur zwei Möglichkeiten: sich der Einbindung in das globale Datennetz gänzlich zu verweigern – und damit die zentrale wirtschaftliche Innovationschance für das 21. Jahrhundert zu opfern. Oder den Anschluß an die Datenautobahn zu suchen und den daraus resultierenden politischen Kontrollverlust in Kauf zu nehmen. Dann könnte die Datenautobahn zu einem Ferment globaler Demokratisierung werden.

2 Droht die Herrschaft einer Info-Elite?

Diese einschneidende Umwälzung der Medienlandschaft ist faszinierend, aber sie hat für manche Zeitgenossen auch etwas Bedrohliches. Das neue Informations*angebot*, das in bisher ungeahnter Menge und Dichte zur Verfügung steht, empfinden sie als eine Informations*flut*, die den einzelnen zum hilflosen Spielball macht. Der Vorwurf lautet, die zunehmende Informationsfülle werde den Menschen überfordern und die Gesellschaft in zwei Klassen spalten. Auf der einen Seite hätten wir dann eine "Info-Elite", die den Umgang mit den neuen Informationstechnologien souverän beherrscht. Auf der anderen Seite entstünde ein "Info-Proletariat", das weder über die Mittel verfügt, die finanziellen und technischen Hürden zu den Informationsangeboten zu überwinden, noch über die Fertigkeiten, mit der Datenfülle sinnvoll umzugehen. Werden wir auf dem Weg in die Informationsgesellschaft bestehende "knowledge gaps" noch vertiefen? Ich meine: Wir haben im Gegenteil die Chance, sie mit Hilfe neuer medialer Angebote zu überbrücken.

2.1 Der Computer wird den Zugang zum Wissen nicht monopolisieren

Zunächst gilt es, ein verbreitetes Mißverständnis auszuräumen. Auch im Zeitalter der Datenautobahn werden Informationen nicht ausschließlich über den Computer vermittelt. Auch im 21. Jahrhundert wird man zum Buch und zur klassischen Tageszeitung greifen. Die "neuen Medien" werden die "alten Medien" nicht verdrängen, weil diese ihre besonderen Qualitäten haben, die sie unersetzlich machen. Indizien dafür gibt es genug:

- Die Buchproduktion erreichte in Deutschland 1994 eine neue Rekordmarke. Erstmals wurden mehr als 70.000 neue Titel veröffentlicht. Das sind mehr als doppelt so viele wie Ende der sechziger Jahre. Trotz des vielfältigen Fernsehangebots in Europa und trotz innovativer Zeitschriftentitel hat die Zahl verkaufter Bücher in Deutschland ständig zugenommen.
- Die vielbeschworenen "Computer-Kids" sind in erster Linie eine Generation von Lesern. Eine Repräsentativstudie der Bertelsmann Buch AG zum Lese- und Buchkaufverhalten in sieben Ländern belegt, daß die 16- bis 29jährigen quer durch Europa nach wie vor die lesefreudigste Altersgruppe darstellen.
- Alle einschlägigen Untersuchungen aus den USA stellen fest, daß es keine Konkurrenz zwischen der Nutzung von Online-Angeboten und der Lektüre von Büchern und Zeitschriften gibt, sondern im Gegenteil eine hohe Korrelation. Das Globetrotten auf der Autobahn tut der Lesefreude also keinen Abbruch.

Die Mediengeschichte kennt kein Beispiel dafür, daß ein neues Medium ältere Medien komplett verdrängt hätte. Die Malerei hat die Erfindung der Photographie ebenso überlebt wie das Kino die Einführung des Fernsehens. Allerdings finden Anpassungsprozesse statt, sowohl innerhalb der Medien – jedes konzentriert sich auf seine spezifischen Stärken – wie auch im Zeitbudget, das der Verbraucher für die Mediennutzung aufwenden kann. Studien aus den USA, in denen sich zukünftige Entwicklungen schon ablesen lassen, deuten daraufhin, daß am ehesten das Fernsehen unter der Konkurrenz der Online-Angebote leiden wird. Unter dem Aspekt der Übermittlung von Informationen und Bildung muß das niemanden beunruhigen: Hier hat schon immer das gedruckte Wort die zentrale Rolle gespielt, und es wird sie auch in Zukunft spielen. Aber wegen der völlig unterschiedlichen Nutzungsart – die Datenautobahn fordert Interaktivität, das Fernsehen erlaubt Passivität – wird auch das Fernsehen keinem Verdrängungsprozeß zum Opfer fallen.

All dies läßt nur einen Schluß zu: Der Computer monopolisiert den Zugang zum Wissen nicht. Wer sich also auf den Computer nicht einlassen will, wird trotzdem immer in ausreichender Weise informiert sein. Alle anderen aber schalten den Computer dann ein, wenn er zusätzlichen Nutzen verspricht – das heißt, wann immer er die alten Medien sinnvoll ergänzt.

Wenden wir uns nun den drei Punkten zu, die nach allgemeiner Einschätzung die Gesellschaft in besonderem Maße einer Zerreißprobe aussetzen.

2.2 Die technische Hürde: Der Schlüssel liegt in der Benutzerfreundlichkeit

Das Unbehagen, das die Informationsgesellschaft bei manchen hervorruft, entzündet sich vor allem am Arbeitsgerät Computer. Er allein bietet den Zugang zu dem multimedialen Informationsreichtum aus den Datenbanken der Welt und digitalen Datenträgern wie der CD-ROM. An der Fähigkeit, mit dem Computer umzugehen, erweist sich, ob man im Hinblick auf multimediale Angebote zunächst zu den "information rich" oder den "information poor" gehören wird.

Nicholas Negroponte, der Leiter des Media Lab am Massachusetts Institute of Technology und einer der scharfsinnigsten Beobachter der digitalen Revolution, ist nach Forschungen in verschiedenen Kulturen und Gesellschaften zu dem Schluß gelangt, daß die wahre Scheidelinie zwischen den "information rich" und den "information poor" nicht zwischen weiß und schwarz oder reich und arm verlaufe, sondern zwischen jung und alt (Negroponte, 1995).

Daran ist sicherlich richtig, daß die Generation, die mit der Computertechnologie aufwächst – ganz gleich, ob in Mombasa oder in Manhattan –, sie auch mit allergrößter Selbstverständlichkeit zu einem Bestandteil ihres Alltags machen wird. Aber man sollte den Generationenunterschied auch nicht überschätzen.

Eine aktuelle Erhebung des Georgia Institute of Technology weist als Durchschnittsalter der Internet-Nutzer 35 Jahre aus. Für ein Medium, das als äußerst jugendlich gilt, ist das bemerkenswert hoch. Auch der Erfolg, den eine Online-Einrichtung wie das "SeniorNet" in den USA hat, zeigt, daß die Älteren keineswegs in einer Verweigerungshaltung verharren.

Der Schlüssel, der die Datenautobahn für alle Generationen und sozialen Schichten gleichermaßen öffnet, ist die Benutzerfreundlichkeit der neuen Dienste. Ein Online-Dienst muß so einfach zu bedienen sein, daß seine Leistungen ohne Kenntnis spezieller Programmiersprachen in Anspruch genommen werden können. Hier ist der entscheidende Schritt bereits getan: die Einführung graphischer Benutzeroberflächen, die das Navigieren in den Datennetzen durch bloßes Anklicken ermöglichen. Im wesentlichen sind es nicht mehr technische Hürden, die den Weg in die Informationsgesellschaft versperren, sondern psychologische Hemmschwellen. Diese durch die Entwicklung leicht bedienbarer, sich selbst erklärender Software abzubauen, liegt im ureigensten Interesse der Multimedia-Unternehmen.

2.3 Die finanzielle Hürde: Marktwirtschaft macht die neuen Medien erschwinglich

Die Fähigkeit, mit einem Computer umzugehen, ist eine notwendige, aber keine hinreichende Voraussetzung für den Zugang aller zur Datenautobahn. Automatisch schließt sich die Kostenfrage an: Wer wird sich die Nutzung multimedialer Angebote leisten können?

Alles deutet darauf hin, daß die technologische Entwicklung und der marktwirtschaftliche Wettbewerb wesentliche Voraussetzungen dafür schaffen werden, daß die Datenautobahn auch finanziell in jedermanns Reichweite rückt:

- Der Fall der staatlichen Fernmelde-Monopole und der verschärfte internationale Wettbewerb der Netzwerkbetreiber werden einen dramatischen Preisverfall bei den Kosten für die Datenübertragung bewirken.
- Die Kosten der Hardware werden beträchtlich sinken. Die Halbleiterindustrie arbeitet an einer neuen Generation von Hochleistungschips, sogenannten "Multimedia-Prozessoren", mit denen die Endgeräte (Multimedia-PC, Set-Top-Boxen) nicht nur leistungsfähiger, sondern auch deutlich preiswerter werden. Dem Mooreschen Gesetz zufolge verdoppelt sich die Leistungsfähigkeit von Mikroprozessoren alle anderthalb Jahre – ein Gesetz, das im Jahre 1965 aufgestellt wurde und immerhin schon drei Jahrzehnte gültig ist.
- Unabhängig davon bereitet die Computer-Industrie schon heute die Einführung einer "abgespeckten" Version von Personal Computern vor, deren Funktion sich auf drei unverzichtbare Anwendungen beschränkt: Textverarbeitung, Tabellenkalkulation und Internet-Anschluß. Ein solcher Personal Computer kann für weit unter 1000 Mark angeboten werden und wird somit auch für finanzschwächere Verbraucher erschwinglich sein.

2.4 Die Bewältigung der Informationsmenge mit Hilfe von Online-Diensten

Spätestens an dieser Stelle werden die Skeptiker einwenden, dem einzelnen sei mit dem Zugang zur Datenautobahn noch nicht geholfen, weil er mit der schieren Fülle an Informationen schlicht überfordert sei. In Wirklichkeit ist es keine ganz neue Erfahrung, daß Informationsmengen zu groß sind, als daß jemand sie allein bewältigen könnte. Schon immer hat sich innerhalb von 24 Stunden mehr ereignet, als am nächsten Tag in die Zeitung paßte. Warum konnten wir trotzdem damit leben? Weil es Redaktionen gab, die eine sinnvolle Auswahl aus dieser Informationsfülle trafen, um sie überschaubar aufzubereiten.

Diese Funktion werden auf der Datenautobahn die Online-Dienste übernehmen. Ein Online-Dienst versorgt seine Abonnenten in erster Hinsicht mit Angeboten, die ihm einen direkten Nutzen versprechen: Mit Informationen über Gesundheit und Finanzen, mit Dienstleistungen vom Homebanking bis zu Reisebuchungen und mit Kommunikationsmöglichkeiten rund um den Erdball.

Darüber hinaus erschließt ein Online-Dienst wie AOL, den wir im November 1995 in Deutschland eingeführt haben, auch die Informationsbestände des Internet. Und zwar auf eine solch übersichtliche Weise, daß jedermann schnell und gezielt die Information erreichen kann, die er wünscht. Anders als eine Zeitungsredaktion, die Informationen für eine große Lesergruppe ausfiltert, ermöglichen die elektronischen Suchprogramme der Online-Dienste aber eine Filterung, die genau auf die individuellen Informationsbedürfnisse abgestimmt ist. So sorgen Online-Dienste dafür, daß die Suche nach Information für niemanden zu einer frustrierenden Odyssee wird.

3 Die Informationsgesellschaft gestalten

Die Informationsgesellschaft ist eine Herausforderung für uns alle. Wie jeder tiefgreifende Entwicklungsprozeß ist sie nicht aufzuhalten. Aber sie läßt sich gestalten.

So ist der gleichberechtigte Zugang aller zur Datenautobahn die Voraussetzung dafür, daß die Informations- und Kommunikationsgesellschaft der Zukunft eine demokratische Gesellschaft ist. Um dies sicherzustellen, ist eine ganze Reihe von Maßnahmen erforderlich:

- Die staatlichen Fernmelde-Monopole müssen so schnell wie möglich beseitigt werden. Nur dann kann die Marktwirtschaft einen entscheidenden Beitrag dazu leisten, daß Information und Kommunikation preisgünstig und für jedermann erschwinglich um den Erdball fließen. Zur Zeit sind die Übertragungskosten für den Online-Datentransfer in Deutschland bis zu fünfmal höher als in den USA. Die Tarifreform 1996 der Deutschen Telekom hat zusätzliche Hürden auf dem Weg in die Informationsgesellschaft verursacht, da die Datendienste zum Ortstarif genutzt werden. Hier muß dafür gesorgt werden, daß noch während der Übergangszeit, in der es auf dem Gebiet der Telekommunikation noch keinen wirklichen Wettbewerb gibt, günstigere Tarife für den Zugang zu den Datennetzen geschaffen werden.
- Der diskriminierungsfreie Zugang aller Anbieter von Inhalten zu den Übertragungsnetzen muß gewährleistet sein. Dies gilt weniger für die schmalbandigen Online-Dienste als vielmehr für den Bereich des digitalen und interaktiven Fernsehens, wo hohe Zukunftsinvestitionen eine einheitliche technologische Plattform erfordern.
- Öffentliche Bibliotheken und Bildungseinrichtungen müssen in die Lage versetzt werden, über den traditionellen Zugang zur "Gutenberg-Galaxie" hinaus auch eine Auffahrt auf die Datenautobahn zu bieten.
- Die Vermittlung von Kompetenz im Umgang mit den neuen Medien muß einen Schwerpunkt des schulischen Unterrichts bilden. Hier spielt die Bertelsmann Stiftung eine Pionierrolle. Sie erarbeitet medienpädagogische Konzepte für einen verantwortungsvollen Umgang mit den neuen Kommunikationstechnologien, sie konzipiert Fortbildungsprogramme, um Lehrer und Hochschuldozenten im Einsatz von multimedialen Mitteln zu schulen, und sie gibt Impulse für die Entwicklung von Industriestandards für elektronische Lehrmittel. Das Programm "Bildungswege in der Informationsgesellschaft" (B.I.G.), das die Bertelsmann Stiftung im Jahre 1995 gemeinsam mit der Heinz Nixdorf Stiftung ins Leben gerufen hat, bündelt alle diese Ansätze und stellt die bislang größte Privatinitiative zur Bildung und Erziehung mit neuen Medien dar.
- Ein effektiver Datenschutz muß sicherstellen, daß die Benutzer der neuen Dienste nicht zu "gläsernen Menschen" werden. Weder der Staat noch interessierte Dritte dürfen sich der Informationsnetze bedienen, um mißbräuchlich Informationen zu sammeln. Hier gilt es zunächst, geeignete Verschlüsse-

lungstechniken zu entwickeln. Die praktische Organisation der Datensicherheit könnte in die Hand privater "Trust Center" gelegt werden, wie es der Technologierat in seinen Empfehlungen vom Dezember 1995 vorgeschlagen hat.

- Das globale Datennetz stellt auch den Jugendschutz vor neue Herausforderungen. Die Inhalte, die im Internet abrufbar sind, lassen sich aufgrund der dezentralen Struktur und des rapiden Wachstums des Netzes nicht kontrollieren. Eine gesetzliche Regelung nach dem Vorbild des "Communications Decency Act", den kürzlich eine Kommission des amerikanischen Kongresses entworfen hat, um mit ihm die Gesamtheit des Datenverkehrs zu kontrollieren, ist von der Wirklichkeit längst überholt. Sinnvoller ist es, am Endgerät anzusetzen und die Anbieter von Internet-Zugängen und die Online-Dienste, die über einen integrierten Internet-Zugang verfügen, Verfahren freiwilliger Selbstkontrolle entwickeln zu lassen. Ein mustergültiges Beispiel liefert das "parental control"-System des Online-Dienstes AOL. Abonnieren kann den Dienst nur ein Erwachsener. Als Mitglied kann er für seine Familie bis zu vier weitere "accounts" mit je eigenem Passwort einrichten. Dabei legt er fest, welche Bereiche der Datenautobahn seinen Kindern offen stehen oder verschlossen bleiben sollen: Er kann ihnen beispielsweise Zugang zum World Wide Web gewähren, aber die Nutzung von "Newsgroups" ausschließen, oder er kann die minderjährigen Netz-Surfer ganz auf die AOL-Seiten beschränken.

4 Die Informationsgesellschaft als Chance

Wir sollten angesichts der Herausforderung nicht aus den Augen verlieren, welche Chancen die Informationsgesellschaft bietet. Information und Wissen sind die Produktionsfaktoren des 21. Jahrhunderts. Wenn wir die Voraussetzungen für einen freien Informationsfluß schaffen, wird dies der Quell neuer Prosperität für uns alle sein.

Diese Chancen kann die europäische Wirtschaft nur wahrnehmen, wenn auch die politischen Rahmenbedingungen Gestaltungsfreiheit lassen. In den Vereinigten Staaten hat der Gesetzgeber mit weitreichenden Deregulierungsmaßnahmen bereits Fakten geschaffen und der amerikanischen Industrie wertvolle Startvorteile verschafft.

Wenn wir beherzigen, daß Demokratien nicht an Informations*überschüssen* zugrundegehen, sondern an Informations*defiziten*, dann werden wir uns auch darüber verständigen können, daß es jetzt darauf ankommt, die Schaffung der Informationsgesellschaft mit Phantasie und Gestaltungswillen in Angriff zu nehmen.

Literatur

Negroponte, N. (1995). *Total Digital.* C. Bertelsmann: München, S. 248 f.

Rheingold, H. (1994). *Virtuelle Gemeinschaft. Soziale Beziehungen im Zeitalter des Computers.* Bonn, Paris, Reading, S. 325 ff.

Veil, S. (1965). *Réflexions sur les causes de la liberté et de l'oppression sociale,* Paris, S. 52 f.

Menschliche Kommunikation in der Informationsgesellschaft

Ulrich Glowalla
Fachbereich Psychologie, Universität Gießen

Zusammenfassung. Multimedia und weltumspannende Telekommunikationsnetze verändern und erweitern die Formen menschlicher Kommunikation. Daraus ergibt sich die Frage, ob die neuen Perpektiven eher zur Entfaltung unserer Möglichkeiten beitragen oder diese beeinträchtigen werden. Eine Analyse der Kontextabhängigkeit sozialer Interaktionen und der vielschichtigen Bedeutung nonverbaler Kommunikation tragen dazu bei, eine Antwort auf die gestellte Frage zu finden.

Schlüsselwörter. multimediale Kommunikation, verbale und nonverbale Kommunikation, Kontextabhängigkeit sozialer Interaktionen.

1 Bedeutung der Kommunikation

Trotz einiger Abweichungen in den Details gehen inzwischen alle Verantwortlichen in Politik und Wirtschaft davon aus, daß die Informations- und Kommunikationstechniken entscheidenden Einfluß auf die Gestaltung der Informationsgesellschaft des 21. Jahrhunderts haben werden. Die rasanten Fortschritte bei der Digitalisierung von Information sowie der Entwicklung von Multimedia-Techniken und die zunehmende Leistungsfähigkeit der weltumspannenden Telekommunikationsnetze verführen dazu, vor allem die Potentiale der neuen Technologien zu diskutieren. Betrachtet man die Potentiale von weltumspannenenden Telekommunikationsnetzen in bezug auf die Kommunikation, so erscheint die Perspektive verlockend, daß jeder mit jedem via Netz kommunizieren kann. Wir beobachten also eine fortschreitende Technisierung weiter Teile der menschlichen Kommunikation. Es ist daher zu fragen, ob unsere Verhaltens- und Kommunikationsdispositionen diesen Umwälzungen gewachsen sind. Weiter ist zu fragen, ob sich das menschliche Kommunikationsverhalten durch Telekommunikationsanwendungen verändern wird und wenn ja, in welche Richtung. Schließlich sind die Bedingungen von Interesse, die gegeben sein müssen, damit technisch basierte Kommunikation der zwischenmenschlichen Kommunikation von Angesicht zu Angesicht als hinreichend ähnlich erlebt wird.

2 Kontextabhängigkeit sozialer Interaktionen

Menschen sind soziale Wesen und es ist durchaus richtig zu sagen, daß unser Leben aus einer Aneinanderreihung vieler verschiedener sozialer Interaktionen besteht. Namhafte Sozialpsychologen vertreten die Auffassung, daß Kommunikation das Herzstück sozialer Interaktionen bildet (z.B. Hayes, 1993). Alle sozialen Interaktionen geschehen immer in einem bestimmten Kontext. Wir unterscheiden zwischen physikalischen, sozialen und kulturellen Kontexten.

Physikalischer Kontext. Unter physikalischem Kontext versteht man den Raum, in dem eine soziale Interaktion stattfindet. Obgleich die Beschaffenheit räumlicher Gegebenheiten im allgemeinen nicht mit den in ihnen stattfindenden sozialen Interaktionen zusammenhängt, beeinflussen sie doch auf vielfältige Weise das menschliche Verhalten: Überfüllte Räume erzeugen häufig Streß und Platzangst, die Einrichtung eines Büros kann auf subtile Weise Macht demonstrieren und die Sitzordnung in einem Klassenraum beeinflußt die Art der Kommunikation zwischen Lehrern und Schülern.

Sozialer Kontext. Im Verlauf unserer Entwicklung erwerben wir Wissen über typische Handlungsabläufe und übernehmen verschiedene Rollen durch soziales Lernen. Für typische Handlungsabläufe haben Schank und Abelson (1977) den Begriff des *Script* eingeführt. Nehmen Sie an, daß Sie in ein Restaurant gehen, um zu essen. Eine ganze Reihe von Personen sind in dieser Situation anwesend: Sie selbst, Ihre Begleitpersonen, der Kellner und andere Gäste. Unabhängig davon, wer genau die jeweiligen Personen sind, ist weitgehend festgelegt, wer wann was tut. Sie als Gast werden bestellen, essen und bezahlen. Der Kellner wird Ihr Essen servieren und die Rechnung kassieren usw.

Ein beträchtlicher Teil unseres täglichen Lebens entspricht im oben beschriebenen Sinne typischen Handlungsabläufen. Wenn wir sozial interagieren, übernehmen wir bestimmte Rollen, die uns sagen, wie wir uns den anderen beteiligten Personen gegenüber zu verhalten haben. Dieselbe Person übernimmt in verschiedene Situationen ganz unterschiedliche Rollen, als Student in einer Vorlesung oder als Besucher einer Disco. Diese Rollen erlernen wir durch Beobachtung von Modellen und die anschließende Imitation ihrer Verhaltensweisen. Seit Bandura (z.B. Bandura & Walters, 1973) spricht man von *sozialem* oder *Beobachtungslernen.* Eine Vielzahl menschlicher Verhaltensweisen werden auf diese Weise erlernt.

Eine berühmt gewordene Studie von Haney, Banks und Zimbardo (1973) demonstriert die Bedeutung des sozialen Lernens. Die Autoren baten Studenten, in einem fiktiven Gefängnis entweder die Rolle der Gefangenen oder die der Wachen zu spielen. Niemand erläuterte den Studierenden, wie sie sich zu verhalten hatten, wie sie also ihre jeweiligen Rollen ausfüllen sollten. Sehr schnell kam es dazu, daß die "Gefangenen" apathisch, die "Wachen" hingegen äußerst aggressiv wurden. Die Situation entwickelte sich derart dramatisch, auch ohne die Verwendung direkter physischer Gewalt, daß das Experiment nach sechs Tagen abgebrochen werden mußte, um psychische Schäden bei den Beteiligten, insbesondere den "Gefangenen", auszuschließen.

Kultureller Kontext. Auch der kulturelle Kontext prägt das menschliche Verhalten. Greifen wir zur Illustration das *Script* "Essen im Restaurant" wieder auf. Viele Europäer, die Restaurantbesuche in Europa gewöhnt sind, benehmen sich in amerikanischen Restaurants daneben, indem sie nach Betreten des Lokals eigenmächtig einen Tisch anstreben und nicht darauf warten, daß sie vom Empfangschef an einen Tisch geführt werden. In diesem Aspekt unterscheidet sich der soziale Kontext Restaurant zwischen der europäischen und amerikanischen Kultur.

Vor allem die hier nur beispielhaft skizzierten vielfältigen Einflüsse des sozialen und kulturellen Kontextes menschlicher Interaktionen machen deutlich, daß es zur Entwicklung erfolgreicher Formen globaler, weltweiter Kommunikation einer ganzen Reihe von Voraussetzungen bedarf. Erst ein recht umfassendes Wissen um soziale und kulturelle Besonderheiten ermöglicht problemlose und erfolgreiche Kommunikation über soziale und kulturelle Grenzen hinweg. Inwieweit das Internet mit seinen Kommunikationspotentialen hier erfolgreiche Beiträge leisten kann, demonstrieren eindrucksvoll eine ganze Reihe von Schulpartnerschaften zwischen Deutschland, den USA und anderen Ländern (vgl. Spiegel, 9/1994).

3 Bedeutung der nonverbalen Kommunikation

Wir kommunizieren sowohl verbal als auch nonverbal. Die unterschiedlichen Ausprägungen geschriebener Sprache und auch die meisten Formen elektronisch vermittelter Sprache sind eher dazu geeignet, verbal zu kommunizieren. Erfolgreiche verbale Kommunikation hängt von unserer Sprachkompetenz, dem Wissen über unsere Welt sowie unserem Vorwissen ab. Bei Vorwissen unterscheidet man zwischen spezifischen Bereichen, z.B. die fundierte Kenntnis einer bestimmten Wissenschaft, und der Menge gemeinsamer Erfahrungen aller an einem Kommunikationsprozeß beteiligten Personen. All diese Aspekte näher zu erläutern, würde den Rahmen dieses Aufsatzes sprengen. Ich verweise statt dessen auf die einschlägige Literatur (Anderson, 1990; Just & Carpenter, 1987).

Wichtig für unseren Gedankengang sind die häufig vernachlässigten Aspekte der nonverbalen Kommunikation. Nonverbale Kommunikation ist nach Argyle (1972) geeignet, sprachliche Ausdrücke zu unterstützen oder gar zu ersetzen sowie Einstellungen und Emotionen zu signalisieren. Welche Bedeutung wir Menschen den nonverbalen und damit fast gleichbedeutend den *emotionalen* Aspekten der Kommunikation beimessen, kann man allein daran ablesen, daß die per *E-mail* korrespondierende *Online Community* sehr schnell ein umfassendes und differenziertes System von Kürzeln, sogenannten *Emoticons*, entwickelt hat, um auch in den schriftsprachlichen E-mails Emotionen ausdrücken zu können. Man unterscheidet bei der nonverbalen Kommunikation zwischen sprachbegleitenden Signalen, Mimik und Blickkontakt sowie Gesten und Körpersprache.

Sprachbegleitende Signale. Sprachbegleitende Signale werden weiter untergliedert in Intonationen, Interjektionen und verschiedene Sprachanlässe. Was mit Intonation gemeint ist, erklärt sich fast von selbst. Die Aussage "Ich stimme Ihnen selbstverständlich zu" kann je nach Betonung Zustimmung oder das glatte Gegenteil bedeuten. Interjektionen wie "Hm", "Aha" oder "Soso" haben auch ohne unmittelbare lexikalische Bedeutung einen unter Umständen recht hohen Wert für die Kommunikation. Denken Sie beispielsweise an ein Telefonat, wo Ihr Gesprächspartner nicht ab und an wenigstens mit "Aha" oder "Soso" antwortet. Schon sehr bald werden Sie nachfragen, ob er denn überhaupt noch da ist und zuhört. Solche Interjektionen signalisieren also zum Beispiel schlicht und ergeifend "Ich bin noch da und höre zu". Schließlich unterscheiden wir zwischen verschiedenen Sprachanlässen. Derselbe Mensch redet in einer formalen Ansprache anders als in einem Beratungsgespräch oder einer familiären, vertrauten Situation.

Mimik und Blickkontakt. Mimik und Blickkontakt sind sehr wichtige Signale, um den Fluß einer Konversation zu steuern oder auch einen Sprecherwechsel anzudeuten. Kendon (1967) fand z.B. heraus, daß Sprecher in einer Kommunikationssituation den Blickkontakt mit ihrem Zuhörer meiden, solange sie sprechen. Am Ende ihrer Rede blicken sie aber auf, gleichsam als ob sie signalisieren wollten, daß sie die Kontrolle zum Sprechen an die andere Person übergeben wollen. Der Hörer hingegen behält die ganze Zeit den Blickkontakt aufrecht. In der Tat finden wir es äußerst merkwürdig, wenn eine Person, mit der wir reden, für längere Zeit oder immer wieder wegschaut. Wir interpretieren dieses Signal als Desinteresse.

Gesten und Körpersprache. Den verschiedenen Aspekten der Kommunikation kommt eine erhebliche Bedeutung zukommt. Argyle, Alkema und Gilmour (1971) konnten z. B. zeigen, daß wir mit fünfmal höherer Wahrscheinlichkeit den nonverbalen Signalen Glauben schenken, wenn verbale und nonverbale Nachrichten, die gleichzeitig ausgesendet werden, nicht übereinstimmen. Da nonverbale Signale häufig schnell und unbewußt ausgesandt werden, messen wir gerade diesen Signalen ein hohes Gewicht bei, da sie in unserer Einschätzungen die "wahren" Absichten des Sprechers signalisieren.

4 Perpektiven multimedialer Kommunikation

Die in Abschnitt 3 zusammengetragenen Beispiele dokumentieren, daß nonverbale Signale erheblich zum Gelingen menschlicher Kommunikation beitragen. Man darf deshalb erwarten, daß Multimedia und Interaktivität technisch basierte Kommunikation vermenschlichen werden. Die gleichzeitige Übertragung von Text- , Bild-, Audio- und Videoinformation in nicht geahnter Qualität auf breitbandigen Telekommunikationsnetzen erlaubt den Transport verbaler und nonverbaler Komponenten der menschlichen Kommunikation. Telekonversation und Telekooperation werden demzufolge der Konversation und Zusammenarbeit von Angesicht zu Angesicht immer ähnlicher. Aus diesem Grunde möchte ich Mark Wössner uneingeschränkt zustimmen, wenn er sagt: "Nimmt man das Internet und die Online-Dienste zum Maßstab, wird die Gesellschaft des 21. Jahrhunderts mehr noch als eine Informationsgesellschaft eine Kommunikationsgesellschaft sein" (Wössner, im vorliegenden Band).

Stellt man die Frage nach weiteren Perspektiven multimedialer Kommunikation, dann findet man einen interessanten Ansatzpunkt bei der in Abschnitt 3 vorgenommenen Trennung zwischen verbaler und nonverbaler Kommunikation. Diese schlichte Dichotomisierung verliert im Zeitalter der multimedialen Kommunikation an Gültigkeit. Wie ist das zu verstehen? Beim sozialen Lernen und auch in vielen Lehrsituationen arbeiten wir häufig mit Illustrationen, Verweisen auf reale Gegenstände und Abläufe bzw. deren Videodarstellung; gelegentlich verwenden wir auch funktional verdichtete Artefakte wie beispielsweise den aus der Fahrschule bekannten vereinfachten Otto-Motor. Alle hier aufgeführten Veranschaulichungen dienen demselben Zweck, nämlich der Erleichterung von Verstehens- und Lernprozessen. Die immensen Fortschritte der Multimedia-Technik erleichtern diese Prozesse erheblich, indem Animationen und virtuelle Realitäten mit hohem Echtheitsgrad entwickelt werden können (vgl. den Beitrag von Göbel und Grunst, im vorliegenden Band). Da wir mittels breitbandiger Telekommunikationsnetze praktisch alle Bilder und Bewegtbilder in beliebiger Qualität überall auf der Welt verfügbar machen können, ist es eine wenig gewagte Vorhersage, daß neben der verbalen und nonverbalen Kommunikation die Kommunikation mit Bildern und Bewegtbildern erheblich an Bedeutung gewinnen wird (vgl. hierzu auch Weidenmann, 1995). Multimedia und Telekommunikation spielen bei dieser Erweiterung der menschlichen Kommunikation insofern eine bedeutende Rolle, als sie gestatten, visuelle Informationen zu vertretbaren Kosten und beliebig häufig überall und immer wieder in Konversationen und Lehrsituationen zu nutzen.

5 Fazit und Ausblick

Ich will meine Betrachtungen über die Weiterentwicklung der menschlichen Kommunikation in der Informationsgesellschaft nicht beschließen, ohne auf zwei Gefahren hingewiesen zu haben. Die eine Gefahr betrifft den möglichen Verlust an Phantasie; die andere die zunehmende Schwierigkeit, zwischen realer und fiktiver Welt zu unterscheiden. Jeder Zeitgenosse, der nach dem Lesen eines spannenden Abenteuerromans seine filmische Umsetzung sieht, wird feststellen, daß die dargestellten Personen und Orte häufig seinen Phantasien erheblich widersprechen. Denkt man an Filmbeispiele wie Jurassic Park von Steven Spielberg oder Taxandria von Raoul Servais, wird unmittelbar deutlich, wie gut es inzwischen gelingt, reale Darstellungen und fiktive Welten in eine quasi-reale Welt zusammenzubringen. Ohne ein gerüttelt Maß an Welt- und Vorwissen ist die kritische Beurteilung solcher Produktionen nicht mehr möglich.

Wenn wir aber diesen Gefahren bewußt ins Auge sehen, die notwendigen Qualifikationen zur Beherrschung dieser Gefahren vermitteln, und dabei auch den Umgang mit moderner Informations- und Kommunikationstechnologie als wesentliche Aufgaben von Schule und Universität nicht vergessen, dann bin ich zuversichtlich, daß die multimediale Kommunikation zu unser aller Wohl beitragen kann und die Gefahren in den Hintergrund treten werden.

Literatur

Anderson, J.R. (1990). *Cognitive Psychology and ist implications* (3rd ed.). San Francisco: W.H. Freeman and Company.

Argyle, M. (1972). *The psychology of interpersonal behaviour.* Harmondsworth: Penguin.

Argyle, M., Alkema, F., & Gilmour, R. (1971). The communication of friendly and hostile attitudes by verbal and non-verbal signals. *European Journal of Social Psychology, 1,* 385-402.

Bandura, A., & Walters, R.H. (1973). *Social learning and personality develo-pement.* New York: Holt Rinehart & Winston.

Göbel, M., & Grunst, G. (1996). Die Macht der Visualisierung. *Im vorliegenden Band.*

Haney, C., Banks, W.C., & Zimbardo, P.G. (1973). Interpersonal dynamics in a simulated prison. *International Journal of Criminology and Penology, 1,* 69-79.

Hayes, N. (1993). *Principles of Social Psychology.* Hove, UK: Lawrence Erlbaum Associates.

Just, M.E., & Carpenter, P.A. (1987). *The psychology of reading and language comprehension.* Newton, MA: Allyn and Bacon.

Kendon, A. (1967). Some functions of gaze in social interaction. *Acta Psychologica, 26,* 1-47.

Schank, R., & Abelson, R. (1977). *Scripts, plans, goals and understanding: An enquiry into human knowledge.* Hillsdale, NJ.: Lawrence Erlbaum Associates.

Spiegel (9/94). Revolution des Lernens. Titelgeschichte von J. Mohr, *Der Spiegel,* Heft 9/94, S. 96-116.

Weidenmann, B. (1995). Abbilder in Multimedia-Anwendungen. In L.J. Issing & P. Klimsa (Hrsg.), *Information und Lernen mit Multimedia* (S. 107-121). Weinheim: Beltz-Verlag.

Wössner, M. (1996). Informationsgesellschaft und Demokratie –Was bedeutet die digitale Revolution für die Gesellschaft? *Im vorliegenden Band.*

Telearbeit: Praxis statt Utopie auf dem Weg in die Informationsgesellschaft

Wilhelm R. Glaser
Universität Tübingen, Psychologisches Institut

Zusammenfassung. Die heute wichtigsten Formen der Telearbeit, alternierend und mobil, werden charakterisiert. Vier günstige Randbedingungen für ihre Ausbreitung werden erörtert: technische Reife und Massenverfügbarkeit der Computer, Veränderungen der Büroarbeit durch deren Anwendung, Flexibilisierung der Organisationen und Wertewandel bei den Arbeitnehmern. Wichtige Befunde aus unserer psychologischen Begleituntersuchung des Modellversuches "Außerbetriebliche Arbeitsstätten" der IBM Deutschland GmbH (Glaser & Glaser, 1995) werden referiert und in eine knappe Gesamtschau des dramatischen gesellschaftlichen Wandels, zu dem Telearbeit gehört, integriert.

Schlüsselwörter. Telearbeit, alternierende Telearbeit, mobile Telearbeit, Flexibilisierung der Organisationen, Substitution von physischem Verkehr, Führung durch Zielvereinbarung, Arbeitszufriedenheit bei Telearbeit.

1 Definitionen

Geläufigen Definitionen nach handelt es sich bei Telearbeit um Büroarbeit, überwiegend im Rahmen eines regulären Arbeitsvertrages, mit einem zumindest zeitweise an das Netz des Arbeitgebers gekoppelten Computer an einem Ort außerhalb der zentralen Geschäftsräume. Bedeutsam sind heute alternierende Teleheimarbeit und mobile Telearbeit. Bei der ersteren wird die Arbeitszeit zwischen einem entsprechend ausgestatteten häuslichen Arbeitsplatz und einem Schreibtisch im Büro aufgeteilt, der in der Regel mehreren Kollegen dient, und zwar meist in einem wöchentlich sich wiederholenden Rhythmus. Bei letzterer werden Mitarbeiter in Außendienst, Einkauf, Verkauf, Beratung, Schulung und Service mittels mobiler Computer in die Lage versetzt, den größten Teil der nicht in den Räumen des Kunden ausgeführten Arbeit auf Reisen, also in Fahr- und Flugzeugen, Warte- und Hotelzimmern und auch zu Hause zu erledigen.

Telearbeit ist eine grundlegende Veränderung in der Arbeitsgestaltung des einzelnen und der Organisationen. Ein solcher Wandel entsteht nur bei Überdetermination durch mehrere Randbedingungen und Motive. Wir sehen hier vier Bestimmungsstücke: die technische Reife und preisgünstige Massenverfügbarkeit der Computer, die Veränderungen der Büroarbeit durch deren Anwendung, die

Flexibilisierung der Organisationen und schließlich neue Wertorientierungen der Arbeitnehmer.

2 Die zwei Komponenten der Büroarbeit

Büroarbeit hat ihrem Wesen nach zwei Komponenten. Zum einen bedeutet sie das Ändern von Gegebenheiten, die in Akten, Unterlagen oder Zeichnungen symbolisch repräsentiert sind, durch den Menschen. Die Arbeit besteht im Erzeugen neuer Symbole, die herkömmlicherweise durch Sprechen weitergegeben oder durch Schreiben, Zeichnen, Diktieren zu Papier gebracht werden und später durch Interpretationsprozesse, etwa in der Fertigung, bei Reparaturen, im Gütertransport außerhalb des Büros wieder in die materielle Realität hineinwirken. Vernetzte Computer sind Symbole speichernde, verarbeitende und transportierende Maschinen. Als solche nehmen sie dem Menschen viele Büroroutinen ab und setzen ihn für komplexe, kreative, problemlösende, planende und gestaltende Aktivitäten frei. Je nach Stand der Technik entstehen zumindest temporär auch einfache und monotone Arbeiten wie Dateneingabe.

Sachbearbeiter, Fachexperten und Manager müssen oft auf Unterstützungsfunktionen verzichten und beispielsweise ihre Schreibarbeiten, früher Sache von Schreibkräften, in einem gewissen Umfang auf dem Computer selbst erledigen.

Wann immer vernetzte Computer die zur Büroarbeit benötigte Information auf dem Schirm darbieten und deren Resultate weiterverarbeiten, speichern und transportieren, kommt es jedoch auf den Ort, an dem der einzelne seine Tätigkeit verrichtet, grundsätzlich nicht mehr an. Das ist die entscheidende Randbedingung für Telearbeit in großem Stil. Natürlich dürfen die höheren Netzkosten infolge der größeren Entfernungen wirtschaftlich nicht prohibitiv sein. Sie müssen in einem ökonomisch und ökologisch vernünftigen Verhältnis zu den Ersparnissen für nicht mehr nötige Pendlerfahrten und eingesparten Büroraum stehen.

Die zweite entscheidende Komponente der Büroarbeit ist die zwischenmenschliche Kommunikation. Soweit sie im Büro über Telefon und andere Telekommunikationsmittel abläuft, und das ist ein beträchtlicher Anteil, gilt das für den Computergebrauch Gesagte in völlig gleicher Weise. Wenn zwei oder mehr Personen miteinander telefonieren oder telekonferieren, spielt der Ort, an dem sie sich befinden, definitiv keine Rolle mehr, so daß sich Telearbeit problemlos anbietet. Wieder dürfen die Kosten größerer Entfernung nicht zu hoch sein.

Kritisch ist jetzt aber der Anteil unverzichtbarer Face-to-face-Kommunikation. In einem bestimmten Maße müssen die Menschen im Büro, auch wenn sie viel miteinander telefonieren und über die Rechner elektronische Mitteilungen und Anweisungen senden und erhalten, sich gegenseitig sehen und persönlich miteinander sprechen können, und zwar formell und informell, geplant und ungeplant. Es geht dabei nicht nur um das bloße Sprechen, sondern auch um die Wahrnehmung der Körpersprache und um "Social awareness", ein sich bei der Arbeit einstellendes Gefühl der Gemeinsamkeit, ein ständiges, beiläufiges Empfinden der Person und der Tätigkeit des anderen. Das ist offenkundig eine elementare Bedingung humaner Arbeitsgestaltung.

Müßte sie permanent erfüllt sein, wäre Telearbeit ausgeschlossen. Aufgrund unserer eingehenden psychologischen Begleituntersuchung des Modellversuchs "Außerbetriebliche Arbeitsstätten" der IBM Deutschland Informationssysteme GmbH (Glaser & Glaser, 1995) und, natürlich, der wissenschaftlichen Literaturlage (Huws, Korte & Robinson, 1990; Gray, Hodson & Gordon, 1993) vertreten wir aber die Auffassung, daß eine ständige soziale Präsenz dieser Art unnötig ist. Die entscheidende Frage gilt hier vielmehr dem richtigen Ausmaß. Für die Telearbeit ist die Antwort deren alternierende Form. Dabei wird stets ein Teil der wöchentlichen Arbeitszeit noch gemeinsam mit Kollegen in den Geschäftsräumen abgeleistet. In unserer Untersuchung hat sich gezeigt, daß die oft diskutierten Probleme einer mangelhaften formellen und informellen betrieblichen Kommunikation, der sozialen Isolierung und Vereinsamung der Telearbeiter, nachlassender Identifizierung mit dem Unternehmen, steigender Tendenz zur Selbstüberlastung oder gar Selbstausbeutung und verringerter Aufstiegs- und Beförderungschancen durch eine richtig gewählte Zeitstruktur der alternierenden Telearbeit praktisch verschwinden. Die richtigen Proportionen hängen dabei von vielen Faktoren ab. Sie reichen von der Persönlichkeit des einzelnen über die Struktur der Teamarbeit bis zur Art der Tätigkeit und vielen Details der Arbeitsgestaltung. Verläßliche, verallgemeinerbare Regeln müssen hier erst noch durch weitere Forschung gewonnen werden. Bemerkenswert ist, daß die alternierende Form der Telearbeit im Laufe der Jahre und Modellversuche erst sehr spät entdeckt wurde. Sie ist eine echte, unvorhergesehene Problemlösung.

Das unverzichtbare Minimum an Face-to-face-Kommunikation, ohne das Telearbeit scheitern muß, ist also keine Konstante. Sein Ausmaß hängt von vielen Faktoren ab. In unserer IBM-Studie konnten wir beispielsweise eine deutliche und erfolgreiche Verlagerung eines Teils der Kommunikation von Face-to-face auf Telefon und elektronische Post feststellen. Sie betraf nahezu gleichmäßig die Kommunikation mit allen Ansprechpartnern bei der Arbeit, also mit Vorgesetzten, Partnern im eigenen Team, anderen Mitarbeitern des eigenen Unternehmens und externen Kunden. Sehr ungleichmäßig war die Verteilung auf die Gesprächsanlässe. Vor allem bei den Meetings brachte Telearbeit kaum Veränderungen. Arbeitsbesprechungen fanden weiterhin im Büro statt, und zwar im gleichen Umfang wie bei der ausschließlichen Büroarbeit. Die von uns erhobenen Veränderungen der Kontakthäufigkeiten bei Telearbeit zeigt Abbildung 1.

Mit dem Vorgesetzten

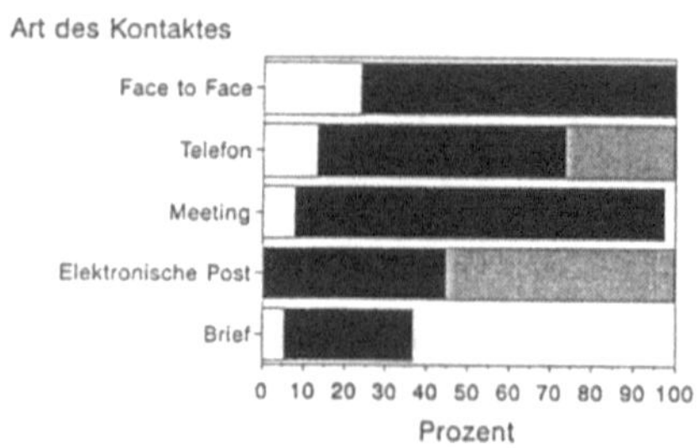

Mit dem Team

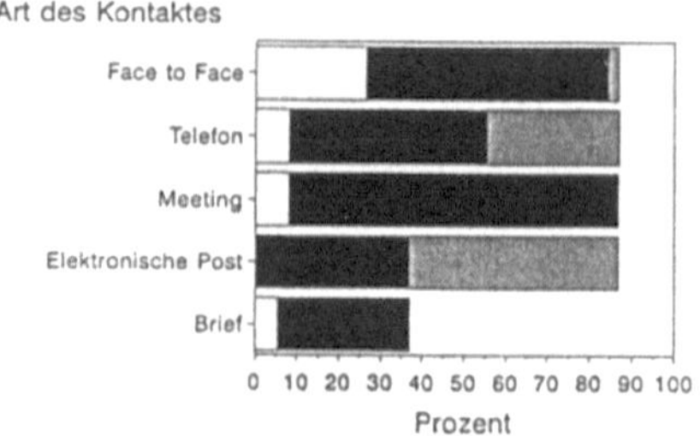

Mit anderen IBM-Mitarbeitern

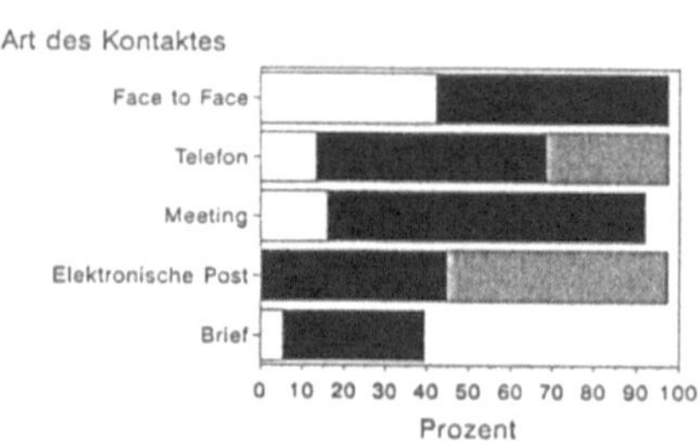

Mit externen Kunden

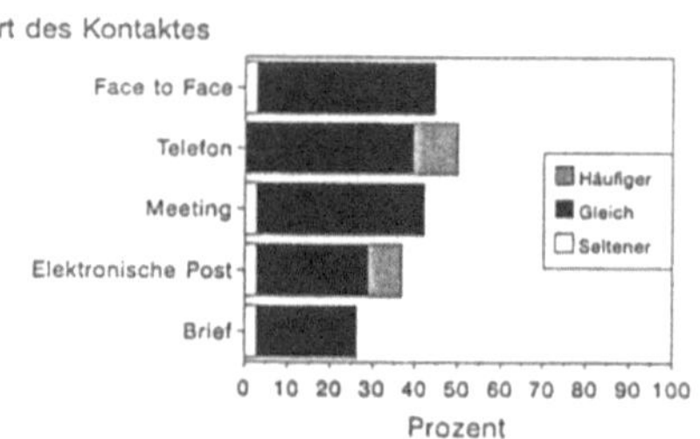

Abbildung 1: Die Veränderung der Kontakte bei der Arbeit zu Hause im Modellversuch der IBM (Quelle: Glaser & Glaser, 1995, S. 33)

Die wissenschaftliche Untersuchung der Telearbeit hat auch dafür sensibilisiert, daß das Ausmaß an Face-to-face-Kontakten im Büro oft suboptimal hoch ist. Ständig ansprechbar zu sein und unter einer gewissen Beobachtung zu stehen, ständig das Tun anderer zumindest peripher mitzubekommen, kann, vor allem auch bei kreativen und problemlösenden Tätigkeiten, beträchtlich stören. Büropolitik und Klatsch bilden zwar etwas wie einen angenehm warmen sozialen Humus. Es tritt aber, um im Bilde zu bleiben, auch schnell Überdüngung ein, bei der Pflanzen bekanntlich absterben. In unserer Studie wurde die Verringerung dieses Teils der Face-to-face-Kontakte durch Telearbeit von den Befragten eindeutig positiv bewertet. Die angenehmsten und wichtigsten Kontakte hatten stets einen engen Bezug zur Arbeit im Team. Dazu gehörte zu allererst das Erbitten und Gewähren von Hilfe bei der Arbeit und das Erfahren von Entwicklungstendenzen. Abbildung 2 zeigt die Durchschnittsurteile der Befragten in unserer IBM-Studie über die Wichtigkeit einzelner Inhalte der informellen Kommunikation und die bei Telearbeit erfahrene Erschwerung. Es zeigte sich, daß die wichtigsten Kontakte im Sachzusammenhang mit der Arbeit stehen ("Unterstützung erbitten", "Entwicklungstendenzen erfahren"). Erst danach kommt "Persönliche Nähe herstellen". Bei diesen Inhalten werden durchaus Erschwerungen erlebt, auf die man achten muß. Wahrscheinlich bringen hier künftig Bewegtbildübertragungen wie in ProShare Erleichterungen. Zusammengefaßt: Telearbeit verlangt einen für das psychosoziale Wohlbefinden der Telearbeiter und das Funktionieren der Organisation optimalen Kommunikationsmix.

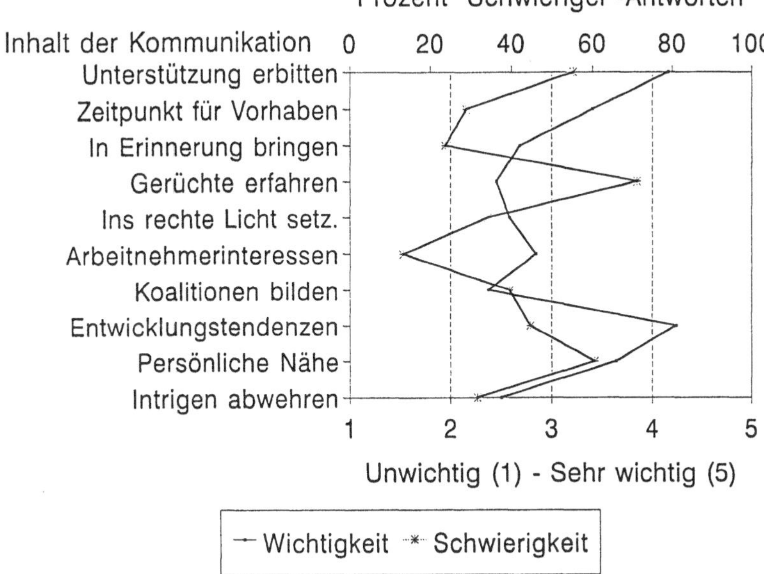

Abbildung 2: Wichtigkeit und Erschwerung der informellen Kommunikation bei Telearbeit, getrennt nach Inhalten, im Modellversuch der IBM (Quelle: Glaser & Glaser, 1995, S. 61)

3 Flexibilität

Eine massiv zur Telearbeit führende Randbedingung liegt also darin, daß es bei allen Teilen der Büroarbeit, die mit vernetzten Computern oder über Telekommunikation erledigt werden, auf den Arbeitsort und, dank elektronischer Pufferspeicher, in einem gewissen Umfang auch auf den Arbeitszeitpunkt nicht mehr ankommt. Das eherne Erfordernis aus der Anfangszeit der Industrialisierung, daß in Organisationen zusammenarbeitende Personen sich stets zur gleichen Zeit am gleichen Ort zu versammeln haben, schmilzt in der Informationsgesellschaft für die Büroarbeit dahin. Diese Gleichheit des Ortes und der Zeit war das Rückgrat der Arbeitsdisziplin des Industriezeitalters, und sie wurde, wie die historische Literatur belegt, als ein enormer Verlust an Freiheit und Lebendigkeit empfunden (Zuboff, 1988). Telearbeit bedeutet hier zweierlei: Wiedergewinnung einer beträchtlichen Zeitsouveränität des Arbeitnehmers und eine Aufweichung der starren Trennung von Wohn- und Arbeitsort. Die zeitlichen, räumlichen und schließlich auch seelischen, starren Grenzen zwischen Arbeit und Privatleben schwinden. Das Stichwort heißt Flexibilisierung.

Damit ist eine weitere Randbedingung der Telearbeit ausgesprochen. Die klassische industrielle Organisationsstruktur war, in der Fertigung wie im Büro, hierarchisch-zentralistisch. Bei wenigen Varianten der Produkte und deren seltener Änderung auf stabilen Märkten konnte diese Organisationsform einen Massenoutput rationell erbringen. Information und Initiative gingen stets von der Spitze aus und wurden durch die Kanäle der Hierarchie nach unten geleitet. Heute hingegen setzt hohe Typenvielfalt bei schnellem Wandel auf dynamischen Märkten flexible Organisationen voraus, in denen Teams in flachen Hierarchien koordiniert zusammenwirken. Die Mitarbeiter müssen Initiative und Kreativität entwickeln, sie werden als Sender, Sucher und Beschaffer von Informationen aktiv. Das setzt eine mentale Flexibilität voraus, die mit herkömmlich starren räumlichen, zeitlichen und disziplinären Vorgaben der Arbeit überhaupt nicht mehr verträglich ist. Flexible Organisationen brauchen flexible Mitarbeiter und bilden diese auch heran. Flexible Mitarbeiter aber entdecken Flexibilität schließlich als generellen Wert ihrer beruflichen und privaten Lebensführung. Entsprechend hoch bewerten sie die Chancen, die ihnen Telearbeit bietet.

Unsere IBM-Studie hat dafür eine Fülle von Belegen erbracht. So leiden Familien mit zwei berufstätigen Partnern und Kindern meistens unter der Vielzahl der zeitlichen Restriktionen von Arbeits-, Schul- oder Kindergarten- und Ladenschlußzeiten, die ja für alle Familienmitglieder koordiniert werden müssen. Oft sind diese Restriktionen überhaupt nicht miteinander vereinbar, so daß es für die einzelne Familie überhaupt keine alle Mitglieder befriedigende gemeinsame Zeitordnung mehr gibt.

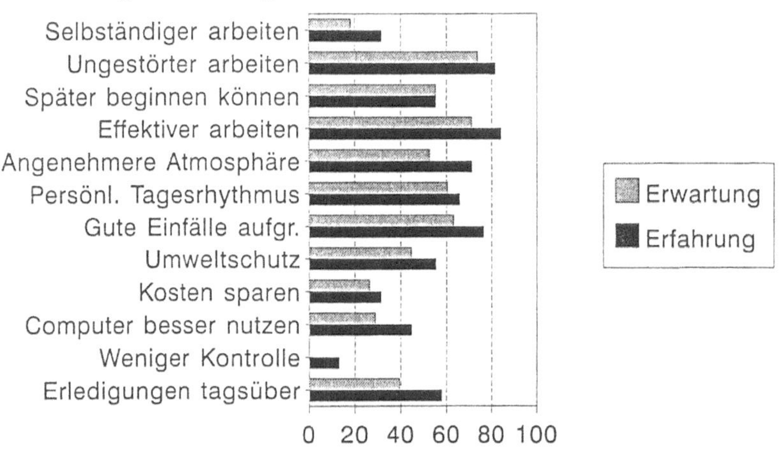

Abbildung 3: Erwartungen und Erfahrungen bei der Arbeit zu Hause im Modellversuch der IBM (Quelle: Glaser & Glaser, 1995, S. 45)

Wie haben unsere Befragten die Flexibilität der Telearbeit nun erlebt? Wir können nur sagen: als eine echte Befreiung. Abbildung 3 zeigt die Häufigkeit, mit der einzelne Erwartungen und Erfahrungen hinsichtlich der häuslichen Berufsarbeit genannt wurden. Generell waren die Erfahrungen noch besser als die Erwartungen. Arbeitszufriedenheit und Produktivität stiegen deutlich an. Daß sie zu Hause nicht mehr durch "Über-die-Schulter-Schauen" kontrolliert werden konnten, trug für unsere Befragten ein beträchtliches Maß an Vertrauen in ihr Arbeitsverhältnis. Sie antworteten darauf mit einer deutlich gesteigerten Selbstdisziplin, die sie als angenehm empfanden. Uns als Untersuchern drängte sich geradezu das Hegelwort von der *Freiheit als Einsicht in die Notwendigkeit* auf. Viele unserer Befragten gaben sich bei der Arbeit zu Hause eine ungeschriebene eigene Zeitordnung, die optimal und flexibel an die privaten und beruflichen Erfordernisse angepaßt war und, nicht weiter verwunderlich, doch teilweise erheblich von den Bürozeiten abwich.

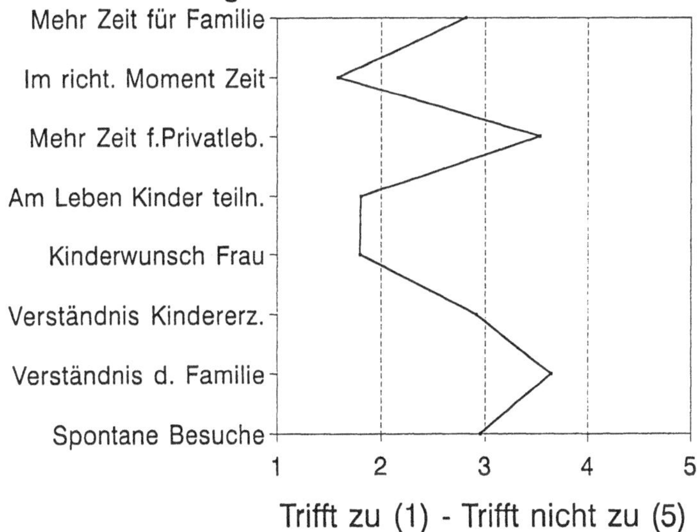

Abbildung 4: Die positiven Auswirkungen der Telearbeit auf das Privatleben im Modellversuch der IBM (Quelle: Glaser & Glaser, 1995, S. 66)

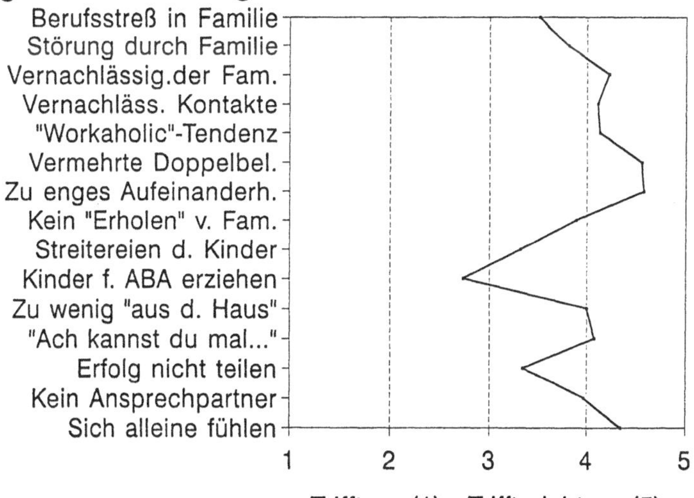

Abbildung 5: Die negativen Auswirkungen der Telearbeit im Modellversuch der IBM (Quelle: Glaser & Glaser, 1995, S. 67)

Vor allem bei Familien oder Partnerschaften mit Kindern wurde die Telearbeit als enorme Erleichterung, als Lösung vieler Probleme des beruflichen und privaten Zeitmanagements, empfunden. Abbildung 4 gibt die Mittelwerte der Urteile unserer Befragten über positive, Abbildung 5 über negative Auswirkungen auf das Privatleben wieder. Bei den positiven Wirkungen zeigt sich, daß man letztlich nicht mehr, aber "im richtigen Moment" Zeit für die Familie hat. Genau das bedeutet Flexibilisierung. Darüberhinaus wird vor allem das Leben mit Kindern als leichter empfunden. Bei den denkbaren und häufig diskutierten negativen Wirkungen (Abbildung 5) fallen vor allem die vielen Mittelwerte auf, die ein deutliches "Trifft nicht zu" zum Ausdruck bringen. Das gilt insbesondere auch für einen möglicherweise vermehrten Berufsstreß in der Familie oder die erhöhte Doppelbelastung der berufstätigen Frau. Durchschnittliche Mittelurteile wurden nur im Bereich "Kinder" abgegeben: Man muß sie schon etwas dazu erziehen, bei Telearbeit nicht zu stören. Bemerkenswert ist auch die Annäherung an das Mittelurteil für das Statement, man könne bei Telearbeit "Erfolge nicht mit anderen teilen". Das ist immerhin eine wesentliche soziale Funktion der Zusammenarbeit.

Insgesamt sprechen die Abbildungen 4 und 5 aber wohl für außerordentlich positive Wirkungen der Telearbeit, insbesondere auf Berufstätige mit Kindern.

4 Potential und Ökonomie der Telearbeit

Eine wichtige Frage gilt natürlich einer realistischen Abschätzung des Telearbeitspotentials. Die Zahl bestehender Telearbeitsplätze wird für Deutschland im Jahre 1994 zwischen 10.000 und 150.000 angegeben (Godehardt, 1994; Empirica, 1994). Hinter der großen Streubreite dieser beiden Zahlen liegen schwierige Methodenprobleme, auf die hier nicht eingegangen werden kann. Seriöse Abschätzungen gehen für die nahe Zukunft davon aus, daß etwa 30% aller Arbeitsplätze Büroarbeitsplätze sind und von diesen sich wiederum etwa 30% für Telearbeit eignen. Das würde ein Potential von 9%, hochgerechnet auf die alten Bundesländer etwa 2 Millionen Arbeitsplätze, bedeuten. Mit einer eher skeptischen Schätzung des gegenwärtigen Bestandes und einer angenommenen jährlichen Verdoppelung würde diese Anzahl im Jahre 2002 erreicht.

Telearbeit bringt einen handfesten ökonomischen Nutzen. Für die Unternehmen besteht er in der Produktivitätssteigerung und der Einsparung von Büroflächen mit deren direkten und indirekten Kosten. Für die Arbeitnehmer reicht er von der Zeit-, Kosten und Belastungsersparnis bei Pendlerfahrten bis zu verringerten Kleidungskosten, da die Kleidung bei der Arbeit zu Hause ja weniger korrekt und förmlich sein muß als im Büro. Auch Kostensteigerungen entstehen: Die Fernmeldekosten gehen zu Lasten des Unternehmens, und der Arbeitnehmer bringt höhere Kosten für Heizung, Beleuchtung und Abnutzung sowie gegebenenfalls auch für eine größere Fläche seiner Wohnung auf. Bei einer Gesamtrechnung von Kosten und Nutzen der Telearbeit überwiegt jedoch der Nutzen. Er muß durch die richtigen steuerlichen und tariflichen Regelungen zwischen Arbeitnehmern und Arbeitgebern gerecht verteilt werden. Die Verringerung, teilweise sogar Beseitigung der Abzugsfähigkeit des häuslichen Arbeitszimmers im Jahressteuergesetz 1996 und die reichliche Verdoppelung der Telefongebühren im Citybereich während der üblichen Bürozeiten laut "Tarifkonzept 96" der Telekom können den Zeitpunkt, ab dem die Verbreitung der Telearbeit in einen sich selbst tragenden und beschleunigenden Prozeß übergeht, massiv hinausschieben. Sie sind präzise das Gegenteil des Gebotenen, kontraproduktiv und zukunftsfeindlich.

5 Ökologische und soziale Folgen

Die Umwelt gewinnt durch Verminderung der Pendlerfahrten und der überbauten Flächen. Durch die Arbeit in der Wohnung wird ohnehin schon vorhandener Raum in der Arbeitszeit genutzt, in der er sonst leerstehen würde, und der entsprechende Büroraum kann entfallen. Hinter dem allem verbergen sich sehr komplizierte und interessante Fragen, die hier nicht eingehender behandelt werden können. So verlieren die Wohngebiete mit einer gewissen Anzahl von Telearbeitern wieder den unschönen Charakter der reinen Schlafstädte. Neue amerikanische Untersuchungen zeigen, daß Telearbeiter auch privat weniger mit dem Auto fahren, wieder mehr in unmittelbarer Nähe ihrer Wohnung einkaufen und überhaupt ihren privaten räumlichen Lebensmittelpunkt stärker auf die Wohnung zentrieren (Mokhtarian, 1991). Das Wohnumfeld wird auch tagsüber sozial anregender. Entsprechend weniger ist man zu Hause sozial eingeengt, entsprechend weniger braucht man das Büro nur als Ort zur Befriedigung allgemeiner sozialer Bedürfnisse. Im Sinne steigender Lebensqualität bei sinkender Umweltbelastung ist das höchst wünschenswert.

Im Zusammenhang mit der Telearbeit stellen sich auch soziologische Fragen. So kann Telearbeit einen neuen Typ des mündigen Arbeitnehmers hervorbringen, der sich mit einem hohen Maß an Selbständigkeit und Selbstbewußtsein in seine Arbeits- und Sozialbeziehungen einbringt. Wir neigen dieser Auffassung zu. Der Telearbeiter könnte aber auch zu einem entsolidarisisierten, vereinsamten, egoistischen Individualisten werden, der schließlich die Arbeitnehmervertretungen so schwächt, daß die Machtbalance zwischen den Tarifparteien kippt. Man tut den Gewerkschaften sicher nicht unrecht, wenn man ihnen diese Befürchtung unterstellt. Sie müssen sich dann aber wohl fragen lassen, ob man Arbeitnehmern, die Telearbeit ausdrücklich wünschen und extrem positiv erleben, Flexibilität und Souveränität hinsichtlich Arbeitszeit und Arbeitsort nur mit dieser Befürchtung vorenthalten kann. Hätte nicht eine moderne Arbeitnehmervertretung, die mündige Arbeitnehmer rational anspricht, hier viel bessere Chancen?

Widerstände bestehen auch im mittleren bis höheren Management. Die - eingestandenen oder uneingestandenen - Begründungen reichen vom Bild des faulen, nur unter Druck und Kontrolle Brauchbares leistenden Arbeitnehmers bis zu Befürchtungen eigenen Macht- und Kontrollverlustes (Robinson & Kordey, 1995). Dem ist zu entgegnen, daß moderne, flexible Unternehmen, die mit komplizierter Technik arbeiten, auch ohne Telearbeit mit dem unmotivierten Arbeitnehmer und dem Manager, für den Macht und Kontrolle im Vordergrund stehen, ihre Probleme haben dürften. Sie brauchen den flexiblen Arbeitnehmer und eine intrinsisch motivierte, outputorientierte Führung in der Art des "Management by objectives". Anders gesagt: Wo bei Telearbeit Führungsprobleme gesehen werden, dürften sie auch ohne Telearbeit bestehen.

Telearbeit ist heute für ein knappes Zehntel aller Arbeitsplätze möglich. Der Stand der Informations- und Kommunikationstechnik und die sich ändernden Arbeits- und Lebensformen erfüllen die Randbedingungen für eine sich selbst tragende und beschleunigende Entwicklung. Diese kann sehr gut im Rahmen des bestehenden Arbeitsrechts ablaufen, sofern es mit Augenmaß ausgelegt und angewandt wird. Vorschnelle, umfassende und detaillierte gesetzliche Neuregelungen sind daher abzulehnen. Der Versuch, alle denkbaren Fehlentwicklungen vorwegnehmend auszuschließen, dürfte darin enden, daß die meisten schon bekannten, aber auch die unvorhergesehenen neuen Lebenserfahrungen mit Telearbeit im Ansatz erstickt werden.

Literatur

Empirica (1994). Pan-europäische Befragung zur Telearbeit. Bericht 6: Bevölkerungs- und Unternehmensbefragungen 1994 in D, F, UK, I, E. Kurzfassung der Ergebnisse. Bonn: Empirica Gesellschaft für Kommunikations- und Technologieforschung GmbH.

Glaser, W. R., & Glaser, M. O. (1995). Telearbeit in der Praxis. Psychologische Erfahrungen mit Außerbetrieblichen Arbeitsstätten bei der IBM Deutschland GmbH. Neuwied u.a.: Luchterhand.

Godehardt, B. (1994). Telearbeit. Rahmenbedingungen und Potentiale. Opladen: Westdeutscher Verlag.

Gray, M., Hodson, N., & Gordon, G. (1993). Teleworking explained. Chichester u.a.: John Wiley & Sons.

Huws, U., Korte, W. B., & Robinson, S. (1990). Telework: Towards the elusive office. Chichester u.a.: John Wiley & Sons.

Mokhtarian, P. L. (1991). Telecommuting and travel: State of the practice, state of the art. Transportation, 18, 319-342.

Robinson, R., & Kordey, N. (1995). Teleworking: Internationale Trends. In Telak GmbH (Hrsg.), Corporate Networks und neue Techniken. Proceedings des Telekom-Anwenderkongresses ‚94 (S. 273-288). Braunschweig u.a.: Vieweg.

Zuboff, S. (1988). In the age of the smart machine. The future of work and power. New York: Basic Books.

Elektronische Märkte in der Informationsgesellschaft oder: die Informationsgesellschaft als elektronischer Markt

Rainer Kuhlen
Universität Konstanz, Informationswissenschaft

1 Der Zusammenhang

Elektronische Märkte sind gegenwärtig in der Öffentlichkeit noch eher ein Spezialthema, so wie das Thema der Informationsgesellschaft oder der Informatisierung von Gesellschaften bis vor wenigen Jahren nur in Insider-Kreisen behandelt wurde. Das hat sich spätestens mit der Internet-Debatte, in den USA mit der Initiative der amerikanischen Regierung für eine "National Information Infrastructure", in Europa vielleicht mit dem Bangemann-Bericht der Europäischen Union, geändert. In Deutschland fehlt noch das spektakuläre Ereignis. Der Anspruch der Informationsgesellschaft ist universal geworden (s. Abschnitt 2).

Gleiches geschieht zur Zeit mit dem Thema Markt. Daß *Markt* Universalprinzip des Umgangs mit Gütern jeder Art ist und damit unsere Gesellschaft als Ganze prägt, ist unumstritten. Wir sprechen von Marktwirtschaft oder sozialer Marktwirtschaft und meinen damit das Prinzip, nicht den Markt selber. Noch sprechen wir nicht von elektronischer (sozialer) Marktwirtschaft. Vielleicht werden dies auch nicht müssen. Denn auch auf Märkten wird der Umgang mit elektronischer Information in allen Bereichen so umfassend und selbstverständlich werden, daß es keine elektronik- oder informationsfreien Märkte mehr geben wird. Und bei einem universalen Anspruch elektronischer Märkte könnten wir gleich bei der einfachen Bezeichnung *Markt* bleiben.

So wie die Informationsgesellschaft aus der Gesellschaft insgesamt eine andere macht, so verändern elektronische Märkte, indem sie zu allgemeinen Publikumsmärkten werden, die jeden angehen (s. Abschnitt 3), die bisherigen Märkte auf ähnlich dramatische Weise. Wir wollen mit diesem Beitrag einige Hinweise, die durch die Arbeit am Aufbau eines regionalen elektronischen Marktes ihre empirische Basis haben[1], darauf geben, welche Auswirkungen elektronische Märkte auf die Informationsgesellschaft und damit auf die Gesellschaft insgesamt haben. Die *Spiele* auf den elektronischen Märkten werden die Spiele unserer Gesellschaft sein, sei es als elektronische Spiele direkt oder als elektronische Substitute/Repräsentationen ihrer realen Entsprechungen.

---

[1] Wir meinen die Electronic Mall Bodensee (EMB); vgl. den Beitrag in diesem Band.

2 Der Universalanspruch von Information

Müßig darüber zu diskutieren, ob es sich bei dem Informationssektor neben Agrar-, Industrie-/Produktions- und Dienstleistungssektor um einen eigenen neuen vierten Sektor handelt, oder ob informationsbezogene Tätigkeiten nicht allen anderen dreien immer schon und heute erst recht inhärent sind, so daß jene diesen angerechnet werden sollten. Kaum mehr ernsthaft wird allerdings bestritten, daß informationsbezogene Tätigkeiten bzw. aus ihnen entstehende Informationsprodukte und Informationsdienstleistungen schon jetzt den größten Anteil an der Erstellung des Bruttosozialprodukts (und an den Arbeitsplätzen) haben und daß dieser Anteil eher noch ansteigen wird.

Diese flächendeckende Durchdringung aller gesellschaftlichen Bereiche mit Information ist die Ursache dafür, daß wir heute fast schon wie selbstverständlich von Informationsgesellschaft sprechen. Aus dem sektoralen Anspruch ist in wenigen Jahren ein universaler geworden.

Universal ist der Anspruch der Informationsgesellschaft auch deshalb, weil er nicht nur technische oder ökonomische Auswirkungen hat, sondern sich auf alle Lebensbereiche bezieht. Kaum ein Bereich unserer professionellen und alltäglichen Lebenswelt, einschließlich der politischen und verwaltungsbezogenen Prozesse, bleibt da ausgespart. Individuelle Verweigerungsmechanismen reichen nicht weit, können nicht verhindern, daß die tägliche Zeitung und die Bücher, die wir lesen, elektronisch erstellt und gedruckt oder daß die Gehälter und Renten elektronisch berechnet und die anfallenden Transaktionen elektronisch getätigt werden.

Durchgängige Alternativen zu technisch erzeugter, verwalteter, verteilter und genutzter Information gibt es nicht. Ob sich damit - aus optimistischer Sicht - ganz neue Gestaltungspotentiale für alle gesellschaftlichen Bereiche eröffnen (Utopia also real werden kann) oder ob - aus kulturkritischer oder pessimistischer Sicht - bürgerliche Freiheiten, soziale Errungenschaften und Chancengleichheit bedroht sind (die Dystopie wahrscheinlich wird), hängt auch von der Qualität der öffentlichen Debatte darüber und von unserem Gestaltungswillen ab. Informationsgesellschaften entwickeln sich nicht quasi naturwüchsig.

3 Entwicklungstendenzen elektronischer Märkte

3.1 Universale Publikumsmärkte

Elektronische Netze und Dienste bedienen zunehmend mehr allgemeine Publikumsmärkte. Nach den elektronischen Märkten der Wissenschafts-/Fachkommunikation, der Geschäftskommunikation und der (weitgehend nicht öffentlichen) Verwaltungskommunikation werden immer mehr die Endnutzer direkt einbezogen[2]. Nicht mehr allein in den USA übertreffen sich *Service* und *Content Provider* gleichermaßen mit attraktiven Angeboten, um Endnutzer an die Netze, bevorzugt an das Internet, zu bringen. Auch in der Bundesrepublik vergeht seit Ende 1995 kaum eine Woche, in der nicht neue attraktive Online-Mehrwertdienste auf dem Markt erscheinen[3]. Damit sind nicht nur die großen Anbieter wie T-Online (Telekom), AOL (Bertelsmann), Europe Online (Burda) oder Microsoft Network gemeint, sondern auch umfassende, häufig auf das World Wide Web sich abstützende Dienste wie EUROPA der Europäischen Union (www.cec.lu), der Online MARKETPLACE von IndustryNet (www.industry.net/c/main), der EUnet Internet Shop (www.germany.eu.net/shop), der Marktplatz der MAZ-Internet Services GmbH (www2.maz.net), die Dienste von germany.net (www.germany.net/index.html), das österreichische APAnet (www.apa.co.at), die Dienste von Germany LIVE (www.germany-live.de/gl/Index.html), oder von Medienunternehmen wie Stern (www.stern.de) oder der Neuen Züricher Zeitung (NZZ) (www.nzz.ch), um nur diese wenigen Beispiele umfassender Dienste zu nennen. Und ergänzend entwickeln sich benutzernahe und daher besonders erfolgreiche regionale oder kommunale elektronische Märkte (vgl. Kuhlen 1995b).

Zwar stehen diesen inzwischen schon reichen Angeboten noch kleine Nachfragemärkte gegenüber - in der Bundesrepublik geht man Anfang 1996 von einer Anschlußrate von 6% bei den privaten Nutzern, also Personen mit Modem- oder ISDN-Anschluß im eigenen Haushalt, aus -, aber es ist abzusehen, daß schon sehr bald nicht mehr der isolierte Computer ein selbstverständliches Gerät in jedem Büro und in vielen Haushalten sein wird, sondern vor allem der an die technischen Netze über ein Modem oder über einen ISDN-Anschluß angebundene und damit sich den Online-Diensten und den elektronischen Märkten öffnende Computer.

Entsprechend sind Online-Dienste nicht länger nur Teil experimenteller Anbietermärkte, sondern werden sehr bald ihre realen Nutzer durch die technischen Anschlüsse in den Unternehmungen jeder Art und jeder Größe, in den Verwaltungen und in den Privathaushalten haben. Warum können wir diese Online-Dienste Märkte nennen? Zunächst sind sie Dienste, wie auch die traditionellen Online-

---

[2] Auf der die jeweiligen Trends im Bereich der Informations- und Kommunikationstechnologien setzenden Herbst-Comdex-Messe im Herbst 1995 in Las Vegas prognostizierte der Novell-Chef Bob Frankenberg, daß im Jahre 2000 eine Milliarde Geräte in Netze eingebunden sein werden, auf denen 500 Millionen Nutzer agieren werden (Quelle: Business Computing 1/1966,16).

[3] Eine terminologische Anmerkung zu den Online-Diensten: Bezog sich die Bezeichnung "Online-Dienste" bis vor etwa einem Jahr fast nur auf die Online-Informationsbanken des internationalen Informationsmarktes und damit überwiegend auf wissenschaftliche Fachkommunikation, so hat sich das sehr rasch und gründlich geändert. Mit "Online-Diensten" werden heute - ohne daß das engere Fachinformationsgebiet darauf Einfluß nehmen konnte - die neuen elektronischen Mehrwertdienste bezeichnet, die entweder auf kommerzieller Grundlage (Beispiele: CompuServe, America Online) oder im Zusammenhang mit dem Internet mit seinen vielschichtigen Basis- und Mehrwertdiensten zunächst in der Wissenschaftskommunikation entstanden sind (Kuhlen 1995a, 421ff.).

Datenbanken. Was macht sie zu im Prinzip universal operierenden Märkten, und zwar in einem umfassenden, da nicht nur ökonomisch verstandenen Sinne?

3.2 Strukturelle Tendenzen elektronischer Märkte

In Übereinstimmung mit Schmid (Schmid 1993, 468) verwirklichen elektronische Märkte alle Funktionen, die auch klassische Märkte bedienen, allerdings nun mit Hilfe der Telematik. Dazu gehören zum einen alle Funktionen des elektronischen Tauschs und Einkaufs (*electronic shopping*), angefangen von der Präsentation der Güter (Produkte und Dienstleistungen), einschließlich der Werbung, über Bestellung und finanzielle Abwicklung. Zum andern gehören dazu alle Prozesse des allgemeinen Geschäftsverkehrs zwischen Marktbeteiligten (*business to business*), z.B. die Anbahnung und Abwicklung von Kooperationsbeziehungen zwischen Organisationen bis hin zum Aufbau virtueller Organisationen oder Geschäftsprozesse. Mit Blick auf diese Transaktionen kann man zwischen Informationsphase, Vereinbarungsphase und Abwicklungsphase unterscheiden. Für elektronische Märkte zeichnen sich bezüglich ihrer Güterdistribution die folgenden Tendenzen ab:

a) Produkte und Dienstleistungen sind in zunehmendem Maße schon elektronische Güter, d. h. elektronische Produkte und elektronische Dienstleistungen können gänzlich über alle Phasen bis hin zum Endnutzer elektronisch abgewickelt werden. Diese Ausweitung von Informationsgütern durch und in elektronische/n Märkte/n hat zu den weltweiten Informationsmärkten im engeren Sinne geführt. Bislang letzte Stufe dieser Informationsmärkte sind die Unterhaltungsmärkte der multimedialen Medienindustrie. Auf diesen Märkten wird Information am radikalsten tatsächlich zur Ware und zum Verbrauchsprodukt der Unterhaltung.
b) Auch für materielle Produkte und physisch erfahrbare Dienstleistungen werden die Möglichkeiten elektronischer Märkte immer intensiver in Anspruch genommen. Die Informations- und Kommunikationskosten für die Erstellung, Bekanntmachung und Verbreitung dieser Produkte und Dienstleistungen sind so hoch geworden, daß diese Transaktionskosten inzwischen oft schon den größeren Anteil an der Erstellung und Distribution von Gütern ausmachen. Einsparungseffekte bei den Informations- und Kommunikationskosten wirken sich direkt mit Blick auf die Preisgestaltung der Endprodukte aus und stellen so bei einem beherrschten Einsatz von Information und Kommunikation entscheidende Wettbewerbsvorteile dar. Darin liegt das Interesse auch der Produktionswirtschaft an den elektronischen Märkten.

Der Begriff Markt impliziert zunächst ein ausschließlich kommerzielles Interesse. Entsprechend werden elektronische Märkte als Wirtschaftsinitiativen aufgebaut und betrieben. Faktisch decken aber viele elektronische Märkte durchaus auch nicht-kommerzielle Bereiche ab, stellen also auch (in der Regel unentgeltlich) Informationen zur Infrastruktur, zu Unterhaltung, Politik, Verwaltung, Touristik,

Kultur, Sport, Verkehr, zum Sozial-, Bildungs- und Wissenschaftsbereich und zu vielem mehr bereit.

Wie ist das zu interpretieren? Entwickeln sich elektronische Märkte zu offenen Marktplätzen bzw. zu Foren zum Austausch von Information? Setzt sich auf den elektronischen Märkten das Prinzip des freien Austauschs von Information, wie es in der ursprünglichen Wissenschaftskommunikation des Internet verbindlich war, erneut durch, oder warum stellen Betreiber elektronischer Märkte Information in Fülle weitgehend kostenlos bereit?

Vergegenwärtigen wir uns noch einmal die vier Grundfunktionen elektronischer Märkte: Information, Präsentation, Kommunikation und Transaktion. Gewinn wird in Zukunft in erster Linie durch die Transaktionen erzielt, alles andere ist Anreiz. Verdeutlichen wir dies knapp und exemplarisch am Beispiel der neuen Online-Dienste der Medien.

Zeitungen z.B. erzielen bislang ihre Einnahmen vielleicht zu 20, 30% aus dem Verkauf der gedruckten Exemplare. Die ökonomische Grundlage sind die getätigten Transaktionen, Anzeigen, Werbung. Entsprechend werden auch in Zukunft nur unzulänglich Gewinne mit Online-Zeitungen zu erzielen sein. Natürlich könnte man für die Online-Lektüre durch einfache Mechanismen Geld verlangen, aber das geschieht so gut wie nicht. Zeitungen haben Interesse an der Informationsaufnahme durch ihre Leser. Der meßbare Nachweis intensiver Online-Lektüre (und der Nachweis der Kenntnisnahme der erwähnten Infrastrukturinformation) ist Basis für den Anreiz von Wirtschaftsorganisationen jeder Art (vom Pizzabäcker bis zum Großunternehmen), sich auf den elektronischen Märkten von den Betreibern präsentieren zu lassen und elektronische Transaktionsleistungen von der einfachen Kontaktaufnahme, über Bestellung bis zur Abwicklung des Zahlungsverkehrs anzubieten. Dadurch werden Online-Dienste zu elektronischen Märkten.

Tendenziell werden Information und Kommunikation für die Nutzer/Nachfrager kostenlos. Präsentation und Transaktion sind zusätzliche Leistungen für die Betreiber elektronischer Märkte (das sind die neuen Mittler der Märkte), für die sie von den Anbietern von Gütern Erstellungs-, Betriebs- und Vertriebsgebühren verlangen. Die Gewinne von den Anbietern werden durch die Geschäftsabschlüsse und den damit zusammenhängenden Transaktionen erzielt. Wir können hier diese Zusammenhänge nur andeuten. Überprüfen kann sie jeder an realen Ausprägungen elektronischer Märkte.

4 Konsequenzen

Was bedeuten diese Entwicklungen für die Informationsgesellschaft insgesamt? Die traditionellen Informationsmärkte werden zunehmend in die elektronischen Märkte einbezogen, sei es, daß ihre Leistungen als Informationsgüter selbst kommerzialisiert werden, oder sei es, daß sie, wie angedeutet, durch die Einbeziehung in das kommerzielle Interesse funktionalisiert werden. Wissen (als begründete eigene Verfügung von Erkenntnis und Erfahrung) und Information (als handlungsrelevantes Wissen (anderer?) ohne Anspruch auf Wahrheit) werden auf elektronischen Märkten ununterscheidbar und zur Ware.

Genau hier besteht das öffentliche Interesse an der Ausprägung elektronischer Märkte und an der Entwicklung vernünftiger Betreibermodelle für sie. Die Wirtschaft wird ohne Frage für funktionsfähige elektronische Märkte sorgen. Die Politik und alle gesellschaftlichen Gruppen sind gefordert, die Kommerzialisierung und Funktionalisierung von Wissen und Information nicht bedingungslos zuzulassen.

Moderne Gesellschaften in ihrer Gänze und in ihren jeweiligen Ausprägungen, z.B. Regionen, können in Fortsetzung der Tradition der Aufklärung auch danach beurteilt werden, inwieweit sie es ihren Bürgerinnen und Bürgern ermöglichen, ihre privaten und öffentlichen Geschäfte auf informationell abgesicherter Grundlage zu betreiben. War dies u.a. auch schon die Rechtfertigung für den Betrieb öffentlicher oder wissenschaftlicher Bibliotheken oder auch für die partielle Subventionierung von Online-Datenbankanbietern, so könnte das auch für die Ausgestaltung elektronischer Marktplätze in der Gegenwart gelten. Unter dieser Perspektive sollten elektronische Märkte auch daran gemessen werden, inwieweit sie nicht nur Prozesse des *Electronic Shopping* und des *Business to Business* befördern, sondern auch Information im Sinne von Infrastrukturleistungen darbieten und kommunikative Prozesse, z.B. im Austausch von Verwaltung und Bürger, unterstützen. Zu entwickeln sind Modelle, die das Interesse der Wirtschaft und das Interesse am freien Umgang mit Wissen und Information zusammengehen lassen. Das wären *reale* utopische Elemente einer Informationsgesellschaft.

Literatur

Kuhlen, R. (1995a): Informationsmarkt. Chancen und Risiken der Kommerzialisierung von Wissen. Universitätsverlag Konstanz: Konstanz.

Kuhlen, R. (1995b): Elektronische regionale Märkte als kooperative Netze. In: Schieber, P. (Hrsg.): Informationsmanagement in der Informationsgesellschaft. Universitätsverlag Konstanz. Konstanz, S. 302-325.

Schmid, B. (1993): Elektronische Märkte. In: Wirtschaftsinformatik 35, S. 465-480.

Schmid, B. et al. (1995): Electronic Mall: Banking und Shopping in globalen Netzen. B. G. Teubner. Stuttgart.

II

Grundlagen und Perspektiven

Internet und Online-Dienste: Eine *guided tour* durch den Dschungel der Multimedia-Kommunikation

Eric Schoop[1] und Ulrich Glowalla[2]
1 Technische Universität Dresden, Lehrstuhl für Informationsmanagement
2 Universität Gießen, Fachbereich Psychologie

Zusammenfassung. Der Multimedia Kongreß ´96 wird von einem Tutorial zur Multimedia-Kommunikation eingeleitet, welches das Internet und die kommerziellen Online-Dienste gleichgewichtig behandelt. Da sich in diesem Tagungsband eine Reihe von Beiträgen schwerpunktmäßig mit dem Internet und seinem integralen Multimedia-Dienst World Wide Web befassen, konzentrieren wir uns hier ergänzend auf eine systematische Darstellung der bekanntesten Online-Dienste. Primäres Anliegen ist, eine strukturierte, handhabbare Praxisübersicht zu geben und eine Reihe von Referenzen auf leicht erhältliche, verständlich aufbereitete Hintergrundliteratur sowie auf vertiefende Beiträge in diesem Band zu legen. Wir hoffen, so eine pragmatische Orientierungshilfe für das bessere Verständnis der komplexen Thematik vermitteln zu können.

Schlüsselwörter. Internet, World Wide Web, Online-Dienste, AOL, CompuServe, T-Online, EOL, MSN.

1 Multimedia-Kommunikation

Seit der Wahl von Multimedia zum Wort des Jahres 1995 vergeht keine Woche, in der dieser Begriff nicht Gegenstand der Tages- und Fachpresse wäre. Stellvertretend für die Vielzahl von Internet- und Online-Dienst-bezogenen Veröffentlichungen sei als Ergänzung für die knapp gehaltene Diskussion in dieser Einführung auf zwei leicht zugängliche, verständlich, übersichtlich und durchaus auch kritisch geschriebene Themenschwerpunkte jeweils mehrerer Autoren zu unterschiedlichen Aspekten der Multimedia-Kommunikation verwiesen (o.V., 1996a; o.V., 1996b). Dort lassen sich erste Antworten finden auf Fragen nach der Funktionsweise, nach den multimedialen Eigenschaften und Potentialen, nach den Zielgruppen und -anwendungen sowie nach der künftigen Entwicklung.

Inwiefern erweitert die Multimedia-Kommunikation die Möglichkeiten klassischer Telekommunikation? Grundsätzlich gelten dieselben technischen Voraussetzungen, jedoch stellt Multimedia spezielle Leistungsanforderungen (vgl. Hünseler & Kanzow, 1995):

- *Netze* aus unterschiedlichen Materialien mit differenzierten Leistungsmerkmalen bilden die physische Transportplattform. Für Multimedia kommen schmal- und breitbandiges ISDN, lokale und Stadt-Netze, breitbandige Kabelnetze, Mobil- und Satellitenfunk in Betracht.
- Auf den Netzen werden diverse *Dienste* zur Nachrichtenübertragung und Datenverwaltung angeboten. Um den Übergang zwischen unterschiedlichen Dienste-Ebenen sowie zwischen verschiedenen Plattformen zu gewährleisten, werden standardisierte *Protokolle* verwendet, welche die Vereinbarungen und Regeln zur Abwicklung der technischen Kommunikation festlegen. Für die Multimedia-Kommunikation kommen insbesondere Archiv-, Mail- und Kollaborationsdienste in Betracht.
- Auf dieser Dienste-Ebene setzen Multimedia-*Anwendungen* zur Abbildung bestimmter Aufgabenstellungen auf. Als wichtigste Einsatzfelder werden Kiosk-Applikationen sowie Produktkataloge in Verkauf und Marketing, kooperative/vernetzte Büroarbeitsplätze, Telemedizin, Telelernen, elektronisches Publizieren, Home-Shopping, Home-Banking, Unterhaltung etc. genannt (vgl. die Gliederungspunkte im vorliegenden Tagungsband).

Als konkrete Dienste für die Abwicklung multimedialer Kommunikation zur Unterstützung der genannten Einsatzfelder haben sich in der Vergangenheit zwei heute noch getrennte Kategorien herausgebildet: Das offene, bewußt dezentral organisierte Internet mit einer Summe darauf basierender Einzeldienste, sowie eine Reihe proprietärer Online-Dienste kommerzieller Betreiber.

2 Internet

Zur dynamischen Entwicklung des Internet von seinen militärischen Anfängen über die Rolle als primär wissenschaftsorientierte Kommunikationsinfrastruktur bis zum multimedialen World Wide Web (WWW) der letzten Jahre kann auf den Beitrag von Summa im vorliegenden Band (Summa, 1996) sowie auf die WWW-Adresse *http://www.w3.org/pub/WWW/* verwiesen werden. Die jeweils aktuellsten statistischen Werte über die Anzahl von Anschlüssen, Zugriffen, Anbietern und Nachfragern können beispielsweise *http://www.nic.de* entnommen werden.

Im Internet werden auf Basis des Transmission Control Protocol/Internet Protocol (TCP/IP) die folgenden Dienste angeboten (Maier & Wildberger, 1994; zur technischen Vertiefung siehe Liu et al., 1994):

- *Mail-basierte Dienste* zur elektronischen Kommunikation und Diskussion in Foren und News Groups,
- *File Transfer Protocol (FTP)* zum Herunterladen von Dateien, die auf anderen Rechnern im Netz angeboten werden,

- *Telnet* und *Finger* als meist bereits in Betriebssystemen enthaltene Dienste, um sich über das Internet als Terminal an einem anderen Rechner anzumelden bzw. um Ergänzungsinformation über andere Benutzer im Netz zu erhalten,
- *Gopher* als textbasiertes, hierarchisch aufgebautes, menügesteuertes Auskunftssystem zur Unterstützung zielorientierter Informationssuche durch den Benutzer,
- *Wide Area Information Server (WAIS)*, eine zu Gopher komplementäre Suchmaschine im Netz mit komfortablen Such-/Feedback-Mechanismen auf Basis von Schlagwortverknüpfungen und Dokumentstrukturvergleichen,
- *World Wide Web (WWW)* als anwenderorientierter Ansatz zur Integration der zuvor genannten Internet-Dienste unter einer leicht benutzbaren, graphischen Oberfläche (Browser).

Wer heute vom Internet spricht, meint in der Regel das World Wide Web, welches in den letzten Jahren aufgrund seiner Client/Server-Architektur, der einfach erlernbaren Oberfläche, der unmittelbaren Möglichkeit zur Kommunikation zwischen Informationsanbieter und -nachfrager sowie wegen der Realisierung von Hypertextmechanismen zur flexiblen, benutzergesteuerten Navigation im kaum strukturierten Informationsnetz des Internet mit unüberschaubar vielen Angeboten eine explosionsartige Verbreitung erfahren hat. Heute stellt das WWW den entscheidenden DeFacto-Standard in der Multimedia-Kommunikation dar.

Grundsätzlich können beliebig komplexe Dokumente mit Hilfe der Beschreibungssprache HTML (Hypertext Markup Language, ein Derivat des Dokumentenstandards SGML; vgl. Schoop & Schraml, 1996) vom Informationsanbieter strukturiert und über Referenzmarkierungen mit anderen Dokumenten verknüpft werden. Durch Aktivieren solcher Hyperlinks gelangt der Benutzer im globalen Informationsnetz transparent von einem Knoten (Dokument) zu dem assoziierten und über seine Adresse, die unique resource location (URL), eindeutig identifizierbaren Zieldokument, welches auch auf einem beliebigen Server irgendeines Anbieters in einem anderen Land plaziert sein kann.

Der immense Reiz des World Wide Web liegt in seiner prinzipiellen Offenheit und der Möglichkeit grenzenloser, individuell gesteuerter Kommunikation und Navigation im Netz. Erkauft werden diese "Freiheiten" durch – strukturell bedingt – fehlende zentrale Organisation und Orientierungshilfen. Hier setzen die Potentiale der kommerziellen Online-Dienste, welche mittlerweile alle Übergänge zum WWW geschaffen haben bzw. in diesem Jahr schaffen werden, an.

3 Online-Dienste

Die nachfolgend in gleicher Struktur aufbereiteten Informationen über die bekanntesten kommerziellen Online-Dienste wurden im Rahmen eines aktuellen Forschungsprojektes an der TU Dresden recherchiert (Schoop, Sonntag et al., 1996). Sie basieren neben den angegebenen Quellen zusätzlich auf mündlichen Angaben aus Gesprächen, die mit Vertretern der jeweiligen Dienste geführt wurden. Die quantitativen Angaben können natürlich nur einen zeitpunktbezogenen Zustand (April/Mai 1996) in dem sich dynamisch ändernden Markt wiedergeben.

3.1 America Online (AOL)

- ***Entwicklung***. 1985 durch America Online Inc./USA gegründet. Seit 1995 in der Bundesrepublik als Joint Venture mit 50 % Beteiligung der Bertelsmann AG präsent, ab Frühjahr 1996 auch in Frankreich und Großbritannien.
- ***Zielgruppe***. Primär private Haushalte mit familiären/persönlichen Interessen.
- ***Service-Angebot***. Email, Nachrichten, Bildung, Unterhaltung, Foren, Online-Recherche, Online Versionen ausgewählter Zeitschriften und Zeitungen, Reisen, Software, kompletter Internet-Zugang, Möglichkeit, eigene Seiten zu erzeugen.
- ***Teilnehmerzahl***. Weltweit 4 Mio., in Deutschland ca. 50.000 Teilnehmer, weltweit ca. 300.000 Neuzugänge pro Monat.
- ***Präsentation und Struktur***.

Positiv	*Negativ*
• Einteilung in Foren	• Teilweise unübersichtlich geschachtelte Forumstruktur
• Übersichtlicher Begrüßungsbildschirm	• Keine standardisierte Forumstruktur
• Attraktive Präsentation	
• Erhöhung der Zugriffsgeschwindigkeit durch Caching	

- ***Navigation***.

Positiv	*Negativ*
• Intuitive und einfache Benutzerführung	• Suche nach Diensten nur mittels unvollständigem Stichwortverzeichnis
• Windows-Benutzerführung per Maus	
• Umfangreiche Hilfefunktionen	
• Persönliche Ordner	
• Funktionsinhalte als Symbole	
• Vorauswahl durch Basiseinsprungpunkte	
• Suche nach Dateien mittels Kategorien und Archiv	

- ***Zugang***. In Deutschland sind Zugänge in ca. 50 Großstädten (März 1996) mit Übertragungsgeschwindigkeiten mit bis zu 28.800 Baud verfügbar. Derzeit sind noch keine ISDN Knoten verfügbar (geplant für 1996). Ziel ist eine weitgehende flächendeckende Verfügbarkeit zum Ortstarif.
- ***Systemvoraussetzungen***.
  Hardware: PC, Mac. *Software*: AOL-Starter-Kit.
- ***Anmeldung***. 0180/55220.

- ***Allgemeine Information***. 0180 / 2319950.
- ***Anprechpartner Presse***.
  Ingo Reese, T. 040/36159-226, F. 040/36159-123.
- ***Nutzungskosten***.
  Freistunden: 2 h/Monat (1. Monat 10 Freistunden),
  Grundgebühr: 9,90 DM/Monat (1. Monat frei),
  jede weitere Stunde: 0,10 DM/Minute + Telefongebühren.
- ***Quellen***. Boghossian & Cons, 1996; o.V., 1996a.

3.2 CompuServe

- ***Entwicklung***. CompuServe betreibt seit 1979 einen Informationsdienst in den USA. Seit 1991 ist CompuServe auch in Deutschland präsent.
- ***Zielgruppe***. Primär international orientierte, professionelle Anwender, zunehmend auch Heimanwender.
- ***Service-Angebot***. Email, Foren, Einkaufen, Datenbanken, Online-Archiv, Unterhaltung, Verlagsangebote, Börsen- und Reiseauskunft, Internet-Zugang.
- ***Teilnehmerzahl***. Weltweit ca. 4 Mio. in über 150 Ländern, ca. 120.000 in Deutschland, ca. 150.000 im deutschsprachigen Raum, ca. 200.000 Neuzugänge/Monat (weltweit).
- ***Präsentation und Struktur***.

Positiv	*Negativ*
• Gute Struktur der Diskussionsforen durch konsequente Aufteilung in Foren und Substrukturen	• Nur lineare, sehr nüchterne Präsentation der Inhalte der Foren
• Möglichkeit, private Seiten zu erstellen	• Versteckte Funktionalität in CIM
	• Keine Hyperlinks
	• Kein durchgängiges Multitasking

- ***Navigation***.

Positiv	*Negativ*
• Intuitive und einfache Benutzerführung	• Schlechte Antwortzeiten beim Aufruf grafischer Seiten
• Windows-Benutzerführung per Maus	
• Forenübergreifende Suchfunktionen	

- ***Zugang***. Deutschlandweit sind derzeit in 14 Großstädten Einwahlknoten mit 14.400 Baud verfügbar. Für 1996 ist der Ausbau auf 180 Einwahlknoten geplant.
- **Systemvoraussetzungen.**
  Hardware: PC, Mac. *Software:* CompuServe Information Manager (CIM).
- ***Anmeldung***. 0130/864643
- ***Allgemeine Information***. 0130/864643
- ***Anprechpartner Presse***.
  Herald Communications, Reiner Gärtner und Annabel Pilgerstorfer,

T. 089/230316-0, F. 089/230316-31, CIS: 111111,2335.

- ***Nutzungskosten.***
5 Freistunden (1. Monat 10 Freistunden),
Grundgebühr: 15,- DM/Monat (1. Monat frei),
jede weitere Stunde 0,07 DM/Minute + Telefongebühren.
- ***Quellen.*** Boghossian & Cons, 1996; o.V., 1996a.

3.3 T-Online

- ***Entwicklung.*** T-Online ist aus Bildschirmtext (BTX) hervorgegangen. BTX wurde bereits 1983 von der damaligen Bundespost eingeführt. Im Vergleich zum französischen Minitel war BTX jedoch wesentlich weniger erfolgreich. 1995 löste T-Online BTX ab. Durch den Multimediastandard KIT sowie durch größere Übertragungsgeschwindigkeiten und Internet-Zugang hat T-Online eine größere Kundenakzeptanz als BTX. Dennoch merkt man dem Dienst seine Vergangenheit an, da der weitaus größte Teil der Angebote noch auf der seiten- und zeichenorientierten Oberfläche des alten CEPT-Standards beruht und erst mit der Zeit umgestellt werden dürfte. Dateien werden ebenfalls als Speicherseite(n) abgelegt.
- ***Zielgruppe.*** Private und gewerbliche Nutzer mittleren Alters mit gehobenem Ausbildungs- und Einkommensniveau in Deutschland.
- ***Service-Angebot.*** Email, Homebanking, Foren, Online-Recherche in Datenbanken, Einkaufen, Börsen- und Reiseinformationen, Internet-Zugang. Für die elektronische Kontoführung besitzt T-Online derzeit das Monopol.
- ***Teilnehmerzahl.*** Über 1 Mio. Teilnehmer in Deutschland, monatlich 30.000 Neuzugänge.
- ***Präsentation und Struktur.***

Positiv	*Negativ*
• Multimedia Oberfläche KIT mit hoher Funktionalität	• Nebeneinander der Oberflächen CEPT und KIT

- ***Navigation.***

Positiv	*Negativ*
• Einfache Navigation mit automatischer Protokollierung des Navigationspfades	• Kein einheitliches Gesamtkonzept
• Ansprungpunkte selbst definierbar	• Kaum Hilfefunktionen
	• Inkonsistente Benutzerführung aufgrund der unterschiedlichen Präsentationsstandards CEPT und KIT

- ***Zugang.*** T-Online ist in Deutschland flächendeckend zum Ortstarif mit Übertragungsgeschwindigkeiten bis zu 28.800 Baud oder ISDN verfügbar. Bundesweit existieren ca. 30.000 Zugänge.
- **Systemvoraussetzungen.**
Hardware: PC, Mac, UNIX-WS. *Software:* Spezieller Decoder.

- ***Anmeldung***. 0130/5000 u. 0190.
- ***Allgemeine Information***. 0130/5000 u. 0190.
- ***Anprechpartner Presse***.
  Herr Reich, T. 0228/1814214, F. 0228/1818963.
- ***Nutzungskosten***.
  Einmalige Anschlußgebühr: 50,- DM,
  Grundgebühr: 8,- DM/Monat,
  Werktags 8 - 18 Uhr: 0,06 DM/Minute, 18 - 8 Uhr: 0,02 DM/Minute,
  Wochenenden/Feiertage: 0,02 DM/Minute,
  Internet-Nutzung: 0,05 DM/Minute, Btx plus: zusätzl. 0,07 DM/Minute oder pauschal 9,90 DM/Monat (Abo.) + Ortstarif der Telefonkosten.
- ***Quellen***. Boghossian & Cons, 1996; o.V., 1996a.

3.4 Europe Online

- ***Entwicklung***. Die Muttergesellschaft "Europe Online S.A." wurde am 1. Juni 1994 in Luxemburg gegründet. Hauptgesellschafter sind die Burda-Gruppe und die VEBACOM. Nach dem Rückzug eines weiteren Hauptanteilhalters erfolgten eine strategische Neuausrichtung und ein Plattformwechsel direkt auf das Internet. Seit dem 15. Dezember 1995 ist Europe Online im Internet präsent.
- ***Zielgruppe***. Jüngere, meist männliche Nutzer mit überdurchschnittlichem Ausbildungsniveau.
- ***Service-Angebot***. Email, Foren, Unterhaltung, Einkaufen, Versionen Europ. Zeitungen und Zeitschriften, Reiseauskunft, Internet-Plattform, ab Mai Home-Banking. Eine Quereinwahl von und nach T-Online ist gegeben.
- ***Teilnehmerzahl***. Noch keine Angaben.
- ***Präsentation und Struktur***.

Positiv	*Negativ*
• Ansprechendes Design der Seiten • Klare Struktur, einheitliche Benutzerführung	• Leistungsmerkmale abhängig von den aktuellen HTML-Restriktionen

- ***Navigation***.

Positiv	*Negativ*
• Stellt Hypertext-Funktionalität zur Verfügung • Übernimmt vom WWW bekannte Navigationsmetaphern	• Hohe Ladezeiten (allgemeines WWW Merkmal)

- ***Zugang***. Es stehen ca. 180 Einwahlknoten (in Deutschland 135) mit 14.400 Baud im Datex-P-Netz der Telekom sowie 40 ISDN-Zugänge zur Verfügung. Mitte Mai werden zwölf 28.800 Baud-Zugänge eröffnet. Ende 1996 sollen alle Einwahlknoten auf 28.800 Baud ausgebaut sein.
- **Systemvorausssetzungen.**
  Hardware: PC, Mac, UNIX-WS. *Software:* Netscape oder Interchange.

- ***Anmeldung***. 0130/823252.
- ***Nutzungskosten***.
  Freistunden: einmalig 24,
  Grundgebühr: 7,- DM/Monat,
  jede weitere Stunde: 4,20,- DM + Telefongebühren.
- ***Quellen***. Boghossian & Cons, 1996; Cremerius-Günther, 1996; Fischer, 1996; o.V., 1996a; Seitz, 1996.

3.5 Microsoft Network

- ***Entwicklung***. MSN wurde im August 1995 zusammen mit MS Windows 95 eingeführt. Zunächst wurde von Microsoft das Ziel verfolgt, einen unabhängigen und völlig eigenständigen Dienst zu entwickeln. Nach der Einführung von MSN wurde jedoch erkannt, daß der Dienst ohne ein integriertes Internet-Gateway an Attraktivität einbüßt. Die zukünftige Entwicklung von MSN wird daher auf eine den üblichen WWW-Browsern ähnliche Zugriffsstruktur hinauslaufen.
- ***Zielgruppe***. Anwender von Windows 95 (insgesamt ca 60 Mio., davon sind 40% mit Modem ausgestattet); verbraucherorientiertes Profil.
- ***Service-Angebot***. Email, Foren, Software, Datenbanken, Unterhaltung, Verlagsangebote, Bildung, Reiseauskunft, Internet-Plattform.
- ***Teilnehmerzahl***. Weltweit ca. 600.000 Nutzer (Stand 1995), im April 1996 1 Mio. Nutzer. Für Deutschland keine Angaben.
- ***Präsentation und Struktur***.

Positiv	*Negativ*
• Einteilung in Foren	• Fehlende Rückmeldungen über Systemzustand
• Übersichtlicher Begrüßungsbildschirm	• Keine standardisierte Angebotspräsentation
• Präsentation des Netzwerkes in Anlehnung an Windows Explorer	• Leere Ordner
• Einbindung von OLE-Objekten in E-Mails und Nutzung des RTF Formates	

- ***Navigation***.

Positiv	*Negativ*
• Intuitive und einfache Benutzerführung	• Hohe Antwortzeiten beim Aufruf grafischer Seiten
• Windows-Benutzerführung per Maus	• Kein lokaler Zwischenspeicher für Menüs oder statische Grafiken
• Orientierung an Windows-Explorer Navigation	

- ***Zugang***. Deutschlandweit sind derzeit 13 Einwahlknoten mit 9.600 Baud und 12 Einwahlknoten mit 14.400 Baud verfügbar. Für 1996 ist der Ausbau auf 180 Einwahlknoten geplant.

- ***Systemvoraussetzungen.***
  Hardware: PC. *Software:* Windows 95.
- ***Anmeldung.*** 0130/814479.
- ***Allgemeine Information.*** 0130/814479.
- ***Ansprechpartner Presse.***
  Frau Lenz, T. 089/3176-5000, F. 089/3176-5390.
- ***Nutzungskosten.***
  Freistunden: 2 h/Monat,
  Grundgebühr: 14,- DM/Monat bzw. 129,- DM/Jahr (Jahresabonnement mit Geld-Zurück-Garantie),
  jede weitere Stunde: 7,50 DM + Telefongebühren.
- ***Quellen.*** Boghossian & Cons, 1996; o.V., 1996a; o.V., 1996c.

4 Perspektive

Die Informations- und Kommunikationsdienste Internet/WWW und die proprietären Online-Dienste werden mittelfristig konvergieren (Europe Online und demnächst auch MSN basieren schon auf dem WWW), wobei beiden Seiten durchaus komplementäre Funktionen zugesprochen werden können. Stellt das Internet einerseits eine unerschöpfliche, dezentrale, offene und globale Informationsquelle für die Online-Dienste dar, welche diese Daten aufnehmen, selektieren, strukturieren und zielgruppenorientiert ihren jeweiligen Kunden anbieten können, übernehmen die proprietären Dienste damit andererseits eine entscheidende Mittlerrolle für den erfolgreichen Zugang ihrer Kunden in das unüberschaubare, weltweite Informationsnetz (Middelhoff, 1996; Vaughan-Nichols & Schmutter, 1996).

Durch die in den diskutierten Diensten mittlerweile vorhandene Multimedialität wird die weltweite elektronische Kommunikation für breite Schichten beruflicher, aber auch privater Computer-Nutzer ohne professionelle Vorkenntnis in der Telekommunikation prinzipiell erreichbar, nachvollziehbar und – wie die Wachstumszahlen der letzten Jahre belegen – offensichtlich auch attraktiv. Damit die Lücke zwischen weltweiten Informationsanbietern (*Content Owner*) auf der einen Seite und Informationsnachfragern (*Customer*) auf der anderen Seite elektronisch geschlossen werden kann, ist über die durchgängige Verfügbarkeit der technischen Kommunikationsdienste hinaus jedoch noch eine Reihe zusätzlicher Transferleistungen zu erbringen, um eine problemorientierte Datenaufbereitung zur gewünschten Information zu realisieren.

Hier erwachsen neue Berufsbilder wie z.B. *Service Provider* (Realisierung des Netz-/Dienstzugangs), *Content Provider* (Inhaltliche Strukturierung der Informationsangebote), *Presentation Provider* (Darstellung der Angebote) und *Information Broker* (Identifikation und Selektion relevanter Angebote für Kunden). Ob sich daraus auch positive Arbeitsmarkteffekte ableiten lassen, wie sie mit den Begriffen Telearbeit und Telelernen verknüpft werden, ist derzeit offen. Erkennbar jedoch ist, daß die Multimedia-Kommunikation zu einem ernsthaften Wirtschaftsfaktor geworden ist und großen Einfluß auf die künftige Positionierung der Volkswirtschaften wie auch der Individuen im globalen Wettbewerb nehmen wird.

Literatur

Boghossian, N. P., Cons, P. (1996). *Entwicklung und Veränderung von kommerziellen Online-Diensten in Deutschland.* Universität des Saarlandes: http://www.mpi-sb.mpg.de/~nicom/online/index.html.

Cremerius-Günther, A. (1996). *Partner im Netz der Netze - Netvertising.* München: Prospekt Europe Online Deutschland.

Fischer, M. (1996). *Ihr Weg in den Markt der Zukunft - Content Marketing.* München: Prospekt Europe Online Deutschland.

Hünseler, A., & Kanzow, J. (1995). Möglichkeiten für interaktive Services – Multimedia on Demand –. In U. Glowalla, E. Engelmann, A. de Kemp, G. Rossbach & E. Schoop (Hrsg.), *Deutscher Multimediakongreß '95. Auffahrt zum Information Highway.* Berlin, Heidelberg: Springer Verlag, 77-85.

Liu, C., Peek, J., Jones, R., Buus, B., & Nye, A. (1994). *Managing Internet Information Services.* Sebastopol, CA: O'Reilly & Associates, Inc.

Maier, G., & Wildberger, A. (1994). *In 8 Sekunden um die Welt. Kommunikation über das Internet.* 3. überarbeitete Auflage. Bonn, Paris, Reading: Addison-Wesley.

Middelhoff, T. (1996). Multimedia und Marketing. Neue Chancen mit Neuen Medien. *Im vorliegenden Band.*

o.V. (1996a). Kommunikation. Online-Ratgeber. Wie Sie Online-Dienste optimal nutzen. Diverse Autoren, Schwerpunktthema *PC-Welt* 2/96, 88-135.

o.V. (1996b). Schicksal Computer. Die Multimedia-Zukunft. Themenschwerpunkt mit Beiträgen diverser Autoren. *Spiegel special* 3/96.

o.V. (1996c). The Microsoft Network: Der Internet Online Service. Unterschleißheim: Presseinformation.

Schoop, E., & Schraml, T. (1996). Vergleichende Buchbesprechung: Dokumentenstandard SGML. Wirtschaftsinformatik, 38, Heft 2 (in Druck).

Schoop, E., Sonntag, R., Förster, T., Jungmann, B., Ladwig, R., & Pabst, S. (1996). *Weltweite Computernetze.* Unveröffentlichte Projektstudie am Lehrstuhl für Wirtschaftsinformatik, insbes. Informationsmanagement, Fakultät Wirtschaftswissenschaften, TU Dresden.

Seitz, S. B. (1996). Erste Nutzer-Befragung belegt: Europe Online erreicht die Jungen, Kaufkräftigen und Konsumfreudigen. München: Presseinformation Europe Online Deutschland.

Summa, H. (1996). Virtual Network – behind the Internet. *Im vorliegenden Band.*

Vaughan-Nichols, S. J., & Schmutter, R. (1996). On-Line Services: Proprietary Services Move to the Web. *Byte* 4/96, 38.

Die Macht der Visualisierung

Martin Göbel und Gernoth Grunst
GMD - Forschungszentrum Informationstechnik, Sankt Augustin

Zusammenfassung. In vielen Bereichen der Multi Media Anwendungen werden heute Bilder mit einem hohen Maß an realistischen Darstellungen gefordert. Natürlich aussehende, rechnergenerierte Bilder suggerieren einen hohen Informationswert, obwohl die zur Bilderzeugung notwendigen Daten in vielfältiger Weise bearbeitet werden, ehe sie zur Erzeugung von Bildpunkten herangezogen werden. In diesem Beitrag werden verschieden Aspekte der Datenaufbereitung und der Datenpräsentation erläutert, und es erfolgen Hinweise auf mögliche Fehlerquellen. Eine Konkretisierung erfolgt schließlich am Beispiel von Daten mit definierten Orientierungszielen.

Schlüsselwörter. Virtuelle Welten, Bildgenerierung, Bildqualität, Computeranimation, Enablingsysteme.

1 Einführung

Bilder entstehen durch hochleistungsfähige Grafikrechner. Die erzielbare Bildqualität ist, bedingt durch die enormen Leistungssteigerungen heutiger Maschinen, in den letzten 5 Jahren deutlich angestiegen. Gleichzeitig entstand damit auch die Möglichkeit, mit Bildern und den darin dargestellten Inhalten zu interagieren, Objekte innerhalb komplexer Szenarien zu identifizieren und in Position und Gestalt zu verändern. Sowohl die Bilderzeugung als auch die Interaktion erfolgt in Echtzeit, das heißt die Bearbeitung des rechnerinternen Datenmaterials erfolgt so schnell, daß wir mit unseren Sinnesorganen es nicht mehr wahrnehmen, welche Zeitspanne der Rechner für die Ausführungen benötigt.

Im folgenden stellen wir unterschiedliche Schritte dar, die in der Erzeugung von Bildern durchlaufen werden, und weisen auf mögliche Fehlerquellen oder Problembereiche hin, die Nutzern von Bildern immer dann bewußt sein sollten, wenn diese Bilder als Grundlage für Entscheidungen herangezogen werden. Hochleistungsfähige Rechner und neuartige Präsentationsverfahren haben zudem dazu beigetragen, daß Bilder nicht mehr isoliert betrachtet werden, sondern in zeitlichen Folgen gesehen und beurteilt werden. Der "Glaube" an Bilder ist um so größer, je perfekter sie erscheinen.

Bildqualität besteht darin, daß dem menschlichen Betrachter das Gefühl vermittelt wird, bei dem wahrgenommenen Bild handele es sich um ein Abbild aus der natürlichen Umwelt und nicht um eine rechnergenerierte Umgebung bzw. ein synthetisches Bild. Neben technischen Merkmalen wie bspw. Auflösung und Farbtreue wird hier die Darstellung von Formen und Farbmustern, aber auch von Verhalten aus der realen Umwelt verlangt. Damit verbunden ist nicht nur ausschließlich das Streben nach Perfektion, sondern vielmehr der berechtigte Ansatz, in der Mensch-Maschine-Kommunikation ein hohes Maß an Realitätsnähe zu vermitteln, um den Wahrnehmungs- und Erkenntnisprozeß des Menschen nachhaltig zu unterstützen (Astheimer, Dai, Göbel, Kruse, Müller & Zachmann, 1994). Bekannte Bilder schaffen unmittelbar Assoziationen zu menschlichen Erfahrungen, womit es erst möglich ist, komplexere Informationszusammenhänge darzustellen. Beispielsweise kann bei der Darstellung eines Raumes durch entsprechende Lichtsimulationen nicht nur die Rauminformation (Größe, Ausstattung etc.) dargestellt werden, sondern auch die räumliche Einbettung (Blick aus Fenster oder Tür) sowie möglicherweise eine zeitliche Information vermittelt werden (Darstellung einer Uhr, bzw. jahreszeitliche und tageszeitlich abhängige Beleuchtung).

Das Streben nach photorealistischen Bildern hat eine ganze Reihe von Verfahren in der Computeranimation hervorgebracht, die entweder auf algorithmischem Wege Natürlichkeit erzeugen, oder Bilder der Natur verwenden und diese in die Computergrafik einbeziehen.

2 Wie die Bilder virtueller Welten entstehen

Virtuelle Welten setzen sich aus mehrdimensionalen geometrischen Objekten innerhalb eines dreidimensionalen Raumes zusammen, teilweise unterliegen diese Objekte auch einer zeitlichen Veränderung. Diese Objekte können prinzipiell auf zwei unterschiedliche Arten erzeugt werden, durch Modellierung oder Rekonstruktion.

In der Modellierung werden Objekte zweckgerichtet erstellt und attributiert, wobei häufig reale Bemaßungen, Pläne oder sonstige Vorlagen verwendet werden, um Größenverhältnisse zu übertragen. Die Rekonstruktion verwendet als Vorlage reale Objekte, die mittels mechanischer, elektromagnetischer oder optischer Verfahren vermessen werden. Die einzelnen Meßwerte entstehen zum Teil aus einer Vielzahl von erfaßten Parametern, die algorithmisch zusammengefaßt und unter definierten Annahmen ergänzt oder zusammengefügt werden, wobei dann bspw. Bilder (z.B. in der medizinischen Diagnostik, Satellitenaufnahmen) oder geometrische Modelle (3D-Scanner) für die Weiterverarbeitung entstehen. In vielen Fällen werden Kontinuität in räumlichen und zeitlichen Meßreihen vorausgesetzt und entsprechende Interpolations- bzw. Glättungsverfahren eingesetzt. Häufig werden in den Meßverfahren zusätzlich zu den raumbezogenen Positionen weitere, meist skalare Datenwerte erfaßt oder bestimmt, die sich für eine zusätzliche, häufig visuelle Ausgestaltung derartiger Objekte verwenden lassen (z.B. Farbtexturen).

Die Kombination von Modellierungs- und Rekonstruktionsverfahren wird heute vielfältig eingesetzt, um die Unzulänglichkeiten der jeweiligen Techniken zu überwinden.

In der Datengenerierung für virtuelle Welten werden demnach zunächst elementare Daten zu komplexen Objekten zusammengefaßt und für eine weiterführende Bearbeitung, z.B. Simulation von Objektverhalten oder Interaktion, abstrahiert. Für eine audiovisuelle Präsentation allerdings müssen diese komplexen Objektstrukturen wieder in einfache Elemente zerlegt werden, die von der Grafikmaschine akzeptiert und in Bildteile umgesetzt werden.

2.1 Operationen im Datenbereich

In der sogenannten Datenaufbereitung werden unterschiedliche Verfahren angewendet, um möglichst vollständige Meßreihen zu erhalten, oder um aus Meßreihen geometrische Objekte zu erstellen. Dabei muß im allgemeinen beachtet werden, daß für die Bereitstellung virtueller Welten die folgenden Klassen von Operationen im Datenbereich angewendet werden, bevor überhaupt ein Bild aus diesen Daten erzeugt werden kann:

- **Formatkonvertierung.** In der Regel sind die zu visualisierenden Daten in einem anderen Format und häufig auch einer anderen Auflösung verfügbar, als vom Visualisierungssystem gefordert. Es erfolgt eine Anpassung an Datenimportformate und Speichergrößen. Dies ist ein vielfach nicht reversibler Vorgang, da ein Verlust an Semantik, Genauigkeit etc. erfolgen kann.
- **Datenvervollständigung.** Rekonstruierte Objekte, Meßreihen oder berechnete Datensätze sind verfahrensbedingt im allgemeinen unvollständig in Hinblick auf die Visualisierung. Meßpunkte liegen zu weit auseinander, Meßpunkte konnten nicht erfaßt oder erkannt werden, Meßpunkte sind gestreut o.ä. Hier werden i.a. eine Kontinuumsannahme getroffen und Daten durch Interpolationsverfahren hinzugefügt, bzw. es wird ein manuelles Editieren von Daten unternommen.
- **Datenglättung.** Artefakte in Meßreihen, ungewollte Gradienten o.ä. werden bspw. durch Approximationen überwunden. Als Ergebnis entstehen ‚bessere' Bilder, in denen die Unzulänglichkeiten der Meßverfahren verborgen sind.
- **Segmentierung oder Datenklassifikation.** Daten sind häufig dahingehend zu bestimmen, welcher Wertebereich sichtbar ist bzw. dargestellt werden soll. Häufig werden gesamte Wertebereiche auf eine Sichtbarkeitsklasse zurückgeführt.
- **Oberflächengenerierung.** Gestreute Meßfelder und Volumendaten werden oft in eine geometrische Präsentation überführt, um die leistungsfähige Grafikhardware nutzen zu können. Tesselierungsverfahren erzeugen aus raumbezogenen Positionen (gleicher Wertigkeit) Flächen, die sich aus einer Vielzahl von Dreiecken zusammensetzen und deren Fläche ein Gebiet gleicher Werte bezeichnet.

- **Attributierung.** Zur Visualisierung sind fehlende Objektattribute zu ergänzen, bspw. fehlen in CAD-Daten, aber auch in Meßreihen, Farbwerte, Beleuchtungsparameter etc., die es (manuell) zu ergänzen gilt.
- **Datenreduktion und Generierung von Level-of-Detail.** Nachdem die Daten vervollständigt und hinreichend attributiert sind, müssen sie für die Echtzeit-Visualisierung wieder reduziert werden. Dazu werden Oberflächen zusammengefaßt, Objekte in weniger komplexe Objekte überführt oder aufwendige Attribute durch einfache visuelle Effekte ersetzt.

2.2 Bilderzeugung

Die Bilderzeugung erfolgt - bedingt durch das verfügbare Datenmaterial - mittels unterschiedlicher Verfahren, die durch verschiedene Parameter gesteuert werden. Nicht nur die Wahl des Verfahrens (bild- bzw. objektraumorientierte Techniken), sondern auch die Auflösung des zu erzeugenden Bildes, Tiefe der Farbwerte, des Z-Buffers (für Überdeckungen), der alpha-Werte (für Transparenzen), der Möglichkeit der Interpolation von Farbwerten bzw. Texturen gibt immer dann einen direkten Hinweis darauf, daß Bilder durch einen Rechner entstanden sind, wenn die Diskretisierung auf Anhieb wahrnehmbar ist.

Beispielsweise erkennt der Mensch sofort eine Unterteilung des Farbspektrums in 8 Farbwerte, während bei 16 Farbwerten zunächst der Eindruck eines kontinuierlichen Farbverlaufs entsteht.

Kameraparameter, die zur Bildgenerierung eingestellt werden, wie etwa Brennweite, Position, Blickrichtung und Orientierung sowie Fokus legen den im Bild sichtbaren Bereich der virtuellen Welt fest und definieren ggf. Verzerrungen und Unschärfen, die möglicherweise nicht durch die darzustellenden Daten hervorgerufen sind.

Letztlich ist anzumerken, daß die Interpretation der definierten Beleuchtung, etwa die Anzahl der Lichtquellen, ihre Art, Position und Farbe einen erheblichen Einfluß darauf haben, welche Teile der virtuellen Welt wahrnehmbar sind, ob diese teilweise oder ganz beleuchtet, bzw. verschattet sind etc.

2.3 Bildpräsentationstechniken

In der Bilddarstellung werden unterschiedliche Techniken eingesetzt, die den Realitätsgrad erhöhen. Stereoskope Präsentation ermöglicht die Wahrnehmung 3-dimensionaler Objekte, eine Bildfrequenz oberhalb von 16 Bildern suggeriert einen kontinuierlichen Ablauf (der Mensch vermag bis zu 8 Einzelbilder je Sekunde als solche wahrzunehmen). Der alternative Einsatz von Texturen und detaillierteren Modellen (level-of-detail Techniken) schafft eine prinzipiell unbeschränkte Genauigkeit bei gleichbleibender Bildrate. Veränderliche Texturen (z.B. environment mapping) verstärken den Eindruck nicht berechneter, betrachterabhängiger Spiegelungs- und Lichtbrechungseffekte.

2.4 Interaktionstechniken

Während die Verfahren zur Bildgenerierung und -präsentation den Grad der Immersion bestimmen, d.h. das Gefühl des Betrachters, es handele sich bei der dargestellten virtuellen Welt um eine reale Umgebung, sind die möglichen Interaktionsformen und eingesetzten Simulationsverfahren ein Maß für die Präsenz des Benutzers in eben dieser virtuellen Umgebung. Präsenz bezeichnet die Reaktion der virtuellen Welt auf den Benutzer und vermittelt ihm damit das Gefühl ein (in Teilen) kontrollierender Bestandteil dieser Welt zu sein.

So lassen sich Objekte berühren, verschieben, deformieren etc., wobei selten entschieden werden kann, welchen Anteil der Benutzer an der Interaktion hat und welchen Anteil der Rechner kontrolliert. Beispielsweise läßt sich die freie Navigation des Betrachters durch berechnete Kamerapfade ersetzen, die so geglättete Bewegung nehmen wir eher als natürliche Bewegung wahr, als eine Bewegung, die von den ruckhaften Bewegungen der Augen (Blickrichtung) kontrolliert wird.

2.5 Simulationsverfahren

Simulationen betreffen Nachstellungen von wahrnehmbaren Änderungen der virtuellen Welt. Objektbewegungen, ausgelöst durch physikalische Gesetzmäßigkeiten wie Fall oder Stoß, sind prinzipiell berechenbar. Ab einer bestimmten Anzahl jedoch nicht mehr in Echtzeit, der Betrachter würde also eine Diskontinuität feststellen. A priori durchgeführte Simulationen, die aufgezeichnet und bei einer Begehung der virtuellen Welt lediglich "abgespielt" werden, etwa Computeranimationen, bieten hier Abhilfe. In vielen Fällen ist es für den Betrachter nicht entscheidbar, ob der Darstellung derartiger physikalischer Gegebenheiten tatsächlich eine ‚korrekte' Simulation unterliegt, oder dies nachgestellt ist.

3 Konkretisierung mit definierten Orientierungszielen

3.1 Gestaltungsprinzipien orientierungswirksamer VR Szenarien

Visualisierungen haben in unserer Kultur unterschiedliche Funktionen und Bedeutungen. Bilder, Filme und Animationen liefern für verschiedene Zwecke statische und dynamische Illustrationen, orientieren, beeinflussen oder dienen einfach der Unterhaltung. Das Medium Film bzw. die "Filmsprache" reflektiert ein reichhaltiges Spektrum von Gestaltungskriterien für diese unterschiedlichen Wirkungsabsichten. In computergestützten Multimedia- oder VR-Systemen spielt - wie im Film - die Präsentation der visuellen Information eine entscheidende Rolle. Darüber hinaus verlangen aber die realisierbaren Interaktionsmöglichkeiten zusätzlichen Gestaltungsaufwand. Dem Rezipienten müssen kontinuierlich intuitive Anhaltspunkte gegeben werden, welche Handlungs- und Zugriffsmöglichkeiten in einem Szenario der Virtuellen Realität gerade offenstehen.

Hierzu muß der "Besucher" eines solchen Szenarios sich selbst und die (zumindest visuell) erfahrbaren Objekte intuitiv in einem gemeinsamen räumlichen Bezugsrahmen erleben. Zu jedem Zeitpunkt sollte ohne Überlegung erfaßbar sein:

- Wo stehe ich?
- Was sehe ich?
- Welche Orts- oder Objektveränderungen sind möglich?

An authentischen, aber modellhaft vereindeutigten virtuellen Objekten lassen sich sinnfälliger als an ihren Realweltentsprechungen wesentliche Details wahrnehmen und damit verbundene Einsichten gewinnen. Hierzu muß der Besucher den Gegenstand seines Interesses jedoch von verschiedenen Standpunkten in Augenschein nehmen. Exemplarisch deutlich wird dies in den medizinischen VR- und Multimedia-Systemen EchoSim und 4D Heart Explorer, die als visuelle Trainingsumgebungen ein Verständnis der Struktur und Dynamik des Herzens vermitteln. Die im Projekt SCENE der GMD (Grunst, Fox, Quast & Redel, 1995) entwickelten Enablingsysteme sind als Explorationswelten konzipiert. Durch Drehen eines animierten Herzmodells, partielle Entfernung von Herzteilen oder durch die Wahl eines Transparenzmodus können innere und äußere Funktionsabläufe erfaßt werden. Das schlagende Herz ist ein Phänomentyp, der in der Realität gar nicht bzw. nur partiell visuell erfahren werden kann. Der Ultraschall- und der Röntgenfilm bieten schattenhafte und verrauschte Schichtansichten der Vorgänge, die nur vom kardiologischen Experten interpretiert werden können. Dadurch, daß diese unklaren Bilder eines Patienten räumlich exakt in das virtuelle Szenario eingebunden und mit dem Modellherzen geometrisch abgeglichen (registriert) werden, kann der "Besucher" die VR Objekte als Mentale Modelle zur visuellen Interpretation verwenden. Sie repräsentieren gewissermaßen die visuellen Vorstellungen, die der kardiologische Experte aufgrund seiner Erfahrungen aufgebaut hat. Ein aufrufbarer objektsensitiver 3D Cursor erlaubt zudem, auf die ins Auge gefaßten Details zu zeigen und damit deren Benennung zu aktivieren. So kann der Besucher seine neuen Erfahrungen gleich auf einen Begriff bringen (Miller & Johnson-Laird, 1976).

Durch die Kombination interaktiv explorierbarer Modellobjekte mit Bildern, Filmen oder Volumenvisualisierungen auf der Basis bildgebender medizinischer Verfahren lassen sich Trainings- oder Enablingsysteme realisieren, die einerseits das komplexe Phänomen "Struktur und Dynamik des (gesunden wie kranken) Herzens" und andererseits deren diagnostische Erfassung über bildgebende Verfahren intuitiv erfahrbar machen. Hierzu sind an das EchoSim Modul Eingabeinstrumente angekoppelt, die eine virtuelle Ultraschalluntersuchung des Herzens durchführen lassen. Ein Ultraschallkopf mit einem Tracking Sensor wird auf einen Dummypatienten positioniert. Alle Bewegungen werden auf eine Entsprechung des Schallkopfs im VR Szenario übertragen. So kann das Herzmodell mit seinen Innenstrukturen wie in wirklichen Untersuchungen "angeschallt" werden.

Die aktuelle Schallebene erfährt der Nutzer der Simulationsumgebung als Anschnitt in einem zweiten Fenster.

Um abzusichern, daß Nutzer derartiger Enablingsysteme bestimmte, für das Gesamtverständnis relevante Aspekte des Geschehens wirklich zur Kenntnis nehmen, sind in den SCENE Systemen als Ergänzung freier Explorationsmöglichkeiten auch vorgegebene Zielansichten anwählbar. Ein plötzlicher Wechsel in der Szenenansicht würde dabei jedoch bedeuten, daß das bislang aufgebaute und genutzte intuitive Verständnis des räumlichen Bezugs zum Zielobjekt verloren ginge. Daher führt eine Kamerafahrt den Besucher vom aktuellen Standpunkt zur gewünschten Normsicht etwa auf die Herzklappen. Interaktivität in einem VR Szenario läßt sich auf diese Weise sowohl als freie Aktion (Rotieren von Objekten, Durchfahren einer Szene), als auch in Form eines selektiven Zugriffs auf "guided units" gestalten, die als Animationen in der Szene realisiert sind. Das Interface muß intuitive Stimuli zur Nutzung dieser Steuerungskonzepte auf unterschiedlichen Ebenen (Menüs, direkt manipulierbare Objekte) anbieten. Die visuelle Vermittlung der Inhalte spielt sich dabei in derselben Szene ab.

3.2 Realisierung

Zentraler Bestandteil der beschriebenen Systeme sind authentische Visualisierungen des Herzens als biologische Pumpe. Um den Gestaltungsaufwand der Herzmodelle möglichst gering zu halten, lag es zunächst nahe, Volumenvisualisierungen von Rohdaten bildgebender medizinischer Verfahren (NMR, CT, Ultrafast CT, Ultraschall) als Ausgangsbasis zu verwenden. Vor allem, wenn eine Vielzahl von Objekten (z.B. Herzpathologien) realisiert werden soll, erscheint es wünschenswert, die Modelle aus geeigneten Schichtaufnahmen des Herzens berechnen zu lassen. Dieser Ansatz brachte jedoch nicht die gewünschten Ergebnisse. Die abgeleiteten Modelle vermittelten weder das genaue Bild eines bestimmten Patienten, noch verdeutlichten sie strukturelle und dynamische Details des Herzens, die in der Diagnose vom erfahrenen Kardiologen bedacht werden. In einem europäischen Forschungsprojekt mit Beteiligung der GMD (Berlage & Grunst, 1995) sind wir daher im umgekehrten Sinn damit befaßt, die im Projekt SCENE gestalteten VR Konzepte als Orientierungsrahmen und Interface in aktuelle 3D Ultraschallsysteme einzubinden.

Bei der Realisierung der Enablingsysteme waren wir gezwungen, ein eigenes Gestaltungskonzept für die benötigten Herzmodelle zu entwickeln. Als Entwicklungsumgebung wählten wir hierfür das 3D Modellier- und Animationssystem Softimage auf Silicon Graphics Workstations. Bei der aufwendigen Gestaltung der Außen- und Innenstruktur des 3D Modellherzens orientierten sich die Designer zunächst an einem festen Kunststoffmodell sowie an Schnittzeichnungen und Fotografien von Herzpräparaten. Die regelmäßige Kritik durch kardiologische Experten ließ zudem deren Erfahrung in die Gestaltung mit einfließen.

Der nächste Entwicklungsschritt bestand darin, das Modell zu animieren, also authentische Herzbewegungen zu gestalten. Hierfür wurde in erster Linie das Modul "Waves" in Softimage benutzt. Es erlaubt, in einer Szene verschiedenartige Wellen zu erzeugen, die in kontrollierter Weise die Ausdehnung und

Kontraktion von Polygonobjekten bewirken. Als visuelle Kontrolle dienten in dieser Gestaltungsphase vor allem Ultraschallaufnahmen und Videoaufzeichnungen von Herzkatheteruntersuchungen, also Röntgenfilme. Auch bei der Modellierung der Herzdynamik spielte die Expertenkritik eine wichtige Rolle. Anschauliche Beschreibungen wichtiger Bewegungsmerkmale (Vorhofkick, Windkesselfunktion ...), die bereits in den Analysen der Interaktionen von kardiologischen Experten und Anfängern als wirksame Lenkungsmittel erkannt wurden, boten auch hier dem Designer die entscheidenden Orientierungen. Sie leiteten die Aufmerksamkeit auf gestalthafte Bewegungszusammenhänge und konkretisierten so die Modellierungsaufgabe.

Nachdem die Herzkontraktionen den Vorstellungen der kardiologischen Experten entsprachen, wurde die Gestaltung des Blutflusses (Hämodynamik) in Angriff genommen. Partikelanimationen erschienen uns als das aussichtsreichste Verfahren, um den Blutstrom anschaulich zu visualisieren. Mit dem Modul "Flock" bietet Softimage auch hierfür ein - mit starken Einschränkungen - geeignetes Werkzeug. Die Synchronisation der erzeugten, sich bewegenden, verschwindenden und an anderer Stelle wieder neu erzeugten Partikelwolken muß einem integrierenden Bewegungsmodell entsprechen, damit biologische Fließeindrücke entstehen. Die zeitlichen Synchronisationspunkte gibt dabei der Herzzyklus, also das EKG, vor. In der Kardiologie bekannte Druckverläufe liefern Anhaltspunkte zur Modifikation der erzeugten Bewegungskurven. Abbrüche, schnelle Öffnungen und langsamere Abflachungen sind typische Merkmale. Mehr noch als bei den vorgängigen Entwicklungsstufen ist hier das Urteil des Experten nötig, um das komplexe hämodynamische Geschehen in den entscheidenden Details adäquat zu modellieren.

Vor allem die bisher eingesetzten dynamischen Modellierungskonzepte sind jedoch ungeeignet, mit vertretbarem Zeit- und Arbeitsaufwand immer neue pathologische Varianten des Normalherzens zu erstellen. Als Konsequenz dieser Erfahrung wird derzeit in der GMD ein 3D Autorensystem realisiert, das gezielt die Gestaltung pathologischer Deviationen vom Normalfall unterstützt. Hierfür stehen neben einer Reihe von "Ausgangsmodellen" bestimmte Manipulatoren zur Verfügung, die direktmanipulativ auf das schlagende Herzmodell angewandt werden können. Die Werkzeugumgebung soll einem Kardiologen unmittelbar nach einer Untersuchung zu erlauben, die Befunde intuitiv in die 3D Animationen zu übertragen.

3.3 Zielsituation der VR Enablingsysteme

In der Untersuchungssituation selbst können die Systeme wichtige Orientierungsfunktionen erfüllen. Ein Kardiologe untersucht einen Patienten, stellt beim Abhören ein Herzgeräusch fest und führt daraufhin eine Ultraschalluntersuchung des Herzens durch. Die einzelnen Bilder ergeben kein klares Bild. Der Experte, der dazu in der Lage wäre, die verschiedenen Anhaltspunkte zu einem gezielten Leitverdacht zu verdichten, ist weder räumlich noch zeitlich greifbar. Er gerät zunehmend in Bedrängnis. Hier nun wendet der Arzt sich an das VR Informationssystem. Das System illustriert in interaktiven 3D Animationen die spezifische

Krankheit und demonstriert den diagnostisch wichtigen Ansichten zugeordnete Ultraschallfilme realer Pathologien. Ist ihm die Durchführung noch nötiger Untersuchungsschritte unklar, startet er im Informationssystem die entsprechende Animation. Sobald einzelne Details der Diagnose verstanden sind, wendet der Arzt die Einsichten auf seinen aktuellen Fall an.

Die VR Szenen stellen auch für den telemedizinischen Austausch wichtige Kontextinformationen zur Interpretation von Diagnosen und Teilbefunden zur Verfügung. Auf diese Weise können z.B. Ultraschallfilme auch von Experten, die eine zweite Meinung zu einer Diagnose abgeben sollen, viel besser bewertet werden.

In allen diesen Zielanwendungen sind die Illustrationen bestimmter Pathologien von zentraler Bedeutung. Sie entsprechen in ihrer Funktion den erklärenden Darstellungen, die auch ein menschlicher Experte gibt, wenn ein unerfahrener Kollege während einer Untersuchung in Schwierigkeiten gerät. Die Diagnose kann letztlich nur durch den untersuchenden Arzt selbst gestellt werden. VR- bzw. Multimedia-Orientierungskonzepte müssen genau hier ansetzen und das in der Situation notwendige Verständnis aufbauen. Die Akzeptanz und damit der Erfolg derartiger Systeme hängen von den folgenden Faktoren ab:

- Sachangemessenheit der Informationen,
- Vollständigkeit der erfaßten Problemfälle,
- Erklärungswirksamkeit der Darstellungen,
- Effizienz des Interfaces,
- Intuitivität der "Navigation" in den Animationen,
- technisch unaufwendiger Zugriff und
- ein im Verhältnis zum Nutzen für den Arzt / Patienten vernünftiger Kostenaufwand.

Literatur

Astheimer, P., Dai, F., Göbel, M., Kruse, R., Müller, S., & Zachmann, G. (1994). Realism in Virtual Reality. In N. M. Thalmann & D. Thalmann (Eds.), *Artificial Life and Virtual Reality*. New York: J. Wiley & Sons.

Berlage, Th., & Grunst, G. (1995). CardiAssist: Developing a support platform for 3D Ultrasound. In G. Otto (Ed.), *9th Microgravity Summer School, Topic: space and Telemedicinee* (S. 95-104). Köln.

Grunst, G., Fox, T., Quast, K.-J., & Redel, D. A. (1995). *Szenische Enablingsysteme - Trainingsumgebungen in der Echokardiographie*. In U. Glowalla, E. Engelmann, A. de Kemp, G. Rossbach & E. Schoop (Hrsg.), *Deutscher Multimedia Kongreß '95, Auffahrt zum Information Highway* (S. 174-178). Berlin u.a.: Springer-Verlag.

Miller, G.A., & Johnson-Laird, Ph. N. (1976). *Language and perception*. Cambridge, MASS: MIT Press.

Virtual Network - behind the Internet

Harald A. Summa
SUMMA Unternehmensberatung, Dortmund

Zusammenfassung. Das Internet stellt sich für den Anwender als ein undurchschaubares Netz von Rechnern dar. Der Beitrag befaßt sich mit den technischen und organisatorischen Strukturen, die dieses System aufrecht erhalten und weist auf die Zusammenhänge hin, deren Verständnis notwendig sind, um einen hohen Nutzen aus dem Einsatz des Internet für kommunikative Aufgaben im privaten wie geschäftlichen Umfeld zu ziehen. Weiterhin werden Entwicklungstendenzen auf dem Internet-Markt dargestellt und erläutert.

Schlüsselwörter. Internet, DE-CIX, DE-NIC, Schichtenmodell Online, Electronic Commerce.

1 Die Strukturen im Internet

Das Internet gilt gemeinhin als eine chaotische und unstrukturierte heterogene Masse von Rechnern und Menschen hinter deren Bildschirmen. Dem ist aber nicht so. Vielmehr ist das Internet aus einer dezentralen Konzeption entstanden, die durchaus nach deterministischen Regeln und Organisationkonzepten arbeitet. Um das Internet von heute begreifen zu lernen, ist es notwendig, die Historie zu bemühen (Obermeyer, Gulbin, Stobel & Uhl, 1995).

1.1 Das Internet der ersten Generation

Als Ausgangspunkt für die Ausprägung des Internet und auch der Online-Dienste kann das *Arpanet* - später *Arpa*-Internet - angesehen werden. Das Netz entstand vor knapp 25 Jahren, aus militärischen Mitteln finanziert, und sollte die damals noch knappen und über die USA verteilten Rechnerressourcen miteinander verbinden. In den Zeiten des Kalten Krieges war eine Hauptforderung an die Architekten, eine Netz-Infrastruktur zu schaffen, die auch beim Ausfall von Teilkomponenten, etwa durch Bombenangriff oder Sabotage, nicht beeinträchtigt wird.

Das *Arpanet* hat eine Vielzahl neuer Technologien hervorgebracht, die heute das Bild vieler ziviler Netze und Dienste prägen. Die wichtigste Entwicklung liegt darin, daß erstmals ein verbindungsloses Protokoll und das Prinzip der Paketvermittlung implementiert wurde.

In den 70er und 80er Jahren wurden die TCP/IP-basierten Netze zunehmend miteinander verbunden. Auch in Europa waren bereits frühzeitig universitäre Einrichtungen über TCP/IP-Protokolle miteinander verknüpft. In Deutschland wie auch in den meisten europäischen Ländern wurden zur Verbindung in die USA "backbones" eingerichet, so in Deutschland der Rechnerknoten UNIDO an der Universität Dortmund. Diese bündelten sich leitungsmäßig in Amsterdam, um von dort den Austausch der Datenpakete in die USA zu bewerkstelligen. So entstand in Europa die Basis dessen, was heute als "Internet" bezeichnet wird.

Das Internet bildete in den USA sehr schnelle Verbindungen (backbones) heraus, die besonders frequentiert und daher mit hohen Bandbreiten ausgestattet waren. Diese Leitungen wurden von der National Science Foundation (NSF) mit staatlicher Unterstützung aufgebaut und unterhalten.

Dem NSF-Netz vergleichbar ist das deutsche Wissenschaftsnetz (WiN) des DFN-Vereins, der ein gleichartiges, auf die Bedürfnisse der Universitäten und Forschungseinrichtungen ausgerichtes Netz aufgebaut hat. Bis hierhin spricht man von der akademischen ersten Generation des Internet.

1.2 Das Internet der zweiten Generation

Die zweite Generation des Internet wird als die Phase der Kommerzialisierung verstanden. An die Stelle akademischer, mit öffentlichen Mitteln geförderter Betreiber treten private, kommerziell orientierte Unternehmen. Der akademische Datenverkehr wird dem WiN überlassen, die privaten Nutzer und Unternehmen können sich den Internetzugang bei dem neu entstandenen Gewerbe der Internet Service Provider (ISP) besorgen. Dieser Prozeß wurde in den USA im Jahre 1987 eingeleitet. In der Bundesrepublik läßt sich der Beginn auf den Juli 1993 datieren, dem Gründungsdatum der EUnet Deutschland GmbH.

Die von der Universität Dortmund aus gegründete EUnet Deutschland GmbH ist das klassische Beispiel für einen Internet Service Provider. Aus der technischen Erfahrung, die an der Universität gesammelt wurde, baut er eine eigene bundesweite gemietete Netzinfrastruktur mit regionalen Einstiegspunkten (Point of Presence, PoP) auf. Mittlerweile gibt es in der Bundesrepublik ca. 15 weitere kommerzielle Provider, die über eine eigenständige und unabhängige Netzinfrastruktur verfügen und, mit mehr als 200 PoP, die regionalen Zugänge zum Internet bilden.

Die Vergabe der deutschen Internet-Adressen wird vom DE-NIC (National Information Center) in Karlsruhe bewerkstelligt, der dort als ein Drittmittelprojekt an die Universität angegliedert ist. Träger des DE-NIC ist der Interessenverband (IV) DE-NIC, der in der Form einer GbR mbH gegründet wurde und dessen Gesellschafter die Mehrzahl der am Markt tätigen Provider sind.

Das öffentlich finanzierte Internet in den USA ging am 31. April 1995 zu Ende. Zu diesem Zeitpunkt hat die NSF ihren backbone an die Telefongesellschaften Sprint, MCI und andere übertragen, um sich auf rein akademische Aufgaben konzentrieren zu können. Den Markt in den USA bestimmen derzeit noch ca. 15 große Provider und einige tausend regionale PoP. Die großen regionalen Telefongesellschaften und auch AT&T halten sich derzeit noch aus dem Internet-Providergeschäft heraus. Eine Meldung der F.A.Z. vom 29.02.1996 scheint allerdings im Hinblick auf AT&T einen Wandel einzuläuten.

1.3 Die technischen Strukturen

Das Grundprinzip des Internet ist die verbindungslose Kommunikation über das TCP/IP-Protokoll. Es werden Datenpakete über ein lokales oder Wide Area Network versandt, die sich ihren Weg über Routertabellen gesteuert suchen. Das setzt voraus, daß die möglichen Wege eines Datenpaketes bekannt sind. Werden nun zwei Netze miteinander verbunden, spricht man von einem Peering. Beim Peering werden die Routertabelleninformationen des einen Netzes dem anderen mitgeteilt.

In der Zeit, als es lediglich das NSF-backbone-Netz gab, wurden annähernd alle Routing-Daten in einer Hand gehalten. Aber bereits mit der Gründung von UUnet, dem ersten kommerziellen amerikanischen Provider, mußten die Daten über eine gemeinsame Clearingstelle geleitet werden, um den reibungslosen Verkehr zwischen Akademia und Kommerz zu bewerkstelligen. Jeder weitere kommerzielle Provider mit einer amerikaweiten Abdeckung verschärfte die Notwendigkeit für einen zentralen Datenaustausch.

Mittlerweile gibt es mehrere technische Konzepte für die optimale Datenverkehrsführung. In den Staaten haben sich das MAE EAST (Virginia) und das MAE WEST (Califonia) zu zentralen Drehscheiben des gesamten nationalen Providerdatenverkehrs entwickelt. Das dort durchgeführte Peering vermeidet, daß Datenpakete von einem Provider zum anderen über Überlandleitungen transportiert werden müssen. Ein ähnliches Konzept verfolgen die Network Access Points (NAP) in NY oder Chicago auf regionaler Ebene.

Um in Deutschland ISP zu werden, bedarf es einer flächendeckenden Infrastruktur, die aus PoP und angemieteten Leitungen besteht. Darüber hinaus ist internationale Konnektivität nötig, die sich bei den folgenden Konsortien einkaufen läßt.

- EUROPANET: 27 Netze in 18 Ländern, betrieben von DANTE U. K. auf Basis X.25 und EMPB (European Multiprotocol Backbone)
- Ebone: 35 Netze in 22 europäischen Ländern
- EUnet: 33 Netze in 38 Ländern

Für den Datenaustausch zwischen den ISPs gibt es sogenante "Internet eXchanges", wobei derzeit drei Hierarchiestufen unterschieden werden.

- *Globale Übergabepunkte.* GIX (Global Internet eXchange) in Washington. Dabei handelt es sich um einen zentralen Übergabepunkt, an dem sich jeder ISP gegen Selbstkosten (Zuleitung und Router) globale Konnektivität verschaffen kann.
- *Regionale Übergabepunkte.* In den USA existieren die obengenannten MAE EAST und WEST. In Europa sind dies LINX (London Neutral Internet eXchange) und der DE-CIX in Frankfurt.
- *Lokale Übergabepunkte.* Zu den lokalen Übergabepunkte gehören alle bilateralen Vereinbarungen, die Provider untereinander ausgehandelt haben, und insbesondere der Übergang vom EUnet in das WiN.

2 Der kommerzielle Internet-Markt

Der kommerzielle Internet-Markt wird durch zwei Merkmale bestimmt. Zum einen wird der Zugang, d. h. die Konnektivität, nicht mehr über akademische und durch staatliche Förderung unterstützte Institutionen ermöglicht. Zweitens sind die Nutzer überwiegend aus kommerziellen oder privaten Interessen Teilnehmer am Internetverkehr (Summa, 1995).

2.1 Das Schichtenmodell der Online-Welten

Zum Verständnis der Kommerzialisierung des Internet sind einige Überlegungen notwendig, die in Form eines Schichtenmodells die Interdependenzen und sich daraus ergebende Entwicklungen darstellen.

In den Zeiten der Telekom-Monopole war die unterste Ebene des Schichtenmodells den Unternehmen zugewiesen, die die Übertragungsmonopole und damit die Dienste und die damit verbunden Protokolle bestimmten - die Carrier. Ihre Dienstleistungen bestimmten den Mehrwert.

Funktional betrachtet hat sich nach dem Wegfall der Datenübertragungsmonopole die Schicht der Service Provider etabliert, zuerst auf Basis von proprietären Diensten der Monopolisten, dann auf offenen, auf den TCP/IP-Protokollen des Internet basierenden. Der Geschäftszweck der Provider ist definiert als die Bereitstellung von Konnektivität (Zugang zu einem Netz) und das Weiterleiten (Routen) von Datenströmen innerhalb eines Netzes.

Die frühen Mehrwertdienstleister der anderen Art haben zu diesen funktionalen Diensten noch Inhalte hinzugefügt. Sie werden in die Schicht der Content Provider eingeordnet und zeigen sich auf dem Markt als Online-Dienste. Interessanterweise stehen die ehemals proprietären Inhaltsanbieter (etwa CompuServe, Datex-J) heute auf derselben logischen Ebene wie ein beliebiges WorldWideWeb-Angebot eines Privaten oder Unternehmens.

Die Content Provider haben eine weitere logische Dienstleistungsschicht über sich, in denen die Inhalte aufbereitet werden. Hier wird von den Presentation Providern gesprochen. Ihre Aufgabe ist es, multimediale Informationen in ein inhaltliches und gestaltetes Angebot umzusetzen.

Die einzelnen Ebenen lassen sich nicht einem Unternehmen allein zuordnen. Vielmehr ist es so, daß die Unternehmen, die primär als Carrier tätig sind, auch Service Provider werden (Netcologne GmbH) oder sich sogar auf die Ebene der Content Provider (T-Online) begeben. Andererseits schlüpfen immer mehr Inhaltsanbieter in Deutschland auch in die Rolle von Service Providern (CompuServe, Europe Online) und bauen eigene Netzinfrastrukturen auf.

2.2 Die derzeitige Entwicklung des kommerziellen Internet-Marktes in Deutschland

Bezogen auf die obigen Schichten sind folgende Entwicklungen auf dem kommerziellen Internet-Markt zu beobachten:

Die monopolistische Struktur der Carrierdienste wird sich durch neue Anbieter (RWE mit VIAG, Mannesmann mit VEBA, Thyssen Telekom) zum Oligopol entwickeln. Dazu entstehen auf regionaler Ebene Übertragungsstrecken im Eigentum kommunaler Trägerschaften, die aber wohl von den neuen Anbietern mittelfristig integriert werden. Die Richtfunkstrecken der Mobilfunk-Gesellschaften bilden eine bisher noch nicht berücksichtigte, zusätzliche Alternative für kostengünstige Übertragungsstrecken. Für die ISP bedeutet dies eine Reduzierung der Carrierkosten durch mehr Wettbewerb. Dieser Vorteil wird an die Kunden weitergegeben werden.

Auf der Ebene der ISPs wird ein Verdrängungswettbewerb entfacht werden. Weltweite Provider (UUnet mit Microsoft, AT&T) werden mit flächendeckender Infrastruktur über den Preis und die Servicequalität regionalen Kleinanbietern Druck machen. Das Angebot der ISP wird auf weitere Serviceleistungen (Corporate Network, Housing, Netzwerkmanagement, Outsourcing-Dienstleistungen) ausgedehnt werden.

Die Content Provider werden sich von den proprietären Diensten trennen und eigenständige Angebote auf Basis von Standards (WorldWideWeb) aufbauen. Darüber hinaus werden sie sich als ISPs um Marktanteile bei den Privatkunden bemühen, indem sie ein Full-Service-Paket anbieten.

Besonders attraktiv scheint augenblicklich die Entwicklung im Bereich der Presentation Provider zu sein. Die Vielzahl von Unternehmensgründungen zeigt dies. Allerdings wird ein großer Teil der Nachfrage in diesem Sektor von traditionellen Unternehmen (Softwarehäuser, Werbeagenturen, Medienfirmen) abgeschöpft werden. Hier wird der eigentliche Innovationsschub für multimediale Anwendungen erwartet.

2.3 Produkte und Dienstleistungen

Die bereits oben angesprochenen Veränderungen im Angebotsmarkt werden auch im Nachfragebereich eindeutige Veränderungen zeitigen. Neben dem Privatkundensegment, das von den Online-Diensten sehr stark von der Inhaltseite her angegangen werden wird, steht der Mittelstand im Fokus der Nachfrage.

Diese typisch deutsche Schicht von Unternehmen wird das weitere Wachstum des Internet in Deutschland beeinflussen. Die Nachfrageimpulse, auch in bezug auf Produkte und Dienstleistungen, lassen sich zum gegenwärtigen Zeitpunkt noch schwer voraussagen, da der Mittelständler noch die Ausnahme auf dem Internet ist.

Allerdings werden bereits eine Vielzahl von neuen Produkten und Dienstleistungen in der Integration bestehender Anwendungen vermutet. An dieser Stelle wird sich die weitere Entwicklung insbesondere von der Durchsetzung neuer Konzepte auf dem Internet abhängig machen. Dies sind vor allem verschiedene Entwicklungen rund um das WWW (JAVA, Sicherheit, Verschlüsselung).

2.4 Die Risiken für die weitere Entwicklung

Für die weitere Entwicklung des Internet werden alle Maßnahmen von entscheidender Bedeutung sein, die nationale wie internationale staatliche Stellen ergreifen. Die derzeitige Diskussion wird dabei von Fragen der Zensur, der Verantwortung für Inhalte und der Verschlüsselung geprägt.

Das Thema der Zensur im Internet kann nicht lokal gelöst werden, da sich Inhalte im Netz nicht lokal fixieren oder national zuordnen lassen. Es muß also nach einer globalen Lösung gesucht werden. Der amerikanische "indecency act", der einen ersten Versuch darstellte, Verantwortung für Inhalte zu definieren, scheint derzeit bereits zum Scheitern verurteilt zu sein.

Nichtsdestotrotz sind besonders in Deutschland die Bestrebungen seitens der staatlichen Stellen mit großer Aufmerksamkeit zu verfolgen. Hier sind insbesondere Anstrengungen in Richtung einer Multimedia-Gesetzgebung und eines Online-Staatsvertrages zu beachten.

3 Quo vadis Internet?

Eine Aussage über die langfristige Entwicklung des Internet zu machen, ist zum derzeitigen Zeitpunkt kaum möglich. In seinen ersten, kurzen Entwicklungsphasen haben bereits zu viele unvorhergesehene Entwicklungen (z. B. WWW) dramatische Richtungsänderungen herbeigeführt. Was sich aber darstellen läßt, sind die Einflußfaktoren für die weitere Entwicklung.

Neben technischen Innovationen werden insbesondere die staatlichen Eingriffe in die derzeit freien Kommunikationsstrukturen auf dem Internet die Promotoren oder Bremser sein. Auch die weitere Entwicklung der Cyber-Kultur wird entscheidende Impulse für die Akzeptanz des Internet und damit einer multimedialen Zukunft geben. Letztlich wird sich zeigen, ob die "global player" im Telekommunikationsmarkt die scheinbar chaotische Entwicklung in den Griff bekommen werden.

Literatur

Obermeyer, K., Gulbins, J., Strobel, St. & Uhl, Th. (1995). *Das Internet Handbuch für Windows*. Heidelberg: dpunkt-Verlag.

Summa, H. (1996). *Online-Marketing*. 1. Internet Unternehmertag. München: IIR Kongresse.

Digging on the net

Harald A. Summa
SUMMA Unternehmensberatung, Dortmund

Zusammenfassung. Bis in das Jahr 1992 fand der jährliche Zuwachs von Internet-Rechnern und -nutzern kaum ein Interesse. Seit 1993, ausgelöst durch die rasante Verbreitung des multimedialen WWW/Mosaic-Ansatzes, kumulieren sich die Zahlen zu einem exponentiellen Wachstum. Wie es scheint, vorerst ohne sichtbares Ende. Aus dem ehemals universitären Internet-Betrieb ist ein Geschäft geworden. Die akademischen "Turnschuhpioniere" des Internet werden von kapitalkräftigen Investoren umworben, aufgesogen und in gigantische Geschäftsentwicklungen integriert. Zu den ehemals transportorientierten Internet Service Providern (ISP) gesellen sich fast nahtlos die inhaltsorientierten Online-Dienste. Das gemeinsame Ziel heißt: Anteile an einem zukünftigen Schlüsselmarkt sichern. Der Weg dorthin wird auf dem Deutschen Multimedia Kongreß '96 in Leipzig im Rahmen eines Podiums diskutiert mit *Armin Cremerius-Günter* (Europe Online Deutschland GmbH, München), *Peter Franke* (Netcologne GmbH, Köln), *Michael Rotert* (NTG/Xlink GmbH, Karlsruhe), *Wim Vink* (EUnet B.V., Amsterdam) und *Sascha Zumbusch* (TCP/IP GmbH, Berlin).

Schlüsselwörter. Internet, Online-Dienste, Electronic Commerce, Provider, Online-Gesetzgebung.

1 Die Frage nach der Bedarfsorientierung

Je nachdem aus welchem Blickwinkel der Anwender der Internet- bzw. Online-Markt betrachtet wird, ergeben sich widersprüchliche Bewertungen der derzeitigen Situation. Die Endanwender beschäftigen die leidigen Probleme besetzter Netzzugänge, vermeintlich verstopfter Datenleitungen, hoher Anschluß- und Betriebskosten und eine Strukturlosigkeit der angebotenen Informationen auf dem Internet bzw. der Online-Dienste.

Die Unternehmen halten sich zurück, sich an das Internet anzuschließen, da sie das Sicherheitsrisiko eines Online-Anschlusses und das damit verbundene Bedrohungspotential hoch bewerten.

Die Telekommunikationsfachleute erläutern, daß wir in der Bundesrepublik eine optimale Infrastruktur haben und die hohen Kosten für die Nutzung aber gerade in den Investitionen für den optimalen Ausbau begründet sind. Die Frage der Sicherheit im Netz wird dahingehend beantwortet, daß im großen und ganzen eine ultimative Sicherheit nicht gewährleistet werden kann.

Während die Anwender noch Zurückhaltung üben, prophezeihen die Marktanalytiker den Online-Boom. Es fehlt aber offensichtlich ein am Bedarf orientiertes Angebot.

Einige der aufgezählten Probleme sind sicherlich auf Unwissenheit bzw. ein falsches Verständnis der technischen Grundlagen zurückzuführen. Die an die Internet Service Provider (ISP) gerichtete Frage der Servicequalität wird wohl lediglich eine temporäre sein. Es gilt zu berücksichtigen, daß die kommerziellen ISP nicht ganz drei Jahre für den Aufbau einer flächendeckenden Infrastruktur gehabt haben. Alle ISP sind mit hohen Investitionen dabei, die Infrastrukturprobleme durch höhere Leitungskapazitäten und zusätzliche Netzeinstiegspunkte zu lösen.

Ein wichtiger Meilenstein zu einer besseren Versorgung des privaten wie des kommerziellen Nutzers ist dabei der DE-CIX, der zentrale Datenaustauschpunkt für den nationalen Internetverkehr. Derzeit sind am DE-CIX alle deutschen ISP bis auf die Telekom angeschlossen bzw. haben ihren Anschluß beantragt.

Anders ist die Frage der Bedarfsorientierung wohl mit Blickrichtung auf die Inhalte zu beantworten. Die Möglichkeit, Strukturen in die Informationensfülle auf den Netzen zu bringen, wird nur mit leistungsfähigen Suchmaschinen und dem steten Ausbau von geschlossenen Benutzergruppen, wie sie die Online-Dienste darstellen, machbar sein. Ansonsten wird das Internet ein riesiger Supermarkt der Informationen sein, in dem jeder selbst für das Auffinden des Gesuchten verantwortlich ist. Das Internet entwickelt sich dabei zu einem On-demand-Medium für Dienstleistungen und Informationen (Obermeyer, Gulbin, Strobel & Uhl, 1995).

2 Die Frage der Marktpositionierung

Das Online-Geschäft war ursprünglich das der prorietären Online-Dienste (CompuServe, BTX). Mit der Erfindung des World Wide Web (WWW) haben sie Konkurrenz von einer Vielzahl privater wie professioneller Informationsanbieter erhalten. Zwischenzeitlich haben die proprietären Online-Dienste ihr Angebot um WWW-Angebote ergänzt (CompuServe, T-online) bzw. haben sich ganz aus der proprietären Welt gelöst und sind auf die offene Systemwelt des WWW umgestiegen (Europe Online). Die potientellen Nutzer eines Online-Dienstes haben nunmehr die Wahl, sich Zugang zum Internet bei einem professionellen Internet Service Provider (ISP) oder einem Online-Dienst zu beschaffen.

Mittlerweile steigen auch die bisher lediglich als neue Carrier gegründeten Telekomunikationsfirmen der Stromversorger (VEBA, Thyssen, RWE) und die Telekom selbst als universelle Anbieter von Internetzugängen in das Geschäft mit den Netzzugängen und Inhalten ein. Weiterhin ist zu beobachten, daß auch internationale Gesellschaften sich um die Kunden in diesem Geschäft bemühen. So haben UUnet und CERFnet, zwei der großen amerikanischen Provider, Tochtergesellschaften in Deutschland gegründet.

Letztlich sind auch die klassischen Informationstechnologie-Lieferanten (IBM) auf dem Markt in Erscheinung getreten und locken mit ganzheitlichen Angeboten rund um das Internet.

Der Online-Markt ist noch jung, die Claims sind noch lange nicht abgesteckt. Zu den traditionellen etablierten Providern kommen neue, finanzstarke hinzu. International operiende Organisationen dringen dabei in lokale Terrains ein. Aber auch lokal gibt es neue Konkurrenten. Der Freistaat Bayern etwa will mit *Bayern Online* kostenlosen Netzzugang für seine Bürger bieten.

Zum gegenwärtigen Zeitpunkt wird die Frage der Positionierung der einzelnen Provider zu einer wichtigen strategischen Frage für den kommerziellen Kunden. Einige Fachleute stellen die Prognose, daß sich der Anbietermarkt trotz der vielen Provider hin zu einem Oligopol entwickeln wird. Verantwortlich hierfür sind die hohen Investitionen, die vielen kleinen Providern Schwierigkeiten machen werden, und der durch den internationalen Wettbewerb dramatische Preisverfall für die Kommunikationsdienstleistungen. Die Gewinner des Wettbewerbs um die Gunst der Kunden können nur der private Verbraucher und der kommerzielle Nachfrager sein (Summa, 1996).

3 Zur Frage von Recht und Ordnung

In der jüngsten Vergangenheit gab es mehrfach Besuche der Staatsanwaltschaften bei Online-Providern. Jugendgefährdendes Schriftgut, nationalsozialistische Parolen waren der Auslöser für die Besuche. Der Staat greift ein in das Wirken der Provider, will für Recht und Ordnung auf den Netzen Sorge tragen. Allerdings ist die Einstellung des Staates zu den Online-Medien gespalten. Dabei spitzt sich der Streit zwischen Bund und Ländern um die Kompetenz für die neuen Mediendienste zu. Ein Online-Staatsvertrag steht zur Debatte, getragen von den Ländern und auf einer Fortschreibung des Rundfunkgesetzes basierend. Dem entgegen steht die geplante Multimedia-Gesetzgebung des Bundes, die in der Zuständigkeit des Forschungsministers erarbeitet wird und das Thema aus der Telekommunikationsgesetzgebung abzuleiten versucht.

Aus der Sicht der Provider stellt sich die angestrebte Gesetzgebung als sehr problematisch dar. Zum einen sind sie an der Diskussion der Gesetzgebung nicht beteiligt. Zum zweiten wird von seiten der Provider kritisiert, daß die angestrebten Gesetzgebungen an der internationalen Diskussion vorbeilaufen und mit lokalem Denken ein globales Problem gelöst werden soll. Zum dritten befürchten die Provider wenig technischen Sachverstand bei den Gesetzgebern, der zu verqueren Bemühungen von Analogien etwa aus dem Rundfunkgesetz zwingt, die angestrebte Problemlösung jedoch zur Farce macht.

4 Digging on the net - die soziale Vision

Unsere Gesellschaft hat in den letzten Jahren die Schwelle zur Informationsgesellschaft mit einigen großen Sprüngen überwunden. Traditionelle Berufe und viele Arbeitsplätze werden durch die Informationstechnologie obsolet, neue Betätigungen und Berufsbilder werden geschaffen. Multimedia und die Netze sind hype - jung und dynamisch.

Es stellt sich zunehmend die Frage nach der sozialen Verantwortung, die den Betreibern der Netze und der Online-Dienste zukommt, und welche Rolle die Betreiber bei der weiteren sozialen Entwicklung unserer Gesellschaft übernehmen wollen.

Literatur

Obermeyer, K., Gulbin, J., Strobel, St., & Uhl, Th. (1995). *Das Internet Handbuch für Windows.* Heidelberg: dp-punkt Verlag.

Summa, H. (1996). *Online-Marketing.* 1. Internet Unternehmertag. München: IIR Kongresse.

III

Neue Produkte, Dienstleistungen und Berufe

Telelernen

Telelernen - eine interessante Perspektive für das lebenslange Lernen

Ulrich Glowalla und Gudrun Häfele
Fachbereich Psychologie, Universität Gießen

Zusammenfassung. In dem Beitrag werden unterschiedliche Szenarien des Telelernens skizziert und deren Vor- und Nachteile diskutiert. Daran anschließend wird erläutert, welche spezifischen Erkenntnisse die vier Beiträge des Workshops Telelernen zum Verständnis der Potentiale des Telelernens beitragen.

Schlüsselwörter. Fernlernen, Telelernen, Konzeption von Telelern-Angeboten, Tele-Tutoring.

1 Telelernen: aktueller Stand

Die immensen Fortschritte der Informations- und Kommunikationstechnik beflügeln auch die Phantasie mancher Bildungsplaner. Der problemlose Austausch von Text, Bild, Audio und Videoinformation führt dazu, daß multimediale Telekommunikation und Telepräsenz in greifbare Nähe rücken. Vor diesem Hintergrund überrascht es nicht, daß verschiedene Formen des Telelernens erprobt werden, um ganz unterschiedliche Probleme auf elegante Art und Weise zu lösen, mit denen derzeit traditionelle Bildungsangebote zu kämpfen haben. Einige Professoren beginnen damit, ihre Vorlesungen im mehrere Hörsäle an verschiedenen Universitäten zu übertragen. Manche Unternehmen kombinieren inzwischen umfangreiche CBT-Bildungsangebote mit Elementen des Tele-Tutoring. Traditionelle Anbieter von Fernlehrkursen haben damit begonnen, aus ihren Studienheften elektronische Studienhefte zu machen, Aufgaben und deren Zensierung und Kommentierung per E-mail zwischen Fernschüler und Tutor auszutauschen und über Online-Dienste *Chatrooms* für die Teilnehmer eines Fernlernganges einzurichten.

All diese Entwicklungen befinden sich noch in der Phase von Modellversuchen und Pilotprojekten. Die große Zahl und das breite Spektrum dieser Bemühungen lassen es aber dennoch sinnvoll erscheinen, sich bereits in diesem frühen Stadium mit den Perspektiven des Telelernens auseinanderzusetzen. Hierbei dürfte es von Nutzen sein, sowohl die Erfahrungen von Anbietern traditioneller Fernlernkurse als auch solcher Bildungsträger zu verwenden, die seit vielen Jahren in großem Umfang elektronische Medien in der Aus- und Weiterbildung einsetzen. Doch zuvor werden wir kurz die unterschiedlichen Beweggründe skizzieren, die Bildungsträger veranlassen, mit dem Telelernen neue Wege in der Aus- und Weiterbildung zu beschreiten. Außerdem werden wir vorschlagen, zwischen mindestens zwei verschiedenen Telelern-Szenarien zu unterscheiden.

2 Motive für Telelern-Angebote

Die Universitäten haben derzeit mit einer extremen Überlastung zu kämpfen. Einerseits kommen im Mittel auf einen Studienplatz zwei Studierende, so daß viele Vorlesungen und Seminare total überfüllt sind. Andererseits erlaubt die angespannte Haushaltslage von Bund und Ländern derzeit nicht, dieser Überlastung mit einem weiteren Ausbau an Sach- und Personalmitteln zu begegnen. Wenn überhaupt Mittel zur Verfügung gestellt werden, dann handelt es sich im weitesten Sinne um Investitionen in Computer- und Telekommunikationstechnologie. Was liegt also näher, als diese Technologie zu nutzen, um die Bildungsangebote der Universitäten zu ergänzen und zu verbessern?

In vielen Großbetrieben besteht ein großer und kontinuierlicher Bedarf an Qualifizierungsmaßnahmen. Damit die Mitarbeiter den Anforderungen des Wettbewerbs auf globalen Märkten gewachsen sind, müssen sie kontinuierlich hinzulernen und sich immer wieder mit Neuerungen in den Geschäftsprozessen vertraut machen (Stichwort: lebenslanges Lernen). Da aber auch in vielen Unternehmen der Bildungsbereich unter erheblichem Kostendruck steht, versucht man auch hier, die Kosten durch geringere Ausfallzeiten und preisgünstige Bildungsangebote zu senken.

3 Unterschiedliche Szenarien des Telelernens

Mindestens zwei verschiedene Fälle des Telelernens kann man voneinander unterscheiden. Beim ersten Szenario handelt es sich um die Übertragung einer Vorlesung, die im Hörsaal einer bestimmten Universität gehalten wird, in den Hörsaal einer anderen Universität. Zur Zeit erproben die Universitäten Heidelberg und Mannheim dieses Szenario, das sie als *Teleteaching* bezeichnen. Beispielsweise liest ein Professor in Heidelberg eine Vorlesung zur Physik. Seine Ausführungen unterstützt er mittels einer Multimedia-Workstation mit RGB-Projektor, die die Darbietung von Folien, aber auch von Graphiken oder Videos erlaubt. Sowohl die Visualisierungen als auch der Vortragende werden live über eine ATM-Leitung nach Mannheim in einen Hörsaal mit vergleichbarer technischer Ausstattung übertragen. Im Gegenzug dazu hält ein Professor aus Mannheim dann eine Vorlesung zur Informatik, die wiederum nach Heidelberg übertragen wird.

Um das Gefühl gemeinsamen Studierens zu vermitteln, werden die Studierenden in beiden Hörsälen ebenfalls gefilmt und ihr Bild im jeweils anderen Hörsaal an eine Wand projeziert. In beiden Hörsälen können die Studierenden Fragen stellen und Kommentare zur Vorlesung abgeben, die sofort von allen

Teilnehmern gehört werden. Begleitet wird dieses sechsjährige Projekt von Erziehungswissenschaftler und Psychologen beider Universitäten, die die Vor- und Nachteile dieses Telelern-Szenarios evaluieren.

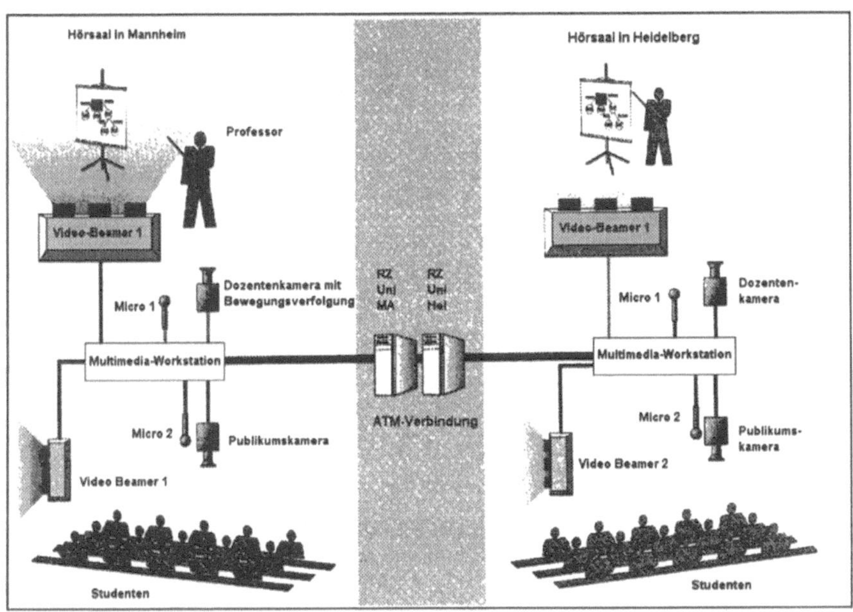

Abbildung 1: Beispiel für das "Zusammenfassen" zweier realer Hörsäle zu einem virtuellen (Quelle: c't 1995, Heft 10).

Solchen Projekten kann leicht der Vorwurf gemacht werden, daß sie lediglich zu einer Rationalisierung der Hochschullehre dienen. Bewähren sich solche Bildungsangebote, dann werden womöglich in noch größerem Umfang als bisher Planstellen für Mitarbeiter oder ganze Lehrstühle gestrichen. Man kann dieses Projekt aber durchaus positiv bewerten, wenn man davon ausgeht, daß mit solchen Lehrangeboten das Studienangebot der betreffenden Universitäten ergänzt und verbessert werden kann. Es ist erheblich kostspieliger, an beiden Universitäten die entsprechenden Professuren und Mitarbeiter zu finanzieren, als sinnvolle Schwerpunktbildungen an den jeweiligen Universitäten zu fördern und über die beschriebenen Möglichkeiten des Telelernens dennoch den Studierenden das komplette Spektrum von Studienangeboten anzubieten.

Abbildung 2 veranschaulicht eine andere Konzeption des Telelernens. Die Studierenden arbeiten alle an vernetzten Computer-Arbeitsplätzen. Über Datenfernübertragung gehen ihnen elektronische Arbeitshefte einschließlich Aufgaben und Fragen zu. Die Aufgaben werden nach ihrer Bearbeitung an den Server geschickt, der beim zentralen Tutor angesiedelt ist. Der Tutor analysiert die Anworten aller Studenten, meldet ihnen die Qualität ihrer Ausarbeitung rück und beantwortet Nachfragen, die sich eventuell aus dem Vergleich der Aufgabenbearbeitung und der tutoriellen Rückmeldung ergeben.

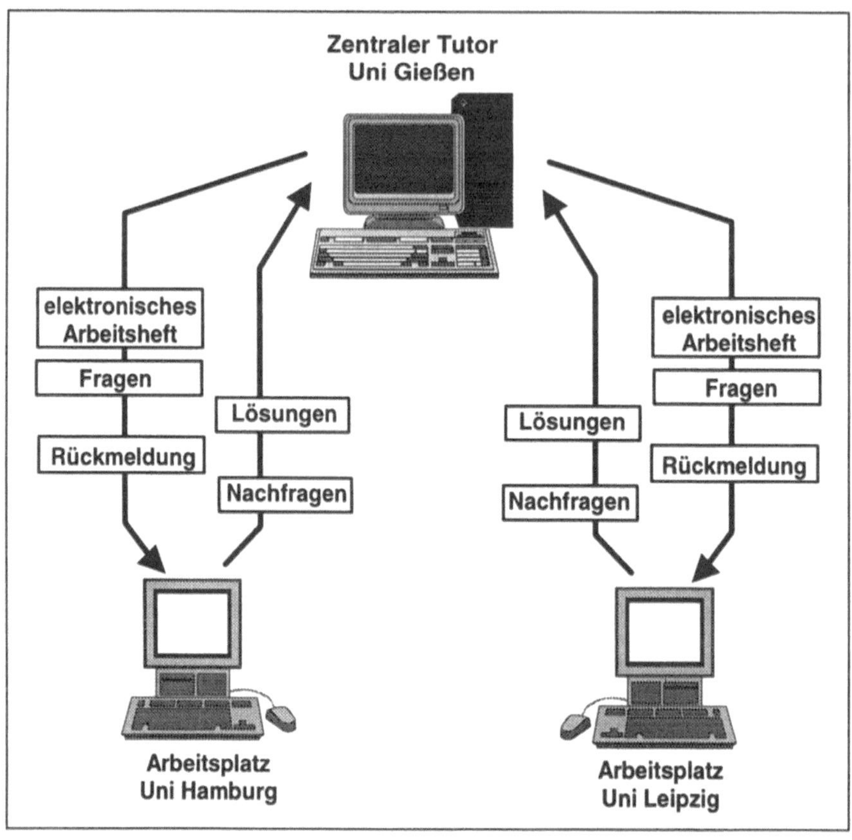

Abbildung 2: Kommunikation zwischen Tutor und mehreren räumlich verteilten Studenten

Bei diesem Konzept lernen die Studenten also ganz ähnlich wie bei CBTs in ihrem eigenen Lerntempo an einem PC. Telekommunikation findet nur beim Austausch der elektronischen Dokumente statt, also den Studienheften, den Aufgaben sowie deren Ausarbeitung und Diskussion.

Dieses Szenario läßt sich wie in Abbildung 3 veranschaulicht dahingehend erweitern, daß beispielsweise über einen Online-Dienst ein Diskussionsforum eingerichtet wird, an dem alle Telelerner teilnehmen können, Tips von ihren Kommilitonen erhalten, Fragen stellen bzw. beantworten können oder sich an Diskussionen zu verschiedenen Aspekten des Lehrstoffes beteiligen können. In diese Diskussion kann sich selbstredend auch der Tutor einschalten. Oder die Gruppe der Lernenden einigt sich darauf, eine Anfrage an den Tutor zu richten, nachdem sie festgestellt hat, daß sie sich bei einem bestimmten Problem nicht selbständig helfen kann. Die Telekommunikation wird also bei diesem Konzept auf solche Teilbereiche des Lernprozesses konzentriert, die ein hohes Maß an Interaktivität erfordern. Die Vorteile dieses Szenarios liegen auf der Hand: Die Lerner müssen nicht zu einem bestimmten Zeitpunkt im Hörsaal sein, sie können wesentlich freier, da weniger störend, und zugleich deutlich mehr Fragen stellen und Kommentare abgeben, sowie partnerschaftliche Lernunterstützungen in den Diskussionsforen entwickeln und praktizieren.

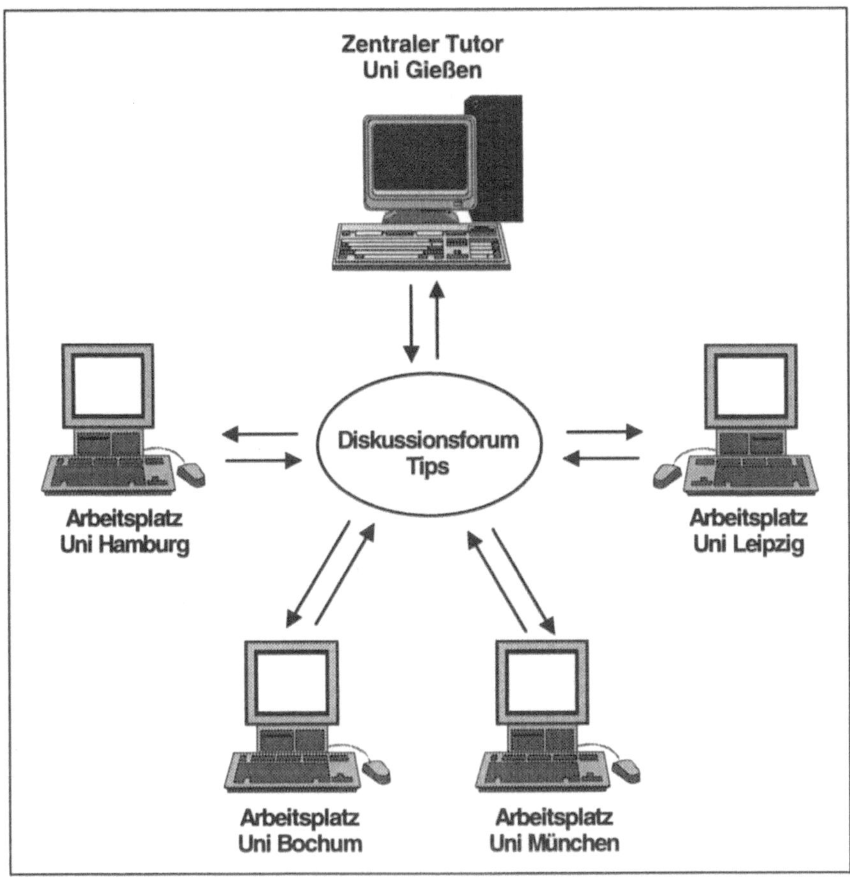

Abbildung 3: Diskussionsforum mit einem Tutor und mehreren Studenten, die alle an unterschiedlichen Orten studieren.

4 Das Angebot der deutschen Telekom

Hagen Hultzsch, der Vorstand Technik/Dienste der Deutschen Telekom, stellt in seinem Beitrag überzeugend dar, daß die Telekom das Telelernen als zentralen Bereich ihrer Aktivitäten begreift. Die notwendige Kommunikationsinfrastruktur ist weitgehend vorhanden und wird konsequent weiter ausgebaut. Die Telekom ist ferner intensiv damit befaßt, ihre Telelern-Angebote auf dem telekomeigenen Online-Dienst T-Online zu erweitern. Die Deutsche Telekom ist schließlich bereit, Pilotprojekte und interessante Prototypen auch in Zukunft finanziell zu unterstützen.

5 Erfahrungen aus dem Fernlernen

Jaan Netzow vom Institut für Lernsysteme (ILS) in Hamburg stützt seine Einschätzung der weiteren Entwicklung des Telelernens auf die Erfahrungen, die in den letzten Jahrzehnten mit einer großen Zahl von Fernlernangeboten im ILS gesammelt worden sind. Er führt dabei aus, daß die Aspekte des Bildungscontrolling sowohl für die beauftragenden Unternehmen als auch bei der Konzeption und Abwicklung der Telelern-Bildungsangebote von großem Nutzen sind.

6 CBT mit Tele-Tutoring kombinieren

Rainer Pudlo von der Robert Bosch AG in Stuttgart erläutert zunächst, wie Bosch in den vergangenen Jahren im großen Stil ein CBT-Aus- und Weiterbildungsprogramm auf die Beine gestellt hat. Er zeigt anschließend auf, auf welche Weise daran gearbeitet wird, das selbständige Lernen am PC mittels Tele-Tutoring noch effektiver zu gestalten.

7 Multimediale Selbstlern-, Übungs- und Illustrationssysteme

Rainer Thome ist Inhaber des Würzburger Lehrstuhls für BWL und Wirtschaftsinformatik und setzt seit vielen Jahren und auf breiter Front Multimedia-Systeme in der universitären Lehre ein. Die Anwendungen reichen von realistisch ausgebildeten virtuellen Unternehmen über interaktive Selbstlernsysteme bis hin zur Präsentation und späteren Repetition multimedialer Vorlesungsinhalte. Dieser reiche Fundus an Wissen und Erfahrung wird maßgeblich zur Präzisierung unserer Vision vom Telelernen beitragen.

Literatur

Hultzsch, H. (1996). Telelernen - Die Strategie der Deutschen Telekom. *Im vorliegenden Band.*

Netzow, J. (1996). Fern- und Telelernen. Interessante Perspektiven für Großbetriebe. *Im vorliegenden Band.*

Pudlo, R. (1996). Telelernen im Bosch-Modell der CBT-Partnerschaft. *Im vorliegenden Band.*

Thome, R. (1996). Lehren, Lernen, Üben mit Multimedia. *Im vorliegenden Band.*

Telelernen - Die Strategie der Deutschen Telekom

Hagen Hultzsch
Vorstand Technik Dienste der Deutschen Telekom AG, Bonn

Zusammenfassung. Zur Sicherung des Standortes Deutschland ist es zwingend erforderlich, moderne Telekommunikation rasch und umfassend in die Aus- und Weiterbildung zu integrieren. Die Deutsche Telekom hat mit dem digitalen ISDN-Netz und dem Online-Dienst T-Online die technologische Basis für zukunftsweisende Telekommunikation geschaffen. Diese Infrastruktur und eine ganze Reihe von Serviceleistungen für die Telematik werden zu einem Innovationsschub im gesamten Bildungsbereich führen.

Schlüsselwörter. Initiative "Schulen ans Netz", Tele-Anwendungen, Lernen und Telekommunikation.

1 Aufgaben für das Telelernen

Am 18. Dezember 1995 fand in Bonn das 1. TeleLearning Symposium der Deutschen Telekom statt (Deutsche Telekom, 1995). Während des Symposiums, an dem mehr als 350 Gäste aus Politik, Bildungswesen und Medien teilnahmen, wurden mehrere Projekte vorgestellt, an denen die Deutsche Telekom maßgeblich beteiligt ist. Sie reichen von der schulischen und universitären Bildung über die berufliche Weiterbildung am Arbeitsplatz bis hin zum Lernen am Computer zu Hause. Die Referate und zahlreichen Projektdemonstrationen des Symposiums machten deutlich, daß es sich beim Telelernen um alles andere als eine Hightech-Vision handelt. Vielmehr wird die Art und Weise, in der wir moderne Telekommunikation in die Aus- und Weiterbildung integrieren, maßgeblichen Einfluß auf die Position der Bundesrepublik und die Wettbewerbsfähigkeit des Standortes Deutschland in der Informationsgesellschaft des 21. Jahrhunderts haben.

Die Aufgaben, vor denen wir stehen, lassen sich in zwei Sätzen beschreiben: Der Umgang mit der Informations- und Kommunikationstechnik muß erlernt werden; und gleichzeitig müssen wir die Möglichkeiten, die diese Technik bietet, konsequent dafür nutzen, das Lernen auf die Anforderungen der entstehenden Informationsgesellschaft auszurichten.

2 Die Informationsgesellschaft ist Realität

Vielfach ist die Meinung verbreitet, daß mit dem Begriff Informationsgesellschaft ein ferner Gesellschaftszustand beschrieben wird, der irgendwann in einer nicht näher bestimmten Zukunft über uns hereinbricht. Dabei ist die Evolution von der Industrie- zur Informationsgesellschaft in vollem Gange. Schon heute wird *Information* in vielen Geschäftsbereichen als genauso wichtiger Produktionsfaktor wie Arbeit oder Kapital angesehen. Unsere Kinder und Enkel werden die erste Generation dieser Gesellschaft sein und damit auch die erste Generation, die sich im Wirtschaftsleben dieser Gesellschaft behaupten muß.

Schon heute sind die Märkte durch eine immer ausgeprägtere Internationalisierung gekennzeichnet. Güterbeschaffung, Produktion und Dienstleistungen spielen sich längst in globalen Märkten ab. Gleichzeitig nimmt die Bedeutung der Innovationsgeschwindigkeit für die Wettbewerbsfähigkeit von Unternehmen und Volkswirtschaften dramatisch zu. Im internationalen Wettbewerb hat das Unternehmen die Nase vorn, das Produktideen möglichst schnell in innovative Produkte verwandeln und vermarkten kann. Im Innovationswettlauf gewinnt der Produktionsfaktor Information erheblich an Gewicht, denn schnelle Entwicklungs- und Abstimmungsprozesse sind ohne einen grenzenlosen Informationstransfer und damit ohne leistungsfähige Telekommunikationsnetze nicht vorstellbar.

Innovationskraft und Innovationsgeschwindigkeit sind aber nicht allein bestimmende Faktoren in der Wirtschaft, sondern vielmehr bestimmende Faktoren für die gesamte Gesellschaft. Gesellschaftliche Veränderungen vollziehen sich heute sehr viel schneller als noch vor wenigen Jahren. Ein wesentlicher Auslöser für diese Veränderungen ist das Zusammenwachsen von Informations- und Kommunikationstechnik. Dieser Konvergenz-Prozeß ermöglicht völlig neue Entwicklungen im Bereich der Telekommunikationsdienste. Ich nenne als Stichwort nur *Multimedia*, das Wort des Jahres 1995. Multimediale Telekommunikationsanwendungen basieren ganz wesentlich auf der Komprimierung von Daten durch ausgefeilte informationstechnische Verfahren und auf leistungsstarken Telekommunikationsnetzen.

3 Die Bedeutung des Telelernens für den Bildungsbereich

Es gibt keinen Zweifel an der Tatsache, daß der Begriff "Tele" in immer mehr Bereiche Einzug halten und so unser Leben verändern wird. Die Telemedizin macht gewaltige Fortschritte und wird in den nächsten Jahren breite Anwendungsfelder im Gesundheitswesen erschließen. Die Telekooperation entwickelt sich zur tragfähigen Plattform für die standortunabhängige Zusammenarbeit von Unternehmen und Institutionen. Und in der Telearbeit sehen immer mehr Experten eine der wesentlichen Arbeitsformen der Zukunft.

Im Bildungssektor wird das Telelernen zu einem gewichtigen Faktor. Telelernen bedeutet vor allem mehr Interaktivität für den Lernenden und eine flexiblere Vermittlung von Wissen durch den Lehrenden. Diese Effekte gelten für alle Bildungsbereiche von der Schule über die Hochschule und die betriebliche Aus- und Weiterbildung bis hin zur individuellen Bildung. Der heute noch praktizierte Frontalunterricht, das Aufnehmen von Lehrinhalten, wird beim Telelernen ersetzt durch das interaktive Lernen per Telekommunikation. So können für das Lernen breitere Informationen aus weltweiten Quellen erschlossen werden - und durch das interaktive Agieren des Lernenden wird der Spaß am Lernen wesentlich gefördert. Der oftmals behauptete Gegensatz zwischen den bisherigen Lehrmethoden und dem multimedialen Telelernen existiert meiner Meinung nach nicht. Vielmehr können sich diese beiden Ansätze in idealer Weise ergänzen. Darüber hinaus könnten sich auf der Basis des Telelernens Studien- und Ausbildungszeiten verkürzen und die bestens ausgebildeten Lehrkräfte erheblich ökonomischer einsetzen lassen.

3.1 Gesellschaftliche Widerstände und ihre möglichen negativen Folgen

Noch - und an dieser Tatsache gibt es wenig zu rütteln - stehen die Bundesbürger den Möglichkeiten der Telekommunikation und den Anforderungen der Informationsgesellschaft skeptisch gegenüber. Eine möglicherweise fatale Grundhaltung: In manchen Prognosen werden Kindern in den Entwicklungsländern der Telekommunikation bessere Chancen für die Informationsgesellschaft eingeräumt als unseren Kindern - ganz einfach, weil diese sogenannten *digital babies* die für sie völlig neuen Möglichkeiten sehr viel unbefangener und damit konsequenter nutzen. Außerdem wachsen sie in einer von Anfang an vollständig digitalen Telekommunikationsinfrastruktur auf, wenngleich dieser Zustand auch in Deutschland Ende nächsten Jahres erreicht sein wird. Lassen Sie es mich so formulieren: Die Bundesbürger haben offenkundig weniger Angst davor, mit 200 Stundenkilometern auf der Autobahn dahinzurasen, als mit 64 Kilobit pro Sekunde auf der Infobahn Informationen auszutauschen. Die geforderte Innnovationsfähigkeit droht an einer Mischung aus Vorurteilen und unbegründeten Ängsten zu ersticken. Da gibt es die Beschwerde eines Bibliotheksleiters über vermeintlich zu hohe Telefontarife. Derselbe Bibliotheksleiter zahlt gleichzeitig horrende Porto- und Bearbeitungskosten, anstatt beispielsweise Bücherbestellungen kostensparender per E-Mail abzuwickeln. Von einem Berater für Lehrer-Weiterbildung stammt das Zitat, daß "nur zehn Prozent der Lehrer wirklich innovativ sind, und der Rest Angst vor neuer Technologie hat". Eine Zahl scheint dem Berater Recht zu geben: In Deutschland haben derzeit weniger als 100 von über 3 000 Gymnasien Zugriff auf T-Online und das Internet.

3.2 Unterfinanzierung des Bildungssektors und schleppendes Innovationstempo

Verschärfend kommt hinzu, daß der Bildungssektor unter chronischem Geldmangel leidet und sich Schuldirektoren und Universitätsleiter zu allem Überfluß auch noch mit den wenig flexiblen Gesetzmäßigkeiten des öffentlichen Beschaffungswesens auseinandersetzen müssen. Den offenkundig gewordenen Mangel an Innovationskraft und das schleppende Innovationstempo im Bildungsbereich werden wir uns nicht mehr länger leisten können. Die Ausbildung unserer Kinder bestimmt die Zukunftsfähigkeit unserer Gesellschaft. Die Schulen und Hochschulen und die weiteren Einrichtungen für Aus- und Weiterbildung sind damit Weichensteller für unsere Zukunft. Und wir müssen diese Weichensteller mit den Werkzeugen und mit den Lehrplänen für das 21. Jahrhundert ausstatten, damit unsere Kinder lernen, mit diesen Werkzeugen umzugehen.

4 Telelernen - eine gesellschaftliche Aufgabe für die Deutsche Telekom

In dieser Situation sehen wir uns als Deutsche Telekom AG vor eine gesellschaftliche Aufgabe gestellt. Schon jetzt haben wir in Deutschland die Infobahn dichter geknüpft als irgend ein anderer Netzbetreiber auf dem Globus. Das digitale Telekommunikationsnetz ISDN steht in der Bundesrepublik flächendeckend zur Verfügung. Die Deutsche Telekom ist der weltweit führende ISDN-Netzbetreiber. Mit T-Online steht eine hervorragende Plattform zur Verfügung. Als Endgerät für das Telelernen bietet sich der Personalcomputer an, der sich mit Hilfe heute verfügbarer Hard- und Softwareprodukte zum Multimedia-Terminal ausrüsten läßt. In vielen Schulen steht der Umgang mit dem Computer inzwischen auf dem Lehrplan, und immerhin 20 Prozent der bundesdeutschen Haushalte besitzen einen PC.

Wir sind uns sehr wohl der Tatsache bewußt, daß das Bereitstellen immer breiterer Telekommunikations-Pipelines allein nicht ausreicht. Es kommt darüber hinaus entscheidend darauf an, die Anwendungsfelder für das Telelernen aufzuzeigen und gemeinsam mit Partnern und den Anwendern zu erschließen. Gemeinsam mit dem Bundesministerium für Bildung, Wissenschaft, Forschung und Technologie startete die Deutsche Telekom im Dezember des Jahres 1995 das Projekt "Schulen ans Netz", das ab 1996 Schulen die schnelle Auffahrt auf die Daten-Infobahn bieten wird. Bundesminister Rüttgers hat dankenswerterweise die Schirmherrschaft für dieses Projekt übernommen. Die Deutsche Telekom wird in den Jahren 1996 bis 1998 rund 35 Millionen Mark zur Unterstützung des Projektes zur Verfügung stellen. Die Einbeziehung weiterer Partner ist vorgesehen und ausdrücklich erwünscht.

5 Ausgewählte Projekte

Die Deutsche Telekom konzipiert und erprobt bereits seit einigen Jahren Anwendungen für das Telelernen. Ich will hier beispielhaft nur drei Projekte nennen, die wir gemeinsam mit Partnerfirmen und Anwendern realisiert haben:

- Im Projekt *Comenius* erproben Berliner Schulen multimediale Kommunikationsmodelle des Lernens.
  Bereits zu Beginn des Schuljahres 95/96 wurde in Berlin das Telelernen-Pilotprojekt "Comenius" gestartet. Über ein ATM-Hochleistungsdatennetz sind fünf Schulen miteinander und mit der Landesbildungsstelle Berlin verbunden. Mittels Multimedia-PC-Lernplätzen führen Schüler, Lehrer und Eltern Videokonferenzen durch, kommunizieren über E-Mail oder recherchieren online in digitalen Archiven.
- Im Projekt *AKUBIS* nutzt Mercedes-Benz seit längerer Zeit die Multimedia-Kommunikation in der betrieblichen Weiterbildung.
  Um das technische Personal von Niederlassungen und Vertragspartnern frühzeitig vor Serienanlauf neuer Produkte mit dem produkttechnischen Knowhow zu versorgen, hat Mercedes-Benz ein neuartiges Informations- und Kommunikationssystem einschließlich dialogfähiger Telekooperation eingeführt. Neben dem Einsatz für Fernlehrgänge werden im Vertrieb die Vorbereitungen getroffen, mit den Spezialisten im Werk auch die Klärung aktueller technischer Problemfälle vor Ort durchzuführen. Weitere geplante Anwendungen sind gelegentliche Tagesschauen, in denen zum Beispiel technische Änderungen via Broadcasting an die Außenorganisationen verschickt werden. Für die Zukunft ist außerdem angedacht, Kommunikation auch weltweit zu praktizieren, und zwar auf der Basis einer Satelliten-/ISDN-Lösung.
- Im Projekt *Berlitz Online* hat der internationale Sprachdienstleister Berlitz ein richtungsweisendes Szenario für das buchstäblich grenzenlose Sprachenlernen umgesetzt.
  Berlitz online ist ein "virtuelles" Sprachcenter, in dem die Teilnehmer von Ihrem Arbeitsplatz oder von zu Hause aus über ihren vernetzten PC mit ihrem persönlichen Tutor verbunden sind, um einen Online-Sprachkurs zu absolvieren. Sie lernen aber auch gemeinsam mit anderen Teilnehmern ihres Kurses. Sie erhalten regelmäßig von ihrem Tutor Hausaufgaben in Form von Studienbriefen, die nach der Bearbeitung nicht per Post, sondern über den Computer verschickt werden. Ferner steht den Lernern ein Hotlinedienst zur Beantwortung zusätzlicher sprachlicher Fragen zur Verfügung. Bei der Kommunikation zwischen Lerner und Tutor kommt auch das Video Conferencing System ProShare zum Einsatz.

Über diese und weitere Projekte wird in der Dokumentation des 1. TeleLearning Symposiums der Deutschen Telekom ausführlich berichtet (Deutsche Telekom, 1995).

6 Fazit und Ausblick

Wir stehen in Gesellschaft und Wirtschaft vor einer neuen Ära. Der Bildungsbereich muß den Weg in diese neue Ära mitgehen. Die Deutsche Telekom wird erhebliche Anstrengungen unternehmen, um das erforderliche Anschub-Know-how beizusteuern. Und unser Unternehmen wird sich auch finanziell maßgeblich engagieren[1]. Die Zeit für das Telelernen ist reif. Wir müssen jetzt die Saat legen, damit unsere Kinder in der Zukunft ernten können.

Literatur

Deutsche Telekom (1995). *1. TeleLearning Symposium. Dokumentation.* Bonn: Deutsche Telekom AG.

[1] Innovationswillige Schulen, Universitäten und andere Bildungsträger, die interessante Projekte vorschlagen möchten, sind herzlich aufgefordert, sich an die Herausgeber des Tagungsbandes oder direkt an die Pressestelle der Deutschen Telekom zu wenden.

Fern- und Telelernen
Interessante Perspektiven für Großbetriebe

Jaan Netzow
Institut für Lernsysteme GmbH, Hamburg

Zusammenfassung. Fern- und Telelernen werden sich vor allem dann in Großbetrieben durchsetzen, wenn die Personalabteilungen ein systematisches Bildungscontrolling betreiben. Trainer stellen dabei keine Konkurrenz, sondern wichtige Verbündete bei der Gestaltung der Telelernkonzepte dar.

Schlüsselwörter. Fernlernen, Telelernen, Bildungscontrolling, Online Tutoring.

1 Akzeptanz

Der Weiterbildungsform "Fern- und Telelernen" wird von vielen Entscheidern oft nicht zugetraut, anspruchsvolle Weiterbildungsprobleme zu lösen. Stichworte wie "Lernen per Brief" oder "Fernunterricht" klingen nach "gelbe Post", "Distanz" und "Anweisung" und schließen damit von vornherein "selbstverantwortliches" und "multimediales" Lernen in den Köpfen vieler Personalleiter aus.

Moderne Fernlehrsysteme haben in Unternehmen leider nur dann eine Chance, wenn sie nicht mehr unter dem Label "Fernlernen", sondern untern dem Label "Telelernen" verkauft werden. Telelernen ist dabei - ganz einfach - die digitalisierte Form des Fernlernens.

Telelernen setzt sich nur schrittweise durch, da in vielen Großbetrieben immer noch die notwendige Technik und Infrastruktur fehlen und die Übertragungszeiten über Internet und Online-Dienste immer noch zu lang sind. Schnelle, firmenspezifische und proprietäre Dienste könnten hier eine Lösung bieten. Viele Mitarbeiter können mit ihrem Inhouse-Mail-System keine eMails im Internet verschicken oder empfangen. Es besteht auch vielfach bei Personalleitern und Betriebsräten keine Einigkeit darüber, ob die Mitarbeiter am Arbeitsplatz und/oder zu Hause lernen sollen.

2 Bildungscontrolling

Dabei ist der Bedarf für neue Fern- und Telelernkonzepte bei Großbetrieben, insbesondere bei Banken und Versicherungen sehr groß, da hier die Anforderungen an die fachliche Qualifikation der Mitarbeiter weiter steigen werden. Aufgrund des

"Lern- und Kostendrucks" besteht hier eine hohe Wahrscheinlichkeit, daß teure Grundlagenseminare durch Fernkurse ersetzt werden. Vor allem kognitive Inhalte (die "graue" Theorie), die gerade am Anfang von Seminaren stehen, können durch Fernkurse aufgefangen werden. Im Kurz-Seminar kommt die berufliche Praxis zu Wort. Der Einsatz von Fern- und Telelernen hat drei konkrete Vorteile:

- Kostensenkung durch geringe Ausfallzeiten und preisgünstige Lernmodule,
- größere Transparenz und Kontrolle der Lernleistung sowie
- bessere, praxisorientierte Aufbauseminare.

Betriebe, die ein Bildungscontrolling etablieren, kommen fast zwangsläufig auf Fern- und Telelernkonzepte. Über Bildungscontrolling werden aber nicht nur Kosten gesenkt. Es wird zudem möglich, verschiedene Weiterbildungsmaßnahmen curricular sinnvoll miteinander zu verzahnen.

3 Flexible Gestaltung des Fern- und Telelernens

Da Großbetriebe häufig ein "maßgeschneidertes" Fern- und Telelernsystem wünschen, sollten Fern- und Telelernanbieter ein flexible Gestaltung der Substanzen und der Betreuung ermöglichen.

Substanzen. Die Studienmaterialen (gedruckt und elektronisch) sollten unbedingt unter Einbeziehung der späteren Zielgruppe gemeinsam mit den Aus- und Weiterbildungsabteilungen und mit Praktikern der Großbetriebe erstellt werden. Die Integration von firmenspezifischen Fallstudien erhöht die Akzeptanz bei den Mitarbeitern, die Fern- und Telelernprogramme durchlaufen. Wir glauben, daß eine Kursdauer von 3 bis 6 Monaten optimal ist. Längere Schulungszeiten bedingen ein hohes Maß an Selbstdisziplin und eine fortlaufende Unterstützung durch die Vorgesetzten, die selbst bei einer kürzeren Kursdauer nicht immer gegeben ist.

Wichtig ist, daß die Studienmaterialien Hausaufgaben und/oder Test-Tools enthalten, die den Wissenserwerb prüfen. Im Gegensatz zu PC-Test-Tools ermöglicht hier das Fern- und Telelernen sogar einen wirklichen Dialog mit Personen - den Tutoren.

Betreuung. Fern- und Telelernen ersetzt in vielen Großbetrieben Seminare, die Mitarbeiter oft als "Incentive-Reisen" mißverstehen. Fern- und Telelernkonzepte werden auch von den Aus- und Weiterbildungsabteilungen häufig als "Kostenkeule" eingesetzt. Wichtige Verbündete, vor allem interne und externe Trainer, die Fern- und Telelernkonzepte mittragen könnten, werden so vergrault. Zwar werden Trainer in vielen Betrieben künftig mit weniger Seminartagen leben müssen. Sie könnten aber die wichtige Verzahnung von Kurzseminar und Fern- und Telelernen übernehmen. Trainer könnten dabei den Dialog zwischen den Lernergruppen nicht nur über Kurzseminare, sondern auch über (1) telefonische Sprechstunden, (2) Telefax und (3) Online Tutoring (über eMail, Message Boards, Chatrooms) fördern.

Fern- und Telelernkonzepte stellen viele Aus- und Weiterbildungsabteilungen vor ungewohnte Aufgaben, da nicht nur das Technik-Dilemma gelöst werden muß, sondern auch ein Umdenken gefordert ist. Neues verursacht subjektiv - in den Köpfen der Entscheider - zunächst zusätzliche Arbeit und wird daher voreilig abgelehnt. Fern- und Telelernanbieter könnten aber die Entscheider objektiv entlasten, indem sie die gesamte Abwicklung, wie Teilnehmerverwaltung, Qualitätskontrolle und Berichtswesen übernehmen.

4 Fernlernen bei der Deutschen Bank

Neue professionelle Wege in der betrieblichen Weiterbildung geht die Deutsche Bank in Franfurt. In Zusammenarbeit mit dem Institut für Lernsysteme setzt die Bank verstärkt auf Fernlernen. Die Nachfrage ist sehr groß. Seit 1995 haben über 650 Mitarbeiter aus dem Firmenkundenbereich diese Möglichkeit der Weiterbildung genutzt. Fernlern-Konzepte für das Anlage-Management und andere Geschäftsbereiche befinden sich in der Pilot- bzw. in der Entwicklungsphase.

Die Mitarbeiter können jederzeit so viele Fragen stellen, wie sie wollen. Und das nicht nur schriftlich oder telefonisch, sondern auch elektronisch, per eMail.

Die Deutsche Bank und das ILS wollten nicht nur hohe *pädagogische Standards* beachten. Die Bank legte bei der Auftragserteilung auch besonderen Wert auf die Erfüllung eines bildungsökonomischen Konzeptes:

- schnelle Produktentwicklung,
- Lerneffektivität,
- Transfer zur Unternehmenspraxis,
- geringe Kosten pro Nutzung,
- Reduktion des Arbeitsausfalls.

Dieses bildungsökonomische Konzept greift natürlich auch bei multimedialen Lernprodukten. Der virtuelle Campus hat daher in der Bank nur dann Erfolg, wenn er "bildungsökonomischer" als das klassische Fernlernen ist.

Fern- und Telelernkonzepte können mit Kurz-Seminaren modular angeboten werden und unterstützen dadurch die Förderung der Teilzeitarbeit.

Telelernen im Bosch-Modell der CBT-Partnerschaft

Rainer Pudlo
Robert Bosch AG, Stuttgart-Feuerbach

Zusammenfassung. Das Bosch Modell der CBT-Partnerschaft wurde weiter zum "Bosch Training-Warehouse" entwickelt. Begonnen hat dieser Prozeß mit der konzernweiten Einführung von CBT und der Etablierung des PCs als neues Lernmedium. In ca. 1,5 Jahren wurden über 10.000 CBTs an über 2000 Mitarbeiter verkauft. Dabei wurde Medienkompetenz geschaffen. Das Bosch Modell der CBT-Partnerschaft ist somit "ready for teletraining" und kann die Möglichkeiten und Chancen nutzen und integrieren, die die neuen Netzdienste bieten. CBT klassisch und via Netz ist eine Ergänzung zum klassischen Seminarangebot und unterstützt das Bildungsinteresse unserer Mitarbeiter. Mit dem Trainings-Warehouse steht ein vielfältiges Angebot zur Verfügung.

Schlüsselwörter. Problem- und zielgruppenorientierte Schulungen, Weiterbildungskonzepte, Bosch Modell der CBT-Partnerschaft, Telelernen, Trainings-Warehouse.

1 Einführung

Dieser Beitrag skizziert den Prozeß, wie wir in der Robert Bosch GmbH den PC als neues Lernmedium eingeführt und etabliert und wie wir uns medienkompetent gemacht haben. In diesem kontinuierlichen Prozeß haben wir Lernprogramme auf Diskette und CD-ROM angeboten und in 1,5 Jahren über 10.000 Lernprogramme an über 2000 Mitarbeiter verkauft. Seit Dezember 1995 sind wir im boschinternen WWW mit einem vielfältigen Angebot vertreten, das wir permanent entsprechend den Kundenwünschen und Erfordernissen ausbauen.

2 Selbstlernen im BOSCH Modell der CBT-Partnerschaft

Im heute üblichen Seminargeschäft ist die Weiterbildung von vielen Einschnitten geprägt. Der Transfer zum Arbeitsplatz ist nicht optimal. Ein permanenter Wechsel des Umfelds Arbeit/Seminar/Arbeit ist die Regel. Dazu kommt das Problem mit der Bildungsschere: Die Arbeitszeit wird immer kostbarer, der Bildungsbedarf wird immer größer. Das gilt insbesondere für Technologieunternehmen, die von der Innovation leben.

Grundlagenvermittlung und -auffrischung während der Arbeitszeit wird nicht mehr bezahlbar sein. Zukünftig ist es daher immer wichtiger, lebenslang und berufsbegleitend zu lernen. Im Bereich des Software Engineerings liegen zum Beispiel die Wissenshalbwertszeiten zwischen einem halben und einem Jahr. Die neue Qualität im Seminargeschäft heißt problem- und zielgruppenorientierte Schulungen. Die Gruppe muß nach einem solchen Seminar ein Software-Design mit dem Trainer erarbeitet haben. Die Anforderungen an den Weiterbildner und den Trainer steigen. Fragen/Probleme, die am Arbeitsplatz auftreten, müssen schnell beantwortet, bzw. gelöst werden. CBT zur Vor- und Nachbereitung, als auch Telelernen und Telecoaching/-tutoring können hier unterstützend wirken.

Neben einem Data-Warehouse für Führungskräfte muß ein Trainings-Warehouse für alle Mitarbeiter installiert sein, um Bildungsreserven schnell und kostengünstig zu erschließen. Weiterbildung wird somit selbstverständlich wie Telefonieren und so zur lohnenden Investition.

Im folgenden möchte ich einen kurzen Überblick über die CBT-Einführung in der Robert Bosch GmbH geben. Im *Herbst 1994* wurde CBT in der Robert Bosch GmbH weltweit eingeführt, zunächst nur mit einem deutschsprachigem Angebot. Inzwischen wurden 10.000 CBTs an mehr als 2000 Mitarbeiter verkauft. Der Anteil unserer Regionalgesellschaften liegt bei ca. 10 %. Im Vergleich zu Selbstlernzentren (SLZ) entspricht dies einer SLZ-Leistung von mehr als 40.000 Lerneinheiten à 60 Minuten in 1,5 Jahren. Ich kenne kein SLZ, das solche Zahlen vorweisen kann .

Im *Sommer 1995* haben wir den Bildungs-PC kreiert und unseren Mitarbeitern angeboten, ebenso auch Multimedia Upgrades. Im *Sommer 1996* werden wir individuell konfigurierte Bildungs-PCs anbieten, auf Wunsch auch mit Pro-Share. Derzeit sind ca. 120 Themen zu 7 Themengebieten im Angebot. Bosch hat hier ein neues, innovatives Modell zur CBT Einführung in Industrieunternehmen kreiert, in das sich nahtlos Telelernen integrieren läßt.

Der Phasenplan zur CBT-Einführung bei Bosch. Der Phasenplan beschreibt den Prozeß der Schaffung von Medienkompetenz in Abhängigkeit von der Zeit. Das Motto lautet: Die Zeit für sich arbeiten lassen. Technologischer Fortschritt in der Hardware spiegelt sich in der Qualität der Lern-Software wieder, so daß jetzt auch gute CBTs zu Methoden/Verhalten am Markt sind. Während dieser Zeit können die Weiterbildungsverantwortlichen den Einsatz prüfen und neue Konzepte mit diesen CBT erstellen *(Integration statt Konkurrenz).*

Der organisatorische Ablauf im Bosch-Modell. Das Bosch-Modell beruht auf drei Säulen, wobei alle Funktionen dort gelassen wurden, wo sie ohnehin waren. ZMB1 hat lediglich die Qualitätsverantwortung, die Koordination und die CBT-Bestellannahme, -Abruf, -Rechnungsprüfung übernommen. Die Produktion, Logistik, Versand und Hotline sind bei den CBT-Partnern. Bosch geht nicht finanziell in Vorleistung. Der interne Aufwand beträgt 1 MA.

3 Einsatzgebiete des Telelernens bei BOSCH

Bei den Einsatzgebieten von Telelernen beschränke ich mich in meiner Darstellung auf den Teil der betrieblichen Weiterbildung. Ich möchte jedoch erwähnen, daß es auch im Bereich der Kundendienst- und Serviceschulungen schon Konzepte und Erfahrungen gibt, und auch im Bereich der produktionsnahen Qualifizierung ist einiges am Entstehen. Auch hier halten CBT, Multimedia, Teleteaching und -coaching Einzug.

3.1 Ziele

Es ist nicht unser Ziel, Einzel- oder Vorzeigelernplätze zu installieren, sondern wir wollen auch hier den breiten Einsatz und größtmögliche Verbreitung erreichen. Das heißt, Telelernen kann auch in der Freizeit geschehen. Dabei greifen wir nur allgemeine Trends auf. Inzwischen sind rund 1,2 Millionen T-Online Nutzer bei der Deutschen Telekom registriert, die noch überwiegend mit einem Modem die Netzdienste nutzen. Ein PC nur für Homebanking rechnet sich aber nicht. Welchen Mehrwert kann ein solch vernetzter PC in der Freizeit noch haben? Die Antwort lautet: Weiterbildung! Weiterbildung für den Mitarbeiter und seine Familie; Weiterbildung zur Arbeitsplatzsicherung.

Deshalb heißt es hier, behutsam in die Breite gehen und Trends, z.B. Homebanking oder zukünftig Global Teach nutzen. Es heißt aber auch, Bewährtes weiter zu nutzen und Neues zu integrieren. Das Ziel für die betriebliche Weiterbildung heißt, Mitarbeiter durch ein gutes, transparentes Angebot zu motivieren, sich in der Freizeit zu qualifizieren. Dies geschieht ohnehin schon, siehe das *Blaue Programm, die Bosch interne Volkshochschule* sowie Volkshochschulen und sonstige externe Bildungsanbieter. Für uns heißt dies, daß wir unser CBT-Abrufverfahren optimieren müssen, so daß wir dem Anspruch *Weiterbildung just in time* gerecht werden und somit die Weiterbildung in der Freizeit fördern.

Wir werden CBT-Bibliotheken installieren, wobei die Nutzung der Bibliothek billiger sein muß als die klassische Form via Diskette oder CD-ROM. Wir müssen den Mitarbeitern Unterstützung geben, z.B. zur Seminarnachbereitung (Fragestunde). Daneben müssen wir jetzt lernen, wie wir Heimarbeitsplätze mit Weiterbildung unterstützen wollen.

3.2 Stand heute, Vorschau morgen

Die Zentralstelle Aus- und Weiterbildung ist seit Dezember 1995 im Bosch internen WWW auf 4 Servern vertreten. Im Angebot ist das Bildungsmarketing mit der *"Gelben Diskette"*, wobei die Diskette keine mehr ist, sondern nur in Anlehnung an unseren Seminarkatalog "Gelbe Broschüre" "Gelbe Diskette" genannt wird. Die Gelbe Diskette ist ein elektronischer Weiterbildungskatalog, der ein Höchstmaß an Benutzerfreundlichkeit besitzt, und das komplette BOSCH Bildungsangebot transparent darlegt. Neben der Gelben Diskette gibt es das Seminarangebot auch in Textform, für Nicht-PC-Besitzer. Daneben haben wir eine Minibibliothek mit CBT-Demos zum Download installiert. Allgemeine Informationen zur Zentralstelle Aus- und Weiterbildung, ein Portrait wie auch einen Briefkasten sind ebenso vorhanden.

Ein wichtiges Forum ist der AK-Multimedia (AK-MM). In diesem Forum sind alle Protokolle des AK-MM allgemein zugänglich. Neben den Protokollen steht hier eine Datenbank zur Verfügung, in der alle Bosch CBT/Multimedia Produktionen erfaßt sind sowie auch ein Vorgehensmodell zur CBT- und Multimedia-Erstellung. Damit stellen wir eine Plattform zur Verfügung, wo sich "alte Hasen" wie auch Neulinge austauschen können. Fehlinvestitionen sowie die Wiederholung derselben Fehler werden so weitgehend vermieden. Das Icon "Virtual Classroom" wird im Herbst/Winter 1996 aktiv geschaltet.

3.3 Phasenmodell Training-Warehouse

Unser Weg ins Training-Warehouse besteht aus mehreren Phasen: Die Phasen 1 bis 3 beschreiben die CBT-Einführung in der Robert Bosch GmbH sowie den Prozeß der Schaffung von Medienkompetenz. In Phase 3 sind wir ins BOSCH interne WWW gegangen, mit dem Serviceangebot, das ich weiter oben beschrieben habe. Die Online-Pakete sind mittlerweile definiert und stehen nach den Sommerferien im Angebot. Bei der Partnersuche sind wir kurz vor dem Abschluß. In Phase 4 werden wir die CBT-Bibliothek weiter ausbauen. Schwerpunkt werden hier PC-Themen sein, auf Grund der große Nachfrage und des beherrschbaren Datenvolumens der Lernprogramme. Des weiteren werden wir weitere "Online-Treffpunkte" installieren. Erste Gehversuche zu Teletutoring werden wir bei PC Themen als auch zu SAP machen. Begleitet wird die Phase 4 durch eine Diplomarbeit, die die technischen Möglichkeiten unter dem Aspekt des minimalen Aufwands an Wartung bei maximalem Nutzen untersucht und erste virtuelle Klassenzimmer installiert.

Mitte 1997 rechnen wir mit einer Verbreitung von ISDN im privaten Bereich, so daß wir aktiv die Heimarbeitsplätze mit Screen- und Application-Sharing unterstützen wollen. Daneben wollen wir erste Pilotschulungen in virtuellen Klassenzimmern durchführen. Eine Zielgruppe werden IV-Koordinatoren zu speziellen Themen sein und/oder auch Schulungen zu SAP (Einsparung von Reisezeiten). Mit diesen Erfahrungen wollen wir Mitte 1998 in Phase 6 virtuelle Klassenzimmer zu unterschiedlichen Themen installieren. Entscheidend werden die Kosten- und Nutzenvorteile sein.

An dieser Stelle möchte ich erwähnen, daß Liveseminare weiterhin ein zentraler Bestandteil der betrieblichen Weiterbildung sein werden und sein müssen. Die direkte Kommunikation ist durch nichts zu ersetzen. Aber wir müssen prüfen, inwieweit sich die neuen Techniken und Technologien eignen, welchen Mehrwert sie haben und welche neuen Qualitäten im Gesamtkomplex Qualifikation erreichbar sind.

Bei der Gestaltung unserer Home-Page im Bosch internen WWW haben wir darauf geachtet, daß alles sehr ordentlich und übersichtlich aufgebaut ist. Der Anwender soll motiviert werden, aus dem Angebot auszuwählen und nicht suchen zu müssen. Deshalb arbeiten wir mit Icons und sprechenden Beschreibungen.

4 Fazit und Ausblick

Das Bosch-Modell der CBT-Partnerschaft wird im Training-Warehouse auf 4 Säulen stehen. Neben den drei bekannten Säulen, den Bosch Mitarbeiter, dem CBT-Partner und uns, kommt ein Service-Provider hinzu, der für die Netzdienste zuständig ist. Dabei werden wir uns nicht nur auf ISDN-Techniken konzentrieren, sondern wir wollen auch im Bereich der analogen Technik mit Modems ein Angebot zur Verfügung stellen.

Die Topologie *Training-Services* läßt sich wie folgt skizzieren: Nach der Freigabe stellen unsere CBT-Partner Ihre Lernprogramme und Dienste auf den Server beim Provider bereit. Der Provider muß dafür sorgen, daß diese Dienste via ISDN als auch via Modem abrufbar sind. Beim Teletutoring geschieht dies nur über ISDN. Bei der Verrechnung sind verschiedene Modelle angedacht. Wichtig ist, daß für den Kunden ein deutlicher Preisvorteil gegenüber den klassischen Medien gegeben sein muß.

Lehren, Lernen, Üben mit Multimedia

Rainer Thome
Universität Würzburg, Lehrstuhl für BWL und Wirtschaftsinformatik

Zusammenfassung. Multimediale Lehr-/Lernsysteme können für das Selbstlernen, den Frontalunterricht und für Übungssysteme eingesetzt werden. Der Entwicklungsaufwand für größere einsetzbare Lösungen ist enorm und nur durch mehrfachen Einsatz zu rechtfertigen. Die multimediale Unterstützung von Vorlesungen kann jedoch auch dazu führen, daß die Zuhörer weniger memorieren als bei einer konventionellen Vortragsweise. Für die drei Lernformen werden jeweils speziell entwickelte Werkzeuge und Inhalte beschrieben.

Schlüsselwörter. CD-ROM, Hypermedia, Lerntempo, Modellfirma, Präsentation, Selbstlernsystem, Vorlesung.

1 Lernvergnügen

... auch der Weisheit Lehren muß man mit Vergügen hören. Diese Sequenz aus Wilhelm Busch's Max und Moritz sollte uns Ansporn sein. Vielleicht hat sich Platon in seiner Politeia doch geirrt, und auch das Lernen kann mit Hilfe von Multimedia und künftig Cyberspace zum interessanten und angenehmen Erlebnis werden. Bis dahin ist es jedoch noch ein weiter Weg. Zur Zeit ist weder die Hardwaretechnologie ausreichend, noch gibt es die passende Standardsoftware auf dem Markt. Das größte Defizit liegt jedoch im Bereich der Aufbereitung der Lerninhalte.

Für die Wirtschaftsinformatik und Betriebswirtschaftslehre an der Universität Würzburg werden seit 1986 erhebliche Anstrengungen unternommen, um die Ausbildung praxisorientiert, aktuell und interessant zu gestalten. Die tragende Idee dahinter ist, die klassischen Lernmedien Literatur und Vorlesung durch den Einsatz von Hypermedia-Systemen zu ergänzen und damit den individuellen Fähigkeiten der Studenten besser entgegenzukommen, zur vergnüglichen Gestaltung, zur Beschleunigung und nicht zuletzt zur Verbesserung des mühsamen Lernprozesses.

Dazu wurden drei instrumentelle Einrichtungen entwickelt, die seit Jahren in der Lehre eingesetzt und gleichzeitig einem kontinuierlichen Verbesserungsprozeß unterzogen und dabei auch erweitert werden. Der momentane Stand wird hier kurz skizziert.

1.1 VULCAN (Virtuelle Unternehmen für Lehre, Forschung und Ausbildung)

Dieses Modell einer realistisch ausgebildeten Unternehmung wurde mit allen betriebswirtschaftlichen Bereichsfunktionen und Prozessen auf der Standardanwendungssoftware R/3 von SAP entwickelt und laufend fortgeschrieben. Über ein klassisches Ausschreibungsverfahren werden in jedem Semester Bewerber eingestellt. Sie werden von Tutoren in ihren Arbeitsbereich eingewiesen und sind dann aktiv tätig. Ihre Leistungen werden in Mitarbeiter- und Vorgesetztengesprächen analysiert und sie werden angeleitet, ihre Tätigkeit zu verbessern. Durch Gruppendiskussionen, Berichte und Hauptversammlungen erfahren sie, was in den anderen Abteilungen geschieht, und sie trainieren die Präsentation und inhaltliche Rechtfertigung ihrer Arbeit. Dieser Ansatz entspricht nicht ganz der üblichen Vorstellung von Multimedia, denn hier werden keine anschaulichen oder realistischen Bilder, Videos oder Töne präsentiert, sondern die Realität selbst. Der Rechner, die Standardsoftware und insbesondere ihre Benutzungsoberfläche repräsentieren das virtuelle Unternehmen. Auch wenn die spektakulären Effekte des Agierens im Cyberspace bei VULCAN nicht auftreten, so wird doch die Realität mit den gleichen Zielen der Veranschaulichung und der Manipulation simuliert (Thome, 1996).

1.2 HERMES (Hypertextbasiertes ökonomieorientiertes Retrieval multimedial erstellter Sachverhalte)

Dieses Selbstlernsystem hat ein Volumen von ca. 170 Lernstunden zu den wesentlichen Bereichen der Allgemeinen Betriebswirtschaftslehre. Der Lerninhalt ist so (multimedial) aufbereitet, daß die Darstellungsmöglichkeiten eines Personalcomputers mit Farbbild- und Tonwiedergabe ausgenutzt werden. HERMES steht auf einer Macintosh- bzw. Windows-CD-ROM zur Verfügung. Mitte 1996 wird auch eine CD-ROM für die Wirtschaftsinformatik unter dem Namen PROMETHEUS (Persönliches Retrievalsystem für Informationsverarbeitung und Telekommunikation zur hypermedialen Unterstützung beim Selbststudium) herausgegeben. Hier wird die hypertextuelle Auflösung von sequentiellen Lernfolgen noch stärker vorangetrieben als bei HERMES indem die Information zu netzartigen Lernräumen verknüpft wird. Für beide Systeme ist das kurzfristige Ziel die Ergänzung des klassischen Lehrangebots durch individuell gestaltbare Lernabläufe. Das längerfristige Ziel ist der weitgehende Ersatz von Frontalveranstaltungen durch das Selbstlernen und die Nutzung der so gewonnenen Veranstaltungskapazitäten für einen verstärkt interaktiven Dialog zwischen Lernenden und Lehrenden in Form von Diskussionen und Seminaren über die selbsterlernten Kenntnisse. Damit kann eine Verbesserung der Ausbildungsqualität und eine Beschleunigung erreicht werden. Zwar werden mehr technische Ressourcen beim Lernenden benötigt, dafür werden weniger teure Hochschuleinrichtungen gebraucht (Thome, 1991).

1.3 MEDIATOR (Media Integrator) und VieWI (View der Wirtschaftsinformatik)

Dieses Paar von Entwicklungs- und Darstellungswerkzeugen ermöglicht das Präsentieren multimedialer Vorlesungsinhalte und deren spätere Repetition durch den Teilehmer. Solange das Lernpublikum noch die komplette Darstellung der Lerninhalte erwartet (eine unglückliche Folge unseres bisherigen Schulunterrichts, der möglichst bald die Anleitung zum Selbstlernen in den Vordergrund stellen sollte), wird ein Instrument benötigt, das es dem Vortragenden erlaubt, Bilder, Töne, Animationen und Videosequenzen zu präsentieren, sie beliebig zu steuern und dazu selbst die jeweils wichtigen Stichworte (Lernziele) zu sehen. Ergänzungen, die dem Referenten situativ spontan einfallen, oder die durch Publikumsfragen ausgelöst werden, müssen für das Publikum sichtbar dargestellt und dokumentiert werden können. Die Teilnehmer erhalten die präsentierten Lehrinhalte auf einer CD-ROM, die in der Veranstaltung ad hoc ergänzten Darstellungen auf einer Diskette oder über ein Netz und außerdem das Betrachtungsprogramm VieWI, mit dem sie durch die gelieferten Inhalte navigieren und eigene Anmerkungen ergänzen können. Pro Vorlesung hat der Teilnehmer dann einen Bestand von einigen hundert Bildern, die er durcharbeiten oder auch gezielt aufrufen kann.

Dieses Instrumentarium wurde samt Lerninhalt in den letzten Jahren selbst entwickelt, weil die angebotenen Standardprogramme zur Präsentation die gestellten Anforderungen nicht erfüllen und es den Lerninhalt nicht multimedial aufbereitet gibt (vgl. Thome, 1990). Die Entwicklungsarbeiten wurden in keiner Weise gefördert, weil die Bildungsstrategen eine dialektische Gremienarbeit über das weitere Vorgehen offenbar mehr schätzen als die praktische Analyse der Möglichkeiten und Hindernisse. Die erheblichen eigenen Anstrengungen haben jedoch einen sehr interessanten Erkenntnisprozeß beim Entwicklungsteam und bei den betroffenen Studenten induziert. Jede Mühe scheint gerechtfertigt, weil die aktive Mitarbeit in unserer Gesellschaft immer mehr Lernen erfordert und dazu alle verfügbaren Instrumente genutzt werden sollten: Es lernt der Mensch, solang er lebt!

2 Vorteile des individuellen Lernens

Früher wurde der Unterricht mit abstraktem Lernstoff im wesentlichen auf die Ausbildung in jungen Jahren beschränkt. Die Altersgrenze verschiebt sich durch geänderte berufliche Anforderungen deutlich weiter nach oben. Ein Kind, das in der Schule nicht nur das Lesen und Schreiben, sondern auch das Verhalten in der Gruppe lernt, braucht den Lehrer und die anderen Schüler für seinen Reifeprozeß. Was diese Erziehung anbelangt, behält Platon wohl recht. Das Lernen von Erkenntnissen, abstrakten Zusammenhängen und Wissensstoff kann aber anders verlaufen. Von einem Gymnasiasten, Studenten oder gar berufserfahrenen Mitarbeiter werden zurecht selbständige Lernleistungen erwartet; er soll bis heute insbesondere durch Lesen lernen.

Die schriftliche Aufzeichnung war über tausende von Jahren die einzige Form der gesicherten, d .h. nachprüfbaren, Wissensweitergabe und damit Basis von Erkenntnisprozessen, wenn man von der religiös und politisch überfrachteten Malerei absieht. Bereits seit einigen Jahrzehnten sind durch Photographie, Tonaufzeichnung und schließlich Film fast alle Darstellungsformen zur Erfahrungsweitergabe nutzbar. Die neue Dimension, die durch "Multimedia" erwartet wird, liegt in der individuellen Interaktivität und der Befreiung von zeitlichen sowie räumlichen Restriktionen. Große Infrastrukturinvestitionen für öffentliche Ausbildungseinrichtungen und betriebliche Schulungszentren können reduziert sowie die laufenden Kosten für Anreise und Unterbringung der Lernenden und Lehrenden vermieden werden; die Vorlaufzeiten für das Aneignen neuer Kenntnisse schrumpfen gegen Null. Entscheidend jedoch ist die größere Effektivität während der eigentlichen Lernzeit. Jeder Lernende bestimmt das Tempo selbst und konzentriert sich auf die noch nicht verstandenen Probleme. Beim Lernen auf der Basis computerunterstützter, interaktiver Medien wird der "Stoff" selbständig am Arbeits- beziehungsweise Ausbildungsplatz oder auch zuhause durchgearbeitet. Weil ein hypermediales Lernprogramm nicht linear ist, erlaubt es die individuelle Abweichung vom vorgeschlagenen Lernpfad und die Klärung von gerade interessierenden Fragestellungen. Trotzdem muß das Programm die Übersicht behalten und durch Testfragen sicherstellen, daß der Lerninhalt auch verstanden wurde. Bei falscher Beantwortung sollte es gezielt an die defizitären Stellen zurückführen. Die didaktische Qualität der Erklärungen, Darstellungen und Übungen kann den herkömmlichen Unterricht bei weitem übertreffen, weil hier die besten Ideen zur Erklärung komplexer Zusammenhänge ausgewählt und gemeinsam von Fachleuten, Didaktikern und Designern multimedial umgesetzt werden.

Die Anwendung des Gelernten und die Klärung nicht im System beschriebener Zusammenhänge erfolgt in einem (möglicherweise auch virtuellen) Unterrichtsraum, bei dem die Lernenden den direkten oder auch audiovisuellen Kontakt zum Dozenten haben.

Für diese Form der Ausbildung wird aber nicht nur die Maschinerie für den Lernenden und eventuell ein virtueller Hörsaal benötigt, sondern auch das Lernmaterial in einer für das Selbststudium geeigneten Form. Hier liegt das größte Problem. Der Aufwand, die Chancen und die Gefahren bei der Entwicklung interaktiver Selbstlernsysteme sind enorm und trotz aller Förderprojekte politisch noch nicht erkannt. Immer wieder werden Expertengremien eingesetzt, um über die richtige Vorgehensweise nachzudenken; deren Mitglieder haben jedoch häufig kaum Erfahrung mit den technischen und menschlichen Widerständen oder Defiziten – und so kommen wir kaum voran.

3 Resultat

Nach vier Jahren Einsatz von HERMES Selbstlernsystemen und drei Jahren Übung mit multimedial gestalteten Vorlesungen ergibt sich folgendes Bild.

Der Wunsch des Lehrers Lämpel wird durch die Anschaulichkeit des multimedial unterstützten Frontalunterrichts erfüllt. Die Teilnehmer sind angenehm überrascht, wie einleuchtend und verständlich auch vermutlich komplizierte Zusammenhänge doch sind. Aber gerade darin liegt die Gefahr. Was einleuchtet, bedarf keiner weiteren Bemühung mehr, man glaubt, es verstanden zu haben. Die spätere, selbständige Reproduktion von veranschaulichten Funktionalitäten fällt jedoch äußerst schwer. Hat Seneca doch recht mit: "repetitio est mater studiorum"? Geht es nicht ohne Anstrengung (vgl. Thome, 1991)?

Die Antwort liegt hier nicht, wie so oft, in der Mitte, sondern einseitig bei einer multimedial anschaulichen Darstellung, die wiederholt werden kann (und muß), die ein eigenes Lerntempo einzuschlagen erlaubt, die laufend Verständnisfragen einstreut und Erklärungshinweise bietet. Die Folge daraus ist zwar die Aussicht auf eine effektivere und gleichzeitig angenehmere Form des Lernens in der Zukunft – aber leider nur in Verbindung mit einer viel mühevolleren und schwierigeren Form des Lehrens. Dazu müssen die Entwickler von Lernsystemen auch über neue Qualitäten verfügen. Nicht nur das profunde Verständnis des zu erklärenden Zusammenhangs ist nötig, sondern auch die Phantasie eines Regisseurs, um eine verständliche und anschauliche Inszenierung zu entwickeln. Und selbst dies genügt noch nicht, denn nur die gründliche Erfahrung im Umgang mit den Entwicklungswerkzeugen erlaubt es, die multimedialen Fähigkeiten des Lehrmediums Computer auszunutzen. Für einen Film braucht man schließlich auch Maskenbildner, Dialogschreiber, Bühnenbildner, Cutter und so weiter. Dieser Vergleich ist nicht zuweit hergeholt, denn das Publikum erwartet genau die Perfektion, die es vom Fernsehen und Kino gewöhnt ist. Und der Aufwand, der dort getrieben wird, um ein Bier süffig und eine Zigarette schmackhaft erscheinen zu lassen, ist allemal auch nötig, um beispielsweise Interesse für die verschiedenen Formen der betrieblichen Zurechnung von Kostenarten zu wecken. Während bei den Unterhaltungsmedien aber Teilnehmer in ungeheuerlicher Zahl über Gebühren oder Werbemittel den Entwicklungsaufwand tragen, steht der Autor von Lernsystemen ziemlich alleingelassen da. Die furchtbar unangenehme Erkenntnis ist, daß die wirklich professionelle Nutzung der Möglichkeiten multimedialer Systeme eine völlig andere Ausbildungsstruktur und -verwaltung voraussetzt. Denn die von den besten Sachkennern, Didaktikern, Regisseuren und Multimediaspezialisten entwickelten Lernsysteme müßten flächendeckend eingesetzt werden, anders ist der Aufwand nicht zu rechtfertigen. Es ist auch nicht einzusehen, warum jemandem, nur weil er "woanders" ist, die bessere Form des Lernens vorenthalten werden sollte. Auch wenn uns der Aufschrei von Bildungspolitikern schon im Ohr klingt, wäre das keinesfalls eine Ausbildungsgleichmacherei, denn es lassen sich leicht verschiedene Lernpfade und Schwerpunkte festlegen oder auswählen. Allabendlich sitzen Millionen Zuschauer vor dem televisionistischen Meinungsbildner ohne hypertextuelle Wahlmöglichkeiten und denken doch verschieden. Bei einigem Bemühen könnten die Lernsysteme auch die schlechten Tage oder auch manchmal unzureichenden Kenntnisse der Pädagogen kompensieren.

4 Ausblick

Was so easy aussah, ein bißchen Computereinsatz in der Ausbildung, ein wenig Multimedia zur Veranschaulichung, entwickelt sich entweder zur ressoucenverzehrenden Hobbyangelegenheit besessener Enthusiasten oder zum anspruchsvollen Ausbildungsungeheuer, das zentralistisch festlegt, was zu lehren ist, wie es gut zu erklären ist und wie man das lernt – dies aber mit allen Chancen.

Der Einsatz von Selbstlernsystemen wäre heute schon auf breiter Basis möglich. Etwa die Hälfte der Studierenden in den hier untersuchten Veranstaltungen an der Universität Würzburg haben bereits privat eine Zugriffsmöglichkeit auf mit CD-ROM ausgerüstete Personalcomputer. Die Akzeptanz ist jedoch noch gering, weil die Studenten systematisch darauf konditioniert sind, den Lernstoff vorgekaut zu bekommen. Hier muß erst ein anderes Bewußtsein entstehen. Mit zunehmender Qualität der Selbstlernsysteme und abnehmender Qualität der Studienbedingungen wird aber das hypermediale, selbständige Lernen verstärkt eingesetzt werden.

Der Vortrag als multimediale Präsentation ist heute technisch noch nicht zufriedenstellend möglich. Der apparative Aufwand ist hoch, das Ergebnis ist in Schärfe, Brillianz und Helligkeit schlechter als Overheadfolien. Die notwendige Gerätebedienung beschränkt die freie Entfaltung eines guten Referenten, der schlecht Vortragende wird auch nicht besser durch Multimedia, es sei denn, eine selbstablaufende Präsentation läßt ihn vergessen.

Literatur

Thome, R. (1990). *Wirtschaftliche Informationsverarbeitung*. München: Vahlen Verlag.

Thome, R. (1991). Hypermedia - Lehrer Lämpels Nachfolger? *Wirtschaftsinformatik, 33. Jg., 3,* 207-212.

Thome, R. (1996). *Continuous System Engineering*. Würzburg: Vogel Verlag.

Der Online-Redakteur

Gesucht wird: Der Online-Redakteur

Sibylle Seidel[1] und Ulrich Glowalla[2]
[1]SPIEGEL-Verlag, Hamburg
[2]Fachbereich Psychologie, Universität Gießen

Zusammenfassung. Viele Tageszeitungen und Magazine sind bereits heute im Internet vertreten und praktisch alle übrigen sind mit der Entwicklung eigener Online-Angebote befaßt. Dabei werden ganz unterschiedliche Konzepte realisiert und auch hinsichtlich des Qualifikationsprofils der zukünftigen Online-Journalisten gibt es verschiedene Auffassungen. Dieser Beitrag erläutert die Rahmenbedingungen für den Online-Journalismus, diskutiert Maßnahmen der Kundenbindung und Entwicklung individualisierter Nachrichtenangebote und leitet einige Empfehlungen für die Journalisten-Ausbildung her.

Schlüsselwörter. Qualifikationsprofil von Online-Journalisten, Ausbildung von Online-Journalisten, Online-Journalismus als eigenständiges Medium.

1 Traditionelle Ausbildung

Bereits heute sind mehr als 20 deutsche Tageszeitungen und Magazine im Internet vertreten, und fast täglich werden es mehr. Daraus ergibt sich ein erheblicher Bedarf an Online-Redakteuren, ohne daß es für ihre Aufgaben ein klar umrissenes Berufsbild gäbe. Werden diese technologischen Entwicklungen zu einem völlig neuen Berufsbild führen? Oder ist eine einwöchige Weiterbildungsmaßnahme für die Qualifikation ausreichend?

Der traditionelle Redakteur wird im Rahmen seiner Ausbildung in der Regel mit unterschiedlichen Medien wie Print, Hörfunk und Fernsehen konfrontiert. Neben der theoretischen Grundausbildung lernt er in unterschiedlichen Praktikumsphasen die Abläufe und die Arbeitsweisen bei den verschiedenen Medien kennen. Je nach Journalistenschule beschränken sich die Praxisphasen auf Print und Rundfunk, oder beziehen auch das Fernsehen mit ein. Der Journalistenschüler spezialisiert sich im Laufe seiner Ausbildung auf bestimmte Sparten und vertieft die dafür notwendigen spezifischen Fertigkeiten oft erst in der beruflichen Praxis.

Unter Verwendung der jeweiligen Möglichkeiten ist es immer Ziel, ein Endprodukt zu liefern, in dem die Möglichkeiten von Text, Bild, Grafik, Ton oder Bewegtbild zur Unterstützung der inhaltlichen Aussage optimal genutzt werden. Die Gestaltungsmöglichkeiten des Konsumenten beschränkten sich in der Vergangenheit darauf, auszuschalten oder wegzuschauen.

2 Rahmenbedingungen des elektronischen Publizierens

Für Redakteure, die für Online-Dienste Inhalte entwickeln, gibt es keine statische Form, mit dem ein Arbeitserzeugnis dem Nutzer angeboten wird. Vielmehr entsteht ein Informations- oder Unterhaltungsangebot, das individuell zusammengestellt werden kann. Der Nutzer entscheidet, welchen Artikel er anklickt, welchen Hyperlink er aktiviert oder welchen Sound er abruft. Das Informationsbuffett zur Selbstbedienung kann lediglich den Appetit anregen und zum gezielten Zugreifen animieren.

Diese neuen Bedingungen haben Auswirkungen auf die Konzeption einer Geschichte und ihre gestalterische Vermittlung. Komponenten wie die Gestaltung eines Layouts für den Bildschirm oder Know-how über Multimedia-Software müssen innerhalb der Redaktion abgedeckt werden. Ohne ein gewisses Verständnis der technischen Realisierungsmöglichkeiten ist der Redakteur nicht in der Lage, die neuen Freiräume im Hinblick auf die Gestaltung eines Themas optimal zu nutzen.

Sicherlich wird man nicht von ihm erwarten, über die in einem Rhythmus von sechs Monaten vorgestellten technischen Neuerungen (z.B. Java, Shockwave, Microsoft Explorer 3.0) als erster umsetzen zu können. Informiert über diese Entwicklungen sollte er aber sehr wohl sein.

Der *Darstellungsrahmen* ist nicht der Fernsehbildschirm oder die Zeitungsseite, sondern der PC-Monitor. Diese Bühne erfordert eine andere journalistische Sprache, da sich Informationen auf seiner Oberfläche nur bedingt im traditionellen Sinne darstellen lassen. Mehr als 20 Zeilen sind auf den gängigen Monitoren nicht lesbar. Innerhalb dieser Zeilen muß der Leser *gefangen* werden und die ersten Verzweigungen zu interessanten Quellen, Sounddateien oder Bildern müssen angelegt sein.

Befreit von der Eindimensionalität des Papiers stellt sich die Frage nach der sinnvollen Gestaltung der verschiedenen Ebenen der Informationstiefe. Ohne die Platzbeschränkung der Zeitung oder der Sendeminuten bei Rundfunk und TV ist es möglich, unterschiedliche Medien in der sachgerecht erscheinenden Länge zu nutzen. Der Benutzer konsumiert so viel und in welcher Modalität er möchte. Durch seine Selektion wird die von der Redaktion angebotene Informationskomposition für ihn zu einer Meldung oder zu einem umfassenden Hintergrundbericht. Hat man sich einmal an diese Gestaltungsfreiheit gewöhnt, kommt einem der vertraute eindimensionale Zeitungsartikel vielleicht langweilig und entmündigend vor.

Andererseits macht die sogenannte Informationsgesellschaft vielen Menschen Angst und die Kanalisierung und Strukturierung der Informationsflut durch die Medien ist dringend gewünscht und erforderlich. Die in elektronischen Medien leicht realisierbare Staffelung der Informationstiefe bietet zur Bewältigung dieser Aufgabe sehr gute Möglichkeiten.

Immer stärker werden dabei die Seriosität und Zuverlässigkeit der Quelle eine Rolle spielen. Informationen im Netz können gefälscht, Urheberschaften behauptet oder Bilder manipuliert werden. Die Feststellung eines Betruges ist auf Grund der technischen Perfektion faktisch unmöglich. Deswegen wird es in Zukunft immer wichtiger werden, sich bei einer zuverlässigen Quelle zu informieren. Renommierte Printobjekte wie die *Frankfurter Allgemeine*, der *Spiegel* oder die *Zeit* können hier auf ihre Reputation aufbauen, müssen langfristig jedoch ihre Kompetenz in dem neuen Medium erneut behaupten.

3 Zielgruppe

Für wen stellt der Online-Journalist sein Nachrichtenangebot zusammen? Zur Zeit versuchen zahlreiche Studien und Nutzeranalysen Antworten auf diese Fragen zu finden. Ein aktuelles Beispiel ist die Studie vom Fraunhofer Institut für Systemtechnik und Innovationsforschung, der Universität Karlsruhe und des Südwestfunks aus Baden-Baden. Für die Studie wurden von November 1995 bis Januar 1996 knapp 3100 Personen befragt.

Die Analyse von knapp 30.000 angemeldeten SPIEGEL ONLINE Nutzern hat einen Durchschnittsleser ergeben, der männlich, zwischen 18 und 40 Jahre alt ist, über einen Universitätsabschluß verfügt und in der Bildung oder Wissenschaft beschäftigt ist. Das Angebot wird aus Japan (153), Neuseeland (52) und Indonesien (45) genauso besucht wie aus Island (19) oder Brunei (6).

Fraglich ist, ob es möglich ist, Erfahrungen aus den USA auf Europa zu übertragen. Unstrittig ist zumindest, daß die Voraussetzungen auf dem europäischen Markt ganz andere sind. Angefangen mit den kostenlosen örtlichen Einwahlknoten und den von AT&T angekündigten Gratis-Internet-Zugängen für 80 Millionen Menschen in den USA. In Deutschland sind die Kosten durch die Telekomgebühren und die Anschlußkosten deutlich höher. Hinzu kommt eine grundsätzlich andere Infrastruktur. Beispielsweise hat sich gezeigt, daß die stärkste Durchsetzung mit Internet-Rechnern in Gebieten mit geringer Population wie Finnland zu verzeichnen ist, also in einem für Europa untypischen Flächenstaat.

Die Kostenstruktur wird in jedem Fall dazu führen, daß der *Netsurfer* in der Regel unter Zeitdruck steht. Diese Tatsache sollte der Online-Redakteur berücksichtigen, da der Nutzer möglichst viel auf seinen Rechner laden wird, um es dann offline zu lesen, zu hören oder zu sehen.

Es gibt darüber hinaus noch nicht den typischen Online-Nutzer. Der professionelle und langjährige Nutzer des Internets bewegt sich selten im World Wide Web, sondern nutzt externe Rechnerkapazitäten und recherchiert wissenschaftliche Themen, die über File-Transfer-Protokoll übertragen werden. Ganz anders bewegen sich diejenigen, die sich im Laufe des vergangenen Jahres in das Internet *eingeklinkt* haben, überwiegend im World Wide Web, wo man per Mouseklick navigiert und keine Befehlszeichen eingeben muß. Nach einer aktuellen Internet-Umfrage des Georgia Institutes of Technology nutzen knapp 60% der Befragten das Internet erst seit einem Jahr; die Umfrage stammt aus dem ersten Quartal des Jahres 1996.

4 Kundenbindung

Wie binde ich den Nutzer an mein Produkt, wenn der Mitbewerber immer nur einen *Mouseklick* entfernt ist und ich ihn selbst immer wieder auf andere Angebote verweise? Der Online-Redakteur muß unter Beachtung dieser Tatsache neue Methoden entwickeln, wie der *Surfer* an seine Website gebunden werden kann. Wie viele Gastgeber stehen die Betreiber eines Web-Angebotes unter permanenten Partystreß. Die zum Teil zufälligen Besucher stehen in der Regel unter Zeitdruck, sollen dennoch möglichst lange zum Bleiben animiert werden. Fühlt sich der Gast gut unterhalten und informiert, dürfte er wohl wiederkommen. Dafür setzt der Besucher eine Bookmark in seinen Internet-Browser, statt sich die Telefonnummer des Gastgebers auf einem Bierdeckel zu notieren.

Die Interaktivität dieses Mediums bietet hier eine ganze Reihe von denkbaren Modellen. Durch das Angebot eines E-Mail-Services mit bestimmten Informationen (z.B. von Stern oder Zeit) auf Bestellung erfahre ich die elektronische Adresse des Bestellers und kann den Kunden regelmäßig mit ihn interessierendem Material (und meinem Logo) erfreuen. Gleich einem Abonnement entsteht eine Bindung zwischen Lieferant und Besteller.

Kaum ein Web-Angebot besteht ohne Gästebuch, Forum oder eine ähnliche Plattform, wo die Site-Besucher sich darstellen oder eine direkte E-Mail an die Redaktion schicken können.

Für den Online-Redakteur hat diese Reaktionsmöglichkeit des Nutzers allerdings nicht nur positive Folgen. Einerseits wird er auf Themen oder Veranstaltungen etc. hingewiesen, was ihm bei der Arbeit behilflich ist. Andererseits dürfte der vom Nutzer gewünschte ständigen Kontakt zur Redaktion für viele Redakteure lästig sein oder wird sogar als Zumutung empfunden.

5 Individualisierung

Projekte einer individualisierten Zeitung wie z.B. *Daily me* lösen einzelne Informationen aus einem Produkt bzw. Webangebot heraus. Ziel des gleichnamigen Forschungsprojektes am MIT Media Lab (Massachusetts Institute of Technology in Cambridge, USA) ist es, diese Zeitung statt von einer Redaktion von einem Computersystem zusammenstellen lassen. Das Programm durchforstet alle im *Cyberspace* vorhandenen brauchbaren Quellen zu vorgegebenen Themen und stellt alles zusammen, was für den jeweiligen Bezieher von Interesse sein könnte.

Amerikanische Zeitungen wie z.B. die San Jose Mercury News, Star Tribune oder Washington Post bieten ihren Lesern bereits heute die nach ihren Wünschen zusammengestellte elektronische Zeitung an.

Bei dem Adressaten wird in der Regel zu den ausgewählten Themengebieten ein größeres Wissen vorliegen als beim Durchschnittsleser eines allgemeinen Printproduktes. Ist jemand beispielsweise vorrangig an Kultur und Theater interessiert, wird er ein sehr kritischer Konsument sein. Es bleibt abzuwarten, ob aus diesem Grund die Spezialisierung der Journalisten bei der Informationsvermittlung noch zunehmen muß.

6 Ersatz oder Ergänzung

Ein herkömmliches Printprodukt wird von dem Leser gezielt ausgesucht und bezahlt, als Einzelexemplar oder im Abonnement. Der Online-Nutzer wird sich nicht aufgrund des Copypreises entscheiden müssen, welches Produkt er erwirbt. Solange die Webangebote in der Regel kostenfrei zur Verfügung gestellt werden, ist der Mitbewerber immer nur einen Mouseklick entfernt. Unbelastet von irgendwelchen Verpflichtungen oder Bindungen wird von dem Angebotsbuffett hier ein Schnittchen und dort ein Löffelchen konsumiert. Derzeit sind die meisten Websites von Zeitungs- und Zeitschriftenverlagen Ergänzungen zum Printprodukt. Sobald sich diese Angebote zu eigenständigen Produkten weiterentwikkeln, werden voraussichtlich auch Abo-Gebühren erhoben werden. Das Produkt muß dann so überzeugend sein, daß es sein Geld im Vergleich zu den weltweiten Angeboten anderer Verlage und Unternehmen wert ist. Denn auch Firmen werden für ihr thematisches Umfeld zu *Content Providern.* Als Website mit den interessantesten Kochrezepten kann sich Dr. Oetker oder eine Universität mit fleißigen Studenten durchsetzen, bevor die Zeitschrift *essen+trinken* ein Angebot realisiert.

Bei dieser zunehmenden Konkurrenz wird für die Bindung des Nutzers an ein Online-Angebot ein wesentlicher Faktor sein, wie mit den kommunikativen Elementen umgegangen wird. Wird die E-Mail schnell beantwortet? Wird das Forum moderiert? Haben die News das Verfallsdatum noch nicht überschritten? Neben der Aktualität könnte sich so die persönliche Ansprache zu einem wichtigen Element für die Bindung an ein Angebot in den neuen elektronischen Medien entwickeln.

Spezielle Mehrwertdienste wie z.B. Archive werden sicherlich in naher Zukunft gegen Gebühren angeboten werden. Zur Zeit sind die finanziellen Transaktionen aber noch zu umständlich und die Abrechnung nach herkömmlicher Methode gegen Rechnung ist viel zu kostenintensiv. Ein Inkassoverfahren in Brunei für einen Gegenwert von ein paar Mark wird keiner anstrengen.

7 Konsequenzen für die Ausbildung

Bei Journalistenschulen wurde auf die Frage, ob und wie diese technologischen Entwicklungen und die daraus resultierenden Arbeitsweisen von ihnen berücksichtigt werden, eine ganze Bandbreite an Reaktionen sichtbar. Sie reichen von "Ach ja, gut, daß Sie mich daran erinnern" bis zur curricular etablierten Behandlung im Lehrplan. So lernt der Journalistenschüler der Henri-Nannen-Schule im Grundseminar den Umgang mit dem Computer und die Online-Recherche in verschiedenen Netzen. Außerdem befaßt er sich im Laufe der Ausbildung mit Software-Standards wie QuarkXPress, Photoshop, Freehand und Illustrator sowie dem digitalen Schnitt bei der Radioproduktion. Durch die eigenständige Erstellung von Web-Seiten sollen zusätzlich die einzelnen Schritte der Produktion für Online-Angebote deutlich gemacht werden.

Dieser sehr unterschiedliche Umgang resultiert sicher auch daraus, daß noch Unsicherheit herrscht, ob der Umgang mit den interaktiven und multimedialen Medien zu völlig neuen Berufsbildern wie *Link Editor* oder *Screen Layouter* führen wird oder zukünftig lediglich einen weiteren Baustein im Rahmen der Journalisten-Ausbildung darstellen wird. Wir halten die zweite Variante für wahrscheinlicher und empfehlen daher dringend, bestehende Curricula der Journalisten-Ausbildung entsprechend zu erweitern, falls dieses nicht bereits geschehen ist. Für bereits im Berufsleben stehende Journalisten sollten ganz analog geeignete Weiterbildungsmaßnahmen konzipiert werden. Um es mit Wolf Schneider zu sagen, wird der Umgang mit interaktiven und multimedialen Medien in Zukunft ganz sicher zu den journalistischen Kardinaltugenden gehören. Die von Schneider für Journalisten geforderte *universelle Halbbildung* muß zukünftig dieses Wissen einschließen.

Zeitung zum Hören, Radio zum Lesen und Fernsehen zum Ausdrucken

Berndt Schramka
Hamburger Journalisten Schule (Henri-Nannen-Schule), Hamburg

Zusammenfassung. Multimedia bedeutet, Text, Grafik, Audio und Video im selben Angebot wirksam einzusetzen; und alles ergänzt um die Interaktivität: Der Nutzer bestimmt direkt, was er in welcher Informationstiefe konsumiert, und steht in ständigem Kontakt zur Redaktion. Journalisten müssen also in verschiedenen Medien denken und den Leser/Hörer/Zuschauer in ihre Arbeit einbeziehen. Gleichzeitig sehen sie sich im Wettbewerb um Zeit und Geld des Nutzers völlig neuer Konkurrenz gegenüber: Auch jedes ausländische Angebot ist überall verfügbar, und selbst Anzeigenkunden sind plötzlich Anbieter von Inhalten.

Schlüsselwörter. Multimediales Denken, neue journalisitsche Aufgaben/Berufe, globale Medienkonkurrenz.

1 Die Medienrevolution begann vor drei Jahren

Alles begann vor erst drei Jahren: Wissenschaftler in Genf entwickelten HTML und damit das World Wide Web (WWW). Eine Revolution der Kommunikation hatte begonnen - und damit auch eine Medienrevolution. Das Internet war nun für jedermann einfach zu handhaben und binnen kurzer Zeit machten zig amerikanische Zeitungen ihren Lesern online Zusatzangebote.

Die Nutzerzahlen im Internet steigen, America Online gewann in den USA von 1994 auf 1995 monatlich 300.000 neue Nutzer hinzu. T-Online, das frühere BTX, fand im Januar 35.000 neue Nutzer und überschritt damit die 1-Million-Nutzer-Grenze.

Weltweit sind mehr als 500 Zeitungen online, Radio- und Fernsehsender präsentieren sich im Internet, Zeitschriften sind in die Domäne der Zeitungen eingebrochen und bringen täglich neue Nachrichten.

In Deutschland setzte die Entwicklung vor einem Jahr ein. Mittlerweile sind 17 Tageszeitungen im WWW vertreten. Die beiden neuesten: Die Süddeutsche Zeitung und der Holsteinische Courier, 480.000 Auflage und 15.000 Auflage.

Stern, Spiegel und Focus treten online mit völlig unterschiedlichen Konzepten auf. Allein wenn man diese drei vergleicht, wird eines klar: Online-Publishing ist ein völlig neues Medium und noch weiß niemand genau, was man in welcher Form anbieten kann - und wem.

Dabei sind dieses erst die Anfänge einer Multimedia-Welt. Bis sie geschaffen sein wird, werden noch etliche Jahre, vielleicht Jahrzehnte vergehen.

Aber schon heute werden im World Wide Web außer Text und Fotos auch Audios angeboten: Nachrichten vom amerikanischen Network ABC und Musikclips von den Musikverlagen. Bereits angekündigte Software soll das Einbinden von Audios und Videos in die Online-Angebote erheblich vereinfachen. Das Programm Shockwave von Macromedia ermöglicht es bereits, Internet-Angebote mit Animationen anzureichern. Shockwave ist eine Erweiterung für Netscape, den quasi zum Standard gewordenen WWW-Browser.

All dieses kann an den Journalisten nicht spurlos vorüber gehen, auch wenn viele die sich anbahnende Entwicklung nicht wahrhaben wollen. Gegenwärtige technische Widrigkeiten dürfen aber nicht als Maßstab genommen werden: Der Siegeszug des Fernsehens hat gezeigt, wie sich Mediennutzung verändern kann. Multimedia kommt - und erfordert neue Qualifikationen und Arbeitsweisen.

2 Die Medien verschmelzen

Die unterschiedlichen Medien verschmelzen miteinander, Radio zum Lesen und Zeitungen zum Anhören werden selbstverständlich. Mark Wössner, Vorstandschef der Bertelsmann AG: "In der Fernsehlandschaft der Zukunft werden die etablierten Grenzen zwischen den Printmedien, den traditionellen elektronischen Medien und der neuen Multimediawelt in weiten Teilen entfallen." Viel eher noch werden diese Grenzen in den Online-Netzen der Computerwelt entfallen. Aus all diesem lassen sich einige Thesen ableiten:

- Der intensive Umgang mit Computern, verschiedenen und immer wieder neuen Programmen, wird zum journalistischen Handwerkszeug gehören.
- Journalisten müssen wirklich multimedial werden, also mit dem geschriebenen Wort, mit Audios und Videos umgehen.
- Es wird neue Berufe geben, vielleicht überwiegend technisch ausgerichtet, aber mit journalistischem Hintergrund.
- Der Leser/Zuhörer/Zuschauer wird eine viel stärkere Rolle spielen; er wird zum echten Kunden werden und damit zum König. Und es wird einen permanenten Dialog mit ihm geben.
- Service und Zusatzangebote werden mehr Bedeutung erlangen und von Journalisten betreut werden müssen.
- Der Journalismus wird eine neue Sprache entwickeln, die auf die Nutzung von Multimedia-Elementen am Bildschirm ausgerichtet ist.

3 Schreiben für Multimedia

Die Online-Welt hat ihre eigenen Gesetze. Niemand mag eine lange Reportage am Bildschirm lesen. Interessante Online-Angebote müssen also anders aufbereitet sein. Dies bedeutet, daß Artikel anders strukturiert werden.

Sie werden aufgeteilt werden in kleine Bestandteile, die sich der Leser nach und nach erschließen kann - wenn er will. Schreiben für Multimedia bedeutet auch, andere Medien gleich zu berücksichtigen:

Welche Information ist als Grafik aussagekräftiger? Welche Passagen lassen sich besser als Audio anbieten? Und welche als Video? Wie die Fernsehjournalisten werden auch die Printjournalisten mehr in Bildern und Grafiken denken müssen als bisher.

Andreas Struck, Geschäftsführer von Europe Online Deutschland, in Werben & Verkaufen 51/95: "Die Erzählform für die Leser, Zuschauer und User wird morgen eine völlig neue sein: Informationen werden dann gleichberechtigt in Wort und Bild vermittelt. Auf dem Weg in diese Zukunft werden die Verlage ihr Gesicht ändern müssen. Sie werden zu Content Providern. Sie nutzen ihre journalistische und graphische Kompetenz multimedial, sie publizieren Informationsträger aller Art."

Weil es sich aber kein Verlag oder Sender leisten kann, Dreierteams loszuschicken, nämlich einen Print-, einen Radio- und einen Fernsehmann, wird es den Videoreporter auch bei den Zeitungs- und Zeitschriftenverlagen geben.

Die nötige Ausrüstung wird vorhanden sein. Auf der letzten Funkausstellung in Berlin wurde eine digitale Fernsehkamera vorgestellt, die kaum größer ist als eine Zigarettenschachtel. Zwar hat sie nur ein Zweifach-Zoom und liefert nur schwarzweiße Bilder, aber auch das Auto begann mit Vollgummireifen.

Parallel wird Software entwickelt, die den Umgang mit den neuen Medien vereinfacht. Zum Vergleich: Vor zehn Jahren konnte sich niemand vorstellen, daß Redakteure dereinst ihre Layouts am Bildschirm selbst entwerfen, Fotos scannen, digital am Bildschirm bearbeiten und gleich ins Layout einpassen würden. Und während manche dies als Zumutung betrachten, freuen sich andere über die zusätzlichen Möglichkeiten, Einfluß zu nehmen auf das Aussehen des Blattes.

Im Radio war eine ähnliche Entwicklung zu beobachten. Das Selbstfahrerstudio ist bereits eine Selbstverständlichkeit. Andererseits sträubten und sträuben sich Radiojournalisten, selbst digital zu schneiden. Diejenigen aber, die es tun, sind ob der Möglichkeiten begeistert, wieder gute gebaute Beiträge produzieren zu können, die wegen mangelnder Schnittzeiten im Sender immer seltener wurden.

Den Fernsehjournalisten steht dies gerade bevor. Digitale Systeme werden den Schnitt in die Redaktion verlagern, und es wird nicht lange dauern, bis auch Print nach Audio- und Videoschnitt verlangt - für Multimedia im Internet.

4 Die Schwierigkeiten

Heute haben Verlage Schwierigkeiten, geeignete Mitarbeiter für den Multimedia- und/oder den Online-Bereich zu finden. Als der Spiegel per Internet und CompuServe einen Redakteur für sein Ressort Electronic Services suchte, meldeten sich zwar 300 Interessenten per Email, aber fast alle waren Studenten oder Computerfreaks, die glaubten, mit ihrem Hobby nebenbei Geld verdienen zu können.

Deutschland ist durch die noch vergleichsweise geringe Verbreitung von PCs in den Haushalten und durch hohe Telefontarife (vor allem für Ortsgespräche) erst am Anfang der Entwicklung. Für amerikanische Journalisten hingegen gehört zum Beispiel die Online-Recherche längst zum Alltag, und in der Journalisten-Ausbildung an den US-Universitäten ist ein Semester Online Pflicht.

Schon dies zeigt, was selbstverständliche Voraussetzung sein wird: der Umgang mit Modem und Netzen. Dazu zählen nicht nur die Recherche, sondern auch die Übertragung. Aus dem Hotel oder mit dem Handy Artikel senden zu können, wird jeder beherrschen müssen. Und selbstverständlich muß er auch die dabei auftretenden Schwierigkeiten beheben können.

5 Informationsflut auf dem Schreibtisch

Der Journalist wird mit weit mehr Quellen arbeiten können als heute. Die Online-Welt wird größer, immer mehr Institutionen stellen Daten online zur Vefügung. Die richtigen Informationen zu finden, wird eine der täglichen Aufgaben sein.

Die Informationsflut wird die Redaktionen überschwemmen. Wenn Stadtverwaltung, Bundesumweltamt, Universitäten, Greenpeace und Parteien ihre Untersuchungen und Stellungnahmen online anbieten, kann sich der Journalist schneller und besser informieren. Und Leser und Chefredakteure werden verlangen, daß er es auch tut. Andererseits bedeutet es auch, daß engagierte Leser die Informationen jederzeit überprüfen können, weil ihnen dieselben Quellen zur Verfügung stehen.

So wie heute jeder per T-Online im Archiv der Süddeutschen oder per Internet bei Time recherchieren kann, wird der Journalist in ferner Zukunft auch in den Filmarchiven der Fernsehsender recherchieren können. Es erschließen sich also völlig neue Möglichkeiten.

Und natürlich wird der Journalist nicht nur die inhaltliche Information des Videos verwenden, sondern das ganze Video oder zumindest Teile davon.

Er wird also mit einer Software schreiben, die ihm multimediales Arbeiten ermöglicht, samt des digitalen Videoschnitts an seinem eigenen Bildschirm. Wer dies bezeifelt, kann anhand der Entwicklung bereits vorhandener Software ablesen, welche Fortschritte gemacht wurden.

Textverarbeitungen wie Microsoft Word waren schlichte Anwendungen, um Briefe oder Artikel zu schreiben. Mittlerweile sind es fast schon Desktop-Publishing-Programme, die Spaltenumbruch beherrschen und Grafiken erzeugen können.

Ein Diagramm zu verwenden, war vor einigen Jahren ein aufwendiger Prozeß. Heute kann der Nutzer einer Textverarbeitung in einem einfachen Menü wählen, ob er seine Zahlen als zwei- oder dreidimensionale Balken, als Torten- oder als Kurvendiagramm haben möchte.

Und die Nutzer werden aufwendige Präsentationen verlangen. Neue Nutzungsgewohnheiten werden die Redaktionen zwingen, entsprechende Inhalte anzubieten, sonst weicht der User auf andere Angebote aus. Die Maßstäbe setzen dabei nicht mehr die Medien allein, denn im Internet buhlen große Anzeigenkunden mit aufwendigen Angeboten um die Gunst derselben Nutzer.

Schon heute bringt das Internet dem Hamburger nicht nur die Hamburger Morgenpost elektronisch ins Haus, sondern auch die Saarbrücker Zeitung, BBC und CNN. Der Leser kann heute auswählen, ob er den Lokalteil in der Morgenpost liest, die deutsche Politik in Saarbrücken, Dritte-Welt-Berichterstattung bei der BBC und die Football-Ergebnisse bei CNN: Er wird es da lesen, wo er am besten versorgt wird.

6 Über alle Grenzen

Der Anspruch an die Aufbereitung von Information wird also steigen. Interaktives Fernsehen - gleich ob per Fernseher oder über Computernetze mittels Videos - bedeutet, zu jeder Tageszeit die Sportschau oder Ran sehen zu können. Wieviele Leute wird es geben, die es vorziehen, 60 Zeilen Bericht über ein Bundesligaspiel zu lesen, statt sich die Tore auf dem Bildschirm anzusehen?

Ein Fernsehsender und eine Zeitung sehen im Internet gleich aus. Journalisten werden sich darauf einstellen müssen. Oder wie es die Washingon Post in einer Stellenanzeige formulierte: "Das Wichtigste: Der Bewerber muß über die Grenzen von Print hinaus denken."

Online-Redakteure und Online-Produkte - wichtige Erfolgsfaktoren

Uwe Kauß
TigerVision Medienprojekte,Redaktion CHIP online, Frankfurt

Zusammenfassung. Der Online-Redakteur benötigt eine solide journalistische Ausbildung und ein gutes Gefühl für seine Leser/Nutzer und die angebotenen Inhalte. Dennoch wird er eher Spezialist bleiben, denn die Anzahl der neuen, festen Stellen wird nicht exorbitant wachsen. Vielmehr werden kleinere Dienstleister hier den größten Bedarf haben. Künftige Qualifikationsangebote sollten sich vorrangig um die adäquate Umsetzung von Inhalten kümmern. PC- und Rechtskenntnisse sind zusätzlich wichtig.

Schlüsselwörter. Online-Magazin, Ausbildung, Qualifikation, Redakteur, Werbung

1 Welche Qualifikationen sind entscheidend?

Nachrichten bleiben Nachrichten, auch wenn sie über einen neuen Kanal verbreitet werden. Die Basis des Handwerks - und damit die Qualifikation - bleibt damit dieselbe wie bisher. Der ideale Online-Redakteur, der für ein ebenfalls ideales Online-Magazin mit selbstrecherchierter und vor allem selbstfinanzierter Berichterstattung arbeitet, sollte sein Handwerk ganz solide bei der lokalen Tagespresse oder einem guten Volontariat gelernt haben, erste Erfahrungen in Konzeption und Projektmanagement gesammelt haben und sicher im World Wide Web (WWW, Web) selbst navigieren und recherchieren können. HTML-Programmierkenntnisse sind in einem gut zusammengesetzten Team nach unserer Erfahrung nicht nötig - vielmehr ein gutes Verständnis, welche Aufbereitung beim Abruf welche Vorteile bieten. Ohne fundierte PC-oder Mac-Kenntnisse und Know-how in Web-, Grafik, DTP- und Textverarbeitungs-Programmen sowie der üblichen Utilities wird der Online-Redakteur allerdings in diesem Metier nicht weit kommen. Überstunden gehören sowieso dazu.

Das alte Klischee vom Journalisten als einzelgängerischem, nörgelndem Besserwisser sollte er keinesfalls abbilden. Er muß die Fähigkeit besitzen zuzuhören, gerne im Team zu arbeiten und die Bereitschaft besitzen, an einem sich permanent verändernden Magazin zu arbeiten. "Das haben wir schon immer so gemacht", darf auf keinen Fall zu seinem Vokabular gehören.

Und: Er muß seine Leser/Zuschauer/Nutzer sehr ernst nehmen, muß ihre Wünsche verstehen und nachvollziehen. Im Web steht Partizipation im Vordergrund, nicht ausschließlich Information. Der Online-Redakteur sollte ein Verständnis für verschiedene Medienformen besitzen, benötigt eine gehörige Portion Kreativität, viel Selbstdisziplin und die Bereitschaft, sich ständig auf neue technische Aspekte des Transports von Inhalten einzulassen. Schließlich verändern sich die Technologien im Web derzeit fast im Vier-Wochen-Rhythmus.

Außerdem kann ein bißchen Ethos und Moral auch nicht schaden: Schließlich wird das Tempo der Nachrichtenverbreitung im Netz immer höher - obwohl keiner fragt, ob der Nutzer damit überhaupt klarkommt. Doch der Redakteur muß sich der Frage stellen: Wann ist der richtige Zeitpunkt zur Veröffentlichung, wann kann eine Nachricht als gesichert gelten?

Auch bei den Links, also den Verbindungen, stellt sich die Frage - wie gut oder seriös ist ihr Inhalt? Und schließlich: Wo endet unabhängige Redaktion und beginnt die (Schleich-)Werbung? Diesen Fragen muß sich der Online-Redakteur fast täglich stellen.

2 Was sind die wesentlichen Merkmale eines erfolgreichen Online-Produktes?

Die Antwort darauf ist schwierig, denn zunächst ist eine Definition von "Erfolg" notwendig. Ein Underground-Magazin wird hier andere Maßstäbe anlegen als der Online-Ableger eines bekannten Nachrichtenmagazins oder das Web-Angebot eines Autokonzerns.

Wer sein Angebot über Werbung refinanzieren will, benötigt wie im Privatfernsehen "Quote", also Seitenabrufe. Nur so lassen sich die noch konservativ in Tausenderpreis und Streuung verhafteten Werbekunden überzeugen. Die Quote läßt sich nur über eigene Werbung - und interessante Angebote - erhöhen. Beides kostet Geld, unter Umständen viel Geld.

Wer vor der Geschäftsleitung sein Angebot als verkaufsförderndes Mittel rechtfertigen muß, benötigt Resonanz in Form von Anfragen und Bestellungen. Wer als Imageträger vorangehen will, muß technologisch in der allerersten Reihe sitzen und der Konkurrenz tatsächlich zeigen, wie ein richtiges Web-Angebot funktioniert. Das muß dann auch in diversen Medien aufgenommen und zitiert werden, um einen meßbaren Erfolg vorzeigen zu können.

Allen gemeinsam ist ein wesentlicher Aspekt: Nur wer ein für sein Publikum interessantes Angebot macht, wird auch mittelfristig Erfolg haben. Die Nutzer müssen einen klaren Nutzen im Angebot sehen, um wiederzukommen. Für den privaten Nutzer kosten Websurfing und Online-Spaziergänge echtes Geld - immerhin bis über 10 Mark inklusive Telefonkosten pro Stunde. Er wird also nur eine begrenzte Zeit online sein, im Gegensatz zum allgegenwärtigen Kabelfernsehen. Die Frage ist demnach, welche inhaltlichen Angebote er auch auf längere Sicht so interessant oder wertvoll findet, um sich in dieser Zeit dorthin zu klicken. Interessante Inhalte werden so zum Schlüssel für die Nutzerzahlen.

Technische Spielereien allein können die Zugriffe zwar kurzfristig stark pushen - doch die Erfahrung zeigt: Wer für ein solches Angebot vier Wochen inhaltlich nichts Neues zu bieten hat, bekommt die klare Quittung in der nächsten Abrufstatistik.

3 Wie wird sich der Arbeitsmarkt im Bereich der Neuen Medien entwickeln?

Es wird mittelfristig sicher eine Menge neuer Jobs geben. Doch es ist zu bezweifeln, ob dies auch feste Planstellen sein werden. Denn die Verleger wollen zwar gerne den Start ins Internet-Zeitalter, sind allerdings aus Kostengründen in den meisten Fällen extrem zurückhaltend, was die Schaffung neuer Stellen angeht. Bislang kann niemand einen einigermaßen gesicherten Return of Investment prognostizieren - und in solchen Fällen sind Verleger ja immer sehr skeptisch. Also versuchen sie, - wie in der Industrie auch - die Pflege des Angebots in die bestehende Redaktion, Abteilung oder Stabsstelle zu integrieren; im besten Falle wird das Budget für freie Autoren oder Dienstleistungen leicht erhöht. Die rein technische Abwicklung und Administration des Web-Angebots - also evtl. Aufbau des eigenen Servers, Kontakt zum Provider, Software-Updates, Erweiterung, User-Verwaltung obliegt oft zusätzlich den jeweiligen Netzwerk-Administratoren im Haus. Die greifen meist zusätzlich auf externe, technische Dienstleister oder Programmierer zurück.

Ein nicht sonderlich großer Arbeitsmarkt wird aber sicher in den großen Verlagshäusern entstehen, die eigene Inhalte auf dem Web anbieten. Da diese Angebote derzeit aber in den meisten Fällen nur aus Zweitnutzung von TV- oder Printobjekten besteht, ist hier vor allem technisches Know-how und redaktionelles Grundwissen gefragt. Da das Web vor allem mit kommerziellen oder Werbeangeboten wächst, werden zudem solide ausgebildete PR- und Werbefachleute gefragt sein, die Angebote in der *Internet culture* konzipieren und betreuen können. Die Redakteure benötigen hier einen Background aus PR- und Kundenzeitschriften.

Neue Jobs entstehen daher im ersten Schritt vor allem in der Form von Aufträgen bei Dienstleistern wie Service-Providern, spezialisierten Unternehmen, Werbeagenturen und Redaktionsbüros, Multimedia-Agenturen, und bei Selbständigen. Feste Stellen sind in diesen mutigen Unternehmungen nicht die Regel, eher beispielsweise eine feste freie Mitarbeit.

4 Welche Ausbildungsschwerpunkte müssen sich verändern, um den neuen Entwicklungen Rechnung zu tragen?

Interesse und *Training on the job* ist der beste Weg zur Qualifikation, denn kein Ausbildungsprogramm kann eine so schnell voranpreschende Entwicklung begleiten. Es erscheint aber sinnvoll, die herkömmliche, externe Volontärsausbildung um ein paar Lerneinheiten zu ergänzen, um jungen Redakteuren und Redakteurinnen ein Online-Alphabet beizubringen: Grundkenntnisse, die zur eigenen Recherche im Beruf sinnvoll eingesetzt werden können - aber auch den Einstieg in eine Web-Redaktion im zweiten Schritt möglich machen.

Als Weiterbildung für journalistisch Erfahrene sind auch einige gut abgestimmte Lerneinheiten zur PC-Qualifikation nötig: Datenfernübertragung, Web-Software, MS Word, MS Excel und Grafik. Hier sollte aber nicht eine Qualifikation angestrebt werden, die etwa einen Grafikarbeitsplatz ersetzt, sondern maximal kompetent ergänzt, beispielsweise bei der Komprimierung und Formatumwandlung.

Redakteure, die online arbeiten, müssen aber auch Kenntnisse im Urheber- und Verwertungsrecht haben, um nicht ins offene Messer einer Schadensersatzklage zu laufen.

5 Welche Ausbildungs- und Qualifizierungskonzepte sind sinnvoll?

Solche Konzepte im Detail zu beschreiben, ist derzeit zu früh. Selbst bei CD-ROM-Produktionen hat sich noch immer nicht so recht durchgesetzt, daß Inhalte im Vordergrund stehen sollten. Entsprechend dünn ist auch hier noch die Qualifikationsbasis für Redakteure.

Für das Online-Publizieren geplante Konzepte müssen aber eine Kernfrage beantworten: Wie werden Inhalte auf dem Netz angemessen transportiert? Wenn technische Möglichkeiten wie Java-Applets, Audio-Anwendungen usw. nicht nette Spielerei aus Selbstzweck sein sollen, ist zu fragen: Wie kann man sie nutzen, um Inhalte sinnvoll zu transportieren?

Ausbildung zum Online-Redakteur

Ulrich Booms
SPIEGEL-Verlag, Hamburg

Zusammenfassung. Der Online-Journalismus befindet sich in einer Experimentierphase. Das Medium hat sich als Übermittler von Informationen nach den klassischen journalistischen Kriterien noch nicht etabliert. Journalistische Formen, die dem Online-Medium zwischen Print, Radio und Fernsehen einen eigenen Charakter geben, müssen erst entwickelt werden. Entscheidend für die zu entwickelnden Informationsangebote wird die Einbindung der Webnutzung in das Leben der Menschen sein.

Schlüsselwörter. Online-Journalismus, Anforderungen an Online-Redakteure, Gestaltung von Online-Informationen.

1 Anforderungen an Online-Journalisten

Der Online-Journalismus befindet sich in einer Experimentierphase, die es lediglich erlaubt, aus ersten Erfahrungen Hypothesen aufzustellen. Zu sehr wird der Alltag noch von provisorischen Konstruktionen und von vorsichtiger Annäherung sowohl an das Produkt als auch an den Markt bestimmt. Die Unbekannten dabei sind neben der Technik und den Softwareentwicklungen auch die Rezeptionsgewohnheiten des Lesers/Sehers. Im Augenblick könnte eine Stellenausschreibung so aussehen:

- Kenntnisse der technischen Umsetzung von Print, Ton und Bild in ein Online-Produkt,
- Erfahrung im Umgang mit Netzen, Websurfen und Datenbanken,
- Kenntnisse der Medienpolitik, der "big player" und Phantasie für mögliche Entwicklungen,
- Kenntnisse der Entwicklungen im Bereich Multimedia,
- Kenntnisse der redaktionellen Abläufe und der Produktionswege.

Vor allem der letzte Punkt ist für Verlage ein wichtiges Kriterium, die auf eine synergetische Verwendung der bisherigen Produkte online wertlegen.

2 Informationen online

Das Medium hat sich als Übermittler von Informationen nach den klassischen journalistischen Kriterien noch nicht etabliert. Es gibt bisher keine "Lehrmeinung", wie Informationen online angeboten werden sollen. Da diese Versuche von den online aktiven Verlagen meist durch synergetische Verwendung von Inhalten gestaltet werden, sind für viele Anbieter die Grundlagen für weitreichende Experimente eingeschränkt. Denn in der Regel werden aus den vorhandenen Elementen Webangebote zusammengestellt.

SPIEGEL online beispielsweise wählt Texte aus dem SPIEGEL, aus SPIEGEL special und SPIEGEL Extra und bearbeitet sie für das WWW.
Einen anderen Teil des Angebotes stellt die Redaktion SPIEGEL online inhaltlich selbst her: Exklusive Texte, die sich in der Regel mit netzrelevanten Themen beschäftigen, die Medienseiten mit Links auf alle relevanten Medien im Netz und den Scanner, mit Kurzrezensionen und Verweisen auf aktuelle, witzige oder wichtige Websites.

Diese Art von Webjournalismus ist zwar im Augenblick noch üblich, die Reproduktion von Print kombiniert mit Insiderinformationen aus dem Netz für angestammte Netznutzer stößt allerdings schon jetzt an seine Grenzen:
Die Medien schreiben offline das Internet in aller Munde. Niemand allerdings läßt sich überzeugen, etwas zu benutzen, um darin ausschließlich zu erfahren, wie er es benutzt oder wo die Probleme der Nutzung liegen. So unerläßlich die gegenwärtigen Diskussionen um technische Standards, Zensur, Kontrolle und Copyright sind, alles dies wird nur dann relevant sein, wenn das Netz ein Informationsmedium ist, welches seinen Zweck nicht in sich selbst hat.

Journalistische Formen, die dem Onlinemedium zwischen Print, Radio und Fernsehen einen eigenen Charakter geben, müssen erst entwickelt werden. Ansätze dafür liegen

- in der Möglichkeit, die Information intelligent zu staffeln: die Schlagzeilenseite führt zur Kurzfassung, weiter zum ausführlichen Artikel und ermöglicht das Abrufen von Hintergrundinformation. Dabei ist der Einsatz unterschiedlicher Medien denkbar.
- in der Kombination der drei Elemente Text, Ton, Bild.
- in der Möglichlichkeit des Nutzers, die Themenauswahl und den Rezeptionsrhythmus selbst zu bestimmen.
- in der problemlosen Verknüpfung unterschiedlichster Quellen, sofern sie im Netz vorhanden sind.

Voraussetzungen für einen Online-Redakteur sind in der Regel Kenntnisse, die mehr und mehr zum Allgemeinwissen gehören und keine spezifisch journalistischen Kenntnisse sind: der Umgang mit dem PC, Überblicken des einschlägigen Softwarespektrums, Surferfahrung. Gerade aber die technischen Voraussetzungen müssen nicht überbetont werden, denn Nutzung und Produktion von Onlineinhalten wird einfacher. Die Fortschritte und Veränderungen auf diesem Sektor sind so rasant, daß eine Vermittlung in Schulen schwer umzusetzen ist.

3 Verfügbarkeit der Medien im Alltag

Entscheidend für die zu entwickelnden Informationsangebote wird die Einbindung der Webnutzung in das Leben der Menschen werden. Radios sind inzwischen darauf abgestellt, nebenher zu dudeln, wie das Autoradio, die Hintergrundbeschallung in der Küche. Man tut eigentlich etwas anderes, aber die Ohren sind meist frei.

Die Zeitung ist ebenfalls auf die sekundäre Nutzung ausgerichtet. Der Mensch wird bewegt, im Bus, in der Bahn. Er kann nichts anderes tun als lesen. Da eignet sich die Zeitung.

Das Fernsehen nimmt schon eine schwierigere Rolle ein. Es verlangt Ortsgebundenheit, visuelle und akustische Aufmerksamkeit. Natürlich sind Teile des Programms auf flüchtige Aufmerksamkeit ausgerichtet.

Eine analoge Definition für die Onlinedienste steht noch aus. Dieser Platz wird aber eine entscheidende Rolle spielen. Denn der Markt der interaktiven Nachrichtensucher, die die gerne zitierten Spielzeuge einsetzen - wie definiere ich mir eine eigene Zeitung? - wird nicht der Massenmarkt sein. Die Mehrheit will fertige Angebote haben. Deshalb muß dieses Medium seinen Platz im Alltag finden, damit sich der Zweitnutzungseffekt auch auswirken kann: Wenn ich meine Überweisungen mache, wenn ich meine Post verschicke, wenn ich spiele, wenn ich fernsehe, dann tauchen Newslines auf, die animieren, sofort per Taste aus dem Film in die Nachricht zu klicken. Vieles ist hier vorstellbar und noch völlig offen.

4 Fazit und Ausblick

Die Ausführlichkeit, mit der die offene Situation beschrieben wurde, ist bestes Indiz dafür, das im Augenblick über das Ausmaß der Integration in Ausbildungsgänge keine verläßliche Aussagen zu machen sind. Bis zur Entwicklung eines einigermaßen ausgereiften Produktes sind noch zu viele Ungewißheiten zu überwinden.

Der Onlinejournalist wird kein spezieller Beruf werden, wie etwa der technische Redakteur. In den notwendigen Teams werden Spezialisten zusammenarbeiten müssen. Der Journalist wird in diesem Team eher die traditionelle Rolle spielen. Gefühl für das Medium wird vorausgesetzt.

Ändern wird sich die Aufbereitung der Inhalte - und dies muß in die Ausbildung mit einbezogen werden. Neben den Medien Print, Hörfunk und Fernsehen kommt ein weiterer Baustein dazu.

Publishing und Broadcasting

Electronic Publishing und Neue Medien führen zu Masters of Media

Nicolas Metzke
Apple Computer Deutschland GmbH, Ismaning

Zusammenfassung. Das Papier zeigt aus der Perspektive eines Systemanbieters die Relevanz des Electronic Publishing auf und präsentiert Lösungen, um traditionelle und neue Medien integrativ zu meistern und in Markenvorteile umzusetzen.

Schlüsselwörter. Desk Top Publishing, Cross Media Publishing, Digital Brand Building, Masters of Media.

1 Strategie

Nach der Einführung des Desktop Publishing in den 80er Jahren läutete Apple mit "Masters of Media" in der zweiten Hälfte der 90er die Ära des "Cross Media Publishing" ein. Gegenstand des *Masters of Media Programms*, das Apple mit Partnern gemeinsam realisiert, sind konkrete Wege und Verfahren, Inhalte rationell, kostengünstig und einheitlich für eine Vielzahl möglicher Medien, wie Print, CD-ROM und Internet, aufzubereiten. Mit dem Wahlspruch "Ease of use" ist Apple bekannt geworden, das Motto für die 90er lautet "Ease of Communication".

2 Motivation

Ohne Zweifel hat die Digitalisierung in den letzten Jahren Entwicklungen in allen Formen der Kommunikation explosiv vorangetrieben und damit lange erprobte Marketingregeln und -strategien revolutioniert. Medien-Entscheidungen sind komplexer geworden, die Zielgruppenansprache focussierter, der Dialog intensiver - und die Differenzierung gegenüber Wettbewerbern immer schwieriger. "Time to market" ist nicht mehr nur eine Angelegenheit von F&E und Logistik, sondern im Sinne des "Information to market" zunehmend eine Frage der Kommunikation. Schnelligkeit geht heute oftmals über Qualität.

Wie also soll sich ein Unternehmen in meist gesättigten Märkten darstellen, um sich von nahezu vergleichbaren Konkurrenzangeboten zu unterscheiden, wie dem Kunden einen Nutzenvorteil anbieten und gleichzeitig die Margen sichern und möglichst noch erhöhen? Die Antwort ist einfach: *"Master the Media before the Media masters you!"* Nachfolgend werden Produkte und Lösungen vorgestellt, die den Anwender in die Lage versetzen, selbst ein "Master of Media" zu werden. Dahinter steht die Möglichkeit, unterschiedliche Medien proaktiv für die Kommunikation und den Dialog zu nutzen, damit die Markenbildung zu unterstützen und die Bindung der Kunden zu erhöhen.

3 Implementierung

3.1 Digital Brand Building - Markenbildung durch multi ("viele") Media

Sei es bei der Produktion von Printmaterialien, bei der Erstellung von CD-ROMs oder dem Aufbau von Internet-Seiten - Masters of Media demonstriert mit bereits existierenden Verfahren und Produkten wie Unternehmen, daß nicht ständig das Rad neu erfunden werden muß, daß dabei Geld gespart werden und überdies Konsistenz im Kommunikationsmix gewährleistet werden kann - Apple spricht hierbei von "Digital Brand Building".

Die Marktkommunikation der Unternehmen findet derzeit hauptsächlich noch auf dem Papier und traditionellen Wegen statt. Möglichkeiten des Einsatzes digitaler Medien bleiben ungenutzt: Produkte und Dienstleistungen werden dem potentiellen Kunden mittels Anzeigen in Printmedien, Plakaten und gedruckten Prospekten schmackhaft gemacht. Viele heutige CD-ROMs bieten meist "nur" ein elektronisches Abbild eines traditionellen Mediums.

Doch ein Umdenken im Marketing durch die grundlegende Veränderung der Medienlandschaft ist in vollem Gange: Der Einsatz interaktiver Medien - offline und online - als Instrumente des aktiven Kundendialogs zur Markenbildung, Marktforschung und zur Kundenbindung sind mit der CD-ROM als Speichermedium für dauerhafte Informationen und mit dem Internet und anderen Online-Kanälen als Aktualitätsmedien unumgänglich. Neue Trends zeigen, daß CD-ROMs und Internet ebenfalls im Bereich der internen Kommunikation deutliche Vorteile besitzen und dort verstärkt genutzt werden.

3.2 Cross-Media-Authoring - Synergien durch integrierte Systeme

Ob beim Internet-Publishing, der Erstellung einer CD oder dem "klassischen" Desktop Publishing: Systeme auf Basis von Apple Power Macintosh sind hier bereits Marktführer. Ziel der Initiative "Masters of Media" ist es, die Synergiemöglichkeiten vor Augen zu führen, die Apple Macintosh-Systeme und die Lösungen mit Partnern heute bereits bieten. Cross Media Authoring bedeutet in diesem Zusammenhang, Wege aufzuzeigen, wie Medieninhalte nur einmal erzeugt und mehrfach in den verschiedenen Medien verwendet werden können.

Integrierte Systeme sollen die unterschiedlichen Stärken der Online- und Offline-Medien optimal kombinieren und neue Leistungsmerkmale für den Kunden hervorbringen. Durch sinnvolle Anbindungen von CD-ROM Anwendung mit Online-Diensten und Datenbanken lassen sich so beispielsweise mangelnde Übertragungskapazitäten heutiger Netze durch diese "virtuellen Bandbreiten" umgehen. Interactive Shopping per CD-ROM von zu Hause mit direkter Online-Bestellung ist hierfür ein Beispiel.

Über 40 Partner haben zusammen mit Apple Computer bereits Lösungen gezeigt, wie die Medien zu meistern sind: Mit digitalen Eingabegeräten, wie digitale Video- oder Fotokameras, MIDI Instrumente für Sound oder Scanner für gedruckte Ausgangsinformationen, wird "Content" auf einem Media-Server abgelegt. Mit Software-Lösungen, z.B. zur digitalen Bildbearbeitung oder 3D-Animation, werden Medien erzeugt, die mit Authoring-Tools weiter zu fertigen Bausteinen einer Kommunikationskampagne bearbeitet werden. Aus einer Datenbank-Anwendung heraus ist von der Produktion einer Printanzeige als Teaser für einen Werbespot, über einen mittels Desktop Video produzierten Movie bis hin zu einer Website alles einfach und wirtschaftlich möglich.

3.3 Network Color - Farbtreue in allen Medien

Sämtliche Kommunikationsaktivitäten, nicht nur multimediale Maßnahmen, münden für Unternehmen schließlich in das "Digital Brand Building" - die Wahrung eines konstanten (konsistenten) Corporate Designs über alle Medienkanäle hinweg. Als ein wichtiges Detail hierfür sei beispielsweise auf die Farbtreue hingewiesen, die mittels dem Standard ColorSync 2.0 von Apple in allen Ausgabemedien, ob Print, CD-ROM oder World Wide Web, gewährleistet werden kann.

3.4 Brand als "strategic asset" - Jeder ist ein Brand Manager

Ein Corporate Design und eine CI-Richtlinie, die in der Regel viel Geld kosten, werden nur dann wirksam, wenn sie von allen umgesetzt werden, denn jeder im Unternehmen ist ein Multiplikator des Erscheinungsbildes. D.h. die zugrundeliegende Technologie darf nicht wahrgenommen werden, sondern muß einfach funktionieren. Mit "Masters of Media" kann jeder als Brand Manager fungieren und seinen Anforderungen entsprechend Informationen publizieren und Medien meistern. So kann die Marke dann auch als strategisches Potential genutzt werden.

4 Ausblick

Sicherlich ist es noch zu früh, zumal aus der ausschließlichen Sichtweise eines einzelnen Systemanbieters, von fertigen Antworten auf die Frage nach dem effizienten elektronischen Publizieren von morgen zu sprechen. Doch weisen die angesprochenen Lösungsschritte nach Meinung des Autors einen heute schon gangbaren Weg zum Ziel einer standortbasierten, plattform- und anwendungssystemübergreifenden multimedialen Informationsproduktion.

Integration von Multimedia-Produktionen in eine zielgruppenorientierte Verlagsorganisation

Steffen Jakob
Bertelsmann Fachinformation, Bereich Verkehr, München

Zusammenfassung. Die ersten Multimediaprodukte entstanden in den meisten Verlagen mit einem hohen personellen und finanziellen Aufwand. Sie wurden außerhalb der bestehenden Verlagsorganisation häufig in Projektform realisiert. Mittlerweile stellt sich die Frage, wie die Produktion derartiger Objekte in das Tagesgeschäft integriert werden kann. Anhand eines Praxisbeispiels wird ein Stufenkonzept beschrieben, wie in einem zielgruppenorientierten Fachverlag die erforderliche Kompetenz in den bestehenden Strukturen aufgebaut wird.

Schlüsselwörter. Multimedia, Teamstruktur, mediale Ausrichtung, Zielgruppenausrichtung, Kernkompetenz, Ablauforganisation.

1 Einleitung

Nachdem die Pionierphase des elektronischen Publizierens bei vielen Verlagen langsam zu Ende geht, stellt sich die Frage, wie die Produktion von Multimedia- bzw. Electronic-Publishing-Titeln möglichst reibungslos in die Verlagsorganisation integriert und zum Tagesgeschäft eines Verlages werden kann. Die grundsätzliche Frage hierzu lautet, ob die erforderliche(n) Kompetenz(en) in den bestehenden Abteilungen und Personen aufgebaut werden kann, oder ob hierfür eine separate Organisation aufgebaut werden muß, die sich auf die Produktion solcher Objekte konzentriert. Im folgenden soll versucht werden, anhand eines Praxisbeispiels, des Nutzfahrzeug Katalogs auf CD-ROM des Verlags Heinrich Vogel GmbH, eine mögliche Antwort auf diese Fragestellung zu geben.

2 Rahmenbedingungen

2.1 Der Verlag

Der Verlag Heinrich Vogel GmbH gehört zum Bereich Verkehr der Bertelsmann Fachinformation und gibt Fachzeitschriften, Bücher, Loseblattwerke und Lehrmaterialien heraus. Organisatorisch ist er nach *Zielgruppen* ausgerichtet. So gibt es den Bereich *Verkehrsausbildung*, der sich an Fahrschulen wendet, und den Bereich *Verkehrswirtschaft*, der sich an Güter- und Personenverkehrsunternehmen wendet. Diese Ausrichtung wurde gewählt, um möglichst detailliert die Anforderungen und Bedürfnisse der Zielgruppen zu erkennen und flexibel darauf zu reagieren.

2.2 Das Objekt

Basis dieses Beitrags ist der Nutzfahrzeug Katalog, eine Jahrespublikation, die seit 1995 als Paket, bestehend aus Printobjekt und CD-ROM, erscheint. Inhalte sind zum einen Marktübersichten über Nutzfahrzeuge, Adressverzeichnisse, aber auch redaktionelle Beiträge zu Themen rund um das Nutzfahrzeug. Auf der CD-ROM befinden sich die gesamten Marktübersichten in einer recherchierbaren Datenbank mit Bild-, Ton- und Videomaterial. Eine Besonderheit der CD-ROM ist, daß sie über Anzeigen finanziert wird, die in die CD-ROM-Anwendung integriert sind.

2.3 Die Produktion

Printobjekt und CD-ROM werden parallel produziert, da sie im Paket verkauft werden und so gleichzeitig erscheinen müssen. Der Hauptteil der CD-ROM, die Fahrzeug- und Adreßdaten, wird in einer Access-Datenbank von der Nutzfahrzeugredaktion erfaßt und gepflegt. Aus dieser Datenbank werden die Daten nach QuarkXPress für die Printproduktion und in eine Paradox-Datenbank für die CD-ROM-Produktion exportiert. Während die Herstellung des Print-Objekts von der Redaktion gesteuert und überwacht wird, ist für die Herstellung der CD-ROM ein Projektmanager verantwortlich. Zusätzlich zu diesen in beiden Objekten verwendbaren Daten befinden sich auf der CD-ROM jedoch noch multimediale Module, die mit Hilfe eines Storyboards konzipiert wurden. Die Implementierung der CD-ROM erfolgt auf der Basis eines Pflichtenhefts durch einen externen Dienstleister, die Firma Concept! GmbH, Wiesbaden. Nachdem die Erstveröffentlichung der CD-ROM mit einem hohen personellen und finanziellen Einsatz aller Beteiligten verbunden war, stellt sich nun die Frage, wie dieser Prozeß in Zukunft möglichst reibungslos und effizient gestaltet werden kann. Hierzu sehen wir die zwei nachfolgend diskutierten Möglichkeiten.

3 Zwei Szenarien

3.1 Szenario 1: Integration der CD-ROM in die bestehende Struktur

Die *Integration* der CD-ROM-Produktion in die *zielgruppenorientierte* Verlagsorganisation fordert von den bestehenden Abteilungen eine Erweiterung ihrer Aufgaben. Die Redaktion muß neben der Erfassung der Daten in einer Datenbank (die im übrigen sorgfältiger geschehen muß als für ein reines Printobjekt, da hier im Layout noch Korrekturen vorgenommen werden können) auch die Konzeption multimedialer Bausteine anhand eines Storyboards übernehmen, bei der Substanzakquisition müssen auch bewegte Bilder oder Ton berücksichtigt werden. Hierzu müssen Redakteure lernen, in den Möglichkeiten des neuen Mediums zu denken. Die Herstellungsabteilung muß über ein Pflichtenheft den Implementierungsprozeß beim Dienstleister steuern - zusätzlich zur Herstellung des Printobjekts. In Fall des Nutzfahrzeug Katalogs muß die Anzeigenabteilung neben den konventionellen Formatanzeigen auch digitale Anzeigemöglichkeiten (stehende Bilder, Videos, Animationen oder Slideshows) verkaufen. Dies erfordert neben besonders großer Überzeugungskraft Grundkenntnisse über Multimedia und einen höheren Aufwand, da alle Kunden hierfür besucht werden müssen. Schließlich müssen auch im Vertrieb bei der Kundenbetreuung die technischen Fragen und Probleme der Kunden beantwortet werden (Hotline).

Diese bedeutet neben einer höheren Arbeitsbelastung für die betroffenen Mitarbeiter, daß multimediale Kompetenz in allen Verlagsbereichen aufgebaut werden muß. Neben technischem Grundlagenwissen gehört hierzu bei Redakteuren, Lektoren und Autoren insbesondere die Fähigkeit, in den Möglichkeiten des Mediums zu denken. Sachverhalte werden nicht mehr nur als Text, sondern multimedial - mit Videounterstützung, Animationen und Ton - dargestellt. Das Erlernen dieser Fähigkeiten ist insbesondere bei älteren Mitarbeitern schwierig. Hinzu kommt, daß die neuen Medien noch als Bedrohung angesehen und nicht akzeptiert werden.

Sind die Verlagsmitarbeiter allerdings dazu in der Lage, ergeben sich große Vorteile: Das multimediale Produkt wird nicht auf der Basis eines Printproduktes, sondern direkt entwickelt, die Synergien zwischen Print und Multimedia sind beachtlich. Ein weiteres wichtiges Argument hierfür ist, daß Substitutionseffekte wesentlich besser aufgefangen werden können, da sie keine substantielle Bedrohung für Mitarbeiter darstellen, die sich rechtzeitig "in Multimedia fit gemacht haben".

3.2 Szenario 2: Aufbau einer parallelen Organisation mit medialer Ausrichtung

Die Alternative hierzu besteht im Aufbau einer parallelen Organisation, die sich ausschließlich um elektronische Medien kümmert. Die Vorteile dieser medialen Ausrichtung liegen darin, daß diese Mitarbeiter eine hohe (multi-)mediale Kompetenz besitzen und dementsprechend effizient und qualifiziert Produktentwicklung betreiben können.

Wir halten diese Struktur jedoch für problematisch: Eine mediale Ausrichtung erfordert Redundanzen. So müssen beispielsweise Print- und Multimedia-Redakteure Themen recherchieren und den Kontakt zur Zielgruppe suchen. Auf der anderen Seite werden dieselben Anzeigenkunden von einem Print- und einem "Multimediaverkäufer" besucht, was diesen nur schwer begreiflich zu machen ist. Ein weiteres Problem ist die vorprogrammierte Konkurrenzsituation zwischen Print und Multimedia, die sich umso mehr verschärft, als Substitutionseffekte auftreten. Nutzt die Multimediaredaktion außerdem noch Substanzen, die im Printbereich aufgebaut wurden, so müssen hierfür Lizenzkosten ermittelt werden.

Schließlich läßt die Größe eines durchschnittlichen Fachinformationsverlags, die durch die Größe der Zielgruppe begrenzt wird, keine parallelen Strukturen zu.

3.3 Entscheidung

Aus diesen Gründen wird beim Verlag Heinrich Vogel Szenario 1 präferiert. Ziel muß es sein, so viel Multimedia-Kompetenz wie möglich in den bestehenden Abteilungen und Personen aufzubauen. Im folgenden wird beschrieben, wie dieses Ziel erreicht werden soll.

4 Beschreibung eines Stufenkonzepts

Durch dieses Stufenkonzept sollen die für ein Multimediaprodukt erforderlichen Kompetenzen *schrittweise* und *by doing* in den betroffenen Abteilungen aufgebaut werden.

4.1 Durchführung des Pilotprojekts

Das Pilotprojekt "Nutzfahrzeug Katalog auf CD-ROM" wurde im Dezember 1994 mit einem Treffen aller an diesem Objekt beteiligten Personen gestartet. Ein Projektmanager war für den gesamten Prozeß verantwortlich. Auf der Basis der gesammelten Ideen wurde von ihm ein Pflichtenheft erstellt und eine Ausschreibung durchgeführt. Die Gestaltung der Mediadaten und die Erarbeitung eines Preiskonzepts für die Anzeigenakquisition erfolgte von der Anzeigenabteilung in Zusammenarbeit mit dem Projektleiter. Die Besuche bei den Anzeigenkunden wurden von Anzeigenverkäufern gemeinsam mit dem Projektleiter durchgeführt. Die Redaktion war für die Erfassung der Fahrzeug- und Adreßdaten zuständig. Voll in der Verantwortung des Projektleiters lag die Steuerung des Dienstleisters. Die fertige CD-ROM lag am 01.05.95 vor. Während dieser 4,5 Monate wurden ca. 60% der Arbeitszeit des Projektmanagers durch die CD-ROM absorbiert.

4.2 Vorgehen bei der Zweitausgabe

Ziel bei der Realisierung der zweiten Ausgabe, die derzeit produziert wird, ist die Übernahme von Teilaufgaben durch die Verlagsmitarbeiter. Zu Beginn der Anzeigenakquisition wurde ein Workshop durchgeführt, in dem den Anzeigenverkäufern Preise, Plazierungsmöglichkeiten für Anzeigen und die wichtigsten Sachverhalte erklärt wurden. Ausgestattet mit einem Notebook geht nun jeder Anzeigenverkäufer alleine zum Kunden und präsentiert die CD-ROM. Bei Fragen, die er selbst nicht klären kann, verweist er auf den Projektleiter oder direkt auf den Dienstleister. Die Redaktion und die Marketingabteilung sind für die Erarbeitung von Storyboards für die multimedialen Teile verantwortlich - ebenfalls in Absprache mit dem Projektleiter. Dessen Aufgabe reduziert sich auf die Erstellung des Plichtenhefts und die Projektplanung und -steuerung, was ca. 10% seiner Arbeitszeit beansprucht. Sehr hilfreich hierbei ist das "Team Nutzfahrzeug Katalog", in dem alle anstehenden Entscheidungen und Fragen besprochen werden können.

4.3 Planung für die dritte Ausgabe

Für die 1997 erscheinende Ausgabe soll der Herstellungsprozeß ganz in die bestehenden Abläufe integriert werden. Die Rolle des Projektleiters kann dann von der Person mit übernommen werden, die auch für die Produktionsleitung des Printobjekts verantwortlich ist. Möglicherweise kann diese Aufgabe auch vom Projektteam Nutzfahrzeug Katalog übernommen werden. Nicht geplant ist die Übernahme von Programmierfunktionen in den Verlag, die aus unserer Sicht nicht zu den Kernkompetenzen eines Verlages gehören. Hier wird weiter auf Kooperationen mit qualifizierten Multimedia-Dienstleistern gesetzt, wobei hier darauf geachtet wird, nicht in die Abhängigkeit von einem einzelnen Producer zu geraten.

5 Fazit und Empfehlung

Strategisches Ziel des Verlags Heinrich Vogel GmbH ist es, vom Fachzeitschriftenverlag zum multimedialen Fachinformationsanbieter zu werden. Neben der vielfach beschworenen medienneutralen Datenhaltung müssen noch andere Voraussetzungen für die effiziente Entwicklung von Electronic-Publishing oder Multimediaprodukten geschaffen werden. Genauso wichtig ist die strategische und organisatorische Ausrichtung des Verlags, der mehrere Mediengattungen abdecken will. Hier muß eine Grundsatzentscheidung getroffen werden, will man neue Medien in das Tagesgeschäft integrieren. Der Verlag Heinrich Vogel hat sich zum Ziel gesetzt, die neuen Kompetenzen innerhalb der bestehenden Abteilungen und Personen aufzubauen, da aus unserer Sicht die *Zielgruppenausrichtung* Vorrang vor einer *medialen Ausrichtung* haben muß.

Interaktiv statt inaktiv? - oder: die Herausführung des Fernsehkonsumenten aus seiner selbsterduldeten Unmündigkeit?

Wolf Siegert,
IRIS Media, Berlin

Zusammenfassung. Der frühe Machbarkeitsnachweis für interaktive Programmangebote[1] hat gelehrt, eine gesunde Portion Skepsis zu bewahren. Insbesondere dann, wenn einmal mehr die neuen technischen Möglichkeiten einer digitalisierten Vernetzungs- und Verschaltungseuphorie vergessen lassen, daß der Erfolg jedweder "Set-top-box", jeder Art von "Interface" und anderer Gadgets mehr letztendlich vom Anwender her bestimmt wird und von den Inhalten, für die er sich entscheidet. Der Beitrag will diese Sichtweise mit einigen Anmerkungen unterstreichen und zur Diskussion stellen[2]. Er verzichtet trotz akkurater Recherche weitgehend auf ein wissenschaftliches Nachzitieren[3].

Schlüsselwörter. Interaktives Fernsehen, Verhaltensmuster von Fernsehkonsumenten, ITV Projekte.

1 Wissen, wo es lang geht

Die Interaktivität des Fernsehzuschauers beschränkt sich auf das Öffnen und Schließen der Kühlschranktür beim Bierholen. - Wer so oder so ähnlich dem Volk in die Wohnung zu schauen versteht, weiß, was er für ein Fernsehpro-

---

[1] Der Autor hat bereits in den achtziger Jahren in Zusammenarbeit mit der ARD, der damals noch Deutsche Bundespost genannten Telekom und einer Reihe von Unternehmen aus der Kommunikationsindustrie erste interaktive Programmangebote konzipiert und in seiner Beraterfunktion zur Umsetzung verholfen.

[2] Der Text ist insoweit "interaktiv" angelegt, daß er dazu verleiten möge, sich als Leser - und Kongreßteilnehmer - selbst zu diesem ebenso brisanten wie vielschichtigen Thema zu äußern. Er soll aber auch über den Kongreß in Leipzig hinauswirken können. Daher werden auch spätere Rückläufe ihre Berücksichtigung finden, sowohl durch den Autor selbst als auch bei der Vorbereitung des Deutschen Multimediakongresses 1997. Schreiben Sie daher zurück! E-Mail: IRIS Media @ aol.com / Fax: 030-46200660.

[3] Dankend erwähnt sollen an dieser Stelle Micky Kwella, Henry Steinhau und Professor Siegert für ihre Anregungen, Kritik und Ermutigung.

gramm zu veranstalten hat. Wer mit seinem werbefinanzierten Programm beim Zuschauer ankommen muß, muß wissen, womit er ankommt - und womit nicht.

Die Interaktion des Zuschauers vermittels seines Fernsehers ist uns seit der Verbreitung der Fernbedienung als das sogenannten *Zapping* nicht nur theoretisch bekannt: wohl kaum einer unter uns, der oder die sich nicht die Kanäle rauf und runtergeschaltet hat, der/die mitten in ein laufendes Programm hineingeplatzt oder mitten aus einem laufenden Programm in ein anderes umgestiegen ist. Selbst die Erfahrung, daß es möglich zu sein scheint, mehrere Geschichten gleichzeitig über verschiedene Kanäle hinweg zu verfolgen, ist vielen von uns inzwischen geläufig.

Wenn heute so viel von den unermeßlichen Möglichkeiten des *Interactive Television [ITV]* die Rede ist, wird oft übersehen, daß die meisten von uns bereits durch die Klippschule des angehenden interaktiven Zuschauers hindurch sind. Einerseits als Zielscheibe nichtendenwollender Fesselungsversuche der Programmanbieter, die sich um einen möglichst hohen Grad der *Kanalbindung* bemühen, Motto: abschalten können Sie woanders. Und andererseits als Opfer jeder neuen Werbepause geradezu dazu angehalten, kurz mal auf die Nachbarkanäle umzuschalten und dort nach dem Fortgang der Dinge zu sehen.

Dennoch: die mit dem Zapping verbundene Interaktion bleibt auf ein sogenanntes *closed circuit scenario* beschränkt. Der Programmveranstalter erfährt von den Reiz-Reaktions-Mechanismen des Zuschauers erst durch die Zuhilfenahme externer Firmen und Partner, die sich auf unterschiedlichste Art und Weise bemühen, in exemplarisch ausgesuchten Wohnstuben "Mäuschen zu spielen". Die Bandbreite der Möglichkeiten für einen solchen Dialog mit den Zuschauern ist groß: von Fragebögen und Kontrollanrufen bis hin zu *set-top-boxen* ganz eigener Art: sie registrieren nicht nur, welcher Kanal wie lange eingeschaltet war, sondern auch die Bewegungen innerhalb und außerhalb des "Bannkreises" der Kathodenstrahlröhre mit lichtwellenleitergestützten Argusaugen.

Auch dieses ein Phänomen der Vermehrung von Programmen wie Zweitgeräten: es gibt zunehmend Menschen, die einen und den gleichen Kanal bei sich Zuhause eingestellt und ständig laufen haben, ohne daß man sie noch im herkömmlichen Sinne als *Zuschauer* bezeichnen könnte. Bei ihnen ist das Programm eher wie ein verkleinerter audiovisuell animierter Wandteppich, eine permanente Dreingabe zur Komplettierung der Wohnzimmerausstattung, der Ersatz des lebensspendenden Kamin- oder Lagerfeuers.

Wer immer sich auch in Zukunft um die Umsetzung von *wirklich* interaktiven Konzepten bemühen wird, hat dies in seinem Konzept mit zu berücksichtigen: der laufende Fernseher liefert mehr als "nur" Programme, er vermittelt *und* produziert zugleich ein Ambiente. Je heftiger die Interaktion mit dem Gerät, desto mehr wird sein stimmungsbildender und -abbildender Charakter eingeschränkt. Ein wesentliches Kriterium für den Erfolg eines ITV-Konzeptes wird jenseits von Technologien und Programmen definiert werden. Es wird festzumachen sein an der Aufgabe, das alte Ambiente des Fernsehkonsums durch ein neues abzulösen. Diese Ablösung wird nicht gelingen, wenn das neue Konzept die Qualitäten des Bisherigen nicht in sich aufzunehmen versteht.

2 Die Äktschen machts

"Was tun, sprach Zeus, die Götter sind besoffen". Selbst wenn wir einmal den gar nicht so seltenen Fall vernachlässigen, daß das allzu häufige Öffnen der Kühlschranktür diesen Spruch in seiner unmittelbarsten Form Bestätigung finden läßt, vieles von dem aktuell hochtrabend daherkommenden Wortgetöse läßt sich auf diesen einfachen Spruch aus den Kindertagen zurücksetzen. Das Angebot der Bilder und Töne soll trunken machen und zu allerlei Manipulationen durch Handanlegen an einer erweiterten Fernbedienung anregen. Dann aber, sobald der Zuschauer erst einmal in seiner gottgleichen Allmacht den jeweils "richtigen" Kanal angewählt hat, soll er möglichst lange auf diesem verweilen.

Die eigentliche "Äktschen" bleibt dann doch alsbald wieder auf das Programmangebot selbst beschränkt. Das interaktive Fernsehen findet nur noch im Fernseher selbst statt. Gottgleich letztendlich immer an den Sieg des Guten über das Böse glaubend, labt sich der Betrachter an den Widerständen und Widerwärtigkeiten, die sich diesem heim(e)lich-himmlischen Ziel Programm-Minute für Programm-Minute entgegenstellen. Das alte *per aspera ad astra* im kommensurablen Feierabenddressing.

Dabei erscheint es inzwischen als unmaßgeblich, das all das "Böse", was wir so gerne unseren US-amerikanischen Vor-Bildern vorwerfen mögen, als das TV-Maggi unserer Tage längst Zugang zu den eigenen Geschmacksnerven gefunden hat.

Eine unanständige Portion Sex und Crime, mit der der uns über Luxemburg zugewanderte Überlebenskünstler nunmehr aus seinem Kölner Sender beglückt hat, ist längst guter deutscher Standard geworden. Das, was in diesen Filmen und Serien so abgeht, ist schon interaktiv genug. Für sich selbst sozusagen. Je besser die Story, je spannender die Regie, je ansprechender die Schauspieler - desto weniger bewegt sich der Zuschauer von seinem Platz - ja, nicht einmal sein Finger am "Abzug" der Fernbedienung.

Bis zur nächsten Werbung. Kein Showdown bleibt davon verschont und kein Fight im Ring, kein Schulmädchenreport und keine Reportage aus den Gefilden der Wa(h)ren Liebe. Je häufiger die Werbepausen, desto häufiger ein Anlaß für den Zuschauer, sich auf seine neue Rolle als "interaktiver Konsument" vorzubereiten.

Kein Wunder also, wenn ARD und ZDF bei den Ministerpräsidenten darum buhlen, daß auch sie bei diesem Aufbruch in das neue Online-Zeitalter mit dabei sein wollen. Einerseits selbst Urheber der allerersten interaktiven Anwendungen, vom "Goldenen Schuß" bis zum Videotextangebot, sind ihnen doch zugleich durch ihr konservatives Management die Hände gebunden geblieben. Andererseits, mehr als ein Jahrzehnt nach dem Ludwigshafener "Urknall", scheinen auch die öffentlich-rechtlichen springprozessionsgekürten Intendanten auf den Geschmack gekommen zu sein - oder was immer man dafür halten mag.

So macht die ARD allfreitäglich mit der "schönsten Sache der Welt" ihrem altgedienten "Bericht aus Bonn" die Hammelbeine lang und ihrer privaten Konkurrenz nach, was sie Ihnen bislang voraus hatte. Die "Grundversorgung" mit Softpornos. Das Ganze auf höherem Niveau. Natürlich. Regina Ziegler sei Dank. Und das Ganze ohne jeglichen Interruptus durch die Werbung. Ahhh! Jetzt kann selbst der Kühlschrank einen Moment Pause machen. Und der Zuschauer hat alle Freiheit zur Interaktion mit sich selbst.

„Ich hatte eine schreckliche Nacht – nach jedem Traum kamen drei Minuten Werbung!" MIRACHI

3 Alles Käse

Während auch heute wieder alles nach "Amerika" blickt, um zu erfahren, wie die aktuellen ITV-Pilotprojekte wohl bei dem König Kunde ankommen mögen, wird vergessen, in welchem Programmumfeld sich ein solches Bemühen um neue Marktstrategien bisher bewegt. Es geht um einen Markt mit mehr als 250 Millionen Menschen und mehr als 500 TV-Kanälen. Und das Ganze in einer Zeit, in der nicht länger eine gewisse kulturbetont lebende Oberschicht ihren Einfluß geltend machen kann, sondern der industriell verwertbare Massengeschmack, möglichst portioniert und individualisiert, um sich greift. Ein hochgradig grinsender Fetisch einer *Cheese Nation.*

Eines dieser nordamerikanischen Oberschichtenblätter, "Gentleman's Quarterly", beschreibt die Allgewalt der Film- und Fernsehindustrie als eine historische Verkettung von Phänomenen, die in dem aktuellen Drang zum interaktiv angekabelten Zuschauer nichts anderes als die logische Fortsetzung eines Standardisierungsprozesses sehen. Die Kultur der Nylonstrümpfe, McDonald's, Disneyland und einer Scientology "Religion" findet ihre Entsprechung in *Raumschiff Enterprise, Drei Engel für Charlie* und *Baywatch.* Die höchsten Einschaltquoten finden jene Ereignisse, in denen die Liebe selbst die Regie zu führen scheint.

Und für alle die, die nicht zu den Stars gehören, gibt es seit nunmehr 10 Jahren eine Alternative, um aktiv am Fernsehen teilzunehmen: seit Oprah Winfrey's Wiederentdeckung der Talkshow von und für Jedermann. In dieser Extremitätenschau des Kleinen Mannes, jenseits jeglichen Schamgefühls, ist jeder Käse gut genug, vorgetragen mit dem unabänderlichen telegenen "cheesy" Lächeln.

Allerdings: Die Übersättigung ist auch in der US-amerikanischen Bevölkerung unverkennbar. Laut einer von der New York Times in Auftrag gegebenen Umfrage war mehr als die Hälfte der Befragten nicht in der Lage, auch nur ein einziges positives Merkmal über die heimische Medienindustrie abzugeben, über neunzig Prozent dagegen hatten negative Äußerungen parat: das massive Auftreten von *Sex and Crime* kam ebenso schlecht weg wie das Vorherrschen des Vulgären und Primitiven, letzteres vor allem in der Popkultur, die als drittes Element neben der Film und der TV-Industrie Gegenstand der Beurteilung war.

All diese schlaglichtartig erhellten Elemente verdeutlichen vielleicht, warum die Entwicklung der neuen Szenarien digital vernetzter und vermittelter interaktiver Konzepte eines interaktiven Nutzerverhaltens so einen nachhaltigen Eindruck in der Welt der Kapitalgeber und -verwerter hinterlassen hat. Endlich scheint es möglich zu werden, den Zuschauer selbst als dessen eigene Programmverantwortlichen in Szene zu setzen. Vollmundig wird vom mündig gewordenen Zuschauer geredet, der mittels ITV aus seiner traditionellen Rolle herausgeführt wird. Wie immer auch die Szenarien im Einzelnen aussehen mögen, der Leitfaden schimmert schon jetzt durch des Kaisers neue Kleider: wenn es schon keine besseren Programme en Gros geben kann, dann doch zumindest en Detail. Zugeschnitten auf den persönlichen Bedarf, definiert durch diejenigen, die gelernt haben, einen solchen anzumelden - und die bereit sind, dafür zu bezahlen.

Das ist die Basis der neuen interaktiven ITV Strategien.

4 Couchpotato oder Technikfreak?

Es gibt kein schöneres Thema, über das es sich zu spekulieren lohnt, als das der Zuschauertypen. Wir beschränken uns in dieser kleinen Abhandlung auf zwei eindeutig zweideutige Abbilder derselben. Beides sportbegeisterte Zeitgenossen.

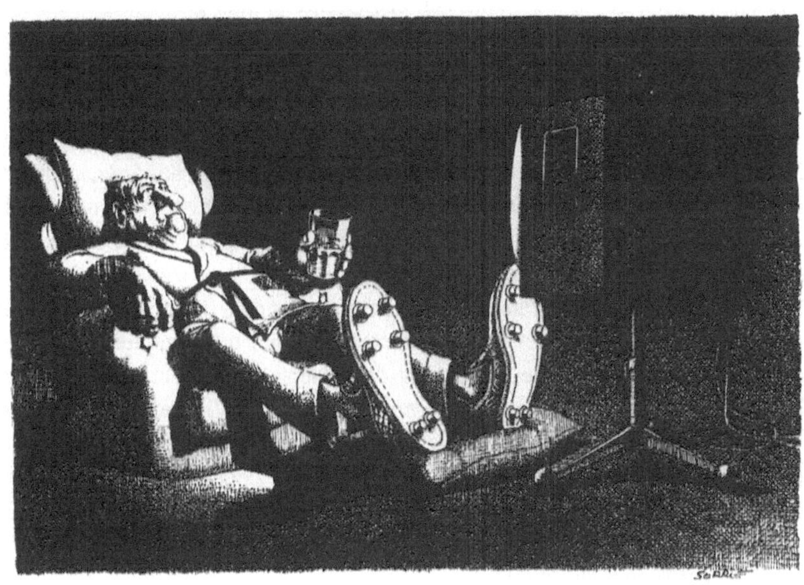

Der Eine, der wie ein Kartoffelsack in seinem Couchsessel hängt, hat sich mit allem ausgestattet, was den Fernsehabend so richtig gemütlich werden lassen kann. Je ein Kissen für Kopf, Handgelenk und Füße, um so die wichtigsten Utensilien vor jedweder Beeinträchtigung durch die Umwelt schützen zu können: Augen und Ohren, das Trinkglas in der Hand und die Stollenschuhe an den Füßen.

Der andere hat es sich auf seinem Regiesessel vor seinem Heimstudio bequem gemacht, während auf der Monitorwand, eingebettet zwischen zweierlei *talking heads,* Rennwagen, Radfahrer und zwei Vögel auf ihre Kompetenzen in Sachen forcierter Fortbewegung auf sich aufmerksam machen.

Und doch haben beide Darstellungen etwas miteinander gemeinsam: die aus Nutzersicht so angenehm bequeme, aus Veranstaltersicht jedoch unattraktiv inaktive Haltung. Bei der Illustration des Bildes von einem *Couchpotato* können wir zumindest noch eine oberflächlich eindeutige Bindung des Zuschauers zu "seinem" Programmanbieter vermuten. Unser *Technikfreak* dagegen hat seine Wohnzelle quasi in eine Fernsehregie verwandelt. Also eben jenes Szenarium arrangiert, das man sich als TV-Distributer so sehr für den Zuschauer als dessen eigener Programmplaner vorstellt. Allein, in seiner Haltung unterscheidet er sich letztendlich nur unwesentlich von dem Ersteren.

Auch wenn es sich hier "nur" um Karikaturen handelt. In unserem Lächeln über solche Szenen entdecken wir sogleich den einen oder anderen Anknüpfungspunkt zu uns selbst, die wir uns in der einen oder anderen öffentlichen Rolle als die Experten für dieses oder jenes Phänomen profilieren und uns doch zugleich in das nur Allzumenschliche zurückversetzt sehen, das der eigenen privaten Praxis. Persönlich gefragt: sind Sie noch nie vor dem laufenden Fernseher eingenickt? Frage an den *ITV public response manager*: haben Sie in ihr Kalkül jenes Drittel der Zuschauer mit eingerechnet, die nach eigenen Angaben regelmäßig beim Fernsehen einschlafen?

5 Zuviel ist zuwenig

Unsere Technikfreakkarrikatur zeigt es ungewollt deutlich: was nützte es, wenn er die ganze Welt auf seinen Monitoren zusammenführen könnte und er doch Schaden genommen hätte an seinen Möglichkeiten, eben diese auch so wahrnehmen zu können? Mit dem ebenso massiven wie nachhaltigen Einbruch des Kabel- und/oder Satellitenfernsehens in die hiesigen Wohnstuben hätte sich eine Veränderung der Wahrnehmungsmöglichkeiten anbahnen können, die im vergangenen Jahrzehnt viele befürchtet, wenige aber auch begrüßt haben.

Erstens ist es heute möglich, sich an jedem Ort Deutschlands durch alle regionalen Programme der "anderen" Bundesländer hindurchzuzappen. Und anschließend die Beiträge über die "eigene" Region von zumeist mehr als einem Veranstalter zur Verfügung gestellt zu bekommen. Zweitens werden Themen von überregionaler Bedeutung auf den nationalen Kanälen oft in höchst variantenreichen Ausdeutungen wiedergegeben, selbst dann, wenn das Schnittmaterial von ein und derselben Agentur angeliefert und/oder eingekauft worden ist. Und drittens ist der Blick in die benachbarten deutschsprachigen Länder heute ebenso geöffnet worden wie der in die anderer europäischer Provinzen.

Aber, einmal mehr, Hand aufs Herz: wer von uns nutzt eigentlich diese Möglichkeiten wirklich? Anders gefragt: wer von uns würde sich dieses, schon heute vorliegenden Angebotes bedienen, wenn ein komparativer Zugriff zu unterschiedlichen Programmsequenzen möglich wäre? Was wäre, wenn ich mir, sozusagen automatisch, alle Beiträge heraussuchen könnte, in denen im Fernsehen zum Thema *ITV* berichtet würde, wenn ich auf den mitgeschnittenen Aufzeichnungen anschließend vergleichen könnte, welche Bundesländer welche Position dazu beziehen, ob man im Ausland über die Entwicklung dieses Themas in

Dabei läßt sich für beide Bereiche ein umfangreicher Katalog erstellen, der hier nur in groben Zügen skizziert werden soll.

Zunächst einige Punkte zu den bereits heute mit mehr oder weniger Erfolg praktizierten Szenarien:

- Die Zuschauer nehmen durch die Nutzung von bereits zur Verfügung stehenden Technologien Zusatzangebote an, die im Zusammenhang mit der Ausstrahlung einer Sendung angeboten werden. In dieser ersten Gruppen befinden sich Beispiele solcher Anwendungen, mittels derer zwar nicht *unmittelbar* Einfluß auf den Verlauf der Sendung genommen werden kann, wodurch jedoch eine verändernde Wirkung auf den Zuschauer auftritt. Das beginnt bereits mit dem Umschalten zwischen einer Synchronfassung und der Originalsprache bei *Stereotonsendungen.* Nicht jeder hat eine solche Vorrichtung. Interessanter ist vielmehr die Frage, warum die, die es haben, es auch nutzen, oder, warum nicht. Ein anderes - inzwischen gut recherchiertes - Beispiel ist die Nutzung des *Videotextangebotes.* Die Nutzungsmöglichkeiten und Varianten sind bereits heute so zahlreich und vielfältig, daß sich die Zusatzkosten für seinen Betrieb und die redaktionelle Ausgestaltung durch Werbung und gezieltes *Customerfeedback* bereits bei einigen Sendern wieder einspielen lassen. Und das, obwohl diese Interaktionsformate noch ganz ohne eigenen Rückkanal auskommen.
- Das gilt auch für jene Gruppe von Zuhörern und Zuschauern, die angesprochen werden, um entweder auf ad-hoc gestellte Fragen zu antworten oder aber, um sich als Kandidaten für eine Rundfunksendung zu melden. In beiden Fällen geht die Initiative für eine solche Rückmeldung von den Redaktionen aus, zumeist durch die Moderatorin / den Moderator im Verlauf der Sendung vermittelt. Auf Anregungen dieser Art reagieren die potentiellen Kandidaten dann entweder direkt per Telephon, oder im Anschluß der Sendung, sei es

Deutschland spricht, oder aber, was in den anderen europäischen Ländern hierzu gesagt und gezeigt wird.

Eine interaktive Nutzung im ursprünglichen Sinn des Wortes wäre auch dies immer noch nicht, aber ein solches Szenario würde zumindest illustrieren helfen, welche produktiven Potentiale sich unter den neuen Nutzungsmöglichkeiten auftun könnten. In den meisten Fällen, in denen heute von interaktivem Fernsehen die Rede ist, ist in Wirklichkeit eine geschicktere und teurere Form des Zappings gemeint, etwa wenn Programme aus Katalogen ausgewählt und nach Bedarf abgerufen werden. Auch die so viel zitierten Beispiele des *virtuellen Einkaufens* sind im Grunde eine logische Fortsetzung dieser Philosophie; nur, daß nun nicht mehr nur Filme eingekauft werden - oder von mir aus auch Softwareprogramme - sondern auch "Hardware".

In all diesen Fällen, die heute so gerne als *business case studies* behandelt und verhandelt werden, ist die wesentliche Funktion von Interaktion auf die Bereitstellung von Auswahlmöglichkeiten ausgerichtet - und zumeist auch darauf beschränkt. Und auch eine solche Beschränkung kann durchaus Sinn machen, denn sie schafft erst wieder einen Zugang zu Angeboten, die - entsprechend dem jeweiligen subjektiven Verständnis - sinnvoll sind. So wird es zumindest behauptet: der nicht mehr überschaubare Bereich an Angeboten und Möglichkeiten, die Ungleichzeitigkeit derselben und ihre unterschiedliche Verortung könn(t)e durch solche Systeme wieder transparenter werden. Durch Systeme, die im Wesentlichen als Hilfsoperatoren die verlorengegangene Ganzheit des Rezeptionshorizontes durch Hierarchisierungs- und Auswahlparameter zu ersetzen versuchen.

6 Interaktiv - statt Wohnzimmermief?

Würden sie wissen, wie welcher Zuschauer auf welche der neuen Angebotsszenarien wie reagierte, wäre das für so manchen der aktuell geforderten Investoren schon die halbe Miete. Allein, vieles von dem, was sie derzeit vermittelt bekommen können, geht über ein wissenschaftliches Auseinanderrupfen spekulativer Meinungsäußerungen betreffend diverser "was wäre wenn"-Ansätze nicht hinaus. Siehe dazu die Beiträge zu dem "Weather-Report" Thema, in dem auf die Möglichkeiten und Grenzen von Szenarien potentieller Technologieentwicklungen und deren Folgen eingegangen wird.

Was Wunder. Muß doch im Falle von ITV-Szenarien den potentiellen Nutzern zunächst einmal *erklärt* werden, was sie in Zukunft erwartet, bevor man ihnen die Möglichkeit einräumt, sich über ihre persönliche Meinung zu einer solchen interaktiven Mediennutzung zu äußern - bis hin zu Aussagen, wieviel sie bereit wären, für solche Dienste und die damit notwendigen Gerätschaften auszugeben.

Darüber, was solche Tendenzaussagen anläßlich der Internationalen Funkausstellung in Berlin zutage gebracht haben, ist aus kompetentem Munde an anderer Stelle im gleichen Buch nachzulesen. Leider sind die angesprochenen Personen nicht darüber befragt worden, ob sie selbst schon über ITV-Erfahrung verfügen, bzw., wenn nicht, was sie damit assoziieren bzw. darunter subsumieren würden.

schriftlich oder fernmündlich. Auch wenn hier ein eigener Rückkanal fehlt, gibt es einen deutlichen Unterschied zur vorangegangenen Gruppe: bei diesen Formaten erfahren die Zuhörer/Zuschauer von den Aktivitäten der anderen, indem ihnen einige ausgewählte Aktivitäten vorgestellt werden.

- Dieses *unmittelbare, direkte Interagieren* ist uns vor allem durch die unterschiedlichsten Sendeformate des *Radios* bekannt, und das in den unterschiedlichsten Varianten. Besonders beliebt werden dabei zunehmend solche, in denen der Zuhörer nicht nur aus verschiedenen Alternativen auswählen kann, sondern die Redaktion mit Aufgaben konfrontiert, die sie zu lösen hat. Sei es, eine Frage zu beantworten oder einen Musiktitel per Anruf aus dem Archiv in die Regie zu zaubern. Auf jeden Fall sind uns solche Szenarien der *direkten Teilnahme* im Radio wohl allen durch eigenes Miterleben oder sogar durch eigenes Mitwirken bekannt. Sei es der direkte Telephonanruf, der von der Regie aufgegriffen und als direkter Beitrag zum Moderater ins Studio oder auf die Bühne weitergeleitet wird. Klassiker dieser Art wie "vom Telephon zum Mikrophon" gehören seit langem zum Standard auch schon der öffentlich rechtlichen Anbieter. Interessant ist, daß aktuell diese Ansätze zu neuen Sendeformen weiterentwickelt werden, beispielsweise in den "Talkradios", die mehrere Anrufer zu Konferenzschaltungen in Dialogform gruppieren. Dadurch, daß die Bildübertragung entfällt, können sich diese neuen Radios mit ihren Formaten besonders weit und schnell weiterentwickeln. Dennoch: welches Format auch immer, von einem *IR*, einem "interactive Radio", hat hier in Deutschland bislang noch keiner gesprochen. Aus Jay Lenos' Tonight TV-Show auf NBC läßt sich dagegen folgende kleine Szene kolportieren: angesichts des ersten Frühlingstages des Jahres 1996 und eines deswegen besonders gut aufgelegten Moderators wird auch die Stimmung des Publikums besonders übermütig. Das nimmt der Talkmaster wiederum zum Anlaß, folgendes zu verkünden: würde das Studio erst einmal fertig ausgebaut sein, dann werde es darin auch überall Mikrophone geben. Mikros für Alle. Lachen und Applaus auf den Rängen. Drauf einer der Studiogäste "... and *then* we will be really interactive". Erneutes Gelächter - and the show goes on.
- Für die Fernsehzuschauer ist auch heute noch das zeitversetzte Reagieren, sei es auf Angebote der Redaktion, sei es mit eigenen Vorschlägen, die adäquatere Form. Das gilt sowohl für den oben erwähnten "Nachklapp" auf eine Sendung, sei es per Telephon oder per Leserbrief - heute natürlich auch als Fax und E-Mail -, als auch für solche Angebote, in denen die Zuschauer vor Sendebeginn reagieren können. Beispielsweise, indem sie qua Mehrheitsvoten zwischen potentiell verfügbaren Angeboten auszuwählen haben. Ein Format, das besonders gerne in Zusammenarbeit mit anderen Medien, insbesondere den Tages- und Wochenzeitungen, eingesetzt und von diesen auch gerne aufgegriffen wird.
- Szenerien der *direkten Teilnahme* im Fernsehen setzen sich hiervon deutlich ab. Im Gegensatz zum Radio bedarf eine Telephonstimme ohne Bild eines sehr spezifischen Sendeformates, um für den Zu*schauer* akzeptabel zu wir-

ken. Dazu gehören noch am ehesten die Newsformate oder Spartenanbieter, die Musikkanäle zum Beispiel. Allerdings, seit wir zusammen mit der ARD anläßlich der IFA 1989 auf der Unterhaltungsschiene erstmals Videotelephone mit siebenstelligem Zuschauerzahlenerfolg einsetzten, beginnen sich in diesem Jahrzehnt ganz neue Ansätze der Interaktion zwischen Wohnzimmer und Senderegie abzuzeichnen. Der traurige Höhepunkt - Sorry SAT1 - ist in unseren Tagen das sogenannte "Schalk TV". Dabei wird aufgrund der Komplizenschaft zwischen Familienmitgliedern und Redaktion ein Zuschauer aus seiner couchpotatohaften Lethargie aufgeschreckt, indem er plötzlich sein eigenes Konterfei frei Haus über den Sender zurückvermittelt bekommt. Was wir da nicht alles zu sehen bekommen: dieses Erstaunen, diese Verlegenheit, dieses "sich Zusammenreißen". Da finden wir jenen Bauarbeiter aus dem Ruhrgebiet, der zunächst noch fröhlich seine nackten Füße der Kamera entgegenstreckt. Und sich dann seine Socken anzieht, als er erfährt, daß er Gebrauchsgegenstände aus der Antike zu identifizieren habe ... Der Zuschauer als Opfer des privatfernsehnlichen Lauschangriffs - interaktives Fernsehen auf Kosten des Publikums. Ist das die Zukunft?

- Damit sind wir bereits bei jenen - sich zum Teil damit überschneidenden - Szenarien der *direkten Einflußnahme*. Dazu gehört die Gruppe der *statistisch* wirkenden Beeinflussung, wie sie uns durch Frage- und Antwortspiele vermittels einer *TED* genannten Telephonschaltung seit langem geläufig ist. Dazu gehört aber auch jene Form von Beteiligung, in der die Direktschaltung ins Studio bzw. auf die Bühne soweit geht, daß durch das Ergebnis dieser Intervention das gesamte weitere Szenario Änderungen unterliegt, die durch die von außen einwirkende Person veranlaßt wurden. Für die einen *die* Perspektive des wirklich wahren interaktiven Fernsehens, für die anderen ein Horrorszenario.
- Letztere argumentieren etwa so: Wenn die Leute anfangen würden, nicht nur in die Auswahl der Programme einzugreifen, sondern in das Programm selbst, dann möge die Attraktivität eines solchen "Programms" für diejenigen steigen, die sich durch ihre unmittelbare Interaktion daran beteiligt sehen. Für die breite Masse aber wäre sowas unattraktiv: die unmittelbare Reaktion und Einflußnahme behindere jegliche Möglichkeiten, Formate und Spannungsbögen noch so zu inszenieren, daß sie für den nicht aktiv am Geschehen beteiligten Zuschauer noch als Geschichte attraktiv erscheinen. Nicht ohne Grund wären die mehr und mehr en vogue kommenden sogenannten interaktiven CD-ROM Anwendungen derart konzipiert, daß sie individuell verkonsumiert werden könnten, nicht kollektiv. Und selbst bei diesen bestünde die Freiheit des Nutzers eher in der Auswahl, als in der Schaffung von etwas Neuem, das dann kollektiv wahrgenommen werden könnte. Versuche, so etwas dennoch zu inszenieren, etwa anläßlich der Documenta IX mit dem *Van Gogh TV* - Projekt, hätten dieses nachgewiesen. Kaum irgendwelche relevanten Zuschauerratings bei gleichzeitig großem Interesse derjenigen, die sich via E-Mail, Fax, Telephon oder Videokonferenz dazugeschaltet hatten. Auf jeden Fall aber ein gutes Fallbeispiel für diese so unterschiedlichen und doch ein-

ander bedingenden Sichtweisen: *was dem einen sin Ul, ist dem anderen sin Nachtigall.*

- Dennoch, auch die Verfechter der Vision der wahren "Internetionale" werden sich weiterhin bemerkbar machen. Mögen ihre alternativen menschenfreundlichen Positionen in Zukunft ebenso mißachtet werden, wie die der Videopioniere, der Hackerszene oder CB-Funker vor ihnen, marktstrategische Veränderungen werden sie auf jeden Fall bewirken. Ein symptomatisches Beispiel für viele: bei Microsoft waren es ausgerechnet die in Europa tätigen ITV-Marketingleute, die seit der Jahreswende 95/96 von der US-Mutter angehalten wurden, voll auf das Internet-Thema umzusteigen; sozusagen vom Fernseher auf den Rechnermonitor - auch wenn das in Zukunft keinen Unterschied mehr bedeuten mag. Schon heute, so der Spiegel in seinem "Netz"-Titel 11/96, könne man im Cyberspace via Internet sein Publikum weltweit mit Texten, Tönen und bunten Grafiken ansprechen. "Bis das auch mit Fernsehbildern akzeptabel funktioniert, ist nur noch eine Frage der Zeit."

7 "1984" - hat die Zukunft schon begonnen?

Auf der Suche nach Referenzen für gelungene ITV-Anwendungen werden wir zumeist in das Reich der Fabel verwiesen. Und doch sind einige fabelhafte Visionen bereits Wirklichkeit. Nicht nur in den Augen der Realisatoren von Fernseh- und Kinofilmen. Im öffentlich-rechtlichen Fernsehen selbst sind solche Visionen relativ früh Wirklichkeit geworden, die von ihrem Basiskonzept her bis heute nichts an ihrer Attraktivität verloren haben.

Zu einem Zeitpunkt, da die Diskussion um die Zukunft des interaktiven Fernsehens fast ausschließlich von Seiten der Investoren auf der Grundlage konkurrierender technischer Systemwelten geführt wird, soll hier als Anregung für die Diskussion nochmals stellvertretend für viele auf drei Beispiele verwiesen werden, in denen einige der prinzipiellen Überlegungen exemplarisch hervortreten können.

Wir gehen davon aus, daß auf dem Multimediakongreß im Jahre 1997 - also unmittelbar vor der endgültigen Aufhebung der Telephonmonopolleistungen - bereits entsprechende Anwendungen Online vorgeführt werden können. Das Gerangel um die Standards wird dann durch das um die Inhalte und deren Anbieter und Nutzer überflügelt worden sein. Auch wenn es uns weder in Japan noch in den USA bislang ohne überzeugende Ergebnisse vorgemacht worden ist, das Mitmachenwollen ist derzeit - zumindest bei den europäischen Ländern der G7-Konferenz - zu einem *must* geworden. Es ist wie auf einer Rennbahn, wo nicht mehr die Entscheidung ansteht, dabeizusein, sondern, ob man auf ein "Pferd" oder mehrere setzen soll. Wer heute nicht mitmacht, wird morgen kein Geld machen, so die Auguren. Will man ihnen Glauben schenken - siehe unter Weather Report - so wird im Jahre 2005 Deutschland das wichtigste europäische Umsatzpotential für ITV-Anwendungen zu bieten haben. Das Umsatzvolumen liegt dann, so die Ovum Ltd. - bei 6,7 Milliarden DM. Wer's nicht glaubt, kann sich davon heute schon schwarz auf weiß überzeugen - für 3.900 Mark.

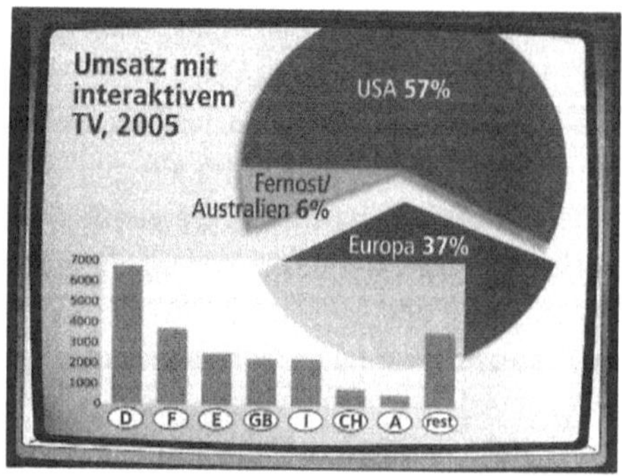

Die drei Beispiele:

In einem WDR-Beitrag über *die digitale Stadt* des Jahres 2000 ist das eben noch Undenkbare bereits als scheinbare Wirklichkeit vorgestellt worden. In dem Wohnzimmer der Zukunft ist der Unterschied zwischen Fernsehschirm und EDV Monitor durch einen Großbildmonitor aufgehoben. Auf der "Mega-Mattscheibe" werden EDV-Anwendungen genauso abgebildet wie Online-Angebote und eine Unmenge von Spartenfernsehprogramme. Alles ist per Fernbedienung vom Sessel aus zu bedienen, respektive vom Sofa. Wie das funktikoniert wird uns von einer jungen Frau erklärt, die sozusagen die Moderation aus ihrer eigenen Wohnung heraus gestaltet. Das geht solange gut, bis daß die junge Protagonistin beim Internetsurfen die Müdigkeit überfällt. Gestört wird ihr Schlaf erst, als die neugierige Kamera nach einem extern eingespielten Beitrag erneut eingeschaltet wird. Sie rappelt sich hoch und gesteht sich und damit uns ein, daß dieses *Phänomen des vor dem Fernseher Einschlafens* auch vor den interaktiven Anwendungen nicht halt mache. Und daß sie schließlich die Kamera wieder geweckt habe, würde auch ihr Gutes haben. Schließlich müsse noch der Hund an die Leine gelegt und ausgeführt werden. Allein, als sie nach ihm zu rufen beginnt, bleibt es totenstill. So hört man sie noch rufen, während schließlich der Abspann über den Schirm flimmert. "Online" ruft sie, und immer wieder und immer leiser: "Online! Online!"

Ein weit beklemmenderer Wohnzimmer-Einblick wird uns aber in der letzten Verfilmung des Romans "1984" vorgeführt. In dieser frühen Interpretation eines ITV-Szenarios finden wir den Einzelgänger und Zeitungsredakteur am Morgen in seiner Wohnung vor. Auch hier ist der Fernseher abgelöst durch ein großes Bewegtbild. So groß, daß es die ganze Breitseite einer Wohnungswand einnimmt. Heute würde man das "a videowall" nennen. Unser Protagonist wird durch sein virtuelles Gegenüber nicht nur geweckt, sondern selbst bei seinen frühsportlichen Übungen betrachtet - und: korrigiert. Technisch gesehen ist in diesem Modell tatsächlich ein interaktiver Dialog zwischen Sender und Empfänger realisiert. Aber von der Anwendung her ist dieses Szenario erneut eine Einbahnstraße: in dem Wohnzimmer sitzt nicht mehr der die Bilderflut Kommandierende und Kommentierende, sondern der Kommandierte, für den jeder nicht konformistische Kommentar unter Strafe steht.

Wie idyllisch erscheinen uns im Rückblick jene Zeiten, als der Zuschauer das Kommando gemäß den weiter oben entwickelten Szenarien der unmittelbaren direkten Teilnahme interaktiv im Rahmen einer Fernsehshow eingreifen konnte - ohne dadurch das Format der Show selber in Frage zu stellen. Im Gegenteil. Sein Eingreifen war ein unverzichtbares Element derselben. Lou van Burgs *der goldene Schuß* ist gemeint. Eine Sendung, die schon so uralt ist, daß sie manchem Leser nicht mehr bekannt sein mag: ausgewählte Zuschauer dirigierten vom häuslichen Telephon aus mit ihren Kommandos eine Fernsehkamera auf der Studiobühne, die mit einer Armbrust gekoppelt war. Das Ziel via Kimme, Korn und Kamera im Visier, durfte er anlegen, zielen und schießen. Hatte der Kandidat Erfolg, wurde mit ihm eine ganze Fernsehnation zum virtuellen Scharfschützen und sonnabendlichen Mittäter, schließlich sogar eine ganze Eurovisionsgemeinde.

Es war, aus heutiger Sicht, die erste Tele-Tell-Komm Show.

Die Akzeptanz von interaktivem Fernsehen: Anforderungen an ein neues Multimedium

Rolf Weiber und Tobias Kollmann
Universität Trier, Fachbereich IV, Lehrstuhl für Marketing

***Zusammenfassung*.** Die Nutzungsakzeptanz bildet die zentrale Voraussetzung für den Markterfolg des Multimediums "Interaktives Fernsehen" (ITV). Im Rahmen einer Befragung auf der Internationalen Funkausstellung 1995 in Berlin konnte festgestellt werden, daß die in der Öffentlichkeit mit ITV verbundenen Nachteile nicht so stark bewertet wurden wie die möglichen Vorteile eines interaktiven Fernsehsystems. Ferner machen die Ergebnisse deutlich, daß ITV mit einer positiven Grundeinstellung verbunden ist und im Hinblick auf die angebotenen Inhalte von den Befragten Serviceleistungen im Informationsbereich deutlich vor Angeboten im Business- und Entertainmentbereich präferiert werden.

***Schlüsselwörter*.** Interaktives Fernsehen, Akzeptanz, Multimedia, interaktive Serviceleistungen, interaktive Kommunikationstechnologie.

1 Die Akzeptanz des Multimediums "Interaktives Fernsehen"

Der Wechsel von einer *passiven* zu einer *aktiven Kommunikationstechnologie* bedeutet eine grundlegende Veränderung für Wirtschaft und Gesellschaft. Erneut wird ein Milliardenmarkt prognostiziert, der aus den interaktiven Kommunikationsanwendungen erwachsen soll. Insbesondere dem Medium "*interaktives Fernsehen*" (ITV) wird dabei eine herausragende Bedeutung beigemessen, da es dem Nachfrager ermöglicht, individuelle Informationen vom heimischen TV-Gerät aus abzurufen. Damit die euphorischen Erwartungen, die mit ITV verbunden werden, jedoch auch Realität werden, müssen aber bestimmte Voraussetzungen erfüllt sein: Zu den grundlegenden Erfolgsfaktoren zählt zunächst die flächendeckende Verfügbarkeit eines ITV-Systems, was mit erheblichen Investitionen in die Technik verbunden ist. Darüber hinaus müssen aber auch auf der Anbieterseite intelligente, die neuen Möglichkeiten von ITV nutzende Angebote erstellt werden, die in der Lage sind, eine entsprechende Nachfrage zu erzeugen. Auch hier sind enorme Investitionen in das Diensteangebot notwendig. In den Diskussionen wird jedoch häufig vergessen, daß schließlich auch *Marktinvestitionen* erforderlich sind, durch die erst die nötigen Informationen über die Bedürfnisse und das Verhalten des anvisierten Nachfragerpotentials beschaffbar sind, und die die

Zwecksetzung der genannten Technik- und Angebotsinvestitionen bestimmen sollten. Nur die genaue Kenntnis der Nutzungsakzeptanz von ITV-Diensten kann eine hinreichend hohe Erfolgswahrscheinlichkeit von ITV sicherstellen und die gegenwärtigen Visionen auch in Realisationen transformieren.

Unter *Nutzungsakzeptanz* ist die konkrete und aufgabenbezogene bzw. problemorientierte Inanspruchnahme von ITV-Diensten durch die Teilnehmer zu verstehen, die dann auch zu einem entsprechenden - nicht nur die Investitionen deckenden - Entgeltaufkommen führen. Voraussetzung hierfür sind attraktive ITV-Angebote, die nicht nur auf der Teilnehmerseite einen ausreichend hohen Nutzen erzeugen, sondern gleichzeitig auch mit einer entsprechenden Zahlungsbereitschaft der Teilnehmer verbunden sind. Das Dilemma ist dabei darin zu sehen, daß einerseits innovative, *neue* Bedarfspotentiale schaffende Angebote den Nachfragern zunächst durch entsprechende Kommunikationsmaßnahmen verdeutlicht werden müssen und andererseits die Interaktivität Änderungen im Nutzungsverhalten erfordert. Die Erfahrung aber zeigt, daß Verhaltensänderungen auf der Nachfragerseite nur sehr langsam erzeugt werden können und entsprechende Interimslösungen geschaffen werden müssen. Zur Bestimmung der Nutzungsakzeptanz potentieller ITV-Teilnehmer ist folgende Fragestellung zu diskutieren: *Wer wird wann, warum, wie oft und welche interaktiven Leistungen abrufen, und unter welchen Kommunikationsbedingungen wird die Nutzung erfolgen?*

Die Beantwortung dieses Fragenkomplexes ist nicht durch eine "einmalige Marktstudie" zu erreichen, sondern erfordert ein mehrstufiges Vorgehen: Zunächst gilt es, grundlegende Informationen über Nutzeranforderungen zu gewinnen, um so Bedarfspotentiale abschätzen zu können und eine erste Sensibilisierung im Hinblick auf das Teilnehmerverhalten zu erreichen (*Sensibilisierungsphase*). Durch die hier gewonnenen Informationen können in der anschließenden *Feldphase* die Erfolgschancen konkreter ITV-Angebote auf breiter Basis bestimmt werden. Schließlich müssen die Leistungsangebote einer ständigen, entwicklungsbegleitenden Evaluation unterzogen werden (*Marktphase*).

Die nachfolgenden Ergebnisse, die durch Befragung bei Messebesuchern der *Internationalen Funkausstellung (IFA)* in Berlin vom 26. August bis 9. September 1995 erhoben wurden, beziehen sich auf die *Sensibilisierungsphase* von ITV und sind als Grobscreening elementarer Bestandteile der Nutzungsakzeptanz von ITV-Anwendungen zu verstehen. Sie liefern einerseits Hinweise auf den allgemeinen Informationsstand sowie das gegenwärtige Image von ITV (potentielle Einstellungsakzeptanz) und andererseits auf nutzerseitige Anforderungen im Hinblick auf die Systemgestaltung und das gewünschte Angebotsspektrum (potentielle Nutzungsakzeptanz).

2 Informationsstand zu ITV und Imageaspekte

Eine Analyse des *Wissensstands der Befragten* über die interaktive Fernsehtechnologie ergab, daß selbst bei interessierten Konsumenten nur knapp die Hälfte (47,2%) kaum bzw. gar nicht über ITV informiert war. Lediglich 30,2% der Befragten bezeichneten ihren Informationsstand als ziemlich gut bis sehr gut. Ursache hierfür ist u. a. die Informationspolitik der Anbieter, da sich 51% der Befragten über die Möglichkeiten von interaktivem Fernsehen durch die Medien oder Unternehmen kaum bzw. gar nicht informiert fühlten. Lediglich 5,7% bezeichneten Qualität und Umfang der ITV-Informationen als gut bzw. sehr gut.

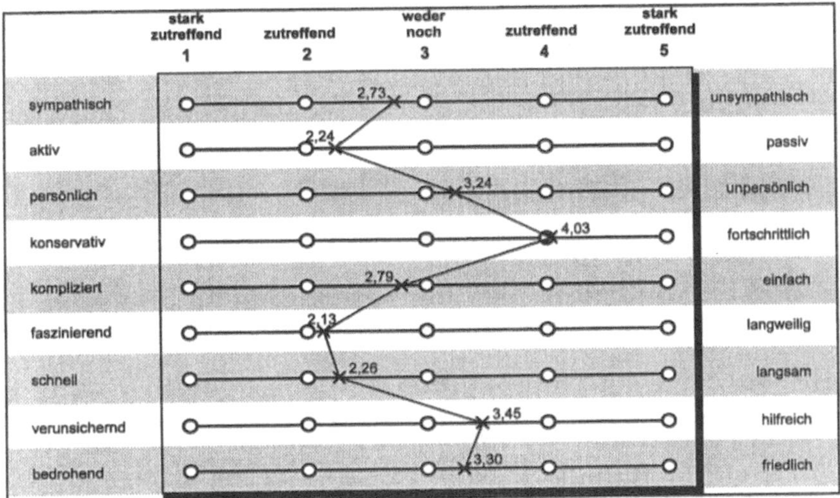

Abbildung 1: Das Image von ITV

Das *ITV-Image* wurde mit Hilfe eines Semantischen Differentials durch adjektivische Gegensatzpaare erfaßt und ist in Abbildung 1 dargestellt. Dabei wird deutlich, daß die Mehrheit der Befragten ITV eher als ein *sympathisches* (50,9%), *faszinierendes* (67,9%) und *schnelles* (62,3%) Medium wahrnehmen. Ebenso versprechen sich 77,3% der Befragten von diesem Medium eine *höhere Aktivität*, und 75,5% sind von der *Fortschrittlichkeit* der neuen Technologie überzeugt. Damit kann zunächst auf eine gundsätzlich positive Grundeinstellung der Befragten gegenüber ITV geschlossen werden.

Um eine über das Semantische Differential hinausgehende Abschätzung der potentiellen Einstellungsakzeptanz zu erlangen, wurden weiterhin auch die mit ITV positiv und negativ assoziierten Nutzungsaspekte erfragt.

Auf der *positiven Seite* ist zu verzeichnen, daß sich die Mehrheit der Befragten dem Aspekt der *aktiven Programmgestaltung* anschließt; 77,4% finden insbesondere die Möglichkeiten der *individuellen Fernsehnutzung* bei dieser interaktiven Technologie von Vorteil. Auch schätzt die überwiegende Mehrheit die *zeitlich ungebundene Nutzung* als positiv ein. Ferner sind die Befragten der Meinung, daß sie durch interaktives Fernsehen *schneller und aktueller* informiert werden.

Auf der *negativen Seite* sind insbesondere zwei Aspekte hervorzuheben: Zum einen gehen 66% der Befragten davon aus, daß die Adoption von ITV mit einem *hohen finanziellen Aufwand* verbunden ist, wobei die Ursache hierfür vor allem in der Beschaffung von Neugeräten sowie der Umrüstung bzw. Erweiterung alter Geräte liegt.

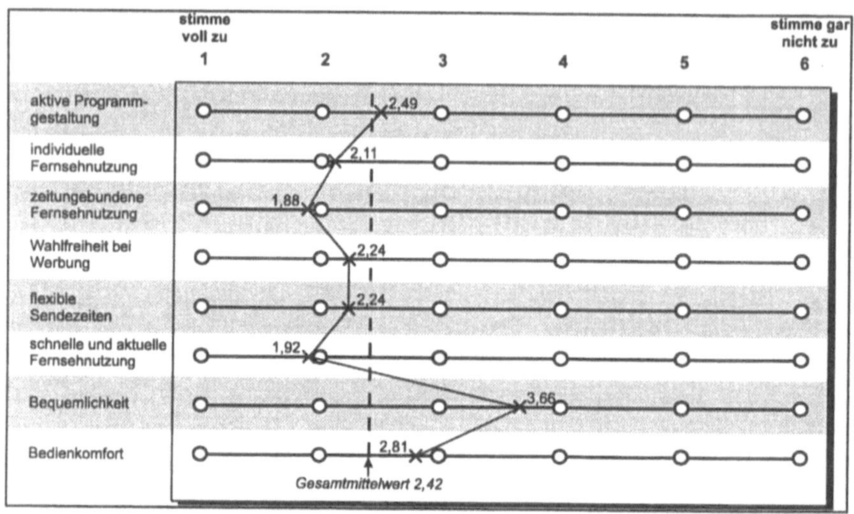

Abbildung 2: Die positiven Aspekte bei ITV

Zum anderen befürchten 54,7% durch eine ITV-Nutzung den *Verlust des persönlichen Kontakts*. Demgegenüber wurden die ansonsten häufig mit ITV in Verbindung gebrachten Negativaspekte (z.B. komplizierte Technik und Bedienung, Mängel im Datenschutz oder erhöhte Fernsehnutzungszeiten) durch die hier Befragten nur schwach problematisiert.

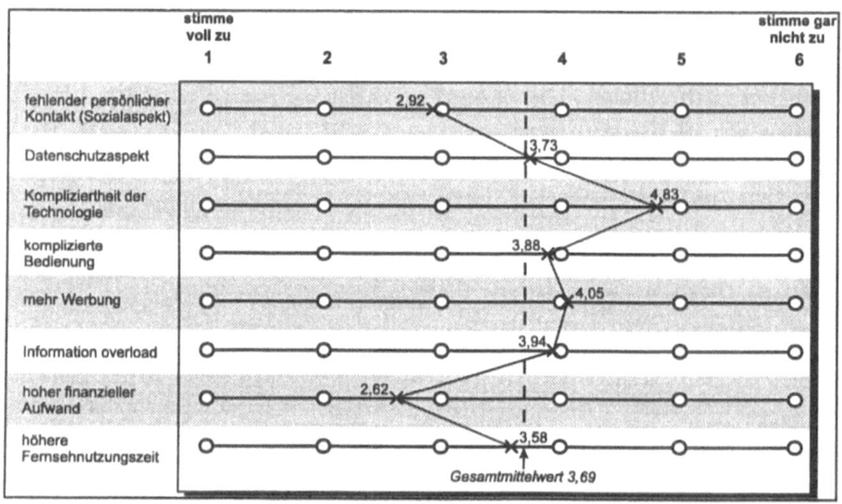

Abbildung 3: Die negativen Aspekte von ITV

3 Anforderungen an ein interaktives Fernsehsystem

Die *potentielle Handlungsakzeptanz* bestimmt sich einerseits durch die Ausgestaltung und damit die Bedienerfreundlichkeit des Systems und andererseits durch die Attraktivität der ITV-Angebote:

Bezüglich der *Systemgestaltung* konnten im Rahmen der Voruntersuchung mittels Faktorenanalyse fünf zentrale Ausgestaltungsdimensionen für ein ITV-System bestimmt werden. Tabelle 1 liefert die Zuordnung von Frage-Items und Faktoren, wobei den Anforderungen durch die Befragten eine hohe bis sehr hohe Bedeutung beigemessen wurde.

Tabelle 1: Zentrale Faktoren der Systemgestaltung

Faktor	Item
Individualität der Nutzung	• selektierbare Informationen • Individualität der Nutzung • Flexibilität des Systems • Schnelligkeit des Systems • Aktualität des Angebots
finanzieller Aspekt/ Preis-Leistungs-Verhältnis	• Preis/Leistungs-Verhältnis • finanzieller Aufwand • Einfachheit der Technik • Kostenübersichtlichkeit
Bedienbarkeit des Systems	• Bedienbarkeit/-komfort
Datensicherheit	• Datenschutz • Passwortschutz
Qualität der Übertragung	• Übertragungsqualität

Im Hinblick auf das *Angebotsspektrum* von ITV lassen sich die möglichen Serviceleistungen nach ITV-Diensten im Business-, im Informations- und im Entertainmentbereich differenzieren:

Innerhalb des *Businessbereichs* (Mittelpunkt: Geschäftsabwicklung) erhält das *Tele-Banking* den größten Zuspruch, während den Möglichkeiten des *Home-Shopping* und *regionaler Supermarktangebote* eine eher geringe Bedeutung beigemessen wird. Die Möglichkeiten, *Reisen* von zu Hause aus zu buchen oder interaktiv einen *Arbeitsplatz* zu finden werden im mittleren Bereich der Wichtigkeitsskala eingestuft.

Im *Informationsbereich* werden insbesondere *news-on-demand* als wichtig erachtet, da die Konsumenten erwarten, durch ITV schneller und aktueller informiert zu werden. Aber auch die *elektronischen Printmedien*, die Nutzung *regionaler Veranstaltungskalender* und die Nutzung von *interaktiven Datenbanken* und *Lernprogrammen* wurden positiv beurteilt. Die relativ hohe Bedeutung dieser

Angebote läßt vermuten, daß die Konsumenten interaktives Fernsehen gerade für die Informationseinholung und -auswertung als wichtig ansehen und das neue Medium hierfür in erster Linie nutzen wollen.

Im *Entertainmentbereich* (Unterhaltungs-/Freizeitbereich) schätzten die Befragten die Möglichkeiten des interaktiven Hoffnungsträgers *"Video-on-demand"* eher im mittleren Wichtigkeitsbereich ein. Eindeutig bevorzugt wurden hier die Möglichkeiten eines *regionalen Kino- bzw. Theaterreservierungssystems* und die Optionen einer *interaktiven Sportübertragung* (z.B. verschiedene Kameraperspektiven). Auch die Möglichkeiten eines *regionalen Restaurant-Reservierungssystems* und des *Video-Mail* (Bildtelefon) wurden in der Tendenz positiv eingestuft. Weniger wichtig wurden hingegen die Möglichkeiten von z.B. interaktiven *Videospielen* und *Lotto/Totto/Glücksspielen* angesehen.

4 Konsequenzen für die Anbieterseite

Obwohl die Ergebnisse der hier referierten Pilotstudie aufgrund der mangelnden Repräsentativität nur als allgemeine Tendenzaussagen interpretiert werden dürfen, lassen sich dennoch zentrale Aspekte ableiten, die die Anbieter bei ihrer zukünftigen Vorgehensweise berücksichtigen sollten:

- Die Befragten sehen in ITV in erster Linie eine *Informationsquelle* und erst in zweiter Linie ein Unterhaltungsmedium. Neben der Konzeption interaktiver Unterhaltungsangebote ist deshalb die Kooperation mit Informationsanbietern dringend geboten. Dabei ist zu beachten, daß die Informationsangebote auch eine geeignete redaktionelle Aufbereitung erfahren, so daß die Möglichkeiten der Bewegtbilddarstellung und der Interaktivität auch einen echten Zusatznutzen gegenüber "klassischen Informationsangeboten" erzeugen können.
- Aufgrund der deutlichen Präferenz für *regionale Serviceleistungen* sollte die Einführung einer "Salamitaktik" folgen, bei der lokalen Serviceanbietern ein bedeutender Stellenwert in der Akquisitionsstrategie beizumessen ist. Demgegenüber muß die Bedeutung überregionaler Angebotsleistungen einer genauen Prüfung unterzogen werden.
- ITV-Angebote werden ganzheitlich wahrgenommen. Das bedeutet, daß unzureichende Angebotsleistungen bei einzelnen Firmen in der Angebotskette den Gesamterfolg zunichte machen können. Gefordert ist deshalb eine kooperative Vorgehensweise aller Beteiligten (Betreiber, Service- und Content-Provider) auf der Anbieterseite.

Bereits diese ersten Schlußfolgerungen lassen erkennen, daß im Hinblick auf die Nutzungsakzeptanz als zentrale Erfolgsgröße von ITV auch in Zukunft noch erheblicher Informationsbedarf besteht. Insbesondere sind Informationen erforderlich, durch die zielgruppenspezifische *Service-Bündel* "geschnürt" werden können, die hohe Nutzungspräferenzen mit ausreichenden Zahlungsbereitschaften verbinden können. Dabei ist zu beachten, daß die Nutzungsakzeptanz ein dynamisches

Phänomen darstellt, da sie z.B. durch den Aufbau von Erfahrungen einer ständigen Veränderung unterliegt.

Literatur

Weiber, R. & Kollmann, T. (1995). Die Vermarktung von Multimedia-Diensten - Akzeptanzprobleme bei interaktivem Fernsehen. *Forschungsbericht Nr. 3 zum Marketing der Universität Trier*, hrsg. von R. Weiber. Trier 1995.

Medizin und Telemedizin

Medizin goes Multimedia

Wolfgang Meincke
Bertelsmann - Springer Gesundheitsgesellschaft, Berlin

Zusammenfassung. Der Medizin- und Gesundheitssektor ist heute in einem zunehmend dynamischen Wandel. Einerseits verlangen die Auswirkungen der Gesundheitsreform neue Orientierungen für das Rollenverständnis der Ärzte und Patienten, andererseits ruft die immer kürzer werdende Halbwertzeit von medizinischem Wissen und deren Anwendung nach neuen Kommunikationsformen, um die Erkenntnisse von Forschung und Entwicklung effektiv in die Praxis umsetzen zu können. Herkömmliche Medien des Printbereichs unterliegen bei dem Versuch, dieser Komplexität gerecht zu werden. Die neuen Medien mit ihren zahlreichen Anwendungen bieten hier zunehmend bessere Möglichkeiten, den erhöhten Informationsbedarf bezüglich Inhalt und Darstellung zu befriedigen. Die Bertelsmann - Springer Gesundheitsgesellschaft und ihre beiden Dienste "Multimedica" und "Lifeline" stellen ein konkretes Beispiel für die Realisierung von Multimedia in der Medizin dar.

Schlüsselwörter. Medizin, Gesundheit, Pharma, neue Medien, elektronisches Publizieren, Bertelsmann - Springer Gesundheitsgesellschaft.

1 Entwicklungen im Gesundheitssektor

Das medizinische Wissen verdoppelt sich heute alle fünf Jahre. Dadurch entsteht eine erhöhte Nachfrage nach kontinuierlicher Information und Weiterbildung bei den Ärzten, Apothekern und anderen Professionals. Dazu kommt: Der sprunghafte Anstieg der niedergelassenen Ärzte bis Oktober 1993 bei gleichbleibendem Honoraretat aufgrund des Gesundheitsstrukturgesetzes und der dadurch entstehende Konkurrenzdruck erfordert von den Ärzten zusätzlich ein marktnahes, betriebswirtschaftliches Denken in Kosten-Nutzen-Kalkülen. Durch die Reformen im Krankenkassenbereich müssen sich aber auch die Patienten zunehmend nach rezeptfreien und preisgünstigen Medikamenten orientieren und in Selbstmedikation schulen. Bereits 1993 wurde jede dritte Medikamentenpackung aus eigener Tasche bezahlt. Dies fordert die Apotheker wieder stärker in ihrer Beraterfunktion.

Der moderne Anspruch an Informationsvermittlung ist dabei klar zu benennen: Komplexe Wissenszusammenhänge müssen adäquat aufbereitet, aktuell verbreitet und jederzeit aktualisiert werden. Um in kürzester Zeit eine problemspezifische Antwort auf die jeweilige konkrete Fragestellung zu bekommen, müssen dabei neben einer breit angelegten, systematisch aufbereiteten Wissensbasis eine einheitliche Nomenklatur und eine gut strukturierte Benutzeroberfläche vorhanden sein. Dies umfaßt heute neben den traditionell geschriebenen Texten auch Bilder, Töne, Animationen und ganze Videofilme.

2 Neue Medien als Informationsträger

2.1 Ärzte, Apotheker, andere Heilberufe und Medizin-Studenten

Seit jeher informiert sich der niedergelassene Arzt überwiegend über Publikationen des Printbereichs: Bücher, Fachzeitungen und -zeitschriften, Pharmapublikationen etc. Weiter spielen Kongresse, Konferenzen und Vorträge ihre Rolle als Informationsquellen. Dabei ist die Art und Anzahl der Publikationen sehr breit und detailliert, so daß es schwer bleibt, Übersicht über alles zu behalten. Über elektronische Medien werden heute noch überwiegend Labordaten oder Daten für die Abrechnungsstelle übermittelt.

In den letzten Jahren sind neben die Vielzahl an herkömmlichen Print-Publikationen und Veranstaltungen zunehmend elektronische Publikationen in den medizinischen Bereich getreten. Vor allem die CD-ROM beginnt sich als multimedialer Datenträger für Aus- und Weiterbildung zu etablieren. Daneben werden zunehmend Datenbanken genutzt. Das Angebot an Informationspräsentationen im Internet und v.a. dem World Wide Web nimmt täglich zu, und die ersten Online-Dienste, wie es sie in den USA schon seit längerem gibt, gewinnen auch bei den Ärzten in Deutschland an Popularität.

Im Zuge der absehbaren weiteren Expansion der neuen Medien wird den Angeboten für den Bereich Medizin eine besondere Bedeutung zukommen. Damit besteht für die Professionals die Möglichkeit, an Informationen "alles, überall und zu jeder Zeit" erhalten zu können und in ständiger Kommunikation mit anderen Fachbereichsvertretern stehen zu können. Dies bedeutet konkret enorme Einsparungspotentiale, wenn zum Beispiel Befunddaten und Arztbriefe zwischen Ärzten und Krankenhäusern bzw. nachbehandelnden Einrichtungen elektronisch übertragen werden. So sind bereits heute Projekte in den Bereichen Teleoperationen inklusive Simulationstechniken zur Operationsvorbereitung, Konferenzdiagnosen und -forschungen sowie Kooperationen in Behandlung und Therapie in Entwicklung. Damit schaffen die neuen Medien eine geeignete Plattform, die zeitaufwendige Arbeitsabläufe rationalisieren hilft und den Arzt schließlich in die Lage versetzt, seinen Patienten verbesserte und erweiterte Dienstleistungen zu bieten.

2.2 Patienten und gesundheitsorientierte Endverbraucher

Im Consumerbereich spielte früher und auch heute noch der Arzt als Vertrauensperson die bedeutendste Rolle als Informationsgeber für alle fachlichen Bereiche der Diagnose und Behandlung. Allgemeine Informationen boten darüber hinaus die Apotheker und Selbsthilfeorganisationen. Ansonsten gibt es zahlreiche Ratgeber, Informationsbroschüren und Gesundheitsrubriken in Publikumszeitschriften und TV-Gesundheitsmagazinen, die die Consumer verstreut informieren.

Inzwischen existieren auch für die Consumer unterschiedliche Angebote an CD-ROMs aus dem Bereich Gesundheit und Fitneß sowie erste, noch sehr unstrukturierte Ansätze in den Online-Diensten und dem Internet. Ärzte und Apotheker bleiben jedoch die Hauptanlaufstellen für Information und Beratung.

In Zukunft werden über die neuen Medien den Patienten und allen gesundheitsorientierten Menschen nicht nur ein umfangreiches Angebot an Informationen über Gesundheit und Fitneß zur Verfügung stehen. Wichtiger werden Angebote, die es den Menschen erlauben, sich in Eigenregie relevante Informationspakete aus dem Datenpool zusammenzustellen, die ihrer individuellen Bedürfnislage gerecht werden können - sowohl inhaltlich kompetent als auch in ihrer dann multimedialen Darbietung leicht aufnehmbar, verständlich und ansprechend. Darüber hinaus werden auch hier wie im Professionalsbereich attraktive Kommunikationsarenen, wie Newsgroups, Diskussionsforen und Chat-Rooms relevant, die dem Consumer die soziale Anbindung und Kommunikation an Gleichgesinnte gewährleisten.

Zusammenfassend lassen sich als Vorteile der neuen Medien gegenüber herkömmlichen Medien vornehmlich des Print-Bereichs zwei Charakteristika benennen: Zum einen bieten neue Medien das Höchstmaß an aktuellen Informationen in kürzesten Update-Zyklen - vom einfachen elektronischen Newsletter bis zur umfassenden Datenbankrecherche. Zum anderen läßt sich über die Interaktivität neuer Medien problemlos am Bildschirm ein schriftlicher Dialog abhalten - und zwar weltweit. Dies bietet dem Anwender eine problembezogene, individuelle Art der Information.

3 Technische Umsetzung mittels neuer Medien

Vielerlei Erhebungen belegen, daß das Interesse und die Ausgaben für elektronische Medien, CD-ROMs und Online-Anschlüsse in Deutschland stark ansteigen. Dabei zeigt sich, daß inzwischen mehr als die Hälfte der Vertragsärzte per EDV abrechnet und die Ausstattung mit multimediafähigen PCs bei den niedergelassenen Ärzten im Vergleich zu den deutschen Haushalten überdurchschnittlich gut ist.

Online-Angebote und CD-ROMs ergänzen sich als Alternativen der neuen Medien gegenseitig. Während Online-Dienste nach heutigem Technologiestand geeignet sind, Informationen und Diskussionen mit einem hohen Aktualitätsbedarf, aber noch geringem Bilddatenvolumen anzubieten (neue Verordnungen, Tagespolitik, Forschungsergebnisse etc.), eignen sich CD-ROMs derzeit für Informationen mit großen Datenvolumina und Update-Zyklen von ein oder zwei Jahren (Lexika, Verzeichnisse, Schulungen etc.). Hohe Bedeutung wird in naher Zukunft die sog. erweiterte CD-ROM bekommen, die die Kombination einer CD-ROM zur Speicherung aufwendiger Daten und einem Online-Dienst, der aktuelle Informationen zum Download nachliefert und Dialogoptionen bringt, darstellt.

Sind gegenwärtig noch die Schmalband-Netze die gebräuchlichen Strukturen für Online-Kommunikation und damit auch die Grenzen an Datenübertragungs-Kapazitäten geprägt, wird es im Zuge des Ausbaus der Breitband-Netze möglich werden, komplexe Datenpakete wie z.B. Röntgenbilder per Online zu übertragen. Desweiteren wird im Zuge des Aufbaus des interaktiven Fernsehens I-TV der Fernseher als zusätzliche Plattform für elektronische Kommunikation an Bedeutung gewinnen.

4 Auswirkungen auf das Informationsangebot

4.1 Pharmaindustrie, Krankenversicherungen und andere Organisationen der Gesundheitsbranche

Trotz steigender Werbe- und Außendienstaufwendungen stehen viele Pharmaunternehmen ihren Wettbewerbern mit sehr differenzierten Produkt-Benefits gegenüber und können in ihrem Leistungs-Image oft nur schwer von Ärzten beurteilt werden. Die Qualität der Kommunikation zwischen Unternehmen und Arzt und/oder Patient wird zum entscheidenden Wettbewerbsvorteil.

Online- und CD-ROM-Angebote können hier einen bedeutenden Fortschritt erbringen, beispielsweise als Ergänzung und Erleichterung im Außendienst. Die Spannbreite möglicher Inhalte ist weit, von prägnanten Präparate-Infos inklusive Bestellmöglichkeiten bis zur komplexen Datenbank-Suche nach indikationsspezifischen Details. Die Einbindung von E-Mail-Funktionen schafft einen kontinuierlichen Dialog, der die Außendienst-Aktivität ergänzt - bis hin zur Mailbox, über die jeder Außendienstmitarbeiter für seine Ärzte erreichbar ist.

Die Krankenversicherungen stehen vor der Frage, ob und in welchem Umfang sich der bisherige material-, zeit- und kostenintensive Versand von neuen Gebührenverordnungen, Nachrichten aus der Gesundheitspolitik oder aus der Vereinigung selbst via Postzustellung durch die neuen Medien ergänzen, wenn nicht sogar ersetzen läßt.

Für alle Organisationen der Gesundheitsbranche stellt sich dabei folgende Überlegung. Da die Investitionen in neue Medien als Informationsträger sehr teuer ausfallen können, ist abzuwägen, inwiefern ein alleiniger Auftritt sinnvoll und kosteneffizient ist, oder ob nicht Kooperationen mit Content-Providern, wie Verlags- und Medienunternehmen, eine geeignete Plattform darstellen.

4.2 Verlags-, Agentur- und Medienunternehmen

Obwohl zu erwarten ist, daß die neuen Medien sich zu einem Massenmarkt wie Fernsehen und Telekommunikation entwickeln werden, gilt es einige besondere Erwartungen und Ansprüche der Zielgruppen zu berücksichtigen: Nutzer von neuen Medien gehören noch zur Infoelite und wollen als solche behandelt werden. Neben absoluter Aktualität und Attraktivität der Inhalte fordern Multimedia-Anwender einen konkreten Mehrwert zu den klassischen Printmedien. Dies bedeutet: Keine 1:1-Übersetzung der Informationen von Print- in elektronische Medien, sondern neue *interaktive* Angebote, wie Diskussionsforen, Bestellmöglichkeiten oder Such- und Selektionsnavigatoren. Dies gilt insbesondere auch für alle Werbe- und Sponsoringmaßnahmen.

Die Interaktivität der neuen Medien ändert dabei die Kommunikationskultur der Unternehmen radikal. Unternehmen und Kunden kommunizieren direkt. Dies sind neue Möglichkeiten, stellt aber auch konkrete Ansprüche an Marketing und Werbung, wie es im Kunstwort "Pull- statt Pushmarketing" angedeutet wird. Einerseits müssen die Inhalte in den neuen Medien attraktiv genug sein, da sie von den Nutzern selbst aufgerufen werden (Info-on-demand), andererseits ist eine stark werbliche Aufbereitung gefährdet, gegen die Netiquette als Anstandsregel der neuen Medien zu verstoßen und beispielsweise eine Überflutung mit E-Mails zu riskieren.

5 Die Bertelsmann - Springer Gesundheitsgesellschaft

Die Bertelsmann - Springer Gesundheitsgesellschaft wurde 1995 gegründet. Mit der Bertelsmann AG und dem wissenschaftlichen Springer-Verlag als Gesellschafter kann sie die Kernkompetenzen der Medienbranche und des Verlagswesens innerhalb der medizinischen Thematik bündeln. Ihr Geschäftsgegenstand ist die unabhängige, elektronische Publikation aktueller und umfassender Themen aus Medizin und Gesundheit. Sie bietet ihren Zielgruppen dafür zwei Dienste:

Multimedica richtet sich an alle Professionals der Medizin. Im Vordergrund stehen multimediale Informationsangebote und Kommunikationsformen für Aus- und Weiterbildung, Diagnosesicherung, Therapieempfehlung, Praxenführung und Gesundheitspolitik. Als Dienst mit einer geschlossenen Nutzergruppe gewährt er absoluten Datenschutz und ermöglicht die Information über rezeptpflichtige Pharmaka.

Lifeline wendet sich an Patienten und alle gesundheits- wie fitnessorientierten Verbraucher. Für sie gibt es Informations- und Diskussionsangebote, die sie mit aktuellen Themen der Prophylaxe und Selbstmedikation vertraut machen, Orientierungshilfe für Selbsthilfeorganisationen, Beratungsstellen und Notfallservices bieten sowie Tips zu Ernährung, Fitneß und Sport geben.

Die Bertelsmann-Springer Gesundheitsgesellschaft bietet als Content Provider unterschiedliche Formen der Kooperation mit Verlagen, Industrie und Anwendern. Diese reichen von klassischer Lizensierung und Sponsoring bis hin zu Gemeinschaftsproduktionen und -veranstaltungen zu spezifischen Themen. Damit entsteht ein inhaltlicher Dialog zwischen den unterschiedlichen Zielgruppen, was dem Anspruch an moderner Kommunikation gerecht wird.

Praktische Erfahrungen mit Teleradiologiesystemen

C. Busch[2], H.P. Hebestreit[1], V. Kühn[2], F. Seibert[2]
1 Radiologisches Zentrum, Krankenhäuser des Märkischen Kreises, Lüdenscheid
2 ZGDV Darmstadt e.V.

Zusammenfassung. Der vorliegende Beitrag beschreibt die Inhalte und Ziele des Telemedizin-Projektes KAMEDIN. Mit Schwerpunkt auf dem Anwendungsfeld Teleradiologie ermöglicht es die Akquisition digitaler radiologischer Bilder zum Beispiel von der Computertomographie und der Kernspintomographie. Im Rahmen einer kooperativen Sitzung auf der Basis von Weitverkehrsnetzen der Deutschen Telekom können Online-Diskussionen über einen vorliegenden Behandlungsfall durchgeführt werden. Hiermit sind Szenarien von der Konsultation eines Radiologie-Kollegen zum Einholen von Expertenmeinungen bis hin zur schnellen Einbeziehung anderer medizinischer Fachdisziplinen möglich. 15 beteiligte niedergelassene und Krankenhaus-Radiologen konnten sich in dem 1995 durchgeführten Feldversuch von der Leistungsfähigkeit des Systems überzeugen und erste Erfahrungen sammeln, sowie einen Vergleich mit anderen Systemen ziehen. Daraus erwachsene Anregungen führten bereits zu einer Verbesserung von KAMEDIN.

Schüsselwörter. Telekommunikation, Telemedizin, Teleradiologie, Digitale Radiologie, Expertenkonsultation, Graphische Datenverarbeitung, Neuronale Netze, CSCW, Telepointing, Weitverkehrsnetze (ISDN).

1 Einführung in KAMEDIN

Im Auftrag der Deutschen Telekom wird seit 1992 das System KAMEDIN (Kooperatives Arbeiten und MEdizinische Diagnostik auf Innovativen Netzen der Telekom) entwickelt. Mitte 1996 wird es der Vermarktung durch die Deutsche Telekom AG zugeführt.

Mit KAMEDIN steht dem Anwender ein verteiltes System zur Verfügung, das die Kommunikation von Radiologen und anderen medizinischen Experten unterstützt. Es ermöglicht zwei räumlich voneinander getrennten Benutzern die Besprechung von gemeinsamem Bildmaterial. Grundvoraussetzung für ein schnelles Kooperieren ist der gegenseitige lokale Zugriff auf die in der Konferenz zu behandelnden Bilder. Aus diesem Grund ist die kooperative Sitzung in die Teile Konferenzvorbereitung und Konferenz unterteilt. Die Hardware-Voraussetzungen sind bei beiden Partnern jeweils ein Rechner (Workstation oder PC) und deren Verbindung über ISDN oder LAN.

Medizinisch/radiologische Partner waren an der Spezifikation des Systems sowie am Layout der Benutzungsoberfläche beteiligt, womit ein möglichst enger Praxisbezug angestrebt wurde. Die Benutzungsoberfläche bietet Basisfunktionalität für die radiologische Diagnostik, wie etwa Übersicht- und Einzelbilddarstellung, interaktive Fensterung auf den Originaldaten, Abstands- oder Dichtemessungen.

Das System bietet den Vorzug der kooperativen Diagnose und kompensiert die Nachteile der zentralisierten Verfügbarkeit moderner Bildakquisitions-Technologie. Bilddaten werden unter Nutzung des Schmalband-ISDN übertragen und gemeinsam diskutiert. Bei der Entwicklung des KAMEDIN-Systems wurde bewußt auf die Nutzung von kostenintensiven Breitbandnetzen verzichtet, um die Einsatzmöglichkeit bis hin zum niedergelassenen Arzt offen zu halten.

Ziel des Systems ist es, den Anwender bei der Diagnose zu unterstützen. Dies wird durch zwei Aspekte des computerunterstützten Arbeitens erreicht:

1. Telekonferenzen von räumlich getrennten Radiologen, Neurochirurgen oder anderen klinischen Anwendern durch Nutzung von effizienten Techniken des CSCW (Computer Supported Cooperative Work) unter Einsatz moderner, flächendeckend verfügbarer Rechner- und Kommunikationstechnologie.
2. Automatische Segmentierung von medizinischen Bilddaten durch Bildanalyse. Die Segmentierung liefert dabei eine Separierung in einzelne Gewebetypen unter Nutzung von künstlichen neuronalen Netzen.

Zur Diagnoseunterstützung bietet KAMEDIN dem medizinischen Anwender neben der kooperativen Telediagnose auch die Möglichkeit, Bilddaten automatisch analysieren zu lassen. Ziel einer solchen automatischen Datenanalyse ist ein klassifizierter Volumendatensatz, der farbkodiert Lage und Ausmaß von pathologischen Gewebestrukturen, wie beispielsweise Gehirntumoren, visualisiert.

Im Jahr 1995 wurde eine PC-Version von KAMEDIN entwickelt. Über die einheitliche Kommandosprache sind heterogene Kommunikationsszenarien zwischen der Unix-Version und der PC-Version von KAMEDIN möglich. Gegenüber der Unix-Version weist die PC-Version einen geringfügig reduzierten Funktionsumfang auf, der sich im wesentlichen auf die radiologischen Funktionen beschränkt. Da zum Zeitpunkt des Arbeitsbeginns MS Windows 95 am Markt noch nicht verfügbar war, wurde als Betriebssystemplattform MS Windows NT 3.5.1 gewählt, da es multi-processing und multi-tasking erlaubt. Als Entwicklungsumgebung kam Visual C++ zum Einsatz. Es wird als relativ kleiner Schritt erachtet, von Windows NT zu Windows 95 zu wechseln, vor allem vor dem Hintergrund, daß Microsoft in 1996 bestrebt ist, Windows NT und Windows 95 zusammenzuführen.

1.1 Telekonferenzen mit KAMEDIN

Das KAMEDIN System ist ein verteiltes System, das unter Nutzung des TCP/IP Protokolls homogene und heterogene Punkt-zu-Punkt-Verbindungen zwischen UNIX Workstations und PCs aufbaut. Das schmalbandige ISDN-Netz mit 2 x 64 kbit/s wird dabei für den Datenaustausch sowie die Kommunikation während einer Konferenz genutzt. Durch die Verwendung dieser Netzinfrastruktur und die Standardisierungsbemühungen der europäischen Netzbetreiber wird eine europaweite Nutzung des Systems in naher Zukunft möglich sein. Die meisten europäischen Nachbarn können bereits zum gegenwärtigen Zeitpunkt über das EDSS1-Protokoll angebunden werden. Aufgrund der begrenzten Bandbreite des ISDN-Netzes werden Telekonferenzen offline vorbereitet. Zu diesem Zweck werden die gesamten Daten (bis zu 100 MB Bilddaten und zusätzliche textliche Annotationen) in einer Konferenzakte zusammengestellt und zum ausgewählten Partner übertragen. Als Folge der vorbereitenden Übertragung kann der Kommunikationsbedarf während einer Konferenz auf eine beschränkte Anzahl von Kommandos reduziert werden, die Telepointing, Übertragung von eingezeichneten ROIs (Regions Of Interest), Session Management und andere CSCW-Kontroll-Mechanismen umsetzen. Gerade dadurch zeichnet sich der Vorteil des KAMEDIN-Systems gegenüber vergleichbaren Systemen aus, die auf teurer Netzinfrastruktur aufsetzen.

Im Verlauf einer Konferenz wird die Benutzungsoberfläche (User-Interface) auf der verbundenen Workstation gespiegelt. Sämtliche Benutzeraktionen, sowie die Systemreaktion können vom angewählten Partner verfolgt werden. Das Aktionsrecht, das durch ein Session-Management verwaltet und kontrolliert wird, kann als Token wechselseitig zwischen den Partnern ausgetauscht werden.

1.2 Modularität

Das KAMEDIN System ist realisiert durch mehrere abhängige Prozesse. Darunter fallen ein ständig laufender Hintergrund-Daemon, ein Session-Manager sowie das User-Interface, die sowohl lokales als auch kooperatives Arbeiten koordinieren und folgende Funktionen ausüben:

- Der *KAMEDIN-Daemon* bildet den Kern des Systems. Zu seinen Aufgaben zählt das Verbindungsmanagement zu anderen KAMEDIN Systemen. Dazu gehören die Kontrolle über die Nutzung der ISDN-Kapazitäten, der Verbindungsaufbau und -abbau, Filetransfer von Konferenzakten oder Supercomputer-Batchjobs, sowie die Verteilung von Batchjob-Ergebnissen.
- Der *Session-Manager* kontrolliert eine interaktive Sitzung eines KAMEDIN-Anwenders. Seine Aufgaben sind die Notifikation beim lokalen Daemon, die Allozierung der notwendigen Resourcen, sowie die Kontrolle über das User-Interface einschließlich sämtlicher Aktionen des Anwenders. Der Session-Manager gewährleistet ferner die Synchronisation zwischen den verbundenen Partnern während einer Konferenz.

- Das *User-Interface* ist ein abhängiger Prozeß, der die Schnittstelle zwischen dem Anwender und dem System darstellt. In diesem Prozeß sind Online-Bildverarbeitungsfunktionen wie Fensterung, Zooming etc. enthalten.

1.3 Automatische Datenanalyse

KAMEDIN bietet eine Reihe von Bildverarbeitungsfunktionen, die eine automatische Analyse von multidimensionalen Daten, wie etwa kernspintomographische Multiechosequenzen, erlauben. Originaldaten dieser Art werden automatisch analysiert, um unterschiedliche Gewebetypen zu identifizieren. Vom medizinischen Gesichtspunkt gesehen liegt das besondere Interesse dabei auf der Tumorerkennung in Bilddaten des Gehirns. Das Ergebnis einer automatischen Analyse ist eine farbkodierte Resultatsequenz wie in Abbildung 1. Resultatergebnisse können dreidimensional unter PHIGS+ visualisiert werden.

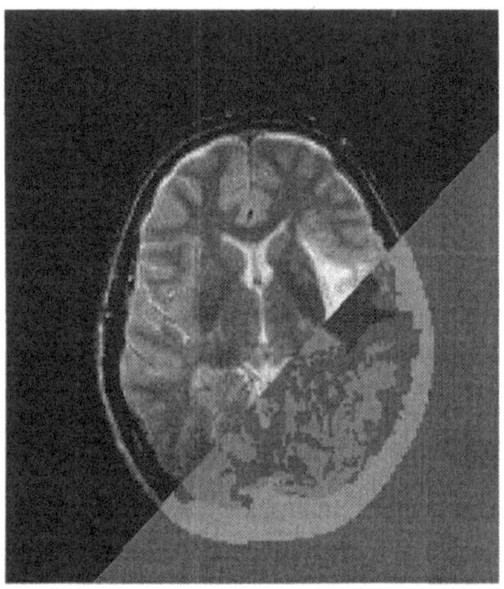

Abbildung 1: Farbkodierte Resultatsequenz

Die automatische Analyse und Klassifikation wird unter Verwendung von künstlichen neuronalen Netzen realisiert. Die einzelnen Arbeitsschritte werden unterteilt in:

- Einteilung in Klassen,
- Definition von Trainingsgebieten,
- Merkmalsextraktion,
- Training eines neuronalen Netzes,
- Analyse von Anwenderdaten.

Die Klasseneinteilung ist abhängig von den abgebildeten anatomischen Objekten, sowie vom verwendeten Akquisitionsverfahren. Sie bezweckt eine Unterteilung des Bildes in verschiedene Gewebstypen wie etwa Tumor, Knochen, Fettgewebe etc. Um ein neuronales Netz zu trainieren, ist eine Auswahl von statistisch repräsentativen Bildmustern erforderlich. Diese Auswahl wird aus den Originaldaten durch Definition von Trainingsgebieten getroffen, welche in Verbindung mit dem durch einen Experten definierten anatomischen Attribut in Datenbasen gespeichert werden.

Die lokale dreidimensionale Nachbarschaft eines Volumenelements wird bei der Extraktion der relevanten Merkmale berücksichtigt. Bei der Analyse multidimensionaler Daten werden die Merkmale korrespondierender Pixel in einem Merkmalvektor akkumuliert. Die Anpassung eines neuronalen Netzes auf das Klassifikationsproblem erfolgt iterativ während des Trainingsprozesses. KAMEDIN stellt verschiedene neuronale Netze wie etwa Multilayer-Perceptrons oder Kohonen-Feature-Maps bereit. Aufgrund der rechenintensiven Operationen bei der Analyse wird die Klassifikation offline auf einem Supercomputer (Siemens-Fujitsu S400/40) durchgeführt. Dieser Rechner mit einer vektoriellen Peakleistung von 2*2500 MFlops kann über ISDN vom KAMEDIN Anwender genutzt werden. Die notwendigen Benutzerinteraktionen werden dabei durch das KAMEDIN System und entsprechendes Batchjob-Management kontrolliert. Der Einsatz einer solch hohen Rechenleistung ist jedoch nicht zwingend erforderlich, um die Diagnoseunterstützung zu nutzen. Wahlweise ist auch eine Ausführung auf der lokalen Workstation möglich.

1.4 Architektur und Adaptionsfähigkeit

Kern des Systems KAMEDIN ist das Kommunikationsmodul, das die Werkzeuge des Kooperativen Arbeitens, das Application-Sharing und die Daten- und Kommandokommunikation zur Anwendung durchreicht. Die übergeordnete Anwendung beinhaltet die anwendungsspezifischen Module und Funktionen, sowie die auf die spezielle Anwendung angepaßte Benutzungsoberfläche. Darüber hinaus bedient das Kommunikationsmodul nach unten mit dem standardisierten TCP/IP-Protokoll die Schnittstelle zur Transportschicht. Durch die Verwendung des TCP-IP abstrahiert die übergeordnete Anwendung von der LAN/WAN-Kommunikation. Somit ist ohne Anpassungsaufwand die Lauffähigkeit in LAN Ethernet-Netzen, sowie im WAN-Bereich für ISDN und ATM gesichert. Hieraus leitet sich die folgende Struktur ab:

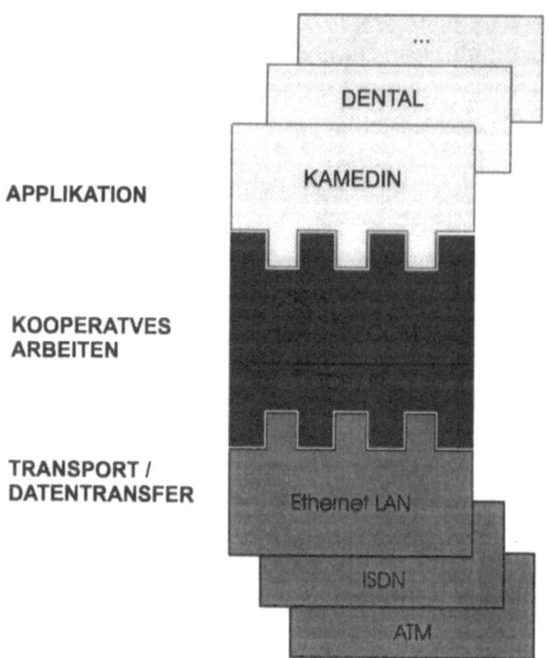

Abbildung 2: Architektur und Adaptionspotential von KAMEDIN

Dies bietet die folgenden Vorteile:

- Applikationsneutralität,
- Transportplattform adaptierbar,
- Hohe Verfügbarkeit bei geringen Kommunikationskosten,
- Rechnerplattformübergreifende Verfügbarkeit,
- Diagnosesicherheit durch Expertenkommunikation,
- Verbesserung von Behandlungen durch Hinzuziehen anderer Fachdisziplinen,
- Zeitgewinn bis zur Entscheidung über die Behandlungsstrategie,
- Qualitätssteigerung der gesamten medizinischen Versorgung,
- Einsparen von Patiententransporten durch Austausch von Behandlungsdaten, sowie
- Kosteneinsparung.

Das Alleinstellungsmerkmal im Vergleich mit allen anderen Systemen ist nach wie vor *die TCP/IP-basierte Telekonferenzfähigkeit bei der erzielten Produktreife.* Aufgrund des großen Erfolges im Rahmen von Anwenderpräsentationen und Ausstellungen bei Fachmessen, die den innovativen Charakter von KAMEDIN herausstellten, wurde KAMEDIN im Jahr 1995 in einem Feldversuch von medizinischen Anwendern im klinischen Alltag getestet. Zu diesem Zweck wurde in 15 ausgewählten radiologischen Einrichtungen von der Gemeinschaftspraxis bis zur Uniklinik, verteilt über das gesamte Bundesgebiet, das System installiert. Bestehende umständliche Kommunikationswege sollten ersetzt oder neue sinnvolle Kommunikation, wie beispielsweise zwischen Neuroradiologie und Neurochirurgie, gefördert werden. Hierzu wurde auf die in Abbildung 3 wiedergegebene Vernetzungstopographie auf ISDN-Basis zurückgegriffen:

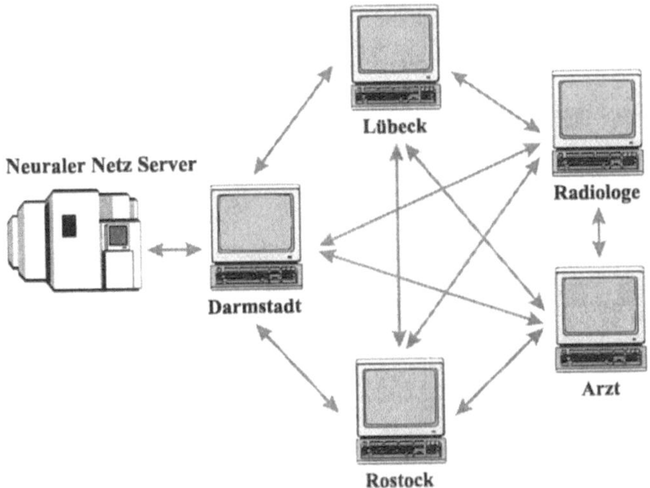

Abbildung 3: Vernetzungstopographie des Feldversuches

KAMEDIN kommt bei den folgenden radiologischen Anwendungsszenarien zum Einsatz, um die tägliche Routine im klinischen Umfeld wie auch in Praxen zu unterstützen:

- Telekonferenz zwischen Radiologen,
- Operationsplanung zwischen Radiologie und Neurochirurgie,
- Bestrahlungsplanung zwischen Experten,
- Datenaustausch zwischen Radiologie und ausgelagerten Klinikbereichen,
- Betreuung von Teilbereichen einer Großpraxis mit mehreren Standorten,
- Befundung durch radiologische Experten (Kinderradiologie), sowie
- Datenbank mit Fallbeispielen (Tele MR Atlas).

KAMEDIN ist ein marktreifes, stabiles Produkt. Nach Aussagen der Teilnehmer am Feldversuch ist KAMEDIN *von der Konzeption und vom Funktionsumfang ein bisher konkurrenzloses Teleradiologiesystem, das sowohl im Tagesgeschäft wie auch zur notfallmäßigen interaktiven Expertenkonsultation geeignet ist.*

2 Erfahrungen aus dem Feldversuch

Ziel des Feldversuchs war die Erprobung und Bewertung des Systems in der medizinischen Praxis. Die bei den verschiedenen Instituten gegebene Infrastruktur wurde im Vorfeld des Feldversuchs durch Fragebogen erfaßt. Dabei war unter anderem der Zugang zu einem bildgebenden Gerät von Interesse. Wegen der ursprünglich vorrangig radiologischen Ausrichtung von KAMEDIN bedingte dies die Verfügbarkeit eines Computertomographen (CT) oder eines Magnetresonanztomographen (MRT) beim sendenden Partner. Dabei war außerdem die Möglichkeit zum Export der in den geräteeigenen Netzen verwalteten Bilddaten bzw. die Bereitschaft zur Anschaffung der dazu benötigten Geräte Voraussetzung. Ein weiteres Kriterium stellte das Kommunikationsszenario dar.

Um eine möglichst häufige Nutzung des Systems im Feldversuch zu erreichen, wurden Institutionen gesucht, die einen hohen Grad der Zusammenarbeit erwarten ließen. Dies waren beispielsweise Kliniken ohne radiologische Abteilung, die üblicherweise einen hohen Grad des Bild- und Patiententransfers mit den radiologischen Abteilungen anderer Institutionen aufzuweisen haben, oder die üblicherweise in hohem Maße auch hausintern kommunizierenden radiologischen und neurochirurgischen Abteilungen, für die die Nutzung eines Telemedizinsystems Einsparungen bei den Wartezeiten und Behandlungs- bzw. Transferkosten erbringen würde.

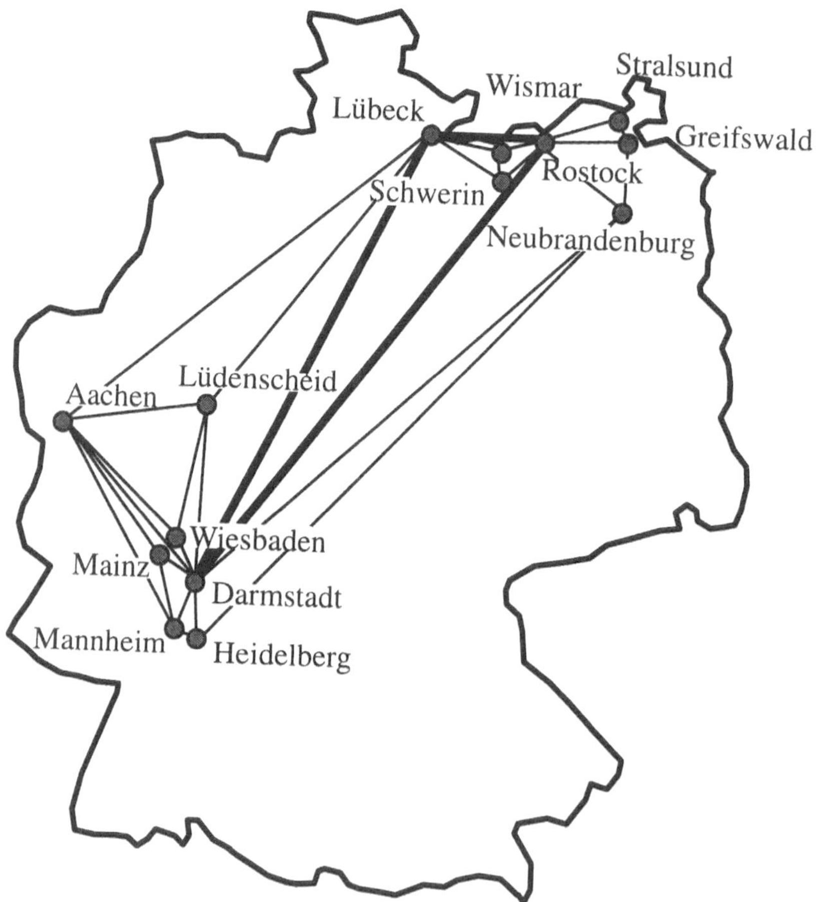

Abbildung 4: Übersicht über die Lokationen der Feldversuchsteilnehmer

Vor dem eigentlichen Start des Feldversuchs wurde die Protokollierung des Benutzerverhaltens in KAMEDIN integriert, die in eine Auswertung des Systems miteinfließen sollte. Von Interesse war dabei neben der Übersicht über die Menge der vom Benutzer wirklich genutzten Funktionen auch die Protokollierung der Zeiten für die Datenübertragung und die eigentliche Konferenz, da diese letztlich die Kommunikations- bzw. Personalkosten bestimmen und somit für die Wirtschaftlichkeit des Systems von hoher Bedeutung sind. Ein weiterer Aspekt war die Protokollierung der Nutzung des Hilfesystems, die Aussagen über Verständnisprobleme und Informationsdefizite der Benutzer liefern sollte.

Voraussetzung zur Akzeptanz des Systems war die Schulung der beteiligten Ärzte. Diese erfolgte im Frühjahr 1995 in drei Workshops für verschiedene Ärztegruppen in Darmstadt und Rostock. Im Oktober desselben Jahres wurden die beteiligten Institutionen erneut zu einem Workshop nach Darmstadt eingeladen, um die Erfahrungen mit dem System gemeinsam zu diskutieren und Empfehlungen für nötige Verbesserungen daraus abzuleiten. Nach anfänglichen, teilweise längeren Verzögerungen im Zusammenhang mit dem Anschluß der Rechner an die bildgebenden Geräte und teilweise ernüchterndem Umgang mit der Verwaltungsbürokratie großer Kliniken bei der Beantragung von ISDN-Anschlüssen konnten in der zweiten Hälfte des Jahres die meisten Gruppen miteinander kommunizieren. Die größte Aktivität war zu beobachten beim Einsatz auf einem hauseigenen und damit kostengünstigen ISDN-Netz und bei der Konsultation von Spezialisten.

Die Bewertung des Systems durch die einbezogenen Ärzte ist heterogen und häufig abhängig von den jeweiligen Gegebenheiten vor Ort. So wird z.B. von einigen die Ausweitung der von KAMEDIN importierbaren Bildformate gewünscht, während bei anderen mehr die Dokumentierbarkeit der Sitzung in Form von Hardcopies gefordert wird. Auch die Benutzungsoberfläche wird naturgemäß unterschiedlich beurteilt. Dies hängt zum Teil mit der jeweiligen Erfahrungswelt des Bedieners und dessen Gewöhnung an die Benutzungsoberflächen anderer Produkte, vornehmlich der PC/Windows-Welt, oder (beim Radiologen) mit der Benutzerführung der Bildauswertestationen zusammen.

Gemeinsam ist allen am Feldversuch Beteiligten die Einschätzung eines prinzipiellen Bedarfs an der Funktionalität des KAMEDIN-Systems. Allerdings stellt in diesem Zusammenhang die noch nicht geregelte Abrechnung der entstehenden Kommunikations- und Personalkosten mit den Krankenkassen ein großes Hindernis bei der Anwendung des Systems in der medizinischen Praxis dar. Die Abbildungen 5 und 6 dokumentieren die wichtigsten Auswertungsergebnisse.

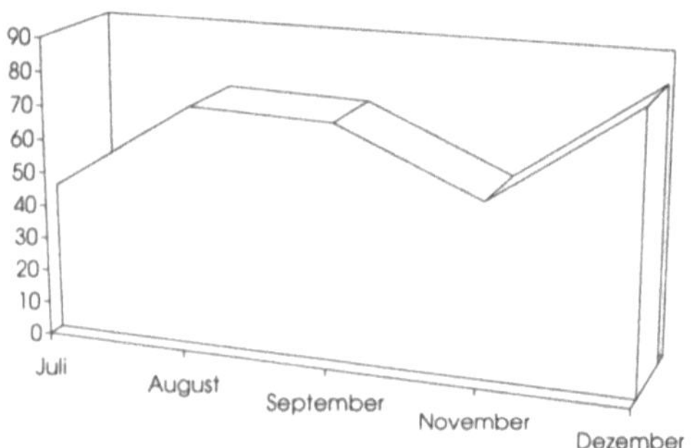

Abbildung 5: Anzahl der ISDN-Verbindungen von Juli bis Dezember 1995

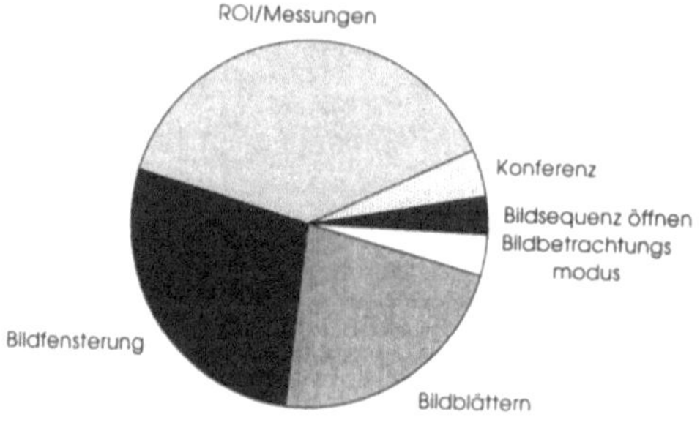

Abbildung 6: Übersicht über die Ausnutzung der verfügbaren Funktionalität

3 Praxiseinschätzung und Vergleich mit anderen Systemen

Im Rahmen des Feldversuches wurde KAMEDIN für eine Reihe von Aufgaben aus der täglichen Krankenhausroutine eingesetzt, die sich in den nachfolgend zusammengefaßten wichtigsten Einzelstellungnahmen der Versuchsteilnehmer spiegeln.

- Die KAMEDIN-Workstation wurde als Empfangsstation für Bildaten aus der Universitätsklinik Lübeck eingesetzt. Die empfangenen Daten wurden bearbeitet und zur Gewebsklassifizierung an das ZGDV Darmstadt geschickt. Es ging darum, für die Gewebsklassifizierung von kernspintomographischen Protonen- und T2-gewichteten Bildsequenzen von gesicherten Hirntumoren "regions-of-interest" der Gewebearten Knochen, Fett, Ödem, Tumor, Liquor, graue und weiße Substanz einzuzeichnen. Insgesamt wurden bei 27 Patienten mit jeweils 2 Bildsequenzen a 5 Bildern jeweils 25 ROI eingezeichnet, so daß insgesamt 270 Bilder mit 6750 ROI zur Klassifizierung durch ein neuronales Netzwerk übergeben werden konnten.
- Gegenüber den kommerziellen Wokstations der Großgerätehersteller kann mit der KAMEDIN-Workstation eine interaktive kooperative Diagnostik räumlich getrennter Experten durchgeführt werden. Die KAMEDIN-Workstation kann und soll dabei nicht die Programmvielfalt zur Bearbeitung von Bildsequenzen beinhalten, wie sie bei den Systemen der Gerätehersteller angeboten wird. Wollte man mit den von den Geräteherstellern angebotenen Workstations konkurrieren, so müßte man deren Programmangebot vollständig implementieren. Dieses hieße, daß man z.B. alle 3-D-Rekonstruktionen sowie die Gefäßrekostruktionen in vergleichbarer Qualität vorhalten müßte. Damit würde man aber den ursprünglich geplanten Einsatz der KAMEDIN-Workstation in den Bereich der Großgeräte-Workstation verschieben und hier eine unnötige Konkurrenzsituation erzeugen. Es ist ausreichend, wenn Kamedin über die gängigen Bildformate wie ACR-NEMA 2.0 und DICOM 3.0 verfügt, was bereits im Lieferumfang enthalten ist.
- Da im Augenblick in vielen radiologischen Abteilungen noch nicht alle Bilddaten digital oder noch keine geeigneten Schnittstellen für die Bilddaten-Übertragung vorhanden sind, wird am Krankenhaus in Lüdenscheid in Notfällen mit der Frage der Operations-Indikation zusätzlich auch noch ein Videokamera-System zur Kommunikation von PC zu PC über ISDN mit der Neurochirurgie in Essen eingesetzt, um teure Taxifahrten zur Übermittlung der Röntgenbilder einzusparen.
- Das optische System ist umständlich zu handhaben, es lassen sich nur Bildausschnitte in noch gerade ausreichender Bildqualität übertragen. Durch interaktive Mauszeiger können Bilddetails erläutert werden. Dieses System ist sehr preiswert und einfach zu handhaben. Die Verwendung eines besseren Videosystems oder eines Röntgenfilm-Scanners ist empfehlenwert.
- Das dritte Bildübertragungssystem sendet Computertomographien von einem Nachbarkrankenhaus ohne ständig vor Ort anwesenden Radiologen bei Routine- und bei Notfällen zur Beurteilung an die Radiologie in Lüdenscheid. Hierbei handelt es sich um Bilder im DICOM 3.0 - Format von PC zu PC über ISDN.
- Die Bildqualität ist gut. Helligkeit und Kontrast können geregelt werden. Dichtemessungen sind bisher nicht mit der Hounsfield-Skala identisch. Das System ist störanfällig. Interaktives Arbeiten ist nicht möglich. Sobald

exakte Dichtemessungen möglich sind, ist das System als Befundungsstation geeignet.

4 Fazit

Insgesamt wurden in Lüdenscheid mit KAMEDIN die bisher besten Erfahrungen hinsichtlich Bildqualität, Einstellung der Bildparameter und Stabilität des Programms gemacht.

Durch die Teleradiologie können nicht nur neuroradiologische Notfallkonferenzen, sondern auch allgemeinradiologische Routine-Konferenzen zeit- und kostensparend durchgeführt werden. Bedarf besteht sowohl außerhalb als auch innerhalb von medizinischen Einrichtungen.

An kleineren Krankenhäusern können Arztstellen und/oder Großgeräte eingespart werden. Gleichzeitig entsteht Bedarf an teleradiologisch ausgebildeten Ärzten.

Aufgrund der positiven Erfahrungen soll bei der totalen Vernetzung der Krankenhäuser des Märkischen Kreises in Lüdenscheid das KAMEDIN-System bei den radiologischen Konferenzen mit den klinischen Abteilungen der Häuser eingesetzt werden.

Literatur

Encarnacao, J.E., Hornung, C. & Noll, S. (1994). Computer Supported Cooperative Work (CSCW): Stand und Perspektiven. Mit Beiträgen von Kühn, V. *"CSCW in der Medizin", IT-TI-Sonderheft* 4/5, 94, Umweltinformatik/Informatik und Mobilität, 96-105.

Busch, Ch., Bernardes, P., Kühn, V. (Issue Editor), Miehe, J. & Will, A. (1994). KAMEDIN - A System for Medical Teleconferencing coming into Clinical Application now. *Computer Graphik Topics* 6/94, 10-11.

Busch, C., Hahn, C., Handels, H., Rinast, E., Kühn, V., Miehe, J., Will, A., Putzar, H., Rösler, K. & Bernardes, P. (1995). ISDN based Teleradiology and Image Analysis with the Software System KAMEDIN. *MEDINFO `95*, 8th World Congress on Medical Informatics, Vancouver, July 1995.

Handels, H., Hahn, C., Busch, C., Rinast, E., Kühn, V., Miehe, J., Will, A., Putzar, H. & Rösler, K. (1995). Computer Supported Cooperative Work and Image Analysis in Teleradiology. Proceedings of the International Symposium on Computer and Communications Systems for Image Guided Diagnosis and Therapy, *CAR `95*, Berlin 1995, 754-758.

Kühn, V., Handels, H., Hahn, C., Busch, C., Rinast, E., Miehe, J. & Will, A. (1995). Kooperatives Arbeiten und rechnergestützte Ferndiagnostik mit dem Telemedizinsystem KAMEDIN - Erfahrungen und Ergebnisse aus einem Feldversuch. *Tagungsband der 40. GMDS Jahrestagung*, MMV Medizin Verlag, München 1995.

Kühn, V., Busch, C., Miehe, J., Seibert, F. & Will A. (1995). KAMEDIN[PC] - Ein System für kooperatives Arbeiten und Expertenkonsultation in der medizinischen Diagnostik. *Computer Graphik Topics* 6/95, 23-24.

Kühn, V. (1995). Cooperative Work and Computer-Aided Medical Diagnosis Support on Digital Networks. *RSNA '95*, InfoRad, Chicago, USA.

Multimedia und Recht

Multimedia - Bewährungsprobleme für die Grundbegriffe des Urheberrechts

Michael Bartsch
Kanzlei Bartsch und Partner, Rechtsanwälte, Karlsruhe

Zusammenfassung. Das Urheberrecht soll Werke und Urheber schützen und die Verwertung der Werke organisieren. Unser Urheberrecht knüpft an Grundbegriffe an, die sich in der digitalen Welt auflösen. Damit werden die Rechtsgrundlagen für Schutz und Verwertung unsicher. Eine moderne Gesetzesauslegung, neue Gesetze und vor allem das Vertragsrecht bieten gute Lösungsansätze.

Schlüsselwörter. Urheberrecht bei Multimedia-Produkten, Vertragsrecht als Werkzeug.

1 Urheberrecht als Instrument des Schutzes

Die wichtigste Schutzmöglichkeit für Multimedia-Produkte und ihre Bestandteile ist das Urheberrecht. Das Urheberrecht wird für eine extrem breite Palette von immateriellen Gütern gewährt. Musik, bewegte und stehende Bilder, Texte, Darbietungen und vieles mehr haben urheberrechtlichen Schutz. Der urheberrechtliche Schutz entsteht ohne Formalien dadurch, daß das Werk verkörpert, also aufgenommen, aufgeschrieben wird.

Noch wichtiger ist die Internationalität. Durch die Revidierte Berner Übereinkunft und das Welturheberrechtsabkommen ist gewährleistet, daß es einen relativ einheitlichen internationalen Schutzstandard und einen internationalen Schutz gibt. Die Multimedia-Welt schaut deshalb erwartungsvoll auf dieses Schutzwerkzeug "Urheberrecht".

Die Erwartungen richten sich aber auch auf andere Ziele. So schöpft jeder Urheber aus früher Geschaffenem. Er ist darauf angewiesen, in gewissem Umfang verarbeiten, zitieren und nachschaffen zu können. Auch funktioniert die wirtschaftliche Verwertung der Werke nur, wenn das Urheberrecht die Vermarktung erleichtert.

Alle technischen und rechtlichen Vorgaben, die eine Neuschöpfung erleichtern, erleichtern auch die Piraterie. Das Urheberrecht hat also gegenläufige Zielsetzungen.

2 Urheberrecht als Werkzeug der Vermarktung

Um die heutigen Schwierigkeiten wahrzunehmen, müssen wir die urheberrechtlichen Grundbegriffe durchgehen.

2.1 Werk

Der Gesetzgeber stellt sich das Werk als ein einheitliches, relativ abgeschlossenes Gebilde vor, das beispielsweise, verkörpert in einem Werkstück, zur Handelsware werden kann. Auch Teile des Werkes genießen entsprechenden Schutz. Die neuen Techniken lösen den Werkbegriff nach zwei Richtungen auf: Die Sampling-Technik ermöglicht es, verlustfrei aus digitalen Werken kleine, aber noch kenntliche Passagen wie Zitate als Pixel zu benutzen. Wie klein darf ein solches Stückchen sein, um noch urheberrechtlich geschützt zu sein?

Die neue Technik ermöglicht es, Einzelwerke zu Superwerken zusammenzupacken. Informationen sind nicht isoliert schutzfähig, benötigen in der Zusammenfassung als Datenbank aber wirtschaftlichen Schutz, der durch das Urheberrecht nicht gewährleistet ist.

2.2 Urheber

Die modernen Techniken laufen dem klassischen Bild des Urhebers vielfach zuwider. Die Werke können durch Computer generiert werden und haben dann nicht den wirtschaftlich benötigten urheberrechtlichen Schutz. Die Gedanken des Urheberpersönlichkeitsrechtes passen auf moderne Werkarten nicht. Auch die gesetzliche Idee einer Urhebergemeinschaft ist nur bei wenigen Beteiligten funktionsfähig. Inzwischen werden Werke aber durch Hunderte von Personen geschaffen.

Der Unterschied zwischen dem Urheber und dem Nutzer verschwimmt. Durch die digitale Technik kann jeder Nutzer das Werk verändern; die Techniken laden dazu ausdrücklich ein. Das urheberrechtliche Feld besteht nicht mehr aus einerseits Autoren, andererseits Nutzern, sondern wird ein homogenes Feld aus Personen, die zur Gesamtheit aller Werke beitragen.

2.3 Verwertungsarten

An zwei Beispielen läßt sich zeigen, daß die klassischen Verwertungsrechte kein sinnvolles Abbild der Wirklichkeit und der Bedürfnisse für Schutz und Fungibilität digitaler Werke darstellen. Bei Computerprogrammen ist erstens seit langem unklar, ob das Einlesen des Programmes in den Arbeitsspeicher ein Vervielfältigungsvorgang ist. Dieselbe Frage stellt sich zweitens beim Schutz von Datenbanken und anderen digitalen Werken. Der klassische Vervielfältigungsbegriff paßt nicht mehr.

Der Sendebegriff meint Vorgänge wie beim Rundfunk, nämlich die Übermittlung einer Nachricht gleichzeitig an viele Empfänger. Die moderne Technik gestattet einen öffentlichen Zugriff auf Datenbestände zu unterschiedlichen Zeiten.

Weil das nicht Senden ist, besteht gerade für Datenbanken eine große Schutzlücke.

2.4 Urheberrechtliche Transfer

Das klassische Urheberrecht sieht den einzelnen Urheber, der im privaten Bereich ein Werk schafft und es durch Verwertungsverträge in die Öffentlichkeit bringt, beispielsweise das Buchmanuskript dem Verleger zum Abdruck überläßt oder das Bild an die Galerie verkauft. Das Werkstück geht also aus einem privaten Raum in einen öffentlichen, marktförmigen Raum und von dort wieder in private Räume, beispielsweise in den privaten Bücherschrank. Das Urheberrecht versorgt vor allem den Transfer aus der Urhebersphäre in die öffentliche Sphäre. Der weitere Weg des Werkstückes ist prinzipiell frei.

Die neuen Medien und Techniken jedoch kennen eine solche Unterscheidung zwischen einem öffentlichen Bereich und privaten Bereichen nicht mehr in der alten Schärfe. Datenbestände und Werke stehen in einem direkten Kommunikationsnetz zur Verfügung, das zwischen den einzelnen privaten Nutzerbereichen besteht. Und die Bereiche sind nicht mehr im früheren Sinn privat, sondern sie sind, beispielsweise durch Mailboxen und Zugriffsrechte auf Datenbestände, zumindest teils öffentlich.

3 Hilfe durch neue Gesetze

Der Gesetzgeber hat die Schwächen des Urheberrechtes erkannt. Die EU hat einen vernünftigen Softwareschutz installiert und den Schutz von Datenbanken vorbereitet. Wir dürfen aber nicht denken, daß der Gesetzgeber alle Probleme löst.

Schon die Internationalität des Urheberrechtes schafft Vorgaben für das nationale Urheberrecht, die wir zugunsten der modernen Techniken gern überspielen würden, die zu überspielen aber eine Aufgabe von Jahrzehnten wäre, und dann kommt die Lösung zu spät, und wir bräuchten neue Lösungen für dann aktuelle Probleme.

Die Situation ist ähnlich, als vor 10 Jahren Softwareschutz und Softwareüberlassung diskutiert wurden. Die Rechtsordnung ist mit den Problemen gut zurande gekommen. Das Thema Multimedia allerdings ist schwieriger.

4 Verträge als Werkzeuge zur Regelung von Multimedia-Produkten

4.1 Was eigentlich ist ein Vertrag?

Verträge sind Akte der Rechtsetzung. Zwei Leute wollen einen Kaufvertrag schließen, empfinden die nur sechs monatige Gewährleistungszeit zu kurz und vereinbaren 12 Monate. Sie haben damit für einen winzigen Bereich, nämlich die Reichweite ihres Vertrages, das Gesetzesrecht durch Vertragsrecht ersetzt, eigenes Recht gesetzt.

Das Vertragsrecht ist also ein mächtiges Werkzeug. Die Vertragsfreiheit ist das, was im Softwarebereich ein CASE-tool ist. So wie ein CASE-tool aus Programmen besteht, besteht das Vertragsrecht aus Rechtsregeln. So wie ein CASE-tool gestattet, Programme einer anderen Art (nämlich anwendbare Programme) zu erzeugen, so gestattet das Vertragsrecht, Rechtsvorschriften einer anderen Art, nämlich Vertragsrechte und -pflichten, zu generieren.

Das moderne Wirtschaftsleben ist eng mit neu erfundenen Vertragstypen verbunden. Die Multimedia-Landschaft ist hierfür das beste Beispiel. Allerdings hat unser Werkzeug "Vertrag" manifeste Nachteile. Es wirkt zunächst nur zwischen den Vertragspartnern und bietet damit im Prinzip kein weitreichendes Schutz- und Transaktionsinstrument. Es ist durch zwingende Rechtsvorschriften beschränkt. Auch die Strukturvorgaben des Urheberrechtes sind solche Beschränkungen. Das Werkzeug muß für jeden Einzelfall mit Mühe, Aufwand und Fachkunde gehandhabt werden. Besser wäre es, der Gesetzgeber hätte ein Regelungsmodell vorrätig, wie dies für den Schutz und den Transfer von Sacheigentum der Fall ist.

Dennoch können viele Multimedia-Probleme mit dem Werkzeug "Vertrag" sinnvoll geregelt werden.

5 Was die Juristen können

Wie können Juristen helfen? Sie können Sachverhalte wahrnehmen und strukturieren. Sie können das Gesetzesrecht auf neue Gegebenheiten anwenden und es durch neue Auslegung hierfür modifizieren. Sie können durch Vertragskonzepte neue Regelwerke schaffen.

Das ist nicht sehr viel, aber es ist auch nicht sehr wenig. Bislang ist die Multimedia-Branche nicht an zuviel Recht und nicht an Rechtlosigkeit gescheitert; im Gegenteil, sie blüht und wuchert. Die Juristen haben daran ihren Anteil, auch wenn sie Mühe mit dem Tempo haben. Aber nur schwere Aufgaben sind schöne Aufgaben.

Urheberrecht und Neue Medien

Christian Russ
Fuhrmann-Wallenfels-Binder Rechtsanwälte und Notare, Büro Wiesbaden

Zusammenfassung. Vor dem Hintergrund der medientechnischen Möglichkeiten zur Integration einer Vielzahl eigenständiger, bereits existierender und urheberrechtlich geschützter Werke zu einer neuen Komposition, die zusätzliche Informationsarbeit enthält, konzentriert sich der vorliegende Beitrag auf diejenigen Probleme, vor denen ein Verlag steht, wenn er urheberrechtlich geschützte Werke in digitalisierter Form verwerten will. Hierbei geht es in erster Linie um eine urheberrechtlich einwandfreie Erstellung eines Multimedia-Programms, das dann als CD-ROM oder via Online-Netzen verwertet werden kann.

Schlüsselwörter. Urheberrecht, Copyright, Rechteverwertung, Medienintegration.

1 Einleitung

Die technische Entwicklung ist stets das Schwungrad der urheberrechtlichen Entwicklung gewesen: Mit dem Aufkommen der Schallplatte, des Tonfilms, des Rundfunks und des Fernsehens stand der Gesetzgeber jedes Mal wieder vor neuen Problemen und Herausforderungen.

Derzeit erleben wir wieder eine solche Herausforderung: Ein Phänomen, das als "digitale Revolution" bezeichnet wird. Unter "Digitalisierung" versteht man die Codierung und Speicherung von Daten in binärer Form (als Nullen und Einsen, Strom oder kein Strom). Die gespeicherten Zahlen werden zurückverwandelt in Texte, Musikstücke, Bilder oder Filme. Nicht nur der schnelle und gezielte Zugriff auf bestimmte Informationen innerhalb riesiger Datenmengen wird damit möglich, sondern auch das Zusammenfügen einer Vielzahl urheberrechtlich geschützter Werke und Leistungen im Rahmen eines einzigen Programmes. Ein solches Programm kann dann in beliebiger Form verkauft oder verwertet werden: Als Diskette, CD-ROM oder mittels sogenannter Online-Datendienste.

Mit dieser neuen Form der Verwertung sind eine Vielzahl urheberrechtlicher Probleme verbunden. So fließen etwa in einem Multimedia-Programm diverse urheberrechtlich geschützte Werke zusammen: Nicht nur die Rechte der einzelnen Urheber sind dabei zu achten, sondern auch die Leistungsschutzrechte der darbietenden Künstler sowie der Tonträger- und Filmhersteller. Hinzu kommt, daß die Zusammenstellung der verschiedenen Elemente wiederum einer Aufbereitung bedarf: Es muß eine Benutzeroberfläche erstellt werden, Grafik und Grafikanimation erfordern eine eigenschöpferische Tätigkeit, ebenso die Erstellung von neuen Texten, Musikstücken,

Filmen und Bildern speziell für das konkrete Multimedia-Programm. Auf diese Weise entstehen neue urheberrechtlich geschützte Werkkomponenten, deren Nutzung nur nach Übertragung der entsprechenden Nutzungsrechte erfolgen darf.

2 Aufgaben des Verlages

Der Verlag wird im Regelfall die inhaltliche Konzeption eines Programmes erstellen und ggf. eigene Rechte einbringen. Zu seinen Aufgaben zählen Vorauswahl und Bereitstellung der zu verwendenden Texte, Bilder, Tonaufnahmen und Filme (Videos). Ist für die Verwertung dieser Programmbestandteile die Einholung von urheberrechtlichen Nutzungsrechten oder von Leistungsschutzrechten Dritter erforderlich, so wird dies ebenfalls Aufgabe des Verlages sein.

Der Verlag wird ferner mit einem Software-Anbieter einen Werkvertrag abschließen und diesem die technische Umsetzung der inhaltlichen Vorgaben überantworten. Dieser Werkvertrag dürfte in der Regel auch urheberrechtliche Züge tragen, da bei der technischen Umsetzung im Software-Unternehmen Urheberrechte enstehen, an denen der Verlag die Nutzungsrechte erwerben muß. Der Vertrag sollte einen Zeitplan und Regelungen über die Abnahme der einzelnen Arbeitsschritte ebenso vorsehen, wie Gewährleistungsregelungen und die Betreuung bei einer Weiterentwicklung des Programmes. Der Verlag muß darauf achten, daß er das Eigentum an allen Unterlagen und sonstigen Hilfsmitteln behält, die im Zusammenhang mit dem Vertrag geliefert oder erstellt wurden. Der Verlag muß sich von dem Software-Anbieter ferner das ausschließliche und übertragbare Recht einräumen lassen, das erstellte Programm ohne inhaltliche oder zeitliche Beschränkung zu nutzen, zu verwerten, zu bearbeiten, zu veröffentlichen und zu verbreiten. Sofern diese Rechtsausübung nur nach Übertragung von Nutzungsrechten und/oder Leistungsschutzrechten erfolgen kann, die beim Software-Anbieter entstehen, müssen diese ebenfalls übertragen werden. Bisweilen neigen Software-Anbieter dazu, solche Nutzungsrechte nur in beschränkter Form - beispielsweise für eine Auflage - einzuräumen. Eine solche Regelung muß unbedingt vermieden werden, damit der Verlag das Programm auch alleine oder mit einem anderen Software-Partner weiterentwickeln und weiterverwerten kann.

Der Verlag wird sich ferner um eine kommerzielle Verwertung des entstandenen Programms bemühen. Hierbei kommt der Verkauf eines Speichermediums (CD-ROM, CD-I, Diskette etc.), aber auch die bloße Einräumung von Nutzungsrechten in Betracht. Vorstellbar ist auch eine Lizenzierung an Datenbankdienste, die ihrerseits über die zur Verfügung stehenden Netze (zum Beispiel Telefon, Kabel, Glasfaser) ein kommerzielle Verwertung vornehmen.

3 Benötigte Rechte

3.1 Textprogramm

Beginnen wir mit einem Beispiel: Ein medizinischer Fachverlag gibt die Zeitschrift "Allgemeinmedizin" heraus und möchte die Ausgaben der letzten 5 Jahre ganz zeitgemäß nun auch auf einer CD-ROM veröffentlichen. In einer solchen Situation sind die Verlage häufig der Auffassung, mit den Abdruckrechten an den einzelnen in der Zeitschrift enthaltenen Aufsätzen regelmäßig auch das Recht zu deren digitaler Verwertung übertragen bekommen zu haben. Dies ist aufgrund der im Urheberrecht geltenden "Zweckübertragungslehre" jedoch regelmäßig nicht der Fall: Danach hat das Urheberrecht grundsätzlich die Tendenz, soweit wie möglich beim Urheber zu verbleiben. Im Zweifel überträgt der Urheber nur diejenigen Rechte an den Verlag, die erforderlich sind, damit der Vertragszweck erreicht werden kann. Dies bedeutet, daß die einzelnen Autoren dem Verlag der Fachzeitschrift im Zweifel lediglich das Recht eingeräumt haben, ihre Aufsätze in gedruckter Form zu veröffentlichen und auf diese Weise zu verwerten. Für die *digitale* Version der Zeitschrift auf CD-ROM benötigt der Verlag jedoch darüber hinaus zumindest das Recht zur elektronischen Speicherung des einzelnen Aufsatzes auf einem Datenträger sowie zur Herstellung und Verbreitung von Vervielfältigungsstücken. Für eine Verwertung über Online-Datenbanken benötigt der Verlag darüber hinaus das Recht zum sogenannten "Download" des Werkes in einem eigenen oder fremden Rechner sowie zu dessen unkörperlicher Wiedergabe. Sofern eine solche Rechtsübertragung noch nicht erfolgt ist, muß der Verlag mit jedem einzelnen Autor *nachträglich* einen entsprechenden Nutzungsvertrag abschließen (und sich ggf. auch über eine Vergütung einigen). Man kann sich leicht vorstellen, daß der Verlag auf diese Weise schnell vor der kaum lösbaren Aufgabe steht, mehrere Dutzend Autoren oder gar deren Rechtsnachfolger ausfindig zu machen und zur Einräumung digitaler Nutzungsrechte zu bewegen. Wenn die Autoren aber das Stichwort "Neue Medien" hören, dann glauben sie regelmäßig, nun ginge es endlich an das große Geld. Demgegenüber ist die Situation in Wahrheit für die Verlage häufig von hohen Einstandskosten, geringen Stückzahlen und schwierigen Absatzprognosen gekennzeichnet. Es hilft aber nichts: Wer nur für einen einzigen Text eines aus vielen hundert Texten bestehenden Programms keine digitalen Nutzungsrechte besitzt, läuft Gefahr, daß ihm Herstellung und Verbreitung des Programms von dem betroffenen Urheber verboten werden (§ 97 Abs. 1 Urheberrechtsgesetz). Es ist also Vorsicht geboten.

Angesichts der Vielzahl von Problemen bei der nachträglichen Einholung von Nutzungsrechten ist es kaum verständlich, daß eine Reihe von Verlagen beim Abschluß ihrer Verlagsverträge so tut, als gäbe es digitale Rechte nicht. Jeder moderne Verlagsvertrag berücksichtigt digitale Nutzungsrechte: Insbesondere sind auch die Zeiten vorbei, in denen Zeitschriftenverlage auf den Abschluß detaillierter und schriftlicher Verträge mit den einzelnen Autoren verzichten konnten. In künftigen Verlagsverträgen empfiehlt sich somit zumindest die Berücksichtigung und Mitübertragung des ausschließlichen Rechts

- zur *Vervielfältigung* und *Verbreitung* des Werkes (Verlagsrecht) und zu dessen *unkörperlicher Wiedergabe*, sowie
- zur *maschinenlesbaren Erfassung* und *elektronischen Speicherung* des Werkes auf einem Datenträger beliebiger Art und in einer eigenen oder fremden Datenbank, zum *Download* des Werkes in einem eigenen oder fremden Rechner sowie zur *Wiedergabe* des Werkes *am Bildschirm*, sei es unmittelbar oder im Wege der Datenfernübertragung.

Grundsätzlich sollte die Übertragung der Rechte weltweit, ohne Stückzahlbegrenzung, für alle Auflagen und Weiterentwicklungen der Software sowie für die Dauer des gesetzlichen Urheberrechts erfolgen.

3.2 Multimedia-Programm

Die soeben dargestellten urheberrechtlichen Probleme bei der Erstellung eines reinen Textprogrammes potenzieren sich, wenn eine Verknüpfung mit anderen künstlerischen Elementen oder Darstellungsformen wie Musik, Fotografie, Grafik oder Film zu einem "multimedialen" Programm erfolgt.

Auch hier ein Beispiel: Ein Verlag möchte das bei ihm erschienene Werk "Die bedeutendsten Künstler des 20. Jahrhunderts" als Multimedia-CD-ROM verwerten und erwägt eine künftige Nutzung auch über Online-Datenbanken. Da es sich um einen fortschrittlichen Verlag handelt, hat er sich die digitalen Nutzungsrechte an den Texten dieses Werkes beizeiten von seinen Autoren einräumen lassen. Doch wie sieht es mit den Rechten an den erforderlichen Musikbeispielen, an den verwendeten Fotos und Videos, Grafiken und Werken der bildenden Kunst aus, die zum Standard multimedialer Programme gehören?

Hier muß der Verlag zunächst die Spreu vom Weizen trennen und ermitteln, welche der zur Verwendung vorgesehenen Werke und künstlerischen Darbietungen urheberrechtlich überhaupt noch geschützt sind. Denn 70 Jahre nach dem Tod des Urhebers ist dessen gesamtes Werk gemeinfrei (§ 64 Abs. 1 Urheberrechtsgesetz), so daß die Verwendung seiner Werke keiner Genehmigung durch irgendwen bedarf. Die auf Bild- oder Tonträger aufgenommenen Darbietungen von Künstlern sind regelmäßig 50 Jahre ab Erscheinen des Bild- oder Tonträgers frei (§ 82 Urheberrechtsgesetz), die Leistungsschutzrechte der Produzenten von Tonträgern und Filmen enden regelmäßig bereits 25 Jahre nach deren Veröffentlichung (§§ 85 Abs. 2, 94 Abs. 3 Urheberrechtsgesetz).

Hinsichtlich aller noch geschützter Werke beginnt dann für den Verlag die Detektivarbeit: In unserem Beispielsfall können leicht mehrere hundert Rechte an Kompositionen, musikalischen, tänzerischen oder schauspielerischen Darbietungen, Fotografien, Werken der bildenden Kunst etc. zur Einholung anstehen, was selbst die Lizenzabteilungen gut ausgestatteter Verlage schnell überfordert. Hinsichtlich der Verwendung kleinerer Ausschnitte aus geschützten Werken kann im Einzelfall das Zitatrecht eine lizenzfreie Nutzung ermöglichen (§ 51 Nr. 2 Urheberrechtsgesetz), allerdings ist hier äußerste Vorsicht geboten.

Für jedes einzelne geschützte Werk, das im Rahmen des Multimedia-Programms Verwendung finden soll, benötigt der Verlag vom jeweiligen Rechtsinhaber außer den zuvor benannten digitalen Vervielfältigungs-, Verbreitungs- und Senderechten

- das *Vorführungsrecht* sowie das *Recht der Wiedergabe durch Bild- und Tonträger*, falls das Werk im Rahmen des Multimedia-Programms - beispielsweise als Werbung auf der Frankfurter Buchmesse - öffentlich ausgestellt werden soll (§§ 19 Abs. 4, 21 Urheberrechtsgesetz),
- das *Bearbeitungsrecht*, sofern das jeweilige Werk in übersetzter oder sonstwie veränderter Form genutzt werden soll (§ 23 Urheberrechtsgesetz),
- das *Recht zur Teil-Werknutzung*, da jede unvollständige Nutzung eines Werkes dessen geistig-ästhetischen Gesamteindruck verändert und daher wie eine Bearbeitung zu behandeln ist,
- das *Recht zur Verbindung des Werkes mit anderen Werken oder Gestaltungsformen*, sofern eine solche Verbindung geeignet ist, die geistigen oder persönlichen Interessen des Urhebers an seinem Werk zu beeinträchtigen.

Die Einholung der benötigten Rechte in größerem Umfang ist nur mittels standardisierter Verträge möglich. Auch hier gilt: Wenn nur ein einziges Recht fehlt, hängt über dem gesamten Produkt das Damoklesschwert urheberrechtlicher Unterlassungs- und Vernichtungsansprüche der betroffenen Rechteinhaber.

4 Einholung der Rechte

Es reicht leider nicht aus, zu wissen, welche Rechte man nun im einzelnen braucht. Entscheidend ist darüber hinaus die Frage, wer dem Verlag die benötigten Rechte überhaupt im Wege der Lizenz einräumen kann. Hierbei kommen in Frage: Der Urheber, seine Erben, sein Verlag, eine Verwertungsgesellschaft.

Hierbei ist zu beachten, daß durchaus ein "Splitting" von Rechten vorkommen kann: Hat etwa ein Autor im Jahre 1980 mit einem Verlag einen Vertrag abgeschlossen und diesem das Verlagsrecht und die üblichen Nebenrechte übertragen, so sind die digitalen Nutzungsrechte von einem solchen Vertrag gerade *nicht* mitumfaßt. Denn im Urheberrecht gilt der Grundsatz, daß keine Rechte an Nutzungsformen übertragen werden können, die zum Zeitpunkt des Vertragsabschlusses noch gar nicht allgemein bekannt waren (§ 31 Abs. 4 Urheberrechtsgesetz). So kann es bei älteren Werken leicht passieren, daß das Verlagsrecht und alle Nebenrechte zwar beim Verlag liegen, jedoch das hier entscheidende digitale Nutzungsrecht beim Urheber verblieben und dort auch einzuholen ist. Wer eine digitale Nutzungslizenz bei einem Verlag einholt, ist daher gut beraten, sich von diesem Verlag eine ausdrückliche Bestätigung über den ordnungsgemäßen Erwerb der lizenzierten Rechte geben zu lassen. Noch sinnvoller ist eine Verpflichtungserklärung des lizenzierenden Verlages, den Lizenznehmer von allen Vermögensschäden freizustellen, die dieser aufgrund des Umstandes erleidet, daß der lizenzierende Verlag über die vom ihm vergebenen Rechte tatsächlich *nicht* verfügen konnte.

Es gilt der Grundsatz, daß niemand mehr Rechte übertragen kann, als er selbst hat. Dies vorausgeschickt, wenden wir uns nun den einzelnen Werkformen zu und fragen, wo im Einzelfall die digitalen Nutzungsrechte einzuholen sind.

4.1 Textrechte

Rechtsinhaber bei Textrechten ist grundsätzlich der Urheber, dessen Rechtsnachfolger oder sein Verlag. Gibt es zwischen den Parteien keine besonderen Vereinbarungen, so liegen die digitalen Nutzungsrechte regelmäßig beim Urheber. Liegen die Rechte beim Verlag und räumt dieser eine Lizenz zur Erstellung eines digitalen Produkts ein, so hat der Urheber entweder aufgrund des Verlagsvertrages oder aufgrund der Regelung des § 22 Abs. 1 Satz 2 des Verlagsgesetzes einen Anspruch auf Vergütung. Bei Verwertungsgesellschaften können Textrechte derzeit nicht eingeholt werden. Ausweislich des Wahrnehmungsvertrages der VG Wort nimmt diese mit ganz wenigen Ausnahmen auch heute nur Vergütungsansprüche auf der Basis gesetzlicher Lizenzen wahr, ist aber nicht in der Lage, selbst Lizenzen zu vergeben, wie dies für digitale Produkte erforderlich wäre.

4.2 Musikalische Werke

Hinsichtlich der Verwertung musikalischer Werke ist zwischen dem Recht zur digitalen Nutzung der Komposition selbst und dem Recht zur Verwendung bereits vorhandener Tonträger zu unterscheiden. Die Rechte an den Kompositionen werden in weitem Umfang von der GEMA vergeben. Berührt ist insbesondere das Recht zur Benutzung des Musikwerkes für eine audiovisuelle Trägerplattform, welches die GEMA-Mitglieder der GEMA durch § 1 i Abs. 1 des Berechtigungsvertrages mit einer auflösenden Bedingung übertragen haben. Die auflösende Bedingung tritt ein, wenn der Werkberechtigte binnen vier Wochen nach Benachrichtigung der GEMA schriftlich mitteilt, daß er das Nutzungsrecht im eigenen Namen wahrnehmen möchte. Macht der Berechtigte innerhalb dieser Frist von der Rückfallmöglichkeit keinen Gebrauch, vergibt die GEMA dieses Recht selbst. Auch das Vervielfältigungs- und Verbreitungsrecht wird von der GEMA in weitem Umfang wahrgenommen. Für die Vervielfältigung von Werken des GEMA-Repertoires auf audio-visuellen Datenträgern und deren Verbreitung zum persönlichen (privaten) Gebrauch hat die GEMA einen Tarif.

Abgesehen von den bei der GEMA zu erwerbenden urheberrechtlichen Nutzungsrechten ist zu beachten, daß bei einer Überspielung von vorbestehenden Tonträgern auch die Einwilligung der Tonträgerhersteller und der Interpreten erforderlich ist. Das Leistungsschutzrecht des Tonträgerherstellers ist grundsätzlich bei diesem zu erwerben. Regelmäßig vergibt der Tonträgerhersteller auch diejenigen Leistungsschutzrechte der Künstler an ihren Darbietungen, die er sich zuvor von diesen Künstlern im Wege eines Reversvertrages hat übertragen lassen. Ob dies im Bereich der Nutzung der Darbietung für digitale und insbesondere Multimedia-Produkte geschehen ist, ist grundsätzlich beim Tonträgerhersteller zu erfragen. Auch sollte eine entsprechende Haftungsfreistellung vom Tonträgerhersteller erklärt werden, falls dieser über Rechte verfügt, die er garnicht hat. Die Vergütung der Nutzung der Leistungsschutzrechte ist grundsätzlich auch mit dem Tonträgerhersteller auszuhandeln. Die GVL nimmt in diesem Zusammenhang derzeit keine Rechte wahr.

4.3 Werke der bildenden Kunst

Die Nutzungsrechte an Werken der bildenden Kunst sind grundsätzlich beim Urheber selbst oder bei dessen Verlag zu erwerben. Die VG Bild-Kunst erteilt für die von ihr vertretenen bildenden Künstler im Rahmen der abgeschlossenen Wahrnehmungsverträge im Einzelfall die Erlaubnis, Werke der bildenden Kunst für die Erstellung von digitalen Produkten zu verwenden. Dies betrifft die Berufsgruppe I der VG Bild-Kunst: Maler, Bildhauer und Architekten. Hier hat die VG Bild-Kunst den Wahrnehmungsvertrag ihrer Berufsgruppe I (bildende Künstler) insofern geändert, als sie die Ansprüche aus der Nutzung der Werke in Sammlungen, die Werke einer größeren Anzahl von Urhebern auch in digitalisierter Form vereinigen, wahrnimmt (§ 1 l des VG Bild-Kunst-Wahrnehmungsvertrages mit der Änderung vom 24.06.1994). Die VG Bild-Kunst vergibt die Rechte in jenen Fällen selbst, in denen es sich bei dem digitalen Produkt um ein solches handelt, das Werke mehrerer bildender Künstler -vergleichbar einem Kunstbuch- enthält. Ist dies nicht der Fall, so wird der Urheber oder werden dessen Rechtsnachfolger zunächst um Zustimmung gebeten. Die Vergütung erfolgt zwischenzeitlich auf der Grundlage eines Tarifs für körperliche und unkörperliche digitale Verwertungsformen.

4.4 Fotografien

Die VG Bild Kunst läßt sich zwar in ihrem Wahrnehmungsvertrag auch von den Fotografen (Berufsgruppe II) das Recht der Wiedergabe durch Bild- oder Bild/Tonträger übertragen. Es fehlt jedoch insbesondere das Recht zur digitalen Verwertung und das Recht zur Werkverbindung. Die Rechte sind demgemäß stets bei den Fotografen, Filmautoren und Grafik-Designern direkt einzuholen. Es ist jedoch auch im Gespräch, besagte Rechte künftig - zumindest in gewissem Umfange - von der VG Bild-Kunst wahrnehmen zu lassen.

4.5 Filme und Videos

Sollen Filme und Videos im Rahmen des Multimedia-Programms verwendet werden, so ist die Rechteeinholung nicht ganz so schwierig. Die Regelung des § 89 Urheberrechtsgesetz macht den Filmproduzenten zur zentralen Figur bei der Vergabe von Rechten an Filmen und Videos. Der Filmhersteller hat im Zweifel das ausschließliche Recht, das Filmwerk "auf alle bekannten Nutzungsarten" zu nutzen. Bei älteren Filmen müßte - zumindest theoretisch - von jedem einzelnen der beteiligten Urheber (Drehbuchautor, Regisseur, Kameramann etc.) und der darstellenden Künstler die entsprechende Genehmigung erteilt und diesem individuell vergütet werden.

5 Fazit

Als Urheberrechtler befindet man sich angesichts der Entwicklung digitaler Medien in einem echten Dilemma: Einerseits muß das Urheberrecht dem Autor und seinem Verlag das Recht sichern, über die Verwertung eines Werkes individuell zu bestimmen. Denn nicht jedem Textautor würde es gefallen, auf einer CD-ROM eines Verlages vertreten zu sein, dessen politische Richtung er beispielsweise ablehnt; Verlage möchten verhindern, daß sich Konkurrenten unbeschränkt bei ihren Rechten bedienen. Andererseits zeigen die vorstehenden Ausführungen, daß es gerade bei komplexeren Multimedia-Programmen nahezu nicht mehr möglich ist, sämtliche Rechteinhaber zu ermitteln und ggf. mehrere hundert Lizenzverträge individuell auszuhandeln und abzuschließen. Damit werden die Verlage vor die Wahl gestellt, entweder die Verletzung fremder Urheberrechte als notwendiges Übel eines Multimedia-Produktes in Kauf zu nehmen, oder aber auf eines solches Projekt ganz zu verzichten. Es kann aber nicht Aufgabe des Urheberrechts sein, durch sein hohes Schutzniveau Urheberrechtsverletzungen zu begünstigen und die Entwicklung eines - ja auch für die Urheber und Verlage wirtschaftlich hochinteressanten - Medienmarktes zu behindern.

Sollte kein *pragmatischer* Weg gefunden werden, die Rechtevergabe drastisch zu vereinfachen, so droht auf europäischer Ebene die Einführung einer Zwangslizenz. Urheber und Verlage könnten dann ihre Rechte nicht mehr individuell wahrnehmen und erhielten lediglich einen Vergütungsanspruch: Dies wäre aus Sicht der Verlage die denkbar schlechteste aller Lösungen.

Ein Ausweg aus dem Dilemma könnte nach dem Dafürhalten des Autors eine Lösung sein, bei der Rechte zur Einbindung von Werken in multimediale Programme zentral wahrgenommen werden, wobei jedoch dem Verlag auf seinen Wunsch die Möglichkeit zur individuellen Wahrnehmung verbleibt. In der Praxis würde die mit der Wahrnehmung digitaler Nutzungsrechte beauftragte Stelle, z. B. eine Verwertungsgesellschaft, beim jeweiligen Verlag anfragen, ob sie eine bestimmte Lizenz erteilen kann. Falls sich der Rechteinhaber nicht binnen einer kurzen Frist äußert, vergibt die Verwertungsgesellschaft das Recht. Verlangt der Rechteinhaber hingegen den Rückfall des Rechts, so kann er selbst mit dem jeweiligen Interessenten darüber verhandeln, ob und zu welchen Konditionen dieser das Werk nutzen kann. Eine solche Regelung ermöglicht einen Ausgleich zwischen den Interessen des Marktes an einer schnellen und pragmatischen Abwicklung und den Interessen der Rechteinhaber, auf Wunsch Lizenzen individuell auszuhandeln.

Auch die Verwertungsgesellschaften haben die Notwendigkeit zum Handeln erkannt: GEMA, GVL, VG Bild-Kunst und VG-Wort haben sich kürzlich zu einer "Arbeitsgruppe Multimedia" zusammengeschlossen. Beabsichtigt ist die Etablierung eines "One-Stop-Shop", in welchem die Rechte aller Lizenzgeber im multimedialen Bereich erworben werden könnten. Über die internationalen Vereinigungen der Verwertungsgesellschaften müßte zudem ein System der grenzüberschreitenden Lizenzierung, Vergütung und Verrechnung geschaffen werden, wie es im Bereich der Musikverwertung besteht und weitgehend funktioniert.

Es ist nun Aufgabe der Verlagsbranche, einen pragmatischen Weg der Rechtewahrnehmung aktiv mitzugestalten, ohne die individuellen Interessen der Verlage bei der Vergabe eigener Rechte zu beeinträchtigen. Dazu gehört insbesondere das Recht der Verlage, grundsätzlich selbst zu entscheiden, ob eine zentrale Vergabestelle überhaupt Rechte des Vertrages vergeben darf.

Der Schutz urheberrechtlicher Werke im digitalen Zeitalter durch das Vervielfältigungs-, Verbreitungs- und Senderecht

Mathias Schwarz
Rechtsanwalt in München

Zusammenfassung. Der Beitrag behandelt die urheberschutzrechtlichen Aspekte bei den im Internet ablaufenden digitalen Informationsspeicherungs-, Strukturierungs- und Abrufvorgängen. Besonderes Augenmerk wird dabei auf die internetspezifischen, stufenweisen Datentransportwege über seriell verbundene, zwischenspeichernde Server, sowie auf das Prinzip des benutzer- nicht anbieterkontrollierten Ladens von Informationen gelegt.

Schlüsselwörter. Urheberrecht, World Wide Web, Bulletin Board Systeme, Datenübermittlung.

1 Einleitung

Während sich die Speicherung urheberrechtlicher Werke auf digitalen Datenträgern regelmäßig zweifelsfrei als urheberrechtlich relevante Vervielfältigung im Sinne des § 16 Urhebergesetz (UrhG) darstellt, bringen die verschiedenen Kommunikationsvorgänge in digitalen Netzen erhebliche Schwierigkeiten der Einordnung dieser Prozesse in die Systematik der urheberrechtlichen Verwertungsrechte der §§ 15 ff. UrhG mit sich. Während sich die meisten Urheberrechtler darin einig sind, daß die entsprechenden Kommunikationsvorgänge nicht generell außerhalb des urheberrechtlichen Schutzsystemes stehen dürfen, ist festzustellen, daß eine dogmatisch gesicherte Einordnung in die urheberrechtlichen Verwertungsrechte noch erhebliche Probleme bereitet. Um hier Grauzonen zu vermeiden und die erforderliche Rechtssicherheit zu gewährleisten, wäre es sicherlich wünschenswert, wenn der Gesetzgeber rechtsfortbildend tätig würde.

2 Digitale Speicherung urheberrechtlicher Werke auf der Ebene der Anbieter digitaler Dienste

(1) Die Eingabe von urheberrechtlichen Werken über Tastatur, Scanner und sonstige Analog/digital-Wandler zur Speicherung auf digitalen Datenträgern, das sog. Uploading, stellt eine Vervielfältigung im Sinne von § 16 UrhG dar (vgl. zuletzt Becker, ZUM 1995, S. 243 f. m.w.N.), auch wenn die im § 15 Abs. 1 UrhG angesprochene "körperliche Form" dieser Verwertungshandlung etwa bei dem auf einer Festplatte gespeicherten Inhalt eines Buches nur noch schwer zu erkennen sein mag.

(2) Bei einer auf Distanz erfolgenden Speicherung ist die Frage zu beantworten, wer diese Vervielfältigung zu verantworten hat und ggf. als Verletzer nach § 97 UrhG in Anspruch genommen werden kann. Nach allgemeinen Grundsätzen haftet für eine Urheberrechtsverletzung derjenige, der sie selbst, insbesondere, der sie bewußt begangen hat (Nordemann, 1994). Eine Herrschaftsmacht über das Medium, in dem die Vervielfältigung erfolgt, ist hingegen nicht erforderlich. Überspielt etwa ein Internet-Teilnehmer urheberrechtlich geschützte Werke auf ein Bulletin Board ohne entsprechende Gestattung des Berechtigten, so ist er primärer Verletzer, obwohl er keine weitergehende Verfügungsmacht über das BBS hat.

Fraglich ist, ob auch der Bulletin Board Betreiber für diese meist ohne sein Wissen erfolgte unberechtigte Vervielfältigung haftet. Eine solche Haftung dürfte regelmäßig bei einer entsprechenden Anwendung der Rechtsprechung zur Haftung des Veranstalters (BGH GRUR, 1956, 515, 516 - Tanzkurse; KG GRUR 1959, 150 f. Musikbox-Aufsteller; OLG München GRUR 1979, 152 - Transvestitenshow; Nordemann, 1994; siehe auch BGH, GRUR 1994, 363, 365 f. - Holzhandelsprogramm) zu bejahen sein.

Durch die Schaffung der organisatorischen und finanziellen Voraussetzungen für die Zurverfügungstellung des Bulletin Boards übernimmt der Betreiber insoweit auch eine grundsätzliche Verantwortung für dessen Inhalte. Allerdings begründet dies zunächst nur einen Beseitigungs- und bei drohender Wiederholungsgefahr einen Unterlassungsanspruch. Für einen Schadensersatzanspruch muß dem BBS-Betreiber darüber hinaus Vorsatz oder Fahrlässigkeit nachgewiesen werden (§ 97 Abs. 1 S. 1 UrhG). Ob sich eine solche Fahrlässigkeit schon allein daraus ergeben könnte, daß der BBS-Betreiber seine Kunden nicht ausdrücklich darauf hingewiesen bzw. sie vertraglich verpflichtet hat, nicht ohne entsprechende Lizenz urheberrechtlich geschütztes Material zu überspielen, erscheint zweifelhaft (zu der teilweise parallelen Diskussion um den Verkauf von Tonbandgeräten als haftungsbegründende Veranlassung vgl. BHGZ 42, 118, 123; Nordemann, 1994).

(3) Die bloße digitale Speicherung des Werkes stellt meiner Ansicht nach keine Bearbeitung oder andere Umgestaltung im Sinne des § 23 UrhG dar, da über die Verviel-

fältigung hinaus kein Eingriff in das Originalwerk vorgenommen wird (Löwenheim & Schricker, 1995; Rehbinder, 1995, S. 686). Dies gilt auch, wenn das auf den Server überspielte Werk mit einem Index versehen wird und Suchbegriffe das Auffinden gewisser Textstellen erleichtern sollen. Auch das Markieren einzelner Stellen eines Werkes als Hypertext, das das "Surfen" zu anderen Werken oder Dateien erleichtert, ist nicht als Bearbeitung oder andere Umgestaltung zu bewerten, da das Werk weiterhin unverändert und vollständig abgerufen werden kann.

(4) Werden Tonträger oder Filmwerke in eine Datenbank überspielt, so begründen weder die dabei erfolgende Digitalisierung noch zur Datenorganisation vorgenommene Maßnahmen (z. B. Index, Hyperlinks) ein eigenes Leistungsschutzrecht des Datenbankbetreibers als Tonträger oder Filmhersteller im Sinne der §§ 85, 94 UrhG (so die allgemeine Meinung für den ähnlich gelagerten Fall der Überspielung von Filmwerken auf ein Video-Masterband, vgl. nur Hertin, 1995).

(5) Die Datenbank kann jedoch als solche geschützt sein. Ein derartiger Schutz kann sich einmal über § 4 UrhG ergeben, wenn die Auslese oder Anordnung der in die Datenbank aufgenommenen Werke und sonstigen Beiträge als persönliche geistige Schöpfung und die Datenbank damit als Sammelwerk anzusehen ist (Vinck, 1994). Die durch § 4 UrhG aufgestellten Voraussetzungen für einen urheberrechtlichen Schutz einer Datenbank werden durch Art. 3 Abs. 1 der neuesten Fassung des Entwurfes der Datenbankrichtlinie der Europäischen Union (7934/95) wörtlich übernommen, so daß bei Inkrafttreten dieser Richtlinie in ihrer jetzigen Form nicht mit Änderungen der gesetzlichen Regelungen zu rechnen ist. Durch den Zusatz in Art. 3 Abs. 1 Nr. 2 des Richtlinienentwurfes, der einer entsprechenden Bestimmung in der EG-Richtlinie zum Rechtsschutz von Computer-Programmen nachgebildet ist (Richtlinie 91/250/EWG des Rates vom 14. Mai 1991) und der bestimmt, daß allein das Vorliegen einer geistigen Schöpfung Voraussetzung des urheberrechtlichen Schutzes ist, wird man allerdings entnehmen können, daß die Anforderungen an die Schöpfungshöhe nicht sonderlich hoch geschraubt werden dürfen. Dennoch wird sich ein Bulletin Board Service, bei dem eine Vielzahl von Teilnehmern Beiträge an das elektronische Bulletin Board übermittelt, regelmäßig nicht als Sammelwerk für einen urheberrechtlichen Schutz qualifizieren. Zwar erkennt auch Art. 4 Abs. 1 des Richtlinienentwurfes ausdrücklich die Möglichkeit an, daß auch eine Gruppe von Personen als Schöpfer der Datenbank angesehen werden kann. Voraussetzung ist jedoch, daß eine bewußte Auslese der aufzunehmenden Werke oder Beiträge bzw. eine zielgerichtete Anordnung erfolgt ist. Denkbar ist dies bei BBS-Systemen allenfalls für sog. moderierte Newsgroups, bei denen ein oder mehrere Moderatoren für die Auswahl der aufzunehmenden Beiträge verantwortlich zeichnen.

(6) Stellt die Datenbank kein Sammelwerk dar, so kommt doch ein Schutz über das *sui generis* Recht in Betracht, das Art. 7 der Datenbankrichtlinie für Datenbanken vorsieht, bei denen ersichtlich ist, daß deren Ersteller in qualitativer und/oder quantitativer Hinsicht ein wesentliches Investment in bezug auf die Sammlung, Überprüfung oder Darstellung der Inhalte der Datenbank erbracht hat. Allerdings schützt dieses *sui generis* Recht nur gegen einen unberechtigten Zugriff und eine Wiederverwendung des gesamten Inhalts der Datenbank bzw. wesentlicher Teile hiervon.

Ob sich für einen Bulletin Board Service ein solcher sui-generis Schutz ergibt, wird im Einzelfall allerdings durchaus zweifelhaft sein. Der Betreiber eines BBS beschränkt sich vielfach auf die Bereitstellung seines Servers, die Festlegung der Thematik des Bulletin Boards und die Installation einer geeigneten (Standard-) Software. Ein qualitativ bzw. quantitativ wesentliches Investment wird man hierin noch nicht sehen können. Es müßte allerdings möglich sein, auch Werbemaßnahmen des BBS-Betreibers, mit denen er auf sein Bulletin Board aufmerksam macht und die Teilnehmer zur Überspielung von Beiträgen auf das BBS auffordert, zur Feststellung der Wesentlichkeit des Investments mit heranzuziehen.

3 Urheberrechtliche Einordnung von Datenübermittlungen durch Teilnehmer digitaler Dienste an ein Bulletin Board

(1) Wie wir gesehen haben, stellt die Überspielung von urheberrechtlichen Werken zur Speicherung auf einem Bulletin Board eine Vervielfältigung im Sinne des § 16 UrhG dar.

Eine reine Individualkommunikation ist hingegen urheberrechtlich irrelevant. Die auch im Internet mögliche unmittelbare Kommunikation zwischen zwei Teilnehmern ist nicht im Sinne von § 15 Abs. 3 UrhG öffentlich und stellt damit auch dann, wenn dabei geschützte Werke kommuniziert werden, keine urheberrechtlich relevante Verwertungshandlung dar. Allerdings erfolgt im Internet eine Kommunikation nie wirklich unmittelbar. Die Daten werden vielmehr zunächst auf dem Arbeitsspeicher des Absenders gesammelt. Auf dem Weg durch das World Wide Web werden die Daten dann in einer Vielzahl von Servern zwischengespeichert, die Impulse verstärkt und dann weitergesendet, um schließlich im Arbeitsspeicher des Empfängers anzukommen, bevor dieser sie an seinem Bildschirm abliest. Auch wenn es insoweit formal zu einer Vielzahl von Vervielfältigungen kommt, für die es eine urheberrechtliche Freistellung der Individualkommunikation ja nicht gibt, meine ich, daß eine wertende Betrachtung es erforderlich macht, auch derartige allein einer Individualkommunikation dienende, nur kurzfristig erfolgende Vervielfältigungen urheberrechtlich freizustellen.

(2) Erfolgt die Übermittlung hingegen an eine Chat-Line, ein Bulletin Board oder eine Newsgroup, so ist im Regelfall das Merkmal der Öffentlichkeit des § 15 Abs. 3 UrhG erfüllt, da eine Mehrzahl von Personen Zugang zu den so übermittelten Informationen hat und weder zwischen ihnen noch zu dem Veranstalter eine persönliche Verbundenheit besteht.

(3) Eine öffentliche Wiedergabe eines Werkes durch Übermittlung im Internet setzt jedoch weiter voraus, daß die Empfänger das Werk unmittelbar durch den Wiedergabeakt empfangen können. Dieses Merkmal ist sämtlichen Verwertungsformen des § 15 Abs. 2 UrhG inhärent. Dieser Grundsatz bewirkte etwa, daß in der Vergangenheit Übermittlungen über Punkt-zu-Punkt-Satelliten auch dann nicht als Sendung betrachtet wurden, wenn sich an diese Übertragung unmittelbar eine Kabelweitersendung an eine Mehrzahl von Kabelteilnehmern anschloß. Die EU-Kabel- und Satellitenrichtlinie hat nunmehr den Ausgangspunkt einer Satellitenausstrahlung auf den Beginn der ununterbrochenen Übertragungskette, an deren Ende die Öffentlichkeit erreicht wird, vorverlegt. Wird der Kommunikationsvorgang aber unterbrochen, so findet die Übermittlung nur zwischen dem Absender und dem Empfänger statt. Vorliegend sind das der Internet-Teilnehmer und der BBS-Betreiber. Übermittelt dieser die Daten zu einem späteren Zeitpunkt an weitere Teilnehmer des Internets, sei es aufgrund eigener Entscheidungen oder infolge eines Abrufes, so erfolgt erst jetzt eine mögliche Wiedergabe an die Öffentlichkeit, deren urheberrechtliche Einordnung im einzelnen noch untersucht werden soll.

4 Datenübermittlung vom Anbieter zum einzelnen Teilnehmer

(1) In Fällen echten zeitgleichen Multicastings ist eine Sendung i.S.d. § 20 UrhG anzunehmen.

(2) Obwohl der Sendebegriff traditionell von dem Verständnis einer gleichzeitig erfolgenden Ausstrahlung geprägt war, halte ich es für eine zeitgemäße Fortentwicklung des Senderechtes, hierunter auch seriell, d.h. zeitlich gestaffelte, jedoch inhaltlich identische, durch den Absender veranlaßte Ausstrahlungen unter § 20 UrhG zu subsumieren und das kumulative Erreichen einer Öffentlichkeit für ausreichend anzusehen (s. dazu Schwarz, 1994, S. 118 f.).

(3) Es hieße den Begriff der Öffentlichkeit einer Sendung jedoch zu überspannen, wollte man auch die individuell, interaktiv, in unregelmäßigen Abständen und mit unterschiedlich abgefragten Datenmengen erfolgende Übermittlung als Sendung i.S.d. § 20 UrhG bezeichnen. Der einzelne Internet-Teilnehmer, der sich auf dem Web bewegt, hat durchaus zurecht den Eindruck einer individuell erfolgenden Kommunika-

tion. In der Tat werden die an ihn zu übermittelnden Daten ja auch mit seiner konkreten Adresse durch das Internet Transfer Protocol oder das ftp gekennzeichnet und an ihn zur Absendung gebracht.

Wenn die interaktiv erfolgende Übermittlung von Daten aber keine Sendung ist, was ist sie dann? Es ist vorgeschlagen worden, sie als elektronische Verbreitung anzusehen (Reinbothe & von Lewinski, 1993, S. 41 f.). Dieser Vorschlag hat etwas Bestechendes an sich. Zum einen trägt er dem individuellen Charakter des Kommunikationsprozesses besser Rechnung als eine Einordnung in die Tatbestände des § 15 Abs. 2 UrhG. Zum anderen ließe sich bei analoger Anwendung des § 17 Abs. 1 UrhG schon das Anbieten eines online erfolgenden Bezuges geschützter Werke zwanglos als Verbreitungshandlung einordnen, während eine Verwertung nach § 15 Abs. 2 UrhG erst mit Beginn der öffentlichen Wiedergabe vorliegt. Dennoch kommt man *de lege lata* an dem Tatbestandserfordernis der Verbreitung des Originals oder eines Vervielfältigungsstückes des Werkes wohl nicht vorbei.

Nicht weniger gekünstelt als die Annahme einer Sendung erschiene es allerdings, in diesen im Kern individuellen, wenn auch auf Wiederholung angelegten Kommunikationsvorgängen die Verletzung eines unbenannten öffentlichen Wiedergaberechts im Sinne des § 15 Abs. 2 UrhG zu sehen. Über die etwas gezwungene Interpretation des Öffentlichkeitsbegriffes hinaus hat diese Alternative nämlich eine weitere Klippe zu überwinden. Die "öffentliche Wiedergabe" wird bei derartigen interaktiven Vorgängen nämlich nicht durch denjenigen ausgelöst, der die Daten in seiner Datenbank bereithält, sondern durch denjenigen, der sie empfangen möchte. Allein der Empfänger bestimmt durch die Eingabe eines entsprechenden Befehls, ob eine "öffentliche Wiedergabe" an ihn erfolgen soll. Der "Browser" in den Dateien des Internets und der "Surfer" auf dem Web sind es somit, die darüber bestimmen, was auf ihre Computer überspielt werden soll. Eine derartige Grundstruktur des Kommunikationsvorgangs ist mit dem gängigen Verständnis der Tatbestände des § 15 Abs. 2 UrhG aber schlechterdings nicht zu vereinbaren. Auch zu der bei einer Jukebox durch die Nutzer erfolgenden Auswahl der gespielten Musikstücke besteht ein erheblicher Unterschied. Zwar wird bei einer derartigen Jukebox die unmittelbare öffentliche Wiedergabe ebenfalls durch die Nutzer ausgelöst; das ändert jedoch nichts an der Öffentlichkeit der Wiedergabe, da die gewählten Musikstücke etwa von allen Besuchern der Gaststätte gehört werden können.

Als Ausweg bleibt *de lege ferenda*, entweder auch eine unkörperliche Übermittlung als Verbreitungshandlung anzusehen oder schon das Bereitstellen zur unkörperlichen Nutzung durch die Öffentlichkeit als Eingriff in das öffentliche Wiedergaberecht anzusehen. Den ersten dieser Wege scheint der amerikanische Gesetzgeber einschlagen zu wollen. In dem kürzlich vorgelegten White-Paper "Intellectual Property and the National Information Infrastructure" wird vorgeschlagen, auch eine Übermittlung als Verbreitungsakt anzusehen. Den anderen Weg geht der Entwurf der EU-Datenbankrichtlinie, der in Art. 7 Abs. 2 Lit. b) eine erneute Nutzung der Datenbank u. a. in dem über on-line erfolgenden öffentlichen Bereitstellen des Inhalts der Datenbank sieht.

Mir persönlich erscheint der erste der beschriebenen Wege zwangloser. Es ist nämlich kein weiter Weg von der nur noch mit Schwierigkeit als körperliche Vervielfältigung wahrnehmbaren digitalen Vervielfältigung eines Werkes durch Überspielen auf eine Festplatte, die für einen unvoreingenommenen Betrachter vor und nach der Speicherung körperlich unverändert wirkt, zur Annahme einer unkörperlichen digitalen Verbreitung. Ohne Gesetzesänderung kann jedenfalls meiner Auffassung nach nicht ausgeschlossen werden, daß digitale online Kommunikationsvorgänge auch dann, wenn der Anbieter bereit ist, diese vielfach zu wiederholen, selbst als unbenannte Verwertungsrechte nicht unter § 15 Abs. 1 oder Abs. 2 fielen und ein (teilweiser) Schutz dann allein noch über das Vervielfältigungsrecht erreicht werden könnte.

Allerdings müßte die Erstreckung des Verbreitungsrechts auf unkörperliche Formen der Verbreitung einhergehen mit einer für den so erweiterten Anwendungsbereich des § 17 Abs. 1 UrhG zu konstituierenden Aufhebung des Erschöpfungsgrundsatzes gemäß § 17 Abs. 2 UrhG, da andernfalls die weitere auch kommerzielle Kommunikation im Internet weitgehend vom urheberrechtlichen Schutz ausgenommen wäre bzw. es, wenn man den weiteren Schutz allein noch über das Vervielfältigungsrecht zu bewerkstelligen suchte, unweigerlich zu Wertungsfriktionen käme.

(4) Unabhängig davon, ob man einen Schutz über § 15 Abs. 1 oder Abs. 2 UrhG sucht, gilt es weiter zu entscheiden, wer den Kommunikationsvorgang zu verantworten hat. Ist es derjenige, der die geschützten Werke auf seiner Datenbank den Teilnehmern des Internet anbietet, oder sind es die Browser und Surfer im Web, die individuell die Entscheidung zum Abruf treffen? Sind beide Mittäter oder begeht der Anbieter nur Beihilfe zu dem vom Teilnehmer mit dem Abruf begangenen Urheberrechtsverstoß?

Bei beiden Konzepten stellt sich die Frage, ob der Empfang selbst, der Werkgenuß also, urheberrechtlich freigestellt ist. Dies wird bei den Verwertungshandlungen durch öffentliche Wiedergabe traditionell bejaht. Es läge nahe, anzunehmen, daß für ein unkörperliches Verbreitungsrecht nichts anderes gelten sollte. Ein Fragezeichen ist insoweit jedoch aufgrund der Tatsache anzubringen, daß der Internet-Teilnehmer den Empfang des Werkes ja selbst durch seinen Abruf ausgelöst hat und somit deutlich mehr getan hat, als das Werk nur passiv zu genießen. Entscheidet man sich dennoch für die Freiheit des Empfanges, wäre folgerichtig zu überlegen, ob eine wertende Betrachtung nicht auch eine urheberrechtliche Freistellung bloß vorübergehender Vervielfältigungen etwa im Arbeitsspeicher des Empfängers nahelegt und eine relevante Vervielfältigung erst bei dauerhafter Abspeicherung anzunehmen ist. Die Tendenz in der Gesetzgebung ist allerdings gegenläufig, indem sie nun schon mehrfach auch vorübergehende Vervielfältigungen ausdrücklich dem Verbotsrecht aus § 16 UrhG unterworfen hat (vgl. 69 lit. c) Nr. 1 UrhG; Art. 5 lit. a) des Entwurfes der EU-Datenbankrichtlinie).

(5) Eine wertende Betrachtung wird trotz dieser gesetzgeberischen Tendenzen auch in den vielen während des Datenübertragungsvorganges lediglich für Sekundenbruchteile erfolgenden Speicherungen auf den Servern des Internets keine Vervielfältigung im Sinne des § 16 UrhG sehen (anders ausdrücklich Art. 17 Abs. 6 des Britischen Copyright Designs and Patents Act 1988, der ausdrücklich auch eine "transiant and incidental", also eine vorübergehende und zufällige Vervielfältigung, dem Verbotsrecht unterwirft). Die Berechtigung dieser Auffassung zeigt sich schon daran, daß es wirtschaftlich ohne jede Bedeutung ist, ob die Übertragung der Daten unter Nutzung nur eines Servers erfolgte oder die Daten über fünfzig Etappen ihr Ziel erreichten. Maßgeblich ist allein, daß im Zusammenhang mit der Speicherung keinerlei Wiedergabe erfolgt und auch bestimmungsgemäß nicht erfolgen sollte.

(6) Wie schon die digitale Speicherung stellt die bei der Versendung über digitale Online-Dienste erfolgende Datenportionierung und -adressierung zur Ermöglichung der Übermittlung ebenfalls keine Bearbeitung i. S. d. § 23 UrhG dar.

(7) Nimmt man entgegen den oben unter Ziff. (3) angestellten Überlegungen an, daß eine Speicherung empfangener Daten im Zwischenspeicher zur unmittelbar erfolgenden Wiedergabe auf dem Bildschirm urheberrechtlich relevant ist, so kann sie jedenfalls nach § 53 UrhG gestattet sein (vgl. S. 112). Gleiches gilt für die dauerhafte Speicherung übermittelter Werke zum privaten Gebrauch. Die Anwendung der Vergütungssätze des § 54 UrhG begegnet jedoch Bedenken.

Zwar ist es nicht ausgeschlossen, eine Übertragung von einem Bild- oder Tonträger auf einen anderen im Sinne von § 54 Abs. 1 UrhG auch im Falle einer Fernübertragung anzunehmen, und ist es auch vorstellbar, in einer derartigen, online erfolgenden Abspeicherung eine Vervielfältigung in einem einer Ablichtung ähnlichen Verfahren im Sinne von § 54 Abs. 2 UrhG zu sehen. Zu berücksichtigen ist jedoch, daß im heutigen Zeitpunkt noch in keiner Weise feststeht, in welchem Umfang tatsächlich urheberrechtlich geschützte Werke im Internet genutzt werden und wie groß der Anteil der bewußt zur Public Domain erklärten Rechte ist (s. dazu unten Ziff. 8). Darüber hinaus wird zumindest bei einer großen Anzahl urheberrechtlich geschützter Werke angenommen werden können, daß jedenfalls konkludent den übrigen Internet-Teilnehmern Nutzungslizenzen erteilt wurden. Schließlich bleibt die Schwierigkeit, wie die Basis für einen angemessenen Vergütungsanspruch gemäß § 54 Abs. 1 und Abs. 2 ermittelt werden könnte.

(8) Wie bereits erwähnt, wäre auch dann, wenn man in der online erfolgenden Übermittlung eine unkörperliche Verbreitung sehen will, eine Erschöpfung des Weiterver-

breitungsrechtes auszuschließen (vgl. auch Erwägungsgrund 33 der EU-Datenbankrichtlinie).

(9) Die Annahme eines Leistungsschutzrechtes im Sinne des § 87 UrhG scheint schließlich nur dann zulässig, wenn die Datenübermittlung im Internet mit der Grundkonstellation einer Sendung vergleichbar ist. Dies kann nach meiner Auffassung nur für ein zeitgleiches und ein zeitlich gestaffeltes, jedoch inhaltlich identisches, nicht individuell beeinflußtes Multicasting angenommen werden (vgl. dazu oben unter Abschnitt 3, Ziff. (1) und (2)).

5 Verantwortlichkeiten

- *Netzbetreiber.* Solange sich der Netzwerk-Betreiber bzw. die Telekommunikationsgesellschaft auf die bloße Bereitstellung der Leitungen beschränkt, scheidet eine urheberrechtliche Haftung aus (vgl. Schricker & von Ungern-Sternberg, S. 20, 26). Dies dürfte selbst dann gelten, wenn der Netzwerkbetreiber etwa zur Vermarktung von ISDN-Anschlüssen ausdrücklich auf die verbesserten Möglichkeiten des Zugangs zum Internet und damit auch zur Nutzung von unter Umständen urheberrechtlich geschützten Werken über das Internet hinweist.
- *Access Provider.* Auch der bloße Access Provider, der unterschiedslos ein in keiner Hinsicht differenzierendes Gateway zum Internet anbietet, erbringt lediglich technische Dienstleistungen und ist somit auch nicht Verletzer, wenn über das Gateway rechtswidrig urheberrechtlich geschütze Werke verbreitet werden.
- *Service Provider.* Anders können Service Provider zu beurteilen sein, die im Rahmen ihres Dienstes angebotene Leistungen mehr oder weniger sorgfältig auswählen und z. B. mit den Anbietern von Bulletin Board Diensten vertragliche Vereinbarungen über die ggf. wechselseitig zu erbringenden Vergütungen abschließen. In diesen Fällen läßt sich eine Parallele zur Situation der Deutschen Telekom AG feststellen, die als Kabelnetzbetreiber - wenn auch unter den Vorgaben des Medienrechts - mit den Programmveranstaltern Vereinbarungen über die Kabelweitersendung abschließt und die Weiterverbreitung der entsprechenden Programme von dem Abschluß einer solchen Einspeise-Vereinbarung abhängig macht.

6 International privatrechtliche Beurteilung der Kommunikationsprozesse in digitalen Netzen

Die Datenströme auf dem Internet sind - blumig - mit Zugvögeln und - nüchterner - mit im internationalen Transport eingesetzten Containern verglichen worden. Auch bei letzteren weiß der Absender meist nicht, welche Route die Container nehmen und von welchen Transporteuren sie befördert werden. Entsprechend schwierig ist die international-privatrechtliche Einordnung der Kommunikationsvorgänge auf dem Internet. Sie hängt wesentlich von der zuvor behandelten Beurteilung der im Internet erfolgenden urheberrechtlichen Nutzungen ab.

Teilt man die hier vertretene Auffassung, daß ephemere Zwischenspeicherungen auf den WWW-Servern während des Datentransportes keine relevante Vervielfältigung darstellen, so wird das Recht bloßer Durchgangsländer unabhängig von der Frage, ob man den Übertragungsvorgang zwischen Sender und Empfänger als Sendung, sonstige öffentliche Wiedergabe oder als unkörperliche Verbreitung ansieht, für nicht einschlägig zu erachten sein. Dem Recht des Ausgangslandes unterliegen hingegen sowohl Handlungen, die als Angebote zur unkörperlichen öffentlichen Verbreitung von Vervielfältigungsstücken einzuordnen wären, wie auch Sendeakte und sonstige öffentliche Wiedergaben. Zweifelhaft kann lediglich sein, ob auch der diesen Kommunikationsprozeß auslösende, im Empfangsland sitzende Internet-Teilnehmer eine Verletzungshandlung nach dem Recht des Ausgangslandes begeht.

Umgekehrt stellt sich die Frage, ob Internet-Anbieter und -Teilnehmer auch im Empfangsland eine Urheberrechtsverletzung begehen können. Legt man den Schwerpunkt auf die Freiheit des Empfangs, wird dies zu verneinen sein. Zumindest bei vom Empfänger interaktiv ausgelösten Kommunikationsvorgängen wird man hingegen auch das Urheberrecht des Empfangslandes anzuwenden haben. Zumindest bei dieser Fallkonstellation bedarf es einer Übertragung der Bogsch-Theorie auf das Internet somit nicht.

Literatur

Becker (1995). ZUM, S. 243 f. m.w.N.

Hertin (1994). In: Fromm/Nordemann, a.a.O., § 94 Rdn. 3.

Löwenheim & Schricker (1995). UrhG, § 23 Rdn. 6.

Nordemann (1994). In: Fromm/Nordemann, UrhG, 8. Auflage, § 97 Rdn. 16.

Rehbinder (1995). ZUM, S. 686.

Reinbothe & von Lewinski (1993). *The EC Directive On Rental Lending Rights and on Piracy.* London, S. 41 f.

Schwarz (1994). *Der urheberrechtliche Schutz audiovisueller Werke im Zeitalter der digitalen Medien.* In: Becker & Dreier, Urheberrecht und digitale Technologie, S. 118 f.

Vinck (1994). In: Fromm/Nordemann, a.a.O., § 4 Rdn. 1, m.w.N.

Kalkulation und Finanzdienstleistungen

Wieviel kostet Multimedia wirklich?

Henry Steinhau[1], Alexander Rau[2], Jürgen Feuerstake[3], David Skopec[4] und Wolfgang Vierbuchen[5]
[1]MACup Verlag GmbH, Screen Multimedia, Redaktionsbüro Berlin
[2]Informedia, Stuttgart
[3]Multimedia Point, Teltow
[4]Kognito, Berlin-Moabit
[5]MicroMediaArts GmbH, Köln

Zusammenfassung. Der Beitrag versucht, sich der letztendlich immer von konkreten Projektrahmenbedingungen abhängenden Antworten auf die Frage nach den Kosten einer Multimedia-Produktion pragmatisch anzunähern. Es werden identifizierbare, generelle Einflußfaktoren analysiert und grob bewertet. Ihr Wirkgefüge wird anschließend an vier ausgewählten, detailliert aufgeschlüsselten Einzelfällen aus der Projektarbeit der Autoren exemplarisch konkretisiert.

Schlüsselwörter. Kalkulation, Nutzen-Kosten-Analyse, Praxisbeispiele.

1 Wieviel kostet Multimedia wirklich?

Mit jedem Jahr der Weiterentwicklung von Multimedia, also computergestützten, interaktiven und medienintegrierten Kommunikationslösungen, bekommt die Frage der Kosten für Multimedia einen anderen Klang. Standen am Anfang vor allem die Investitionen für das Equipment, um Multimedia überhaupt zu machen, im Mittelpunkt, waren es wenig später die ersten Ergebnisse der Multimedia-Pioniere, die es zu berechnen und zu bezahlen galt. In beiden Fällen waren es vergleichsweise astronomische Summen, die man für Multimedia-Arbeitsplätze oder ein Messe-Infoterminal berappen mußte. Darauf folgend, mit dem Erscheinen der ersten multimedialen CD-ROMs, entspann sich eine Diskussion, wie hoch denn der Preis für diese sein darf. Das Hickhack um den Scheibenpreis hält zwar im Prinzip unvermindert an, jedoch zeichnen sich immer deutlicher sogenannte Korridore für bestimmte Produktkategorien ab, von dem Billigangeboten zwischen 10 und 30 DM über gehobenes Mittelmaß zwischen 30 und 80 DM bis zur anspruchsvollen Ware jenseits der 100 DM. Der "Mainstream" interaktiver Compact Discs scheint sich im Bereich zwischen 40 und 75 DM einzupegeln, adäquat zu Sach- und Lehrbüchern.

Die nächste Runde der Auseinandersetzung ging daher wieder um die Produktionskosten, wobei sich das Geschehen erstmals auf mehrere Arenen verteilte: Edu-, Info- oder Advertainment-CD-ROMs sind anders zu kalkulieren als reine Games, und Info-Kioske und -Terminals anders als Online-Präsenzen. Das machte die Kostenfrage nicht einfacher, aber gerechter. Und so differenziert, so gut. Doch schon kamen die bis dahin weitgehend außer acht gelassenen Stundensätze, Honorare und Tagessätze von Multimedia-Kräften ins Gerede, suchte man hier verzweifelt nach Regeln, Standards und Tarifen. Wenig später, etwa zur zweiten Milia im Jahr 1995, war das Diskussionsthema Nummer Eins bereits ein anderes: der Preistanz auf dem internationalen Lizenzpakett. Die heißen Rhythmen vor allem des schnellebigen amerikanischen Marktes noch im Blut, fanden die Copyrights-Erfahrungen deutscher Multimedia-Publisher ihren Niederschlag in einer deutlichen Auseinandersetzung um die Produktionspreise deutscher Entwicklungshäuser. Die deutschen Entwickler sind zu teuer, sagen die einen, "aber ihr wollt doch Qualität haben", antworten die anderen. In der Mitte scheint man sich zu finden.

Schon bald wird sich die Frage der Kosten für Multimedia ein weiteres Mal differenzieren. Zum einen, weil es immer häufiger um Künstler, Charaktere oder Markenzeichen geht, für die es regelrecht Ablösesummen zu zahlen gilt, ähnlich wie bei Popstars, Comic-Figuren oder Labeln. Zum anderen generieren Programmiertechnologien wie (Hot)Java von Sun oder Shockwave von Macromedia, daß sich einzelne Multimedia-Bestandteile plattformübergreifend einsetzen und damit eben auch einzeln ver-/kaufen lassen. Wir können uns also auf entsprechende Börsen, Märkte, Archive und Agenturen gefaßt machen, die mit Multimedia-Assets handeln und damit ein gehöriges Wort bei der Preisbildung für interaktive, computergestützte Anwendungen mitreden werden.

1.1 Multimedia heißt auch Multi-Business-Modell

Auch die Multimedia-Produktion liegt, sowohl aus Sicht der Kostenberechnung als auch hinsichtlich ihres Charakters, zwischen den "klassischen" Medien-Kategorien. Multimedia-Titel können einmalig, groß und aufwendig werden, ganz wie Hollywood-Filme, bei demselben Risiko, was Erfolg und return on investment anbelangt, also: *Top oder Flop*. Multimedia-Anwendungen wollen andererseits häufig genauso knapp, exakt und projektbezogen kalkuliert sein wie Bücher, weil sie ja oft die gleiche Klientel bedienen und genau so oft über vierstellige Auflagen- und Verkaufszahlen nicht hinauskommen, also: *sicher ist sicher*. Multimedia-Produktion hat aber auch etwas vom Business-Modell der Musikbranche, wo Künstler mit Verträgen über Jahre und zu einer festgelegten Anzahl von Alben verpflichtet werden, wo rund fünf Prozent von – teilweise langwierig aufgebauten – Superstars an die 90 Prozent des Gesamtumsatzes erzielen, und wo der Back-Katalog aller produzierten Titel einen immer größeren Teil des Brot-Geschäfts ausmacht, also: *was lange währt, wird gut.* Nicht zuletzt mischt sich durch das Online-Publishing auch mehr und mehr das Denken von Zeitungs- und Zeitschriften-Verlegern ins Multimedia-Geschäft, deren Rechnung immer dann aufgeht, wenn eine kritische Masse jenseits sechsstelliger Kundenzahlen im Abonnement-Verfahren permanent kleine Beträge entrichtet, also: *steter Tropfen höhlt den Stein.*

Zwischen diesen vier säulenhaft installierten Geschäftsmodellen muß sich die Multimedia-Produktion ihren Platz suchen; vermutlich wird es genau die Mitte sein. Und wer weiß, vielleicht stellen die interaktiven Medien ja auch bald eine tragende, fünfte Säule dar. Daß es soweit kommt, dafür müßten vor allen Dingen die Multimedia-Produktionshäuser und -Entwickler selbst sorgen: mit ausgeprägtem Kostenbewußtsein und professionellem Projektmanagement. Wer heutzutage Budgets nicht einhält oder Projektpläne überzieht, dessen Chancen auf einen lukrativen Auftrag werden – ungeachtet von Kreativität, Knowhow, Innovationspotential und Virtuosität– rapide sinken. Auch in Hollywood gibt es nur wenige Spielbergs und Costners, die so gnadenlos Millionen verdrehen dürfen. Alle anderen müssen nicht nur Drehbücher schreiben, sondern auch Bilanzen lesen können. Zumindest brauchen sie darauf versierte Partner im Team, ansonsten können sie sich ihre vermeintliche Genialität allenfalls zu Hause an die Wand hängen. Die eigentlichen Motoren der Multimedia-Entwicklung sind seit 1996 weder Autoren, noch Screendesigner, noch Programmierer; es sind die Kostenmanager. Nur wo sie gute Arbeit machen, da geht es voran.

1.2 Das neue Multimedia-Feeling: Kostenbewußtsein

Von allen Beteiligten eines Multimedia-Projekts hat der Kostenmanager den wahrscheinlich undankbarsten Job. Während Autoren und Konzeptionisten ihrer Erzähl- und Konstruktions-Leidenschaft freien Lauf ins Drehbuch lassen und sich die Fantasie der Screendesigner ihren Weg direkt auf den Monitor bahnt, während Musiker, Fotografen, Videofilmer und Texter, vom Projektfeuer gepackt, kreativ sind und selbst der Rechtsanwalt beim (Ver)Kauf von Urheberrechten nach Herzenslust handelt, bleibt dem Kostenmanager nur die Rolle des personifizierten "Ja, aber ...". Kaum hat das Kreativteam Anlauf genommen und Schwung geholt und die richtige Vorfreude auf eine rasante Fahrt durch die Projektpläne entwickelt, setzt sich das Kostenmanagement dazu und tritt auf die Spaßbremse: "Denkt an das Budget!"

Allerdings: heute wird auf den Kostenmanager, der meist auch der Projektmanager ist, wirklich gehört – im Gegensatz zu früher. In den Anfangstagen galt Multimedia als jung, wild, unverfroren. Wer interaktive Anwendungen mit multimedialem Touch konnte, der war Pionier, Cowboy, Abenteurer. Damals wußte niemand, wie lange ein Projekt dauern, wie teuer es sein und wie aufwendig es werden würde. Man legte einfach los, man kalkulierte mehr oder weniger nach der Pi-mal-Apple-mal-Daumen-Methode, und man glaubte, das Ergebnis rechtfertige alle Mittel. Als aus den Drei-Cowboy-Teams kleine Firmen und aus Crash-Projekten echte Anwendungen wurden, war der Posten eines Projektmanagers schnell besetzt, denn einer mußte ja der dumme Verantwortliche sein, wenn etwas schief ging, beispielsweise mit dem vereinbarten Zeitplan (schlimm), oder dem vereinbarten Budget (schlimm, schlimm), oder mit der erhofften Reibungslosigkeit der Bedienung (ganz schlimm).

Die wilden Jahre sind vorbei. Bei den Auftraggebern heißt es jetzt nicht mehr: "Wir probieren das mal mit Multimedia". Heute hat fast jeder sein Pilotprojekt hinter sich oder kennt einen, der sein Pilotprojekt hinter sich hat. Viele wissen, ob, warum und wofür sie Multimedia wollen, und wieviel sie dafür auszugeben vorhaben (was nicht heißt, daß es dabei bleibt). Es herrscht das Bewußtsein, daß Multimedia zum Marketingmix dazugehört, daß mittels interaktiver Medien eine Kommunikationslösung auf allen Ebenen des Unternehmens einsetzbar ist und daß CD-ROMs und Online-Publishing einen Markt haben, der bald ein Massenmarkt sein wird.

Das haben die Produzenten zwar schon immer gesagt, doch auch bei ihnen mußte sich erst einiges ändern. Auf der einen Seite haben sie einen wertvollen Erfahrungsschatz bezüglich der Konzeption, Produktion und Distribution interaktiver Medien angesammelt. Insbesondere die Abwicklung komplexer Vorhaben ist ihnen in Fleisch und Blut übergegangen: Vor einem hektisch zusammengehackten Projektschema steht die bedachte Briefingphase, Angebote werden nicht mehr nur zugefaxt, sondern, den Regeln effektiver Akquisition entsprechend, vernünftig präsentiert – dann aber auch in Rechnung gestellt. Bevor Screendesigner auf die Maus und Programmierer in die Tastatur hauen, gibt es Projektpläne, Flußdiagramme und Meilensteine, und es gibt grundsätzlich einen Projektmanager, der gleichermaßen Supervisor, Regisseur, Polier und Trainer des Teams ist. Er sorgt dafür, daß Termine, Projektabschnitte und vor allem die Kosten eingehalten werden. Und das ist die andere Seite: es gibt jetzt tatsächlich so etwas wie ein Kostenbewußtsein in der deutschen Entwicklerszene. Heilig sind nicht mehr die Innovation, das Entwicklungstempo oder die Kreation; es ist die Einhaltung des Kostenrahmens. Was jedoch nicht heißt, daß nicht nach wie vor die letzten drei Projektwochen die schlimmsten sind, wo in durchhackten Nächten an rauchenden Mousepads die noch fehlenden 60 Prozent des Projekts realisiert werden ...

1.3 Konkurrenz belebt die Professionalität

Gründe für das erwachsene Kostenbewußtsein der Produzenten gibt es einige, die nachfolgend aufgeführt werden:

- *Marktdichte*. Der Markt für Multimedia-Produktion wächst, die Zahl der Anbieter auch. Das diszipliniert die Preise. Und wenn die Auftragssummen begrenzt bleiben, kommt es um so mehr auf kostenbewußtes Projektmanagement an, um den Ertrag effektiv zu halten.
- *Leistungsvergleich*. Die Zahl der Anbieter steigt, dadurch bekommt die Professionalität einen wettbewerbsentscheidenden Charakter. Wer sich besser auf Controlling und Kosteneffizienz versteht, dessen Marktwert klettert nach oben.

- *Stabilität*: Multimedia ist kein wackeliger Markt mehr, die Produzenten müssen sich nicht von einem Pilotprojekt zum nächsten retten. Vielmehr können sie feste Partnerschaften eingehen, mehrere Projekte über lange Zeiträume hinweg akquirieren und gleichzeitig abwickeln. Das zwingt zu geordnetem und strukturiertem Vorgehen und zu verläßlicherem Handeln gegenüber Dritten. Und zum Überwachen von Ausgaben und Einnahmen.
- *Etablierung*: Viele Multimedia-Produktionshäuser haben sich nach zwei bis vier Geschäftsjahren etabliert. Sie sitzen fest im Sattel, haben einen Mitarbeiterstamm und sind mit Produktionswerkzeugen und -kapazitäten ausgerüstet. Das bedeutet auch, die akquirierten Projekte müssen nicht mehr die Investitionskosten für den Firmenaufbau mit einspielen, was andere Kalkulationen erlaubt.
- *Positionierungswettkampf*. Der Markt wird enger und die Produzenten müssen sich über Spezialgebiete und Alleinstellungsmerkmale verkaufen. Nicht mehr das Universalhaus für alle Multimedia-Zwecke ist gefragt, sondern spezialiserte Unternehmen mit einem ausgeprägtem Background, mit artverwandten Referenzen und gewachsenem Knowhow. Hieraus entstehen die gewollten, langfristigen Partnerschaften, denn ständiger Wechsel kostet Zeit und Geld. Je professioneller ein Haus mit Kosten umgeht, desto eher kommt es als Partner in Frage.
- *Preiskampf*. Nicht zuletzt herrscht ein Preiskampf unter den Produktionsunternehmen, wenn auch noch kein unerbittlicher, sondern ein "solidarischer". Dennoch bringt die Entwicklung hin zum Massenmarkt mit sich, daß derjenige den Vorzug erhält, der knapper und härter kalkuliert. Um so wichtiger wird es aber gleichzeitg, diese Kalkulationen auch einzuhalten.

Das alles mögen Binsenweisheiten unternehmerischen Denken und Handelns sein. Doch für die mehrheitlich von Aufbruchstimmung und Pioniergeist beseelten und von kopfüber ins kalte Wasser gesprungenen Multimedia-Enthusiasten ins Leben gerufenen Multimedia-Firmen kommt es gerade jetzt darauf an, diese Binsenweisheiten auch erfolgreich zu beherzigen. Und dies steht und fällt mit einem ausgeprägten Kostenmanagement.

1.4 Mit Flußdiagramm und Tabellenkalkulation: Die Kunst des Kostenmanagements

Kostenmanagement ist mehr, als nur in einer Tabellenkalkulation mit Zahlen und Posten, Preisen und Stunden zu jonglieren. Vielmehr beginnt es schon mit den ersten Briefinggesprächen mit oder bei Kunden. Bevor das erste Angebot geschrieben wird, muß das Kostenmanagement in Abstimmung mit dem Konzeptionsteam und dem Projektplan das Gerüst schmieden, auf welchem sich dann alle Projektbeteiligten bewegen werden. Bewährterweise geschieht dies in enger Abstimmung mit dem vermutlichen Auftraggeber. Kosten sind kein rohes Ei: man darf und sollte sie ruhig auf den Tisch packen und so offen wie möglich diskutieren; das hilft, schon am Anfang ein Vertrauensverhältnis zwischen Auftraggeber und Dienstleister aufzubauen. Genauer gesagt heißt das, schon in der Angebotsphase Kalkulationen transparent zu machen, sie möglichst zu differenzieren und sie stets nach innen und außen genau zu erläutern. Nichts ist einem Projektverlauf abträglicher, als wenn die Kosten wie ein Staatsgeheimnis abgeschirmt werden. Jede Störung kratzt dann an einem "wunden Punkt" und führt womöglich zu Verstimmungen.

Kostenmanagement heißt, Pufferzonen und Risikofaktoren einzubauen, immer einen "Plan B" bereitzuhalten, falls doch der nicht gewünschte Fall eines Ausfalls eintritt (worst case). Hierfür ist es notwendig, das Kostenmanagement dynamisch zu verstehen. Die Kalkulation will permanent überprüft werden, wofür ein regelmäßiges Dokumentieren von Projektständen notwendig ist, etwa zu Meilenstein-Terminen oder nach bestimmten Projektabschnitten/-blöcken. Das alles bedeutet, daß Kostenmanagement das Projekt begleitet und als eine Art Regel-/Steuer-Einheit fungiert, ganz im kybernetischen Sinne.

Kostenmanagement endet nicht, wenn das Projekt rein technisch gesehen abgeschlossen ist. Vielmehr müssen Bilanzen und Auswertungen Aufschluß darüber bringen, wo es kostenmäßig Engpässe, Probleme oder Ausfälle gab. Es gilt, einen Überblick zu bekommen, an welchen Stellen Kalkulation und tatsächliche Kosten kongruent sind, letztere zu analysieren und die Erfahrungen auf kommende Projekte zu transformieren.

1.5 Kalkül und Kalkulation: Der Preis für Multimedia

Jedes Multimedia-Projekt beginnt also mit einer ersten Kalkulation des Kostenmanagement-Teams. Generell ließe sich sagen, daß natürlich jedes Projekt anders und ganz individuell verschieden ist. Stimmt. Stimmt aber auch nicht. Denn erstens lassen sich Projekte zerlegen in viele standardisiert berechenbare Einzeltätigkeiten, und zweitens kristallierten sich im Laufe vieler hundert Multimedia-Projekte immer mehr "Korridore" heraus, in die sich bestimmte Projekt-Kategorien mit definierbaren Umfängen einordnen lassen. Nicht zuletzt bestimmt mittlerweile der Markt, also Angebot und Nachfrage, die Preise für Multimedia-Produktionen. So bewegen sich heutzutage die meisten Multimedia-Projekte im Bereich zwischen 100.000 und 300.000 DM, wobei dem oberen Grenzwert durchaus eine Art "Äquatorial-Charakter" zukommt, dessen Überquerung nur in besonderen Fällen besonders ambitionierter Vorhaben erfolgt. Insbesondere die 300.000-DM-Grenze ist ein Ergebnis der letzten zwei Jahre Multimedia-Geschäft. Internationale Vergleiche, Stückzahl-Erfahrungen in den Märkten und Preisbarrieren bei den Verbrauchern sind hierbei die Einflußgrößen.

Eine Kalkulation für ein Multimedia-Projekt fußt also auf mehreren Faktoren:

- Kenntnis über den derzeit gängigen Preis für ein Projekt der jeweiligen Kategorie,
- Erfahrung mit Vorgänger-Projekten in der Firma,
- Hochrechnung von Arbeitsstunden, Tätigkeiten und entsprechenden Stunden- oder Tagessätzen beziehungsweise Pauschalhonoraren,
- Integration von Kosten, die durch die Inanspruchnahme externer Dienstleistungen entstehen,
- Aufrechnung von direkt mit dem Projekt verbundenen Investitionen,
- Erfassung von mittelbar zu dem Projekt gehörenden Aufwänden wie Consulting, Konzeption, Angebot, Recherche und ähnliches sowie
- Implikation von Pufferzonen, Unwägbarkeiten und "außergewöhnlichen" Belastungen.

Wie fein man eine Kalkulation aufschlüsselt, ist nicht immer eine Frage des Geschmacks oder der persönlichen Gangart. Generell gilt: je transparenter und zerlegter ein Projekt kalkuliert ist, desto besser läßt sich darin "on the fly" arbeiten, wenn an Konzeption, Projekt- und Zeitplan gefeilt und gehobelt werden sollte. Man ist also gut beraten, eine möglichst detaillierte Liste von Tätigkeiten aufzustellen, und seien sie noch so "geringfügig" (etwa "Erfassen von Adressen potentieller Anzeigenkunden").

Stundensätze, Tagessätze oder Honorare unterliegen in der Regel keinen Tarifen oder festen Schemata. Dennoch lassen sich aber auch hier recht verläßliche Preiskorridore ausmachen (siehe "Auffahrt zum Information Highway – Deutscher Multimedia Kongreß '95", Springer-Verlag Berlin Heidelberg 1995, Seite 299 ff.). Preise für ganze Produktionen sind derzeit noch nicht so systematisch erfaßbar, obgleich sich auch hier Tendenzen zu Korridoren und Grenzen abzeichnen. Daher sollen die folgenden vier Praxisbeispiele dazu dienen, den tatsächlichen Kosten von Multimedia-Produktionen nahezukommen. Die ausgewählten Projekte stehen stellvertretend für ihre jeweilige Kategorie und repäsentieren sowohl in Umfang als auch Ausprägung und eben Preisgestaltung guten Durchschnitt.

2 Praxisbeispiele

2.1 CD-ROM-Produktion

2.1.1 Projektbeschreibung

Das Design Center Stuttgart beauftragte Mitte 1995 die Firma Informedia in Stuttgart mit der Erstellung einer CD-ROM zur Dokumentation eines Projektes, das das Design Center zusammen mit mittelständischen Unternehmen durchführte. Ziel dieses

Projektes war es, Studenten des Studiengangs Investitionsgüter-Design an der Staatlichen Akademie der Bildenden Künste mit den Unternehmen zusammenzubringen und in Workshops bei den Firmen Designstudien zu erstellen. Die CD-ROM wird öffentlich verkauft und bietet dem Benutzer einen interessanten und wertvollen Einblick in die Arbeit der Studenten, der Firmen und des Design Centers.

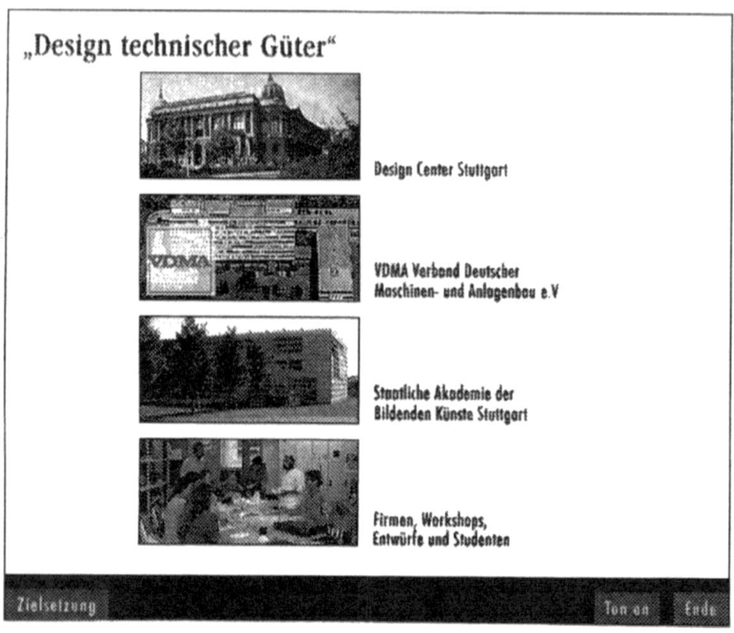

Abbildung 1: CD-ROM

2.1.2 Projektverlauf

Informedia standen zur Realisierung der CD-ROM etwa sechs Monate Zeit zur Verfügung für Konzept, Screendesign, technische Umsetzung und Projektleitung. Der konzeptionelle Ansatz sah eine zurückhaltende Gestaltung bei einfachster Bedienung vor, um mit den Designstudien in keiner Weise in Konkurrenz zu treten. Das Corporate Image (CI) des Design Centers wurde dabei dennoch berücksichtigt, und die Studien sollten so präsentiert werden, daß der Benutzer den Werdegang der Studie nachvollziehen kann. Es wurde somit jede der 52 Designstudien als Slideshow mit Animationen und Videos und einem Sprecher präsentiert. Ebenso sind die 26 beteiligten Studenten abgebildet.

2.1.3 Projektphasen

Die Projektphasen gliederten sich in:

- Konzeption und Design,
- Medienaufbereitung,
- Umsetzung der einzelnen Studien,
- Programmierung und Testing,
- Mastering.

Jede Phase wurde von den Spezialisten für Konzeption, Grafik, Programmierung und Projektleitung begleitet.

2.1.4 Kalkulation

Bei der Kalkulation wurden Gesamtkosten in Höhe von ca. 140.000,00 DM errechnet, wobei die nachfolgende Kostenstruktur zugrunde gelegt wurde.

Konzeption ca. 9.000,- DM:
- Grobkonzept: Formulierung über Zielsetzung, Umfang und Inhalt des Projektes; Strukturbaum und Vorschläge zur Benutzerführung;
- Feinkonzept: Storyboard mit Strukturlayouts, Texten und Bildzuordnungen; verbindliche Benutzerführung; Sprecher- und Hilfetexte; Flußdiagramm.

Screendesign ca. 24.000,- DM :
- Programmlayout: Umsetzung des CI auf das Medium;
- Bedienerführung: Entwicklung der Benutzerführung mit grafischer Umsetzung.

Medienaufbereitung ca. 58.000,- DM:
- Bildaufbereitung: ca. 690 Bilder bearbeiten und für das Layout vorbereiten;
- Bewegtbildaufbereitung: 60 Sekunden Video digitalisieren, schneiden, bearbeiten, synchronisieren, komprimieren;
- 3-D Darstellungen mit QuickTime VR;
- Erstellen des Sprechertextes;
- Sprachaufnahme; 60 min. Text, Sprecher, Studio;
- Musik: Komposition, Studio.

Umsetzung ca. 36.000,- DM:
- Gestalten und Programmieren der einzelnen Sequenzen;
- Einbinden aller Medien; synchronisieren; interaktiv verknüpfen.

Programmierung ca. 13.000,- DM:

- Ablaufprogrammierung für Mac und PC;
- Installationsroutine;
- Testläufe: Beta CD-R; mit externen Betatestern auf verschiedenen Hardwareplattformen testen;
- Master CD-R erstellen (Hybrid);
- Glasmaster und Vervielfältigung.

2.1.5 Fazit

Da bei diesem Projekt jedes inhaltliche Detail individuell behandelt wurde, schlagen die Medienaufbereitung sowie die Umsetzung beziehungsweise die Einbindung der Medien besonders hoch zu Buche. Bei einem datenbankgestützten System würden im Vergleich die Programmierung und Datenaufbereitung wesentlich stärker ins Gewicht fallen.

2.2 Online-Publishing

2.2.1 Vorbemerkungen

Online-Projekte sind gar nicht so grundverschieden von allen anderen Multimedia-Anwendungen. Deshalb kommen hier ähnliche Bewertungsmaßstäbe zur Anwendung. Eines sollte aber jeder ernsthafte Multimediaentwickler und -produzent im Fall von Online-Projekten immer vor Augen haben: den eigenen potentiellen Markt. Mit anderen Worten: nicht das schnelle Geld für einen Job bedeutet letztendlich den dauerhaften Erfolg, sondern die besonders bei Online-Projekten immer in vollem Umfang wirkende Öffentlichkeit. Dazu gehört auch die öffentliche Wertung von Aufwand/Nutzen-Relationen der Technologie und damit die Rückkopplung auf den eigenen Markt. Was heißt das nun in die Praxis übersetzt? Jedes Projekt, jeder Auftrag sollte mit einem Kundenbriefing starten. In diesem Briefing sollen vor allem die Erwartungshaltungen des Kunden erfragt und gegebenenfalls modifiziert werden. Ist hierzu Klarheit vorhanden, kann über den Umfang, einzusetzende Techniken, konzeptionelle Details und Geld gesprochen werden. Wie und ob in dieser Phase bereits bemerkenswerte Aufwendungen und damit Kosten anfallen, kann leider nicht pauschal, sondern nur mit Bezug zum konkreten Projekt beantwortet werden.

2.2.2 Kategorien für Publishing im World Wide Web (WWW) des Internet

- *web page*

  Entwicklung und Produktion beinhalten die Konzeption, Design, Layout und HTML-Programmierung von Web-Seiten - Home-Page und darauf bezogene Sub-Pages - zu einem Inhalt unterschiedlichsten Genres wie zum Beispiel Firmenpräsentation, Produktpräsentation, mail order, Wissenschaftsinformation, kulturelles Ereignis etc.

- *web server*
  Entwicklung und Installation beinhalten die Konzeption, Layout (und ggf. Entwicklung) zur Hard- und Softwareumgebung für einen Server im Internet incl. des Supportes für die Installation. Hier können zwei Fälle bezüglich des Investitionsaufwandes unterschieden werden Einrichtung eines customer servers und Einrichtung eines provider servers.
- *full service*
  Diese Dienstleistung beinhaltet (Einrichtung) und Betrieb eines WWW-Servers als Online Publishing Company (Konzeption, Gestaltung, Pflege, Auswertung für customer pool).

2.2.3 Projektbeschreibung

Für den TTT Gewerbepark in Teltow (bei Berlin) wurde eine Info-Kiosk Anwendung entwickelt. Diese Anwendung enthält alle Elemente von Medienintegration und Interaktivität. Eine Verwendung der entwickelten Inhalte für ein WWW-Angebot war von Anfang an konzipiert und befindet sich zur Zeit in der Produktion.

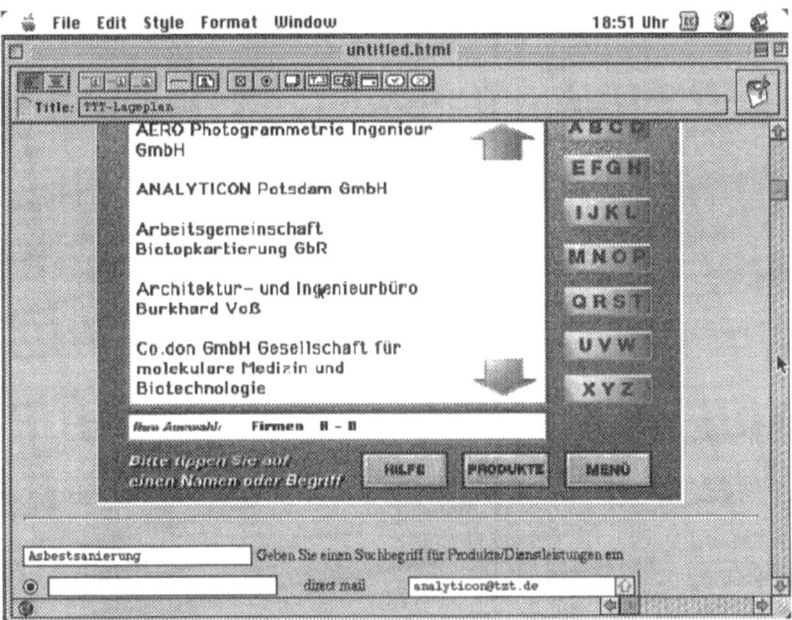

Abbildung 2: Online-Publishing

Die Aufgabe bestand in einer komplexen, informativen Darstellung des Gewerbeparks und im speziellen in der Entwicklung einer Datenbank zu den Firmen eines Technologie- und Gründerzentrums, das im Gewerbepark beheimatet ist.

Als Ergebnis eines Briefings der Geschäftsleitung wurde ein Pflichtenheft entwickelt, dessen wesentliche Elemente das Storyboard und eine darauf beruhende Detailkalkulation waren. Nach Bestätigung des Pflichtenheftes wurden die Module des Systems auf der Basis der Teilbudgets entwickelt. Die damit verbundene Kostenstruktur wird nachfolgend dargestellt. In den Kosten ist der Hardwareteil nicht enthalten.

2.2.4 Kostenfaktoren Software

Aktivität	optional	DM/h	Bemerkungen
Konzeption			
Briefing		185,-	Durchschnittsaufwand 2 h
Usability Studie	x	min. 3.000,-	
Storyboard		190,-	bei größeren Projekten ca. 15 % vom geschätzten Auftragswert
1. Zwischensumme		a) min 200,-	a) einfache Webpage
		b) 6.500,-	b) Web-Site mit Datenbankanbindung/Animationselementen
Entwicklung/Produktion			
Screendesign		300,-	für eine einfache Webpage, vornehmlich Text, kann der Wert auch bei ca. 150,- liegen
Bildbearbeitung	x		die optionalen Kostenelemente sind vom Ausgangsmaterial des Kunden/Projektes abhängig
Fotografie	x	ca. 200,-/Bild	
Scan	x	35,-/Scan	
Bildbearbeitung	x	135,-	
Iconentwicklung	x	145,-	
Logo (redesign)	x	105,-	
3 D-Animation	x	1.000-3.000,-/s	
Clips mit Interaktion	x	195,-	
Text-Produktion	x	2,-/Zeile	
Text-Erfassung		15,-/A 4 Seite	
Datenbankdesign	x	180,-	
Datenerfassung	x	0,4 /Datensatz	

2. Zwischensumme	a) 300,- b) 30.000,-	a) w.o. eine einfache Webpage b) Web-Site mittlerer Ausstattung
HTML-Authoring	185,-	
Kalterprobung	135,-	
Web-Site Integration	145,-	
3. Zwischensumme	a) ca. 500,- b) ca. 45.000,-	a) w.o. eine einfache Webpage b) Web-Site mittlerer Ausstattung Updating, Wartung, etc. nur für b) 155,-
Summe	a) ca. 500,- b) ca. 50.000,-	

2.2.5 Kostenfaktoren Hardware

- customer server (PC) zirka 12.000 bis 15.000 DM,
- customer server (Workstation)zirka 15.000 bis 25.000 DM,
- provider server (PC) zirka 25.000 bis 30.000 DM,
- provider server (Workstation) zirka 30.000 bis 45.000 DM. Nicht eingerechnet sind die Telekommunikationskosten.

2.3 Informationsdesign

2.3.1 Projektbeschreibung

Das "Digitale Informationssystem Soziale Indikatoren" (DISI) ist ein interaktives Präsentationsprogramm zur Veranschaulichung von Sozialdaten der Bundesrepublik Deutschland. Als Datengrundlage dient die Publikation "System Sozialer Indikatoren für die Bundesrepublik Deutschland" des Mannheimer Instituts ZUMA (Zentrum für Umfragen, Methoden und Analysen), herausgegeben von Heinz-Herbert Noll und Erich Wiegand. DISI umfaßt Informationen über den sozialen Wandel und die Wohlfahrtsentwicklung in zwölf Lebensbereichen. Der Beobachtungszeitraum erstreckt sich vom Beginn der fünfziger bis zum Beginn der neunziger Jahre. Das Programm dient als Informationsquelle für interessierte Bürger, insbesondere aber Lehrer, Journalisten und Wissenschaftler.

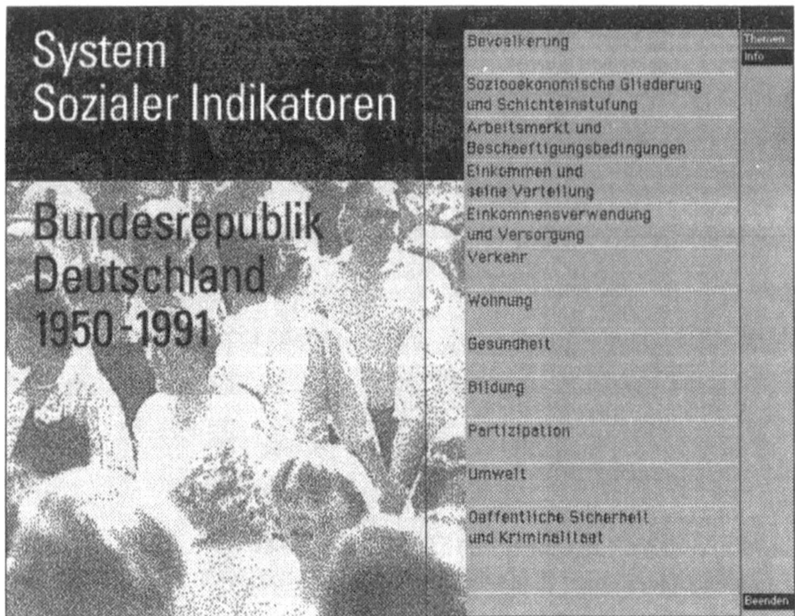

Abbildung 3: Informationsdesign

2.3.2 Konzeptionelle Grundlage

Aufgrund der mehrjährigen Entwicklungsarbeit in den Bereichen Datenvisualisierung und Interaktive Bildpädagogik entstand beim Mannheimer Institut ZUMA die Projektidee für ein digitales Informationssystem auf der Basis des bereits mehrfach (drucktechnisch) veröffentlichten Tabellenbands über Sozialdaten in der BRD. Dieses Informationssystem sollte es dem Anwender ermöglichen, über die Visualisierung von Zeitreihen einen attraktiven Zugang zu den Daten zu erhalten. Darüberhinaus sollte sich die funktionale Dimension dahingehend erweitern, daß die vorgegebenen Strukturen des gedruckten Tabellenbands durch die interaktiven Möglichkeiten des digitalen Mediums aufgelöst werden. Im Gegensatz zu verfügbaren Software-Programmen zur Datenvisualisierung, die im wesentlichen das Bearbeiten von Daten oder die Herstellung einzelner Diagramme zur Aufgaben haben, sollte unter maßgeblicher Berücksichtigung der freien Gestaltungsmöglichkeiten, wie man sie von Multimedia-Anwendungen her kennt, eine attraktive, anschauliche und nützliche Präsentationssoftware entstehen. Das erklärte Ziel war: Es soll Spaß und neugierig machen, mit diesem Programm zu arbeiten, und es soll zu verwertbaren Ergebnissen für den Anwender führen. Durch die Integration dieser Eigenschaften erwartete man eine echte Alternative zu den traditionellen Formen der Präsentation von Sozialdaten - wobei in diesem speziellen Fall eine weitergehende didaktische und gestalterische, z.B. multimediale und bildpädagogische, Aufbereitung der Informationen für die erwähnten Zielgruppen ausdrücklich nicht gewünscht wurde.

2.3.3 Projektverlauf

Grundsätzlich gab es bezüglich der gestalterischen und technischen Lösung für das Projekt keine Vorgaben, wobei man zunächst davon ausging, daß bei dem hohen Anspruch an eine sehr gute gestalterische Umsetzung der Datenvisualisierung alle Zeitreihen (rund 1000) einzeln editiert werden würden. Aufgrund des erwarteten Speicherbedarfs wurde daher eine CD-ROM erwartet. Jedoch allein der Zeitaufwand, der für die Erstellung der Grafiken nötig gewesen wäre, hätte den Projektrahmen und die finanziellen Möglichkeiten weit überfordert. Somit entstand ein Vorschlag, bei dem auf einer standardisierten Ebene alle Zeitreihen (mit zirka 40 Werten) aus einer Datenbank gelesen und erst bei Abruf auf dem Bildschirm dargestellt werden. Bei Projektbeginn lagen die Daten allerdings in keiner einheitlichen Form vor, die für diesen Zweck geeignet war; zudem fehlten standardisierende Parameter, welche den Vergleich verschiedener Zeitreihen auf einer Ebene zulassen. Die Arbeit begann somit mit der Analyse der vorhandenen Daten und der Entwicklung einer einheitlichen Struktur, in welche die "Rohdaten" umgewandelt werden mußten. Aufgrund dieser Struktur entstanden dann einerseits Vorschläge, wie die Zeitreihen auf dem Bildschirm visualisiert werden können, und andererseits Vorschläge, welche Interaktionsmöglichkeiten sich für den Benutzer ergeben. Die Arbeit erfolgte dabei in kleinen funktionierenden Modulen, in denen zunächst eine Vielzahl von Lösungen zu einzelnen Teil-Aufgaben entstand. Diese Vorgehensweise, "Transformation" genannt, ist für das Arbeitsfeld "Info-Design" sehr typisch, da man sich zunächst exemplarisch mit den verschiedenen Zugangsmöglichkeiten zu den Informationen eingehend befaßt. Erst in einem weiteren Schritt werden dann ausgewählte Funktionsmodelle auf die Datenbasis übertragen und zu einem Prototypen ausgearbeitet. Der Hauptaufwand bei diesem Projekt lag somit in den Bereichen Datenstruktur, Interaktions-Konzeption und Gestaltung. Die weiteren Schritte wie z.B. Programmierung und Herstellung der Masterversion hielten sich eher in einem vergleichsweise bescheidenen Rahmen.

2.3.4 Projektphasen

Für das Projekt "DISI" ergeben sich folgende Projektphasen:

1. Datenanalyse, Strukturkonzeption,
2. Entwicklung von Interaktionsmodellen, Entwurf der Benutzeroberfläche,
3. Entwicklung und Programmierung eines Prototypen, Test,
4. Programmierung und Herstellung der Master-Versionen,

5. Bedienanleitung, Etiketten, Verpackung und Mailing für den "Kick-Off".

2.3.5 Aufwand

Das gesamte Projekt "DISI" entstand als Kooperationsprojekt zwischen der Abteilung "Soziale Indikatoren" des ZUMA Mannheim, Dr. Heinz-Herbert Noll und David Skopec. Für dieses Entwicklungsprojekt war von Anfang an eine Finanzierung über den Verkauf der Lizenzen geplant. Die folgenden Zahlen dienen als reale Anhaltspunkte für die erbrachten Leistungen - wobei noch ein enormer Aufwand seitens des ZUMA für die Überarbeitung und Vereinheitlichung der Datenbasis erbracht wurde, der hier jedoch keine Berücksichtigung findet.

- *Datenanalyse, Strukturkonzeption.*
  Dies erfolgte anhand der vorliegenden Tabellenbänden und auszugsweise anhand Teilen der Rohdaten. Die Strukturkonzeption wurde in Form von mehreren schriftlichen Exposés vorgelegt. Aufwand ca. 15 Tage.
- *Entwicklung von Interaktionsmodellen, Entwurf der Benutzeroberfläche.*
  Ausarbeitung und Programmierung von rund 25 Funktionsmodulen zur Beurteilung und Prüfung des Datenzugangs und des "Screen-Designs". Aufwand ca. 20 Tage.
- *Entwicklung und Programmierung eines Prototypen, Test.*
  Zusammenfassung der Ergebnisse aus den Funktionsmodulen in einem kompletten Prototypen. Prüfen des Datenbestandes auf Fehlerfreiheit und Test des einwandfreien Ablaufs. Aufwand ca. 12 Tage.
- *Programmierung, Herstellung der Master-Versionen.*
  Herstellung einer "Run-Time-Version", Konvertierung auf die Windows-Plattform, Fertigstellung für die Vervielfältigung. Aufwand ca. 5 Tage.
- *Bedienanleitung, Etiketten, Verpackung und Mailing für den "Kick-Off".*
  Aufwand ca. 7 Tage.
- *Gesamtkosten.*
  Bei einem Tagessatz von 1120,- DM und einem Aufwand von 59 Tagen ergeben sich für ein Projekt, wie es mit "DISI" realisiert wurde, Kosten in der Höhe von 66.080,- DM (zuzüglich 15 Prozent Mehrwertsteuer).

2.3.6 Fazit

Wie die Aufstellung zeigt, besteht der Hauptaufwand bei einem Projekt, wie es mit "DISI" realisiert wurde, im konzeptionellen Bereich. Dies hat nicht nur auf die Herstellung einer distribuierbaren Lizenz Auswirkungen, sondern auch auf die Möglichkeiten, die sich für die Fortführung und Etablierung solcher Anwendungen bieten. So bleibt beispielsweise der Aufwand für eine Aktualisierung des Programms in einem sehr kleinen Rahmen, da ja lediglich die neuen Daten implementiert werden müssen. Gleichzeitig ergibt sich durch die geschickte Konzeption ein geringer Speicherbedarf: komprimiert paßt "DISI" auf eine 1,4 Megabyte-(HD)-Diskette, wodurch sich die Herstellungskosten reduzieren und der mögliche Anwenderkreis erhöht.

2.4 Informationsterminal für den Messe-Einsatz

2.4.1 Besonderheiten einer Multimedia-Terminalanwendung

Im Gegensatz zu einer CD-ROM, die meist in Ruhe zu Hause oder im Büro angeschaut wird, hat ein Multimedia-Terminal einen festen Standort. Es muß die Benutzer anlocken, die in der Regel die gewünschten Informationen schnell erhalten möchten. Es ist also neben schnellen Reaktionszeiten eine einfache und klare Programmstruktur notwendig. Auch deswegen, weil man davon ausgehen muß, daß die Benutzer die Anwendung nicht immer von Anfang an verfolgen können.

Wird am Terminal ein berührungsempfindlicher Monitor eingesetzt, sollte man in jedem Fall beim Screendesign darauf achten, daß die Schaltflächen ausreichend groß dargestellt werden. Beim Einsatz einer Multimedia-Anwendung als Point-of-Information-(POI)-Terminal läßt sich die Hardware genau mit der Software abstimmen. Außerdem lassen sich die jeweils aktuellen technischen Möglichkeiten in Bezug auf Rechnerleistung, Grafikdarstellung, Video- und Tonwiedergabe bei der Entwicklung der Software berücksichtigen. Desweiteren besteht die Möglichkeit, das Benutzerverhalten am Terminal für eine spätere Analyse auf Festplatte aufzuzeichnen.

2.4.2 Projektbeschreibung

Mit dem System "Pioneer interaktiv" präsentierte sich die Pioneer Electronics Deutschland GmbH auf der Internationalen Funkausstellung 1995 in Berlin. An acht Touchscreen-Terminals konnten sich die Messebesucher über das aktuelle Produktspektrum informieren. Dem nicht aktiven Besucher ermöglichten sieben weitere Monitore den Einblick in das Geschehen am Terminal. Gleichzeitig wurden Ausschnitte aus der Multimedia-Anwendung selbstablaufend über 14 Projektionsfernseher gezeigt. Den Händlern wurde Pioneer interaktiv als Nachschlagewerk in Form einer CD-ROM ausgehändigt.

Abbildung 4: Info-Terminal

Initiator des Projekts war die Firma Leister Messebau, die mit dem Vorschlag, einen mit Licht, Projektionen und Multimedia animierenden Messestand für die IFA 1995 zu gestalten, an Pioneer herantrat. Die POI-Anwendung sollte, in einer interaktiven, lebendigen Form, das aktuelle Produktspektrum neben den Besonderheiten der Produkte abbilden und eine harmonische Erweiterung des Messestandes darstellen. Es war beabsichtigt, über ein integriertes Quiz oder ein Spiel mit Gewinnmöglichkeit zusätzliche Anreize für das Publikum zu schaffen. Als Ziel und Botschaft sollte der Messebesucher den Eindruck von Pioneer als zukunftsorientiertes Unternehmen vermittelt bekommen. Bei der Suche nach einem geeigneten Produzenten wurde die dem Unternehmen Pioneer Firma MicroMediaArts empfohlen und daraufhin bei der Auswahl berücksichtigt.

In einem gemeinsamen Gespräch wurden Referenz-Produktionen des Auftragnehmers vorgestellt und die Vorstellungen des Auftraggebers besprochen. Da zwischen der Angebotsaufforderung und der Funkausstellung nur noch gut drei Monate Zeit waren, mußte sich die Firma Pioneer sehr schnell für einen Partner entscheiden.

2.4.3 Angebot

Die Vorgaben wurden in einer Leistungsbeschreibung zusammengefaßt und galten als Grundlage für das Angebot. Dieses bestand aus den Komponenten:

- Entwicklung der Grundkonzeption,
- Entwicklung eines Storyboards aus den zu liefernden Inhalten,
- Gestaltung der Oberfläche und Programmierung:
    - animierter Start-Menübildschirm oder Loop,
    - 7 Hauptkapitel der verschiedenen Produktgruppen,
    - Ablaufdauer der CD-ROM insgesamt 50 Minuten,
    - Trailer von je 3 Minuten Länge je Produktgruppe,

- Aufnahme der Drehbuch-Texte im Tonstudio,
- Digitalisierung und Einbindung der Sprechersequenzen,
- Digitalisierung und Einbindung von Videosequenzen,
- Testablauf, Qualitätssicherung,
- Programmierung eines Installationsprogrammes und
- CD-ROM Produktion 3.000 Stück.

2.4.4 Kostenfaktoren

Entwicklung

Produktionsschritt (Menge)	Zirka-Aufwand (MT=Manntage)	Kosten (in DM)
Konzeption, Drehbuch	20 MT	30.000
Consulting Messebau	10 MT	15.000
Projektleitung	10 MT	15.000
Materialrecherche beim Auftraggeber	6 MT	5.000
Texte für Sprecher und Screen	20 MT	23.000
Scanarbeiten, Korrekturen (ca. 650 Vorlagen)	20 MT	15.000
Screendesign (ca. 40 Screens)	13 MT	15.000
3D-Grafik (ca. 30 Objekte auf 35 Screens)	15 MT	20.000
2D-Animation	5 MT	5.000
Musik- und Klangproduktion mit 2 Musikern und Studio, 4 Musikclips, 25 Klänge, ca. 7,5 min		5.000
Sprache: Casting, 3 verschiedene Sprecher		4.000
Audioaufnahmen im Tonstudio:	10 Stunden	1.500
Audio-Postproduktion (Schnitt, digitale Bearbeitung, Konvertierung in 16Bit und 8Bit, 371 Sprachsequenzen Information = 100 Minuten, 173 Sprachsequenzen Quiz = 30 Minuten)	30 Stunden	4.000
Videoediting (Video for Windows)	8 MT	10.000
Programmierung	40 MT	45.000
Qualitätssicherung	15 MT	15.000
Reisekosten		5.000

Messeinstallationen

Mietkosten, 16 POI Systeme, Zusatzmonitore, Videokonverter usw., Mietdauer 2 Wochen	65.000
Installation der Systeme auf dem Messestand	2.000
Wartung + Pflege	4.000

Nebenprodukte

Programmerweiterungen und Videoediting (MPEG)	3.500

CD-ROM + Cover, 3.000 Stück, DIGI sleeve, 4C	12.500
Messezeitung (Auflage 200.000)	80.000
Gesamtkosten	
Aufwand bei Pioneer	*65.000*
davon Zulieferer (Texte, Messebau)	40.000
Entwicklungskosten bei MicroMediaArts	*160.000*
davon Zulieferer (Musik, Klang und Sprache)	15.000
Installation und Hardwarekosten	*70.000*
Gesamtkosten ohne CD-ROM Produktion	*295.000.*

Electronic Banking

Hartmut Wittig
IBM European Networking Center, Heidelberg

1 Der Wandel

Es war einmal eine Zeit, in der
Bankkunden
... *eine persönliche Beratung schätzten*
... *selten Ihre Bank wechselten*
... *Gebühren für Kontenführung bezahlten*
... *bei "Geld" zuerst an Scheine dachten*
... *diese Scheine auch persönlich in der Bank abholten*

Banken
... *ihre Geschäfte zu teuer und kompliziert abwickelten*
... *viele Angestellte hatten*
... *Angestellte in vielen Filialen arbeiten ließen*
... *das Internet mieden*

Der Zugang zu Online-Banken ist bisher nur einer elitären Schicht von Kunden möglich. Die Datenautobahnen weisen noch viele Schlaglöcher auf und die obigen Szenarien gehören noch längst nicht der Vergangenheit an. Unter diesen Rahmenbedingungen befindet sich die Bankenwirtschaft heute in einer Phase grundlegenden Wandels, der hauptsächlich durch folgende Tendenzen gekennzeichnet ist.

1.1 Globalisierung des Marktes

Durch die Schaffung einer einheitlichen, weltweit vernetzten Infrastruktur ist es möglich, Informations- und Dienstangebote mit geringem Aufwand mehr als 40 Millionen Menschen zur Verfügung zu stellen. Weitere 150 Millionen Menschen stehen bereits an der Schwelle zum Internet und werden sie voraussichtlich bis zum Jahre 2000 überschreiten. Dieser potentielle Kundenstamm von hauptsächlich jüngeren Personen mittleren und hohen Einkommens (O'Reilly, 1995) läßt es zukünftig kaum einem Unternehmen zu, nicht in Online-Systemen oder im Internet präsent zu sein.

1.2 Höhere Qualität der Dienste

Zahlreiche der verschiedenen Online-Konzepte zeichnen sich durch eine breite Palette von zusätzlichen, qualitätssteigernden Merkmalen aus. "Rund-um-die-Uhr"-

Verfügbarkeit und Direktkontakt zum Broker sind erste Beispiele. Dienste wie persönliche Homepages und Electronic Mail (siehe Schweriner Hypobank) fördern den persönlichen Bezug zum Bankmitarbeiter und weisen oft auch niedrigere Antwortzeiten im Vergleich zum herkömmlichen Briefverkehr auf. Zusätzliche Angebote bankfremder Leistungen (Hartwig, 1996) machen die eigenen Angebote attraktiver. Standortunabhängig auf alle Bankdienste zuzugreifen, ist ein weiterer Vorteil der Online-Präsenz. In diesem Sinne zeigt Markus Gunter (HYPOBANK) am Beispiel des Internet-Angebotes HYPOBANK-Online (http://www.hypo.de), wie dabei die speziellen Anforderungen des Online-Banking berücksichtigt und welche Erfahrungen gesammelt wurden.

1.3 Kostendruck

Der erhöhte Kostendruck auf die Bankenbranche ist eine unmittelbare Folge der globalen Konkurrenz im Internet. Internationale Billiganbieter verzichten mittlerweile auf aufwendige Filialnetze und konzentrieren sich auf die Online-Kundschaft (z.B. Security First Network Bank). Als verschärfende Rahmenerscheinung erzeugt die bessere Überschaubarbeit des Marktes eine höhere Preissensibilität der Kunden (Meyer & Hartwig, 1996).

2 Probleme und Lösungen

In dieser Phase des Übergangs zum Online-Banking lassen sich mehrere Kernprobleme identifizieren:

2.1 Integratives Gesamtkonzept

Bislang geht der Bankbereich nur zögerlich zu einem integrativen Gesamtkonzept unter Einbeziehung aller Kommunikationsmedien über. Dienste wie elektronische Briefe als Kommunikationsmittel mit Kunden werden bereits eingesetzt. Point of Sales, interaktive Schulungs- und Lernprogramme und die automatisierte Geschäftsabwicklung sind in das Online-Gesamtangebot meist noch nicht einbezogen. Dieser Problemstellung wendet sich insbesondere der Beitrag „Financial Services in Online-Diensten“ von Bettina Horster und Thomas Möller (Horster & Möller, 1996) zu. Neben einem Überblick über die Entwicklung des Online-Banking werden Möglichkeiten und Perspektiven bei der Durchsetzung eines integrativen Gesamtkonzeptes aufgezeigt.

2.2 Datensicherheit

Datensicherheitsanforderungen wurden bei der Schaffung eines elektronischen Handels- und Börsenplatzes bisher nur mangelhaft berücksichtigt. Demoskopische Untersuchungen (siehe O'Reilly, 1995) belegen, daß viele Online-Kunden stark verunsichert sind: Nur 9% aller befragten Internetbenutzer gaben an, Security-Software im Internet benutzt zu haben. Man stellte fest, daß 90% der Befragten starke Bedenken bei der Übertragung von Kreditkarteninformationen per Internet haben. Selbst beim Einsatz von Verschlüsselungsverfahren ist nur jeder Zweite bereit, seine Kreditkarteninformationen preiszugeben.

Demzufolge kommt es nicht nur darauf an, Datensicherungsverfahren zu entwickeln und einzusetzen, sondern auch den Benutzer intensiver aufzuklären. In diesem Zusammenhang stellt Wolfgang Knobloch (IBM) in seinem Beitrag wichtige Techniken für einen sichereren elektronischen Marktplatz im Internet vor und präsentiert Ergebnisse des europäischen Forschungsprojektes Secure Electronic Marketplace in Europe (SEMPER).

2.3 Werkzeuge

Für viele Informationsanbieter im Bankenbereich bleibt die Frage ungelöst, auf welchen Plattformen sie präsent sein sollten: Der Trend hin zu multimedialen Selbstbedienungsterminals und Kiosksystemen setzt sich weiter fort. Im vernetzten Umfeld bieten die meisten Banken identische Inhalte parallel im Internet und anderen Online-Systemen (hauptsächlich T-Online) an. Durch jüngste Erfolge bei der Entwicklung und internationalen Standardisierung interaktiver Fernsehsysteme (DAVIC, 1995) sind weitere Impulse für Online-Banking-Systeme zu erwarten, die dann mittels interaktiven und multimedialen Videotextdiensten auch Fernsehwerbung und Online-Angebote nahtlos miteinander verknüpfen.

Banken stehen durch die vorhandene Heterogenität der Systemplattformen in der Regel dem Problem gegenüber, trotz identischen Inhalts für die verschiedenen Plattformen unterschiedliche Autorensysteme zu benötigen. Beschränkt man sich auf bestimmte Plattformen, verringert sich das Kundenpotential. Dies erscheint jedoch unter den vorhandenen Rahmenbedingungen zunächst als unausweichliche Maßnahme zur Kostendämpfung.

Zukunftsweisende Lösungen in Form von plattformübergreifenden Autorensystemen helfen hier, Teile des beschriebenen Zusatzaufwandes zu minimieren. So generiert beispielsweise das multimediale Editorensystem „IBM InfoDesigner für OS/2" gleichzeitig und automatisch Kioskprogramme, CD-ROM-Programme sowie Internetseiten.

3 Perspektiven

Entwicklungen wie Low-cost Internet-Terminals und interaktive Fernsehgeräte werden die Kosten für Endgeräte weiter senken und die Zahl der Nutzer von Online-Systemen und Online-Banking steigern. Zusätzliche Dienstanbieter verbreitern die Angebotspalette und erhöhen damit die Attraktivität des Netzes.

Einige der nächsten Schritte hin zu elektronischen Banken und Handelszentren sind bereits absehbar: Audio- und Videomedien werden zunehmend in das Angebot der Banken eingebunden und führen zu Zusatzdiensten wie Point-to-Point- und Point-to-Multipoint-Videokonferenzen mit Bankkunden, Seminaren, Anlageberatungen, Expertenbefragungen und Direktübertragungen von Ereignissen wie Aktionärsversammlungen oder Börsensitzungen.

Außerdem wird es zur „Personalisierung" von Informationen kommen. Hierbei bereitet man die Informationen nicht mehr ausschließlich inhaltsbezogen sondern kundenbezogen auf. Kunden können damit auf die speziell für sie bereitgestellten Internetseiten zugreifen, welche ihnen einen schnellen Überblick über ihre individuellen Geldanlagen und deren Einflußfaktoren gewähren. Vorstellbar wären hier Statusinformationen über das Anlageportfolio, aber auch Berichte von der Aktionärsversammlung einer Gesellschaft, dessen Aktien der Anleger besitzt, sind denkbar. Auf diese Art und Weise können auch relevante Kursstände eingeblendet oder Verkaufssignale angezeigt werden. Dies gestattet dem Kunden einen raschen Überblick die Menge aller Informationen und ermöglicht der Bank eine individuelle Betreuung. Werkzeuge, die eine automatische und personalisierte Informationsfilterung ermöglichen, befinden sich derzeit in der Entwicklung (Wittig & Griwodz, 1995).

Durch intelligente Suchhilfen könnten im Umfeld des Electronic Banking weitere neuartige Anwendungen entstehen: Dem Kunden wird dabei ähnlich zu heute bereits im Internet existierenden Suchhilfen nicht nur das Auffinden von Dienstanbietern ermöglicht, sondern in einem abgesteckten Rahmen auch der Vergleich von Dienstangeboten (siehe auch Vogel & Wittig, 1996) oder sogar das Aushandeln von Konditionen.

Literatur

DAVIC, (1995). Digital Audio-Visual Council (DAVIC). *Spezifikation 1.0*, Berlin.

Hartwig, M. (1996). Die Selbstbedienungspalette der Kreditinstitute - eine Analyse der Perspektiven aus Marketing-Sicht. In A. Meyer, M. Hartwig (Eds.), *it+ti 1/96* (pp. 11-17). Oldenbourg.

Meyer, A.& Hartwig, M. (1996). Electronic Banking. In A. Meyer, M. Hartwig (Eds.), *it+ti 1/96* (pp. 11-17). Oldenbourg.

O'Reilly (1995). Internet Demographics, *O'Reilly & Associates Inc. and Thrish Information Services*, http://www.ore.com.

Vogel, A., & Wittig, H. (1996). The JAVA Applet Store. Position Paper. *Submitted to Joint Workshop of Object Management Group (OMG) and World-Wide-Web Consortium (W3C),* Boston.

Von Karte zu Karte (1996). *In Spiegel 12/96,* http://www.spiegel.de.

Wittig, H., & Griwodz, C. (1995). Intelligent Agents in Interaktive Television Systems. *Proceedings of 2nd IEEE Multimedia Computing and Systems (ICMCS).* Washington D.C.

WWW - Version

Eine um Hyperlinks erweiterte Version dieses Artikels ist erschienen unter: http://www.dmmk.springer.de/dmmk96/programm/work2.htm

Herausforderungen und Perspektiven im Online-Banking

Markus Gunter
Bayerische Hypotheken- und Wechsel-Bank AG, München

Zusammenfassung. Die Bankbranche gilt seit jeher als Vorreiterin in der Konzeption und Umsetzung von Informations- und Kommunikationstechnologien. Dennoch stellen die Potentiale elektronischer Märkte und von Online-Diensten die traditionellen Universalbanken heute unter neuen Wettbewerbsdruck durch medienkompetente externe Quereinsteiger. Dieser Situation begegnet die Hypobank durch eine zielgruppenorientierte Erschließung des Internet als künftigem integrierten Vertriebskanal.

Schlüsselwörter. Online-Banking, Zielgruppenorientierung, neue Bankprodukte, Integrierter Vertriebskanal.

1 Marktumfeld

Das Marktumfeld der Banken befindet sich im Umbruch. Informationstechnologien relativieren die Bedeutung von Zeit und Raum der Leistungserstellung und -abnahme. Sinkende Markteintrittsbarrieren eröffnen neuen Wettbewerbern Chancen in vorhandenen und durch veränderte Kundenbedürfnisse neu entstehenden Marktsegmenten. Aufgeschlossene Kunden entscheiden individuell und spontan, wann, wo und wie sie ihre Bankgeschäfte erledigen.

1.1 Neue Technologien

Die dynamische Entwicklung neuer Technologien und Medien verändert die Bankenlandschaft dramatisch. Zwar bleibt die Filiale für die etablierten deutschen Banken weiterhin der wichtigste Vertriebsweg, aber mobile Beratung mit Notebook und Handy, Telefonbanking und Online-Banking gewinnen stark an Bedeutung. Neue Informationstechnologien führen zu einer größeren Transparenz im Markt, Leistungen werden zukünftig per Mausklick vergleichbar. Diese Entwicklung führt gleichzeitig - zumindest kurz- bis mittelfristig - zu einer stärkeren Trennung erklärungsbedürftiger und standardisierter Produkte. Beschleunigte Innovationszyklen stellen eine neue Herausforderung an die Innovationskraft und Flexibilität der Bankorganisation.

1.2 Verändertes Kundenverhalten

Während die traditionelle Bankkundschaft weiterhin den persönlichen Kontakt in der Filiale bevorzugt, wächst eine neue Generation heran, die sich ohne Vorbehalte mit neuen Medien beschäftigt. Aktive Informationssuche, Individualität der Bedürfnisse und zunehmende Preis- und Qualitätssensibilität verändern die Beziehung vieler Kunden zu ihrer Bank. Routineleistungen will der moderne Kunde schnell und günstig abgewickelt sehen, gleichzeitig erwartet er im Bedarfsfall kompetente und individuelle Beratung. Bei steigender Erwartungshaltung und höherer Konkurrenzdichte nimmt die Loyalität zum einzelnen Institut tendenziell ab.

1.3 Neue Konkurrenz

Die zunehmende Anwenderfreundlichkeit und Akzeptanz innovativer Medien ermöglicht es neuen Konkurrenten, mit relativ geringem Aufwand Finanzdienstleistungen standortunabhängig zu vertreiben. Das Internet globalisiert die Märkte und senkt die Markteintrittsbarrieren für die ausländische (Banken-) Konkurrenz. Nischenanbieter nutzen Spezialisierungsvorteile und setzen etablierte Anbieter unter (Margen-) Druck. Darüber hinaus spielen potentielle neue Marktteilnehmer wie Medienverlage, Versandhäuser und Softwareunternehmen ihre Stärken zunehmend auch im Bankenmarkt aus: konsequentes und aggressives Marketing, ein gewaltiger Kundenstamm und technologisches sowie Vertriebs-Know-how.

2 Herausforderung Online-Banking

Was bedeutet dieses Szenario für deutsche Banken? Die persönliche Beratungsqualität bleibt, insbesondere für die großen Universalbanken, entscheidende und durch neue Konkurrenten nur schwer imitierbare Kernkompetenz. Gleichzeitig ist der schnelle Aufbau von Know-how im Bereich elektronischer Medien und deren Marketing unabdingbar.

Investitionen in neue Medien und Vertriebswege (Chip-Card, Internet, CD-ROM, mobile Beratung inklusive Notebook und Handy etc.) sind zu tätigen, führen jedoch kurzfristig nicht zu nennenswerten Erlösen. Das Vorhalten mehrerer Vertriebswege ist notwendig, muß aber durch ein integratives Vertriebswege-Mix zu Synergieeffekten führen. Während die Filiale weiterhin eine zentrale Rolle in der Beziehung zur traditionellen (Privat-) Kundschaft spielt, kommt neuen Medien und standortunabhängigen Vertriebsformen die Aufgabe zu, eine attraktive Zielgruppe von jungen Aufsteigern bis hin zu dynamischen future seniors an die Bank zu binden oder heranzuführen.

Eine wichtige strategische Herausforderung auf dem Online-Sektor wird es sein, die drohende Intermediation zwischen Kunde und Bank zu verhindern. Die Gefahr, daß Finanz-Software-Anbieter oder Netzbetreiber den Zugang zum Kunden kontrollieren und Bankleistungen schließlich selbst anbieten, ist nicht zu unterschätzen. Traditionellen

Banken droht dann im Online-Bereich die Rolle der Zulieferung austauschbarer Commodity-Dienstleistungen. Der Kampf um den Kunden wird immer stärker ein harter Wettbewerb um dessen Daten.

Durch rechtzeitiges und planvolles Agieren bieten die neuen Vertriebsmedien jedoch zahlreiche Chancen. Direktes Feedback schafft Kundennähe und ist Ansporn für eine ständige Leistungsoptimierung. Die aktive Informationssuche der Kunden bedeutet eine höhere Aufmerksamkeit für das Angebot. Direktvertrieb bringt Kostenvorteile und ermöglicht das Erschließen von Marktnischen mit relativ geringen Investitionen. Multiplikatoreffekte erlauben eine neue Präsentationsqualität und die Chance zur Schulung der Kunden, um Bedarf für cross selling zu wecken. Die elektronische Abwicklung von Standardleistungen schafft Kapazitäten für qualifizierte Beratung. Gleichzeitig besteht durch den hohen Bekanntheitsgrad der etablierten Bank-Marken eine gute Ausgangsposition im Informationsüberangebot.

3 HYPO-BANK im Internet - http://www.hypo.de

3.1 Strategie und Ziele

Im Sinne des Unternehmensleitbilds "Innovativ aus Tradition" wurde mit dem Einstieg ins Internet ein zukunftsweisender Informations- und Kommunikationskanal erschlossen. Während die HYPO-BANK durch eine Pionierleistung ihres Geschäftsbereichs Nord auch den Titel "erste deutsche Bank im Internet" (Mai 1995) beanspruchen kann, ist sie mit einem Konzernauftritt unter http://www.hypo.de seit Dezember 1995 im WorldWideWeb engagiert. Dabei hat sich die Entscheidung für das Internet und gegen eine weitere Präsenz in proprietären Online-Diensten bisher als richtig erwiesen. Microsoft Network, Europe Online und andere kommerzielle Anbieter ändern ihre Strategie und werden Teil des Internet. Diesem kommt als gemeinsamem Marktplatz aller Online-Netze eine wichtige Integrationsfunktion zu, die im Bedarfsfall selektiv ergänzt werden kann. Im Rahmen der ersten Präsentationsstufe im Internet werden folgende Ziele verfolgt:

- Verbesserung der Kundenorientierung durch bankspezifische Informationen, Added Value und schnelle Kommunikation über E-Mail,
- Unterstützung des innovativen Unternehmensimage,
- Aufbau von Know-how als Grundlage für weiterführende Aktivitäten,
- Sicherung der Kundenbindung bei einer attraktiven Zielgruppe,
- Integration der Nutzer in den Planungs- und Gestaltungsprozeß,
- Hinführung der Kunden zum Point-of-Sale,
- Hohes Nutzerfeedback, im Idealfall verwertbares Adressenmaterial,
- Generierung einer regelmäßig wiederkehrenden Stammkundschaft.

3.2 Konzeption und Leitlinien

Bei der Planung galt es, die Anforderungen aller Unternehmensbereiche zu integrieren, die Bedürfnisse der Nutzer zu berücksichtigen und einen innovativen sowie dem Corporate Image der HYPO-BANK entsprechenden Auftritt zu schaffen. Das Design der Homepage (siehe Abbildung 1) und der gesamten WebSite sollte Akzeptanz bei der jungen Zielgruppe von Online-Medien finden und gleichzeitig auch die traditionelle HYPO-Kundschaft ansprechen. Die Orientierung an den Bedürfnissen und technischen Möglichkeiten der Online-Kunden sowie die Berücksichtigung der "Netiquette", also der Umgangsformen im Internet, waren dabei oberste Leitlinie.

Abbildung 1

Im Vorfeld des Auftritts wurde daher ein – bewußt nur im Internet kommunizierter – "Info- und Kreativ-Wettbewerb" durchgeführt, der die Nutzer frühzeitig in die Konzeption einbezog. Zahlreiche Ideen und Wünsche bis hin zu komplett gestalteten Web Sites dienten als Grundlage des weiteren Gestaltungsprozesses und führten zur Entwicklung folgender Leitlinien für die WorldWideWeb-Präsentation der HYPO-BANK:

- Einbindung der Nutzer in die Gestaltung,
- Qualität vor Quantität,
- "Giving back to the Internet" durch Added value,
- Zielgruppenorientierung,
- Mediengerechte Gestaltung (schnelle Ladezeiten, geringe Datenmengen, Informationsaufteilung, keine Konzentration auf einen Browser-Standard, Selbstbeschrän-

kung in der Darbietung, einfache Navigation),
- Servicelevel E-Mail (Beantwortung innerhalb von 24 Stunden),
- Anreize für regelmäßige Abfrage,
- Infotainment: Emotion, Interaktion, Aktualität, Information und Serviceorientierung.

Auf Basis dieser Leitlinien wurde eine Web Site entwickelt, die sowohl den Marketing- und Vertriebsinteressen der Bank, als auch den Bedürfnissen der Kunden gerecht wird. Neben bankspezifischen Themen in den Bereichen "Banking", "News" und "About" wurden mit "Fun" und "Art" Freiräume für unterhaltende Elemente geschaffen.

3.3 Entwicklung vom Kommunikations- zum Vertriebskanal

Die stufenweise Weiterentwicklung des Internet-Engagements ist Voraussetzung einer konkurrenzfähigen Bank-Positionierung im Online-Markt. Stillstand bedeutet in diesem dynamischen Umfeld mehr, als nur Rückschritte in dem Bemühen um Kundenbindung zu machen. Der damit einhergehende Know-how-Verlust wäre in einem zunehmend durch branchenfremde Konkurrenz gekennzeichneten Umfeld nur schwer aufzuholen. Der Weg vom Kommunikationsmedium zum integrierten Vertriebskanal kann dabei in folgenden Schritten erfolgen:

a) Imagepflege, Information und Kommunikation:
- Präsentation des Unternehmens,
- Informationen über Dienstleistungen und Produkte,
- Zentrales Kommunikationsangebot über E-Mail.

b) Verkaufsvorbereitung und Hinführung zum Point-of-Sale:
- Added Value durch attraktive Researchangebote (Marktanalysen, Asset Allocation etc.),
- Vertriebsorientierung des gesamten Angebots mit integrierten Feedback-Möglichkeiten,
- Konsequente Weiterleitung von Anfragen an die Kundenbetreuer, dezentrale E-Mail-Kommunikationsmöglichkeiten (Anbindung der Filialen),
- Customer Support über E-Mail.

c) Virtueller Point-of-Sale:
- Automatisierte Abwicklung von Geschäftsabschlüssen,
- Interaktive Analyse- und Lernprogramme zur Kundenschulung und Verkaufsunterstützung.

d) Volle Integration ins Vertriebswege-Mix und Personalisierung:
- Online-Customer-Support und Beratung, ggf. rund um die Uhr und über Video,
- 24-Stundenbetrieb, Video-Einsatz.

4 Perspektiven im Online-Banking

Sichere Homebanking-Lösungen existieren in den USA bereits und werden vermutlich auch in Deutschland noch 1996 zur Verfügung stehen. Im ersten Schritt sind weitgehend standardisierte Dienstleistungen – analog zum Telefonbanking – im Online-Angebot zu erwarten. Solche Angebote können die Grundlage der Online-Strategie bilden, dienen jedoch langfristig weder als Motivationsfaktor in der Kundenbeziehung noch als Differenzierungsmerkmal im Wettbewerb.

Etablierten Banken stellt sich vielmehr die Herausforderung, Kernkompetenzen wie die persönliche Beratungskompetenz, das umfassende Wissen um die individuelle Situation des Kunden sowie die Seriosität im Umgang mit fremden Geldern auf neue Medien zu übertragen und durch Emotionalität zu ergänzen. Eine attraktive Kombination aus High Tech und Human Touch beschränkt sich jedoch nicht auf das Einscannen symphatischer und fröhlicher Menschen aus Hochglanzbroschüren. Human Touch in Online-Medien bedeutet in der Zukunft, daß der Kunde bei der Informationssuche auf einen kompetenten Berater zurückgreifen kann, der ihm per Video zugeschaltet wird. Dieser Berater muß dabei sekundenschnell über die persönliche Situation des Kunden informiert sein. Im Idealfall ist gewährleistet, daß der Online-Kunde zu bestimmten Zeiten seinen persönlichen Ansprechpartner erreicht.

Der Multiplikatoreffekt neuer Medien schafft bisher nicht gekannte Möglichkeiten. Plötzlich kann es sich lohnen, teuere Experten und bekannte Persönlichkeiten einzusetzen, die per CD-ROM oder auch im Internet durch interaktive Beratungsprogramme führen. Dabei wird es immer wichtiger, gezielte Kundenschulung zu betreiben und Bedarf zu wecken – ergänzt durch die unmittelbare Response-Möglichkeit für Fragen oder den Geschäftsabschluß. Darüber hinaus besteht die Chance zur Optimierung der Beratungsleistung: Beratung rund um die Uhr wird durch die weltweite Vernetzung erleichtert, Know-how ist über regionale Beschränkungen hinweg sekundenschnell transferierbar, das Bilden virtueller Beratungsteams nach Bedarf des (Firmen-)Kunden wird möglich.

Die Kundenbindung durch attraktiven Zusatznutzen wird einer der wichtigsten Erfolgsfaktoren. Die strategischen Optionen reichen dabei von banktypischen Dienstleistungen rund um das Finanzmanagement über Club- und Exklusivangebote sowie individuelle Informationsselektion bis hin zu Imagetransfers durch gemeinsame virtuelle Einkaufszentren mit attraktiven Kooperationsparnern und der Ausdehnung der etablierten Dachmarke auf branchenfremde Produkt- und Dienstleistungsangebote. Die Vision einer zielgruppenspezifischen Rund-um-Betreuung über den Finanzdienstleistungsbereich hinaus kann wiederum Initialeffekte für das klassische Bankgeschäft bieten und den Kunden im Einflußbereich der Bank halten. Es wird immer stärker darauf ankommen, durch umfassende Bedürfnisbefriedigung im Umfeld Anreiz und Bedarf für die Kernkompetenzen der Bank zu schaffen.

Für die Planung des Angebots in Online-Diensten und anderen neuen Medien gilt – mehr noch als im traditionellen Filialbetrieb – die Devise: jeder Nutzer ist bereits durch sein Informationsinteresse Kunde, unabhängig von seiner bisherigen Beziehung zum Unternehmen. Nur wer dies verinnerlicht, wird über Online-Medien nennenswertes Potential für Geschäftsabschlüsse generieren. Der Online-Kunde sucht aktiv nach Informationen, Bankdienstleistungen und Unterhaltung; werden diese nicht zielgruppengerecht und zufriedenstellend präsentiert, ist der Vorteil höherer Awareness schnell verflogen und schlägt in Enttäuschung um.

Dabei kann sich der Vermarktungsprozeß teilweise umdrehen: schneller und direkter Kundenkontakt ermöglicht dem Kunden frühzeitige Eingriffe in den Prozeß der Leistungserstellung. Denkbar sind an der Leistungsentwicklung beteiligte Kundenteams, Online-Pre-Tests von Produkten, die Bildung von Anlegergruppen etc.

Die veränderte Beziehung zum Online-Kunden drückt sich auch in der Schnelligkeit der Kommunikation aus. Konventionelle Briefpost gilt unter Internet-Nutzern nicht umsonst als "Snail-Mail". Die gesamte Bankorganisation muß auf diese höhere Erwartungshaltung vorbereitet werden, um durch das Vorhalten von Know-how und durch ständige Prozeßoptimierung flexibel und schnell auf Kundenanfragen reagieren zu können.

Die Akzeptanz von Online-Banking bei einer größeren Kundengruppe wird maßgeblich von der Anwenderfreundlichkeit der Hard- und Software abhängen. Ein Personal Computer, der erst langsam hochgeladen werden muß, damit der Kunde nach Feierabend einige Überweisungen erledigen kann, wird vielleicht Innovatoren und technologie-affine Kunden zufrieden stellen. Die Mehrzahl wird vermutlich erst dann vom Nutzen der Online-Dienstleistungen zu überzeugen sein, wenn ubiquitär einsetzbare Browser jegliches Kommunikations-Medium einfach, überall und schnell mit dem Datennetz verbinden – ob PC, Fernseher, Telefon, Personal Digital Assistant oder zukünftige Innovationen. Auch die derzeit eher dürftigen Übertragungsraten und die Netzüberlastung stellen noch eine Hürde auf dem Weg ins Informationszeitalter dar.

Zusammenfassend sind folgende Erfolgsfaktoren zu beachten, ohne deren Erfüllung langfristig weder eine breite Massenwirkung noch ein konkurrenzfähiges Angebot von Online-Finanzdienstleistungen möglich ist:

- Anwenderfreundliche Hard- und Software sowie Datensicherheit,
- Added Value in Kommunikation und Dienstleistung,
- Interaktion,
- Sorgfältige Zielgruppenorientierung als Voraussetzung für eine sinnvolle Selbstselektion der Kunden bei der Informationssuche,
- Generierung von Stamm-Informationskunden,
- Flexibilität und Schnelligkeit bei Kommunikation und Leistungserstellung,
- Personalisierung und Individualisierung,
- Informationsreduzierung,
- Konsequente Markenstrategien und Emotionalisierung der Marken,
- Bedarf schaffen durch Kundenschulung und umfassende Bedürfnisbefriedigung,
- Integrative Medien- und Vertriebswegestrategien,
- Sinnvolle Verknüpfung von Kundendaten durch Database-Marketing.

Auch in Online-Diensten wird zukünftig eine eindeutige, strategische Differenzierung zwischen Qualitäts- und Preisstrategie sowie im Idealfall ein Outpacing der Konkurrenz durch Prozeßoptimierung und Qualitätsmanagement notwendig. Nur scharf focussierte Marken- und Marketing-Strategien werden der zunehmenden Informationsüberlastung gerecht.

Sichere Vermarktung auf dem Internet

Wolfgang Knobloch
IBM Europäisches Zentrum für Netzwerkforschung, Heidelberg

Zusammenfassung. Ein wesentlicher Aspekt des elektronischen Handels über ein offenes Netz wie das Internet ist die Sicherheit. Der Artikel faßt die wichtigsten Techniken für die Gewährleistung von Sicherheit im Internet zusammen. Das SEMPER Projekt erarbeitet ein Modell und eine Architektur für einen offenen, sicheren elektronischen Marktplatz, der Käufern und Verkäufern einen einfachen Zugang ermöglichen soll. Die ersten Ergebnisse der Arbeit werden vorgestellt.

Schlüsselwörter. Sicherheit im Internet, Firewall, SSL, SHTTP, elektronische Märkte, Homebanking.

1 Einleitung

Handel und Dienstleistungssektor sind klassische Einsatzfelder moderner Informationstechnologie. Zunächst ging es um die Bereitstellung von Hilfsmitteln für Warenbestandsführung, Abrechnung, Kundenbetreuung, Kassensysteme usw. Die gegenwärtige Verschmelzung von Medien, Netzen und IT zum viel beschworenen Information Superhighway könnte eine tiefgreifende Veränderung in der Art der Vermarktung von Gütern und Dienstleistungen ergeben, deren Auswirkung auf diesen Wirtschaftssektor zur Zeit noch nicht genau vorhergesagt werden kann.

Sicher ist jedoch, daß sich die Vermarktung mittels elektronischer Medien einer wachsenden Beliebtheit erfreut und auch weiter wachsen wird. Dabei kann man verschiedene Medien für die Vermarktung unterscheiden, wie CD-ROM, Consumer Online Dienste (z.B. CompuServe, AOL, T-Online), Internet oder interaktives Fernsehen, um nur die wichtigsten zu nennen. Für die Gesamtheit der Handelstransaktionen, die über diese Medien abgewickelt werden, wird in den USA für die Zeit von 1994 bis 2000 eine Verzehnfachung vorhergesagt (SIMBA, 1995). Dabei wird sich das Internet während dieser Zeit zum Zugpferd dieses Wachstums entwickeln. Im Zuge dieser Entwicklung gerät die Sicherheit dieser Internet-Anwendungen immer stärker in den Blickpunkt.

2 Sicherheit im Internet

Zur Erhöhung der Sicherheit und damit zur Ermöglichung kommerzieller Nutzung des Internet wurden verschiedene Technologien entwickelt, und von verschiedenen Anbietern werden bereits entsprechende Produkte angeboten.

2.1 Firewalls

Die grundlegende Idee beim Schutz des eigenen Netzes vor unbefugter Nutzung ist, die Anzahl der Zugänge möglichst klein zu halten und gleichzeitig diese Zugänge zu kontrollieren. Dies führte zur Entwicklung sogenannter Firewalls, die folgende allgemeine Funktionen bieten:

- Trennung der Netze in ein internes, sicheres und ein externes, unsicheres Netz,
- Kontrolle des Datenverkehrs zwischen externem und internem Netz, ggf. mit zugeschalteter Protokollierung,
- Vermeidung der Informationsweitergabe über die interne Netzstruktur (z.B. Routing) an das externe Netz, um potentiellen Eindringlingen mögliche Ansatzpunkte zu verbergen.

Im allgemeinen wird eine recht einfache Sicherheitspolitik beim Betrieb von Firewalls bevorzugt, die den internen Anwendern den Zugriff auf bestimmt externe Anwendungen erlaubt, den externen Anwendern aber entweder keinen oder nur den E-mail Zugang zum internen Netz gewährt. Die heute üblichen Systeme dieser Art bringen dafür im wesentlichen 3 Techniken zur Anwendung:

- *Paketfilter / Screening Router.* Dabei wird der gesamte Datenverkehr zwischen dem externen und dem internen Netz auf der Basis von IP-Adressen und Portnummern untersucht und nach dem Prinzip "was nicht explizit erlaubt ist, wird unterbunden" gefiltert.
- *Application-Level Gateways.* Im Gegensatz zum transparenten Filterverfahren wird dabei die Kommunikation (z.B. e-mail, WWW) mit dem externen Netz über einen Proxy-Service durchgeführt, der externen Servern gegenüber als der lokale Server aller am internen Netz sitzenden Nutzer agiert und dabei z.B. Adreßinformationen umsetzt.
- *Circuit-Level Gateways.* Eine transparente Form der Anwendungsgateways für TCP Anwendungen bieten die sogenannten SOCKS Server, die auf TCP Port Ebene arbeiten und, unabhängig von der aktuellen Anwendung, stellvertretend für den Client die TCP Verbindung zum externen Server aufbauen.

In der Regel werden Firewalls heute aus einer Kombination aller drei Techniken realisiert und im wesentlichen in zwei Architekturen verwendet:

- *Dual Homed Bastion.* In dieser Implementierung werden alle Firewall Techniken auf einer Maschine zusammengefaßt. Dies ist eine ausreichende Implementierung, solange keine eigenen Services extern zur Verfügung gestellt werden sollen.

- *Screening Subnet.* Diese Architektur sollte angewandt werden, wenn eigene Services dem externen Netz zur Verfügung gestellt werden. Dabei wird durch Einsatz zweier Paketfilter-Firewalls ein isoliertes Teilnetz, oder auch *Demilitarized Zone (DMZ)*, zwischen dem externen und dem internen Netz gebildet. Die innere Firewall verbindet nur die DMZ mit dem internen Netz und betreibt z.B. die o.g. strikte Sicherheitspolitik. Die äußere Firewall verbindet die DMZ mit dem externen Netz und läßt die Nutzung zusätzlicher Dienste der DMZ, die man dem externen Netz zur Verfügung stellen möchte, durch externe Nutzer zu.

2.2 Anwendungssicherheit

Will man eigene Dienste, wie zum Beispiel elektronische Bestellverfahren, anbieten, so ist der Einsatz von Firewalls allein nicht ausreichend. Es entsteht zusätzlich der Bedarf, den Kunden zu identifizieren und seine Authentizität festzustellen und ggf. selektiv auch die Vertraulichkeit und Integrität von übermittelten Daten sicherzustellen.

Daher wurden für den Einsatz im Internet Mechanismen entwickelt, die unter Verwendung starker kryptographischer Verfahren die Datenintegrität und die Vertraulichkeit sensitiver Information sicherstellen:

- *Secure Socket Layer (SSL).* SSL ist eine Erweiterung des Socket Protokolls um eine Authentifikation des Servers und eine Verschlüsselung der Nutzdaten. Nach der Authentifizierung des Servers kann z.B. ein Paßwort verwendet werden, um den Kunden zu identifizieren. Der Vorteil dieser Erweiterung liegt in ihrer Transparenz und der Einfachheit der Anwendung, da keine Anpassungen gemacht werden müssen. Zur Authentifikation des Servers wird ein asymmetrisches Verfahren (RSA) benutzt, wobei Zertifikate gemäß dem Standard X.509 akzeptiert werden. Für die Verschlüsselung der Daten werden symmetrische Verfahren (z.B. DES) eingesetzt.
- *Secure HTTP (SHTTP).* SHTTP ist eine Erweiterung des HTTP Protokolls und daher auf diese Anwendung beschränkt. SHTTP erlaubt die gegenseitige Authentifizierung von Client und Server durch die Verwendung von zertifizierten Schlüsseln eines asymmetrischen Verschlüsselungsverfahrens. Die Datenintegrität wird mit symmetrischen Verfahren sichergestellt. In beiden Fällen können je nach Kapazität des Clients verschiedene Verfahren zum Einsatz kommen, je nachdem, auf welche sich Client und Server beim Handshake einigen.

  Eine weitere Besonderheit ist die Wählbarkeit der Sicherheitsstufen. Von keiner Verschlüsselung über Verschlüsselung oder Unterschrift zu Verschlüsselung plus Unterschrift sind alle Optionen im Link auf das betroffene Dokument spezifizierbar.

3 SEMPER

SEMPER ist ein Forschungsprojekt, das von der Europäischen Kommission im Rahmen des ACTS Programmes gefördert wird und sich mit der Entwicklung eines sicheren elektronischen Marktes befaßt. SEMPER wurde im September 1995 von 18 Projektpartnern gestartet und dauert 3 Jahre. Die Zusammensetzung der Partner aus den Bereichen Telekommunikation, Informationstechnik, Finanzsysteme, Handel und Wissenschaft ergeben ein vertikal integriertes Projekt aus allen den elektronischen Handel unterstützenden Parteien.

3.1 Projektüberblick

Im Gegensatz zu einigen existierenden Diensten und Projekten (zumeist in den USA), die geschlossene Systeme darstellen und auf elektronische Zahlung fokussieren, zielt SEMPER auf einen vollständigen elektronischen Markt mit einer offenen Architektur, die ein einfaches Teilnehmen für Anbieter und Käufer bietet. Dabei werden außer den technischen auch nicht technische Fragen und Anforderungen untersucht. So wird zum Beispiel auch die Frage der Rechtsverbindlichkeit elektronischer Transaktionen untersucht werden oder die Akzeptanz der verschiedenen Protokolle bei den Benutzern. Insgesamt verfolgt SEMPER die folgenden Ziele:

- Detaillierte Beschreibung der legalen, kommerziellen, sozialen und technischen Anforderungen und Optionen für einen elektronischen Markt,
- Entwicklung eines vollständigen Modells und einer generischen, offenen Architektur eines elektronischen Marktes,
- Spezifikationen, Design und Prototyp-Implementierungen von Diensten, die den elektronischen Markt ermöglichen, und deren Test in Pilotversuchen.

Die erste Version des elektronischen Marktplatzes wird auf dem WWW basieren und darauf aufbauend verschiedene Protokolle zur Authentisierung und Zahlungssicherheit unterstützen. Für den elektronischen Zahlungsverkehr werden zunächst die folgenden Protokolle verwendet:

- *iKP.* iKP ist ein Zahlungsprotokoll von IBM, basierend auf dem Modell der Kreditkarte und dem asymmetrischen Verschlüsselungsverfahren RSA. Die Protokollfamilie iKP ist als Spezifikation frei verfügbar, zur Standardisierung als Internet Standard vorgeschlagen und bildet die technische Basis für den von Mastercard und VISA vorgeschlagenen Standard SET.
- *e-cash.* e-cash ist ein Zahlungsprotokoll von Digicash, das elektronisches Geld darstellt, welches von Banken ausgegeben wird und auf asymmetrischen Verschlüsselungsverfahren basiert. Dabei ist das Protokoll so gefaßt, daß aus der entstehenden Münze allein keine Rückschlüsse auf den Nutzer gezogen werden können. e-cash ist ein Verfahren, das von Digicash in Lizenz vertrieben wird.

Als wichtigstes kurzfristiges Ziel für das erste Projektjahr wird ein Satz von Spezifikationen, Design und Referenzimplementierungen betrachtet, der Basisdienste für Bestellung, Zahlung und Auslieferung von Online Informationsdiensten umfaßt, und die Einbringung dieser Ergebnisse in die internationale Standardisierung. Langfristig werden erweiterte Dienste wie z.B. elektronische Notarsdienste zur rechtsverbindlichen Ablage von Transaktionen angestrebt.

3.2 Die SEMPER Architektur

SEMPER geht von verschiedenen Rollen aus, die von den Akteuren im elektronischen Markt angenommen werden:

- *Käufer/Kunde*, der einen Dienst oder eine Ware erwerben möchte,
- *Verkäufer/Anbieter*, der einen Dienst oder eine Ware anbietet,
- *Dritte Partei*, die als neutrale Instanz den Handel unterstützt, z.B. durch Zertifizierung der Identität der anderen Beteiligten oder Bestätigung der Validität einer Zahlung.

Diese Akteure interagieren miteinander bei verschiedenen Transaktionen, wie z.B. Mail Ordering, online Publikation, Abonnements, Verträge etc. Dafür definiert SEMPER verschiedene Services des elektronischen Marktes, wie z.B. *Payment, Negotiation, Certificates, Offer, Order, Conditional Access* etc., die miteinander kombiniert in den verschiedenen Transaktionen angewandt werden.

Die Basisumgebung WWW wird durch die sog. SEMPER Applikation erweitert, die sowohl auf Browser- wie auf Server-Seite existiert und die für Geschäftstransaktionen notwendigen SEMPER Services bereitstellt. Für diese Applikation wurden zwei wesentlich Design-Entscheidungen getroffen:

- *Java.* Als Implementierungsumgebung wurde Java gewählt, da diese in bezug auf Portabilität, Verfügbarkeit in allen Umgebungen und Einfachheit der Entwicklung und Erweiterung als die geeignetste erscheint.
- *HTTP Server.* Die Applikation wird als minimaler, lokaler HTTP Server implementiert, da dies die "natürliche" Kommunikationsform der WWW Browser Umgebung ist und somit generelle Einsetzbarkeit unabhängig von Browser und Server und eine einfache Integration der SEMPER Services in existierende WWW Anwendungen ermöglicht, nämlich durch Aufruf wohldefinierter URLs.

Wird nun im Verlauf einer WWW Sitzung eine Geschäftstransaktion, z.B. Bestellung einer Ware, angestoßen, so wird durch Verweis im vom Verkäufer gelieferten HTML Dokument auf die entsprechende SEMPER Applikation (URL) diese Applikation lokal durch den Browser gestartet. Falls die SEMPER Applikation nicht lokal verfügbar ist, kann diese in die lokale Java-Umgebung geladen werden. Diese führt nun den weiteren Dialog mit der SEMPER Applikation des Verkäufers, ggf. unter Einbeziehung des Benutzers über seinen Browser.

Erste Erprobungen der Architektur im Rahmen einer geschlossenen Benutzergruppe sind für den Sommer 1996 geplant. Offene Feldversuche sind für 1997 vorgesehen.

3.3 Homebanking auf dem Internet

Auch im Bankenbereich nimmt das Internet eine immer stärkere Rolle ein. Zwar ist bereits eine große Zahl von Banken auf dem Internet vertreten, doch beschränken sie sich zumeist auf die Information über ihre Dienstleistungen, ohne sie allerdings online anzubieten. Der Grund dafür liegt sicherlich in der Sensitivität der beim Homebanking übermittelten Daten und dem großen Potential für Mißbrauch solcher Daten bei Zugriff durch nicht autorisierte Nutzer.

Zur Erhöhung der Sicherheit und zur Standardisierung der Banktransaktionsdaten entwickelt der BdB zur Zeit einen Standard für die sichere Übermittlung von Homebanking Transaktionen über Netze. Dieser *Home Banking Computer Interface (HBCI)* genannte Standard ist sowohl netz-, als auch bankunabhängig. Erste Versuche auf T-Online sind für 1996 geplant.

Für die Übermittlung der HBCI Transaktionsdaten im Internet könnte die SEMPER Architektur eine weitere Anwendung finden.

4 Fazit und Ausblick

Durch die Firewall Technologie und die Erweiterung des Socket und HTTP Protokolls um Authentifizierung, Datenintegrität und -vertraulichkeit ist heute schon eine sichere Nutzung des Internet für den Informationsaustausch möglich.

Das europäische Forschungsprojekt SEMPER erarbeitet eine offene Architektur für die Integration der verschiedenen Protokolle und Komponenten zu einem sicheren elektronischen Marktplatz. Der Ansatz, existierende Komponenten rund um das WWW zu einem vollständigen System für elektronischen Märkte zu integrieren und die Ergebnisse möglichst schnell in realen Versuchen auf dem Internet zu testen, verspricht eine baldige Lösung der technischen Fragen zum Handel im elektronische Markt, die auch das Homebanking mit HBCI einschließen könnte.

Literatur

Stellvertretend für eine ganze Reihe von Studien sei hier auf eine Studie von SIMBA zum elektronischen Markt verwiesen. Für die angesprochenen Techniken ist jeweils ein URL als Einstieg aufgelistet.

SIMBA. The Electronic Marketplace 1995 - Strategies For Connecting Buyers & Sellers, SIMBA Information Inc.

SEMPER. Preliminary report on Basic Services, Architecture and Design, SEMPER Consortium, Veröffentlichung in 1996 und http://www.hd.ibm.de/semper/index.html

e-cash. http://www.digicash.com/ecash/ecash-home.html

iKP. http://www.zurich.ibm.ch/...extern/ecommerce/iKP.html

SHTTP. http://www.eit.com/creations/s-http/draft-ietf-wts-shttp-00.txt

SSL. http://home.mcom.com/newsref/ssl/3-sec.html

Financial Services in Online-Diensten

Bettina Horster und Thomas Möller
Vivai Consulting, Dortmund

Zusammenfassung. Der Finanzdienstleistungsbereich wird sich in Zukunft stark wandeln, da sich die Vertriebswege, die Kommunikation und die Geschäftsabwicklung zwischen Kreditinstitut und Kunde durch die elektronischen Medien sehr stark verändern werden. Obwohl gerade die jüngere Generation diese Entwicklung sehr begrüßt, verhalten sich viele deutsche Banken eher passiv. Sie scheinen zu übersehen, daß der Ausbau der Online-Dienste nicht nur den Kunden Nutzen bringt, sondern gerade für die Banken Vorteile bietet. Viel Zeit zum Abwarten bleibt den Banken nicht mehr, da ihnen durch die internationalen Kreditinstitute und die branchenfremden Wettbewerber der Abrutsch in die zweite Liga droht.

Schlüsselwörter. Online-Banking, Electronic-Banking, virtuelle Bank, Finanzdiensteistungen, globale Vermarktungsstrategien.

1 Der Wandel im Finanzdienstleistungsbereich

Bereits heute deutet es sich an, daß der Bereich Financial Services in Zukunft starken Umwälzungen unterworfen sein wird. Mit der Verfügbarkeit von Online-Diensten verändern sich die Marktstrukturen im Bankenmarkt, die das Verhältnis zwischen Bank und Kunden nachhaltig verwandeln werden (vgl. Abbildung 1).

Abbildung 1: Bereits Realität: Bankgeschäfte in der vierten Dimension. Die virtuelle Bankfiliale der Security First Network Bank USA.

Die Position des Kunden, der sich in der Vergangenheit oftmals als Bittsteller fühlte, wird aufgrund der sich herausbildenden Wettbewerbsstrukturen im Online-Markt stark verbessert. Die Kreditinstitute werden Verluste in der engen, oft langjährigen Kundenbindung hinnehmen müssen, durch die fast automatisch Umsätze generiert wurden. Es ist schon jetzt klar, daß die Finanzdienstleister das Monopol auf die Vertriebswege im Finanzdienstleistungssektor zugunsten branchenfremder Anbieter verlieren werden (Schlechterhaupt, 1995).

Durch die Online-Medien werden auch Spezialinstituten und kleinen Privatbanken schon in nächster Zeit Chancen eröffnet, im Konzert der international präsenten Großbanken mitzuspielen. Trotz limitierter Vertriebs- und Marketingbudgets können sie sich von ihren regionalen Märkten lösen und globale Präsenz zeigen.

Daraus folgt für die Situation der Kreditinstitute, daß sie sich stärker an ihren Leistungen und ihrer Preiswürdigkeit werden messen lassen müssen und nicht anhand der lokalen Verfügbarkeit der Dienstleistungen. Die Zeitschrift *Geldinstitute* brachte dies mit der Formulierung "Das Gebühreneldorado in deutschen Banken ist in Gefahr" (Birkelbach, 1995b) zum Ausdruck.

Erfolgreich wird nur derjenige sein, der die beiden Faktoren

- Verbesserung des Kundenservices und gleichzeitig
- eine Kostensenkung durch Rationalisierung rechtzeitig realisieren kann,

die sich insbesondere durch einen konsequenten Einstieg in das Online-Banking erreichen lassen.

Daß die Banken an einem Scheideweg angelangt sind, umschrieb Bill Gates erst kürzlich mit "Banken sind die Dinosaurier der 90er Jahre." Auch Ulrich Catellieri, Vorstand der Deutschen Bank, prognostizierte bereits vor einiger Zeit, daß die Banken die Stahlunternehmen der 90er werden.

2 Anforderungen der Kunden

Sehr viele Bankkunden sind nicht zufrieden mit dem Verhältnis zu ihrem Kreditinstitut. Die Situation der Kunden ist heute noch vielfach von mangelnder Dienstleistungsbereitschaft und wenig wettbewerbsorientierten Handeln der Kreditinstitute gekennzeichnet.

Mit dem wachsenden Selbstbewußtsein im sich herausbildenden Käufermarkt des Finanzdienstleistungssektors bestehen immer mehr Kunden auf die Erfüllung ihrer Anforderungen. Insbesondere die junge Generation scheint für die üblichen Geschäftspraktiken immer weniger zugänglich zu sein. Ob sie sich überhaupt noch mit den klassischen Methoden erreichen läßt, darf bezweifelt werden. Bankangestellte, die bürokratisch agieren und Punkt 17.00 Uhr ihren Arbeitsplatz verlassen, finden keine Zustimmung. Auch edles Ambiente verliert seine Bedeutung, denn was für diese Gruppe wirklich zählt, sind niedrige Gebühren, die allgegenwärtige Verfügbarkeit und die hohe Performanz.

2.1 Preiswürdigkeit und Leistung

Bei den Verbrauchern ist seit kurzer Zeit eine besondere Preissensibilität zu verzeichnen. Nach einer Marktstudie (Kietzmann, 1996) legen vier von fünf Bankkunden Wert auf niedrige Gebühren. Jeder zweite würde aus solchen Gründen sogar die Hausbank wechseln.

Durch stärkere Einbeziehung der Kunden an der Auftragsabwicklung und der Automatisierung von Standardleistungen, bspw. die Übermittlung von Überweisungsdaten, die sich durch die Einführung des Online-Banking sehr gut realisieren lassen, trägt das Medium zu einer Rationalisierung bei, die sich in einem guten Preis-Leistungs-Verhältnis niederschlägt.

Daneben verhilft das Online-Banking zu einer besseren Marktübersicht und Vergleichbarkeit der Angebote, was den Kunden ebenfalls zu guten Konditionen verhilft.

2.2 Schnelle und unproblematische Verfügbarkeit - Business Anytime and Everywhere

Kunden von Direktbanken verzichten ganz bewußt auf einen persönlichen Kontakt und erledigen sogar die Legitimationsprüfung durch den Postboten. Trendbewußte Bankkunden brüsten sich damit, schon seit Monaten nicht mehr in einer Bankfiliale gewesen zu sein und Ihren Kundenberater lediglich bei der Kontoeröffnung kennengelernt zu haben. Es ist festzustellen, daß der persönliche Kontakt gerade für Standardtransaktionen immer weniger gewünscht wird.

Aufgrund der zunehmenden Tendenzen in bezug auf die Flexibilisierung der Arbeitszeiten und der wachsenden Mobilität gerade im Beruf, gewinnt die totale Verfügbarkeit von Finanzdienstleistungen zu jeder Zeit und an jedem Ort ständig an Gewicht. Der Gang zur Bank wird gerade von vielen jüngeren Menschen als zeitraubende Störung empfunden, zumal die Öffnungszeiten für Arbeitnehmer i.d.R. ein Problem darstellen. Noch heute sehen sich viele Berufstätige ernsthaften Schwierigkeiten ausgesetzt, wenn unerwartete Bankgeschäfte zu erledigen sind.

Durch das Online-Banking, das nicht auf die unmittelbaren Präsenz der Angestellten und Kunden am Bankschalter angewiesen ist, und durch den hohen Automatisierungsgrad bei Standardtransaktionen kann diese Anforderung leicht realisiert werden.

Während herkömmliche Filialbanken den o.g. Kundenwünschen nicht nachkommen können, ist eine Bank, die sich im Online-Banking engagiert, sehr wohl in der Lage, die Anliegen der Kunden zu erfüllen.

2.3 Entwicklung des Online-Banking

Financial Services, insbesondere im Anlagebereich, boomen derzeit in den USA mit einer nie gekannten Dynamik. Ausgelöst wurde dieser Aufschwung durch die Discount-Broker, die sich in den USA außerordentliche Zuwächse auf Kosten der etablierten Kreditinstitute erkämpft haben. Zunächst durch das Telefonbanking, seit kurzem verstärkt durch Online-Medien, läuteten sie einen Wandel insbesondere der Vertriebsstrukturen ein, indem sie den Verkauf von Bankdienstleistungen entmystifizierten und anhand der Gesetze des Wettbewerbs ausrichteten.

Die Medienbrüche und die Probleme der mündlichen Übermittlung machen das heute noch überwiegend verwendete Telefonbanking zu einer suboptimalen Lösung. Von vielen Strategen wird es daher als eine Art "Einstiegsdienstleistung" zum Online-Banking gesehen (Birkelbach, 1995).

Die Entwicklungen in den USA haben auch Teile der deutschen Kreditwirtschaft aufgerüttelt, die daher ihre Services per Telefon, Fax oder über Electronic-Banking anbieten.

Die ungeheuren Marketingaktivitäten der Telekom und der "Hype" des Internets trugen dazu bei, daß sich gerade im letzten Jahr auch in Deutschland im Bereich des Online-Banking deutliche Zuwächse verzeichnen ließen. Interessanterweise waren es in jüngster Zeit insbesondere die Geschäftskunden, deren Anteil überproportional zunahm. Trotzdem sind die Online-Bankkunden noch eine Minderheit. Bei der Bank 24 bedienen sich bspw. nur ca. 7% via PC (Wolf, 1995), wobei die Tendenz sehr stark steigend ist. Unterstützend trugen die niedrigeren Gebühren beim Online-Banking zu der o.g. Entwicklung bei. Nicht zuletzt haben die Programme Quicken und MS-Money mit ihren eingebauten Datenübergabemechanismen den Einsatz von Online-Medien im Finanzbereich forciert.

2.4 Online-Banking Aktivitäten der deutschen Banken

Trotz der außerordentlichen Zuwächse im Online-Banking läßt sich feststellen, daß die deutschen Kreditinstitute nicht die treibende Kraft gewesen sind, sondern sich i.d.R. nur dem Druck ihrer Kunden fügten.

Noch heute wird der Electronic-Banking-Willige vielfach verständnislos angeschaut, wenn er vor Ort Informationen einholen möchte. Ein wesentlicher Engpaßfaktor liegt bei den Bankangestellten am Schalter, deren Know-how vielfach zu gering ist. Kaum einer kann die Produktpalette im Electronic Banking erklären, geschweige denn verkaufen. Vielfach fehlt sogar die Kenntnis über diese Services.

Dennoch bieten ca. 1200 Banken, Sparkassen und Raiffeisenbanken ihre Dienste per T-Online an (Birkelbach, 1995). Im November 1995 gab es bereits 1,4 Mio. Online-Konten bei 800.000 T-Online Kunden (Wolf, 1995).

Aber gerade die Fixierung auf das *national* ausgerichtete und *proprietäre* T-Online stellt ein weiteres Problem im Bereich des Online-Banking dar und damit die zukünftige internationale Wettbewerbsfähigkeit der deutschen Kreditbranche in Frage. Sind die deutschen Banken dabei, den Anschluß an das globale Online-Bankinggeschäft zu verpassen?

Während die meisten amerikanischen Institute inzwischen z.T. visionäre und internationale Konzepte für Banktransaktionen und Vertriebsstrategien im Internet entwickelt haben, reduziert sich die Präsenz der wenigen deutschen Banken bisher noch auf reine PR- und Marketingauftritte. Trotz der auch in Bankenkreisen unbestrittenen Erfolge gehen deutsche Kreditinstitute die globalen Online-Services nur sehr halbherzig an und scheinen deshalb gegenüber ihren internationalen Konkurrenten den Anschluß zu verpassen. Allein mit Sicherheitsbedenken läßt sich diese Strategie nicht rechtfertigen. Schon eher damit, daß T-Online aufgrund seiner Infrastruktur gewisse Vorteile bietet (Kuckelkorn, 1995). Aber mit seinen technischen und graphischen Unzulänglichkeiten sowie seinem geographisch und sprachlich eng begrenzten sprachlich Aktionsradius wird sich damit auf Dauer kein größeres sowie internationales Klientel erschließen lassen.

Es scheint, als habe die Branche die Konsequenzen der Vernachlässigung des globalen Online-Banking noch nicht in ihrer vollen Tragweite begriffen. Bei vielen Instituten verstreicht viel wertvolle Zeit, die man nutzen könnte, um Erfahrungen zu sammeln sowie Ideen und Differenzierungspotentiale zu entwickeln, um sich einen

Platz als Global Player zu sichern. So droht vielen passiv agierenden deutschen Kreditinstituten der Abstieg in die Zweitklassigkeit.

3 Vorteile des Online-Banking für die Kreditinstitute

Obgleich viele Banken einem vollständigen Online-Angebot eher zögerlich gegenüberstehen oder sich aus ihrer Sicht mehr oder weniger dem Druck der Öffentlichkeit beugen, erschließen sich nicht nur den Bankkunden, sondern gerade dem Bankgewerbe vielfältige Vorteile. Dies beginnt bspw. bei der weltweiten Erreichbarkeit und Wirksamkeit, wobei selbst kleinste Unternehmen globale Dimensionen erreichen können, geht über Realisierungen von Rationalisierungspotentialen bspw. durch virtuelle Filialen, bis hin zu Verbesserungen in der Kundenpflege durch News-Groups, E-Mail und FTP.

Die Ansicht, daß in erster Linie die Kunden durch die steigende Wettbewerbssituation und Markttransparenz von den Online-Banking Angeboten profitieren, während die Banken die Zeche zu zahlen haben, läßt sich anhand der im folgenden beschriebenen Vorteile nicht aufrecht erhalten.

3.1 Globale und preisgünstige Vermarktung

Die Online-Dienste eröffnen kleinen oder spezialisierten Unternehmen globale Vermarktungsmöglichkeiten, die sich vormals nur durch die geballte Finanzkraft der Großbanken erreichen ließen. Eine Bank, die im Internet präsent ist, hat z.Zt. über 40 Mio. potentielle Kunden.

Ein Beispiel hierfür ist Fidelity Funds. Innerhalb der ersten 5 Jahre hat das Haus in den USA einen Marktanteil von 10% erreicht. Heute ist Fidelity Funds der größte Discountbroker und die zweitgrößte Investmentgesellschaft des Landes (Birkelbach, 1995c).

Aus der globalen Vermarktung folgt aber auch, daß die geographische Lage des Unternehmens in Zukunft vernachlässigt werden kann.

3.2 Imagegewinn und hohe Werbewirksamkeit

Kreditinstitute verbessern gerade bei der jungen Kundengeneration ihre Wettbewerbsposition, da sie sich das Image eines innovativen und kundenorientierten Unternehmens geben. Auch in bezug auf die Werbewirksamkeit ist der Online-Auftritt ein Gewinn. Allein aufgrund des Neuheitsgrads des Mediums lockt der Online-Auftritt heute noch zahlreiche Netsurfer an. So werden über das Internet auch viele zusätzliche Nichtkunden angesprochen, die aus reiner Neugierde den Server besuchen.

So zählte die Barclays Bank in den ersten 14 Tagen ihrer Präsenz ungefähr 15.000 Kontakte, wovon ca. 50% Nichtkunden waren (Birkelbach, 1995 c).

3.3 Erschließung von Rationalisierungspotentialen

Die Filialsysteme der Universalbanken sind teuer. Eine Überweisung am Bankschalter verursacht Kosten von ca. 2,00 DM, während eine elektronische Überweisung mit gerade einmal 0,05 DM zu Buche schlägt (Wolf, 1995). Während Filialen früher erforderlich waren, um überhaupt Geschäfte zu tätigen, relativiert sich deren Bedeutung. Studien haben ergeben, daß von den ca. 200-250 Produkten und Diensten ca. die Hälfte voll selbstbedienungsfähig sind (Poeschke, 1995), wobei die zahlenmäßig häufigsten Standardtransaktionen ohne Assistenz eines Bankangestellten erledigt werden können. Beim Online-Banking übernehmen die Kunden sogar die elektronische Aufbereitung der Daten, was zu wesentlichen Einsparungen führt. Online-Banking kann den Banken dazu verhelfen, international wettbewerbsfähig zu werden, denn im internationalen Vergleich gilt Deutschland als "overbanked". Dies bedeutet, daß es zu viele Filialen für zu wenig Kunden gibt. Experten schätzen, daß rund ein Drittel der 48.000 Bankfilialen (in den USA gibt es derzeit insgesamt nur 59.000) im Rahmen der neuen Selbstbedienungstendenzen abgebaut werden könnten, ohne den Kunden Nachteile zuzumuten (Wolf, 1995).

3.4 Effizientere Customer-Care

Gerade für Finanzdienstleister bieten sich mannigfaltige Möglichkeiten, echte Erleichterungen für ihre Kunden zu schaffen, bspw. durch elektronische Überweisungen, Kontostandabfragen, das Einrichten von Daueraufträgen, Abfrage von Kreditkonditionen oder Börsennachrichten und -transaktionen (vgl. Abbildung 2). Außerdem lassen sich Quantensprünge in der Kundenpflege durch News-Groups, E-Mail und FTP erreichen. Insbesondere die Nutzung von E-Mail ermöglicht den kurzfristigen und unkomplizierten Aufbau von Beziehungen zu Kunden und anderen Unternehmen. Kunden können jederzeit mit ihrem Betreuer oder auch umgekehrt Kontakt aufnehmen. Durch FTP kann ein Kreditinstitut seinen Kunden Software, z.B. zur Verwaltung ihres Aktienportfolios, zur Verfügung stellen.

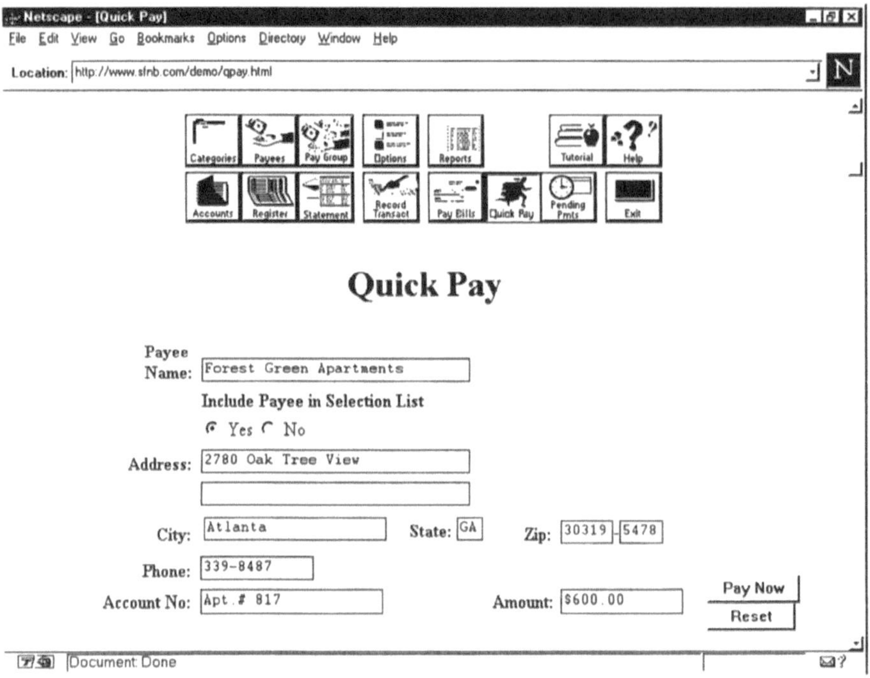

Abbildung 2: Online-Banking Angebot der Security First Network Bank USA im Internet.

3.5 Erleichterungen bei Marktforschungen und Wettbewerbsbeobachtungen

Das Internet ist voll von Finanzdienstleistungsinformationen, bspw. Börsennotierungen, Fonds und Optionshandelsinformationen, deren Beschaffung und Auswertung preisgünstig und schnell ist. Bemerkenswerterweise werden viele wirklich wertvolle Informationen kostenlos zur Verfügung gestellt.

Das Netz bietet sich für die Kreditinstitute geradezu dazu an, um sich einen profunden Überblick über die Angebote der Wettbewerber zu verschaffen, indem Produktmanager das Internet nach neuen Trends absuchen. Dies nennt man dann "Techno-Watch" (Birkelbach 1995b).

3.6 Effiziente Kundenanalysen

Die Transaktionen des Kunden mit seinem Geldinstitut können über die Jahre hinweg in einer Kundendatenbank gespeichert werden. Sie können dann so verknüpft werden, daß sich daraus die Gewohnheiten und Präferenzen des Kunden ableiten lassen. Konkrete Angebote können auf diese Weise noch besser auf den Kunden abgestimmt werden und er kann bei Bedarf gezielt angesprochen werden. Es können auch gewisse Verhaltensmuster aufgespürt werden, nach denen viele Kunden reagieren. Aus bestimmten Transaktionen läßt sich bspw. ein bevorstehender Wechsel des Kreditinstituts voraussagen.

4 Probleme des Online-Banking

Natürlich dürfen bei einer differenzierten Betrachtungsweise die online-immanenten Probleme nicht ausgelassen werden.

- Die elektronischen Vertriebswege verlangen automatisierbare und hochstandardisierte Produkte. Mit ihnen wird eine Differenzierung schwierig und außerdem sind solche Services i.d.R. leicht kopierbar. Attraktive Angebote des Wettbewerbs können direkt und bequem vom Arbeitsplatz aus reproduziert werden.
- Die zur Zeit hohen Übertragungskosten, fehlende Bandbreiten und die Rate der Leitungsausfälle, die in Deutschland fünf mal so hoch wie in den USA sind, beeinträchtigen die Anwenderakzeptanz.

In einer Umfrage von Dataquest war die mangelnde Sicherheit der Online-Dienste, insbesondere des Internets, mit 42,7% die am häufigsten genannte Antwort und größte Sorge der Anbieter (Dataquest, 1996).

Die Befürchtungen sind sicherlich nicht unbegründet und insbesondere in so sensiblen Bereichen wie den Finanzen nachvollziebar. Aber es existieren bereits Sicherheitssysteme, die in den USA rege Verbreitung gefunden haben, die aber aufgrund von U.S.-amerikanischen Ausfuhrbestimmungen noch nicht nach Deutschland exportiert werden dürfen. Diese Systeme bieten einen Schutz, der mit den unhandlichen Systemen des T-Online vergleichbar ist und dem Telefonbanking in jedem Fall überlegen ist.

5 Fazit

Schon heute ist abzusehen, daß sich das Online-Banking mit Standardtransaktionen zunehmend durchsetzen wird, während persönliche Beratung nur noch bei komplexen Sachverhalten und individuellen Problemstellungen nachgesucht wird. Durch die globalen Vermarktungsstrategien in den Online-Medien wird die Vorauswahl, welchen Finanzdienstleister man ins Vertrauen ziehen wird, unabhängig von der Standortfrage geklärt und allein von den Leistungen und Services abhängig gemacht.

Neben den international agierenden Finanzdienstleistern werden weitere Anbieter in den deutschen Finanzmarkt eindringen, denn die Online-Dienste wecken die Begehrlichkeiten branchenfremder Dienstleister, die versuchen werden, dieses lukrative Segment zu erobern.

Damit ist völlig unklar, wer den Markt für Finanzdienstleistungen in Zukunft beherrschen wird. Möglicherweise kommt es zu Allianzen zwischen Kreditinstituten und Netzbetreibern, Versandhäusern, Automobilkonzernen, etc.

Profitieren werden auf jeden Fall die Content-Provider, die aufgrund der gigantischen und undurchsichtigen Datenflut eine Informationsvorauswahl für ihre Kunden treffen. Sie entscheiden über die Hyperlinks, die auf die Angebote hinweisen. Ähnlich wie der Einzelhandel werden sie in Zukunft darauf achten, wer wieviel "Regalfläche" bekommt. Gewinnen wird auch der Kunde, dem sich eine gigantische Vielfalt von Angeboten erschließen wird.

Verlieren werden aber die Kreditinstitute, die sich nicht konsequent in den Online-Diensten engagieren werden und sich selbst in einem so wichtigen Marketing/Vertriebs-, Kommunikations- und Servicemedium ausschließen

Literatur

Birkelbach, J. (1995). *Bankgeschäft im virtuellen Bankhaus*; GI - Geldinstitute 1/2-95, S. 46-51.

Birkelbach, J. (1995b). *Jenseits von Raum und Zeit*; GI - Geldinstitute 9/95, S. 18-26.

Birkelbach, J. (1995c). *Financial Services im Internet*; Die Bank 7/95 S. 388-393.

Dataquest (1996). *Die Angst vor dem Internet*, Computerwoche Nr. 1, 5. Januar 1996; S. 1.

Kietzmann, M. (1996). *Kontoführung - Plus gemacht*; Wirtschaftswoche Nr. 7.

Kuckelkorn, D. (1995). *Die Gefahren des Internet-Banking*; Börsen-Zeitung.

Poeschke, H. & Bußmann, J. (1995). *Telefonbanking als strategisches Produkt*; Die Bank, 1/95, S. 30-33.

Schlechterhaupt, W.-D. (1995). *Die Bankfiliale 2002*; GI - Geldinstitute 4/5-95, S. 46-51.

Wolf, P. (1995). *Der PC als Medium für das Bankgeschäft der Zukunft*; Computerwoche 50, S. 42-43.

Markt und Marketing

Werbung und Multimedia

Wolfgang E. Müller
con/text-Medienagentur, Düsseldorf

Zusammenfassung. Der Beitrag führt in den Workshop "Advertising multimedia" ein. Es werden die grundsätzlichen Potentiale neuer Medien sowie die zu beachtenden Erfolgsfaktoren für effiziente Werbung angesprochen. Die weiteren Referate des Workshops vertiefen diese Aspekte.

Schlüsselwörter. Interaktion, Informations-Overload, multimediale Werbeaktivitäten.

1 Potentiale neuer Medien

Im Gegensatz zur Einbahnstraße traditioneller Werbe- und Kommunikationsmedien bieten Multimedia-Systeme die Möglichkeit zum interaktiven Dialog. Der heute vorherrschende Informations-Overload, der für immer geringere Grenzerträge aus Investitionen in Werbung und andere Kommunikationsformen verantwortlich ist, kann damit erfolgreich reduziert und sinnvoll kanalisiert werden. Denn heute werden in Deutschland lediglich knapp zwei Prozent des gestreuten und verfügbaren Informationsangebotes von den Empfängern beachtet, der Rest ist de facto Informations-Müll.

Doch interaktive Werbung - sei es mit Online- oder mit Offline-Medien - folgt eigenen Gesetzen. Wer diese nicht beachtet, wird schnell Schiffbruch erleiden. Denn das Zappen ist Teil des Systems: Der Nutzer nimmt nur die Inhalte auf, die er bewußt und aktiv auswählt. Uninteressantes läßt er links liegen. Kurz: Wer im Netz werben will, muß unterhalten können. Außerdem sollte die Werbung Informationsgehalt bieten, einen Zusatznutzen offerieren und zumindest ein Minimum an Feedback-Möglichkeiten enthalten. Wer aber den Dialog anbietet, muß ihn auch ernsthaft wollen und den Kunden in den Mittelpunkt seiner Überlegungen stellen. Elektronische Briefkästen, die wochenlang nicht geleert werden, sind beispielsweise kontraproduktiv.

2 Status quo

Im Herbst 1995 - so eine repräsentative Emnid-Umfrage - setzten bereits 37% der Werbetreibenden, Agenturen und Medienhäuser multimediale Werbemittel ein. An der Spitze lagen mit 21% die CD-ROM-Produktionen, gefolgt von der Internet-Präsenz mit 18% und den Werbedisketten mit immerhin noch 14%. Wenn man den Befragungsergebnissen Glauben schenken darf, werden sich diese Zahlen in den nächsten Jahren spürbar erhöhen. Denn 84% der Firmen halten Online-Dienste für einen geeigneten Werbeträger, bei den CD-ROMs sind es 83%.

Bis sich diese Meinungen jedoch in konkrete Projekte umsetzen, dürfte noch einige Zeit vergehen. Denn der Widerspruch ist offensichtlich: Während beispielsweise 71% der befragten Entscheidungsträger PoS-Terminals für ein geeignetes Werbeinstrument halten, haben bisher erst fünf Prozent der Unternehmen damit praktische Erfahrungen gesammelt. Dabei spielt sicher auch die Kostenfrage für aufwendige Applikationen eine Rolle. Ein Ausweg könnten hier - ähnlich wie im Print-Bereich oder bei Infoterminals - Werbeschaltungen auf Spiele- und Software-CD-ROMs sein. Denn der Produzent oder Betreiber kann damit einen Teil seiner Ausgaben refinanzieren, und der Werbetreibende kann zu überschaubaren Kosten seine Zielgruppe erreichen. Dazu sind allerdings verläßliche und vergleichbare Mediadaten erforderlich. Wie schwer diese zu ermitteln sind, zeigt die aktuelle Situation im Online-Bereich.

3 Neue Mediaplanung

Das Zählen von angeklickten Seiten in einem World Wide Web-Angebot reicht nicht aus. Denn wird beispielsweise bei einem Web-Browser die Funktion zum Herunterladen von Bildern und Grafiken zwecks kürzerer Übertragungszeiten ausgeschaltet, taucht selbst die schönste Bandenwerbung überhaupt nicht mehr auf dem Monitor des Users auf. Die Marktforscher von Nielsen/S+P wollen deshalb bis Ende des Jahres ein Mediaplanungssystem für Online-Werbung aufbauen, in dem Maßeinheiten wie reale Zugriffe, Seitenabrufe, Netto-Nutzer, gesehene Anzeigen, angeklickte Anzeigen und die Dauer der Session eine Rolle spielen. Zur Erhebung demographischer Daten sollen die Nutzer von kommerziellen Online-Diensten über ein universelles Registrierungssystem erfaßt werden, zusätzlich wird ein eigenes Internet-Panel aufgebaut.

Damit mit dem Etatjahr 1997 - wie vielfach angekündigt - die Online-Industrie ein kalkulierbarer Faktor für die Werbewirtschaft wird, müssen sich aber auch die Preise für die digitale Anzeigenschaltung angleichen. Denn heute herrscht hier noch eine bunte Vielfalt: Pro Werbeseite verlangen die Online-Magazine zwischen 500 und 30.000 DM im Monat. Tausender-Kontaktpreise schwanken von 38 bis 2.000 DM.

4 Verbesserung der Angebotsqualität

Damit die erwünschten Kontakte mit der Zielgruppe überhaupt zustande kommen, muß sich noch einiges an der inhaltlichen Qualität der Online-Angebote ändern. 90% der Web-Sites - so eine Studie der Gartner Group in den USA - entsprechen heute nicht der Art von Services und Informationen, die von den Kunden gefordert werden. Denn diese wollen laut den Erkenntnissen der Marktforscher "keine Jahresberichte, Presseinformationen, Unternehmensbeschreibungen und oberflächlichen Bestellangebote". Auch das Kölner Institut für qualitative Markt- und Wirkungsanalyse kommt bei der Auswertung von 100 tiefenpsychologischen Interviews mit Online-Nutzern zwischen 18 und 45 Jahren zu der Empfehlung an die Werber, sich stärker an den Interessen der Verbraucher zu orientieren. Wenn das Angebot nicht alltagsorientierter und aktueller werde, könne es bald zu einem "Schweigen der Modems" kommen.

Der Reiz des Neuen ist irgendwann einmal vorbei. Internet, CD-ROM oder PoI-Terminals sind nur technische Verbreitungsmittel, ihr Inhalt ist das Medium. Das sollte bei der Planung von Werbeaktivitäten immer bedacht werden.

Online Werbung

Christian Bachem
Strategic Marketing, Pixelpark Multimedia-Agentur GmbH, Berlin

Zusammenfassung. Im Markt von Morgen haben diejenigen die besten Chancen, die den Umbruch vom produktbezogenen Marketing zum kunden- und prozeßorientierten Dialog als erste vollziehen. Online-Dienste und das Internet sind ein wichtiger Schlüssel hierzu. Sie sind mehr als nur ein neues Medium. Sie stehen für einen Paradigmenwechsel. Die ausgesprochen hohe Effizienz dialogorientierter Online-Kommunikation bietet neue Möglichkeiten für Werbungtreibende, die auch den klassischen Marketing- und Kommunikationsmix tangieren.

Schlüsselwörter. Online, Marketing, Werbung, Dialog, Marketingmix.

1 Ausgangslage

Bevor die Möglichkeiten und Vorteile von Online-Werbung dargestellt werden, soll kurz auf die klassische Werbung eingegangen werden. Denn erst im Lichte ihrer Problemfelder wird deutlich, daß es sich bei Online-Werbung nicht um eine Erweiterung traditioneller Werbemöglichkeiten, sondern um einen Paradigmenwechsel handelt.

Die klassische Werbekommunikation steckt in einer Krise. Strukturelle Veränderungen im Beziehungsgeflecht Marke – Kommunikation – Konsument haben zu einer zum Teil drastischen Verringerung der Werbeeffizienz, aber auch der Werbeeffektivität geführt. Im folgenden werden einige der miteinander über mehrere Dimensionen (psychologisch, soziologisch etc.) in Beziehung stehenden Problemfelder thesenhaft skizziert.

1.1 Marke

- *Marktsättigung.* Die überwiegende Zahl der Konsumgüter bewegt sich in einem quasi gesättigten Markt mit vielfach ebenfalls gesättigten Teilmärkten.
- *Produktvielfalt.* Am Markt herrscht eine kaum zu überschauende Produkt- und Markenvielfalt. Allein im deutschen Lebensmitteleinzelhandel kämpfen jährlich bis zu 18.000 Neuprodukte um einen Regalplatz. Rechnerisch tauscht sich das Sortiment in einzelnen Warengruppen binnen weniger als zwei Jahren einmal vollständig aus.
- *Produktqualität.* Es ist eine Nivellierung der Produktqualität auf hohem Niveau feststellbar.

1.2 Kommunikation

- *Unfreiwilligkeit und Passivität.* Die traditionelle monodirektionale und z.T. unvermittelte Darbietung werblicher Inhalte erschwert die Aufnahme und bewußte Verarbeitung der Information durch den Rezipienten.
- *Irrelevanz.* Die Verbreitung werblicher Botschaften durch massenmediale Streuung führt zwangsläufig zu einer unscharfen Adressierung. Was sich bei Werbungtreibenden als "Streuverluste" darstellt, sind aus Rezipientensicht irrelevante und daher potentiell unerwünschte Botschaften.
- *Redundanz und Penetranz.* Das Ringen um einen angemessenen "share of voice" führt zu einer sich aufschaukelnden Erhöhung des Werbedrucks. Was im Fachjargon als "Penetration" diese Philosophie auf den Punkt bringt, wird vom Rezipienten zunehmend als penetrant empfunden.
- *Vermeidungs- und Abwehrstrategien.* Der oben skizzierten Überflutung mit irrelevanten und redundanten Botschaften wird seitens der Rezipienten mit Ausweichverhalten begegnet. Gravierender noch als beispielsweise Zapping sind Phänomene wie "mental tune out", das mentale Abblocken unerwünschter Kommunikation, oder durch sie ausgelöste negative Image-Transfers.
- *Negative Leistungsbilanz.* Bei stetig steigenden Kommunikationskosten ist gleichzeitig eine sinkende Effizienz der Kommunikation zu verzeichnen.

1.3 Konsument

- *Komplexität.* Analog zur zunehmenden Uneindeutigkeit und Parallelität von Wertvorstellungen und individuellen Lebensentwürfen haben sich beim Konsumenten auch die Beziehungen zu Produkten und Marken differenziert und stehen bisweilen in unaufgelöstem Widerspruch zueinander.
- *Waren-Souveränität.* Immer mehr Konsumenten zeigen sich auf- und somit zugleich abgeklärt souverän gegenüber den auf sie einströmenden Kaufanreizen. Sie ordnen das Angebot ihren Wünschen unter und nicht mehr ihre Wünsche dem Angebot. Sie sind nicht mehr auf einzelne Händler- oder Herstellernamen fixiert. Sie erkennen vielfach die Intention von Marketingstrategien und durchkreuzen diese. Marken haben deutlich an Autorität eingebüßt.
- *Medien-Souveränität.* Besonders der über die Medien sozialisierten Generation ist die Fähigkeit erwachsen, mit dem Kaleidoskop an Waren- und Medienangeboten sowie mit den über sie kommunizierten Inhalten spielerisch und selbstbestimmt umzugehen (z.B. Channelsurfing, Sampling, Bootlegging). Hier werden zugleich neue Anforderungen an Medien und Marken formuliert, die jenseits traditioneller und passiver Linearität liegen.

Die derzeit verfolgten Lösungsansätze zur Verringerung der hier aufgezeigten Probleme konzentrieren sich auf die Ausweitung unterstützender und feinsteuernder Maßnahmen wie Sponsoring, Sales Promotions oder Direct Marketing. Ihr Manko besteht allerdings darin, daß sie auf Prozessen aufsetzen, die dem strukturellen Charakter der Problemlage nur unzureichend gerecht werden können.

Vielmehr ist es nötig, den Kommunikationsprozeß konsequent aus der Sicht des Konsumenten zu betrachten. Darin liegt der eigentliche Paradigmenwechsel, der sich in der Fortentwicklung vom General Interest über den Special Interest zum Individual Interest bei gleichzeitig zunehmender Kommunikationstiefe niederschlägt. Dadurch wird der Aufbau und die individuelle Pflege enger Beziehungen zum Konsumenten möglich.

Online-Kommunikation wird diesen neuen Anforderungen gerecht. Online ist die geeignete Plattform für konsumentenorientiertes Dialogmarketing.

Im folgenden werden die speziellen Möglichkeiten und Potentiale von Online-Kommunikation dargestellt.

2 Möglichkeiten und Potentiale von Online-Kommunikation

Online-Kommunikation vereinigt wesentliche Vorteile traditioneller Kommunikation auf sich und ergänzt sie zudem durch neue.

- *Multimedialität.* Multisensorische Ansprache durch Integration von Text, Bild, Ton und zunehmend auch Bewegtbild.
- *Aktualität, Flexibilität, Variabilität, Modularität.* Kurzfristige und schnelle Anpassung, Veränderung und Erweiterung von Inhalt und Form.
- *Ubiquität.* Potentiell weltweite Verfügbarkeit.
- *Einfachheit, Multioptionalität, Komplexität.* Freie Wahl der Informationsbreite und -tiefe.
- *Linearität und Nonlinearität.* Wahl zwischen gezielter und assoziativer Informationsaneignung.
- *Individualität.* Möglichkeit der individuellen Ansprache.
- *Feedback-Kanal.* Im Medium integrierte Rückkopplungs- und Dialogmechanismen.
- *Intensität.* Starke Involviertheit in den Kommunikationsprozess.
- *Integration von Kommunikation und Transaktion.* Medienintegrierte Zusammenführung von Kaufanreiz und Kaufhandlung.

Entsprechend dieser Qualitäten läßt sich Online-Kommunikation daher für folgende Aufgaben nutzen:

- *Marketing und PR* durch "Infopolling" und "Pointcasting".
- *Unternehmens- und Markenwerbung* durch Information, Unterhaltung, Nutzen und Dialog.
- *Kundengewinnung und Kundenbindung* durch Service und Convenience mittels dialogorientierter Angebote.
- *Vertrieb und Verkauf* durch integrierte Produktpräsentation und Transaktion.

- *Erfolgsmessung und Erfolgskontrolle.*
- *Marktforschung und Produktentwicklung.*
- *interne Kommunikation, Motivation und Weiterbildung.*

Online kann nicht als Below-The-Line-Maßnahme in den bestehenden Kommunikations- oder Marketingmix eingeordnet werden, sondern stellt sich vielmehr neben den traditionellen Maßnahmenkatalog, bildet diesen digital ab und erweitert ihn. Online-Kommunikation muß somit sowohl innerhalb des Online-Marketingmixes, als auch in Bezug auf traditionelle Marketingmaßnahmen orchestriert werden.

Ein Online-Engagement bedeutet keinesfalls, daß herkömmliche Kommunikationsmaßnahmen obsolet werden. Vielmehr gilt es, die Stärken der eingesetzten Medien zu nutzen und zu integrieren.

Um die Nutzenpotentiale der Online-Kommunikation ausschöpfen zu können, darf man den ihr innewohnenden Paradigmenwechsel nicht aus den Augen verlieren. Daher sollen nachfolgend die wichtigsten Anforderungen an Online-Werbung beleuchtet werden.

3 Anforderungen an Online-Werbung

Kern der Online-Kommunikation ist, daß der Nutzer und seine Interessen im Mittelpunkt stehen. Er ist es, der entscheidet, ob, wann, wie lange und wo er sich mit Online-Angeboten befaßt und ob er in einen Dialog tritt. Werbung massenmedialer Prägung, die sich störend und dialogverhindernd aufdrängt, kann unter diesem Paradigma nicht zum Erfolg führen. Werbung muß folgerichtig als informatives, nützliches oder unterhaltendes Dialogangebot um die Beteiligung des Nutzers am Kommunikationsprozeß werben. Derartige Werbung hat zwangsläufig nur noch wenig mit dem gemein, was heute landläufig unter diesem Begriff subsumiert wird. Online-Werbung ist ein chamäleonartiges Geflecht aus verschiedenen Formen und Inhalten, die sich je nach Produkt, Nutzer, Kommunikationsziel oder Situation anpassen. Mal ist sie pure Information, mal Gewinnspiel, mal konkreter Zusatznutzen, mal Sponsoring; mal Mittel des Dialoges, mal Vermittler des Dialoges. Immer jedoch muß sie Frei- und Spielräume bieten, dialog- und prozeßorientiert, gleichberechtigt und individuell sein, um aus Werbevermeidern engagierte Werbesucher werden zu lassen.

Ein Marken- oder Unternehmensauftritt im Internet oder einem Online-Dienst sollte folgende Voraussetzungen erfüllen:

- *Konzeption und Strategie.* Klare konzeptionelle Linie und strategische Perspektive.
- *Design.* Online-adäquate Gestaltung und Umsetzung.
- *Funktionalität.* Einbindung online-spezifischer Funktionalitäten.
- *Navigation.* Einfache, eindeutige und durchgängige Benutzerführung.

- *Unique Content Proposition.* Relevanz und Nutzendimension (Information, Unterhaltung, Service) sowie Aktualität, Qualität und Originalität des Content.
- *Feedback- und Dialogmöglichkeit.*
- *Integration.* Einbindung in den Marketing- und Kommunikationsmix.
- *PR und Vermarktung.* Vermarktungs- und Crossmarketingmöglichkeiten.
- *Nutzungs- und Feedbackauswertung.*
- *Innovation.* Bereitschaft zur inhaltlichen, formalen und technischen Weiterentwicklung.
- *Unternehmenskultur.* Philosophische und strukturelle Verankerung des kundenorientierten Dialoges beim Werbungtreibenden.

4 Leistungsmerkmale von Online-Werbung

Ein entscheidender Vorteil der Online-Werbung ist ihr kommunikations–ökologischer Ansatz, der auf den gemeinsamen Effizienzzielen von Werbungtreibenden und Konsumenten basiert. Ziel des Werbungtreibenden ist es, Streuverluste zu minimieren. Ziel des Konsumenten ist es, seltener Ziel von breit streuenden, irrelevanten Werbebotschaften zu werden. Diese – in den traditionellen Publikumsmedien konfligierenden – Zielsetzungen sind über den *nutzenorientierten Charakter der Online-Kommunikation* nun vereinbar. Zugleich wird der Erfolg werblicher Maßnahmen direkt und unmittelbar meßbar.
Die besonderen Leistungen der Online-Werbung liegen demnach in der

- Kommunikationseffizienz,
- Kontaktqualität,
- Kundenbindung,
- Erfolgskontrolle.

Dieser kommunikative Leistungszuwachs verpflichtet die Werbungtreibenden zu besonderer Verantwortung gegenüber ihren Nutzern, da die hohe Kommunikationseffizienz auf deren Interesse und deren Dialogbereitschaft fußt. Ein Vertrauensvorschuß, der im Sinne einer langfristigen Kundenbindung erwidert werden sollte.

So ist es sicherlich nur von kurzfristigem Erfolg gekrönt, wenn man ein Online-Angebot beispielsweise vorrangig als Mittel der effizienten Adreßbeschaffung betrachtet. Aus der Perspektive des Dialog-Marketing kann es keinesfalls im Interesse der Vermarkter liegen, die über den Kunden gewonnenen Daten an Dritte weiterzugeben, da dies einem Vertrauensbruch gleichkommt. Vielmehr gilt es, partnerschaftlich die Integrität des Kunden zu bewahren.

Denn wer das Internet zuvorderst als Eldorado betrachtet, wird dieses nicht finden. Wer dagegen bereit ist, alte Pfade zu verlassen, wird eine neue Welt entdecken.

Literatur

Aebi, J. E. (1987). Werbung der vierten Art. *Lürzers Archiv*, 4/87, 216-17.

Ainslie, P. (1988). Confronting a Nation of Grazers. *Channels*, 9/88, 54-62.

Bachem, Ch. (1995). *Fernsehen in den USA: Neuere Entwicklungen von Fernsehmarkt und Fernsehwerbung*. Studien zur Kommunikationswissenschaft Band 9. Opladen: Westdeutscher Verlag.

Bachem, Ch. (1995). *Klassifizierung interaktiver Werbeformen*. Berlin: unveröffentlichtes Manuskript.

Bachem, Ch. (1995). *Kommerzielle Nutzung des Internet.* Vortrag auf dem Electronic Marketing Forum'95. Düsseldorf: http://www.wildpark.com/~bachem.

Bachem, Ch. (1995). *Strukturelle Probleme klassischer Markenartikelkommunikation*. Berlin: unveröffentlichtes Manuskript.

Brody, E. W. (1990). *Communication Tomorrow. New Audiences, New Technologies, New Media*. New York: Praeger.

Burstein, D. & Kline, D. (1995). *Road Warriors: Dreams and Nightmares Along the Information Highway*. New York: Dutton.

Degler, H.-D. (1993). Wissenszwerge unter Druck. *Spiegel Spezial*, 4/93, 98-107.

Dominick, J. et al. (1990). *Broadcasting, Cable and Beyond.* New York: McGraw-Hill.

Doyle, M. (1992). *The Future of Television. A Global Overview of Programming, Advertising, Technology, and Growth.* Lincolnwood: NTC Business Books.

Eicke, U. (1991). *Die Werbelawine. Angriff auf unser Bewußtsein.* München: Knesebeck & Schuler.

Eicke, U. (1993). Werbung: Dumm, ärgerlich, wirkungslos? *Psychologie Heute*, 4/93, 30-34.

Ellsworth, J. & Elsworth, M. (1995). *Marketing on the Internet. Multimedia Strategies for the World Wide Web.* New York: John Wiley & Sons.

Freese, G. (1991). ...und keiner guckt hin. *Die Zeit*, 50/91, 27.

Gilder, G. (1994). *Life After Television.* New York: Norton.

Gomery, D. (1989). Media Economics: Terms of Analysis. *Critical Studies in Mass Communication*, 1/89, 43-60.

Kessler, F. (1985). In Search of Zap-Proof Commercials. *Fortune*, 2/85, 68-70.

Krüger, C. (1995). Die Egotaktiker in der Medienfalle. *Absatzwirtschaft*, 9/95, 110-13.

Lawrence, R. (1989). The Battle for Attention. *Marketing & Media Decisions*, 2/89, 80-84.

Marton, A. (1989). Ad Makers Zap Back. *Channels*, 9/89, 30-31.

MGM MediaGruppe München (Hrsg.) (1996). *Werbung im Internet.* Kommunikations-Kompendium Band 6. München.

Myers, J. (1993). *Ad Bashing: Surviving the Attacks on Advertising.* Parsippany: American Media Counsil.

Peppers, D. & Rogers, M. (1993). *The One to One Future: Building Relationships One Customer at a Time*. New York u.a. : Doubleday.

Schrage, M., Peppers, D., Rogers, M. & Shapiro, R. D. (1994). Is Advertising Finally Dead? *Wired*, 2.02, 71ff.

Schwartz, E. I. (1996). Advertising Webonomics 101. *Wired ,4.02*, 74-82.

Schudson, M. (1986). *Advertising, the Uneasy Persuasion. Its Dubious Impact on American Society*. New York: Basic Books.

Stanhope, A. (1993). *What Are the Limits of Fragmentation?* Vortrag auf der Cologne Conference. Köln: Unveröffentlichtes Manuskript.

Wurman, R. S. (1989). *Information Anxiety*. New York u.a.: Doubleday.

Williams, L. (1990). Decisions, Decisions, Decisions: Enough!, *New York Times,* 14.2.90.

InfoPoint - Das Informations- und Werbeangebot der deutschen Presse-Grossisten

Volker Tietgens
Concept! GmbH, Wiesbaden

Zusammenfassung. InfoPoint bietet den aktuellen Überblick über das gesamte Zeitschriftenangebot Deutschlands. Das Multimedia-System wird in Zukunft dort stehen, wo Zeitschriften verkauft werden. InfoPoint informiert umfassend über die rund 3000 Zeitschriftentitel, was in dieser Form bisher nicht geleistet werden konnte. InfoPoint bietet zusätzlich verschiedene Services an. Das Informationsangebot ist für den Anwender kostenlos.

Schlüsselwörter. InfoPoint, POS, POI, Multimedia, Werbung, Online.

1 Einleitung

Fast jeder Kunde in einem Zeitschriftenkiosk oder am Zeitschriftenregal wirft einen Blick in die Zeitschrift, bevor er sie kauft, blättert ein paar Seiten auf, schaut ins Inhaltsverzeichnis. Anfassen und schmökern: Das geht natürlich nur mit den Titeln, die aktuell ausliegen. In bundesdeutschen Kiosken liegen durchschnittlich 200 verschiedene Titel aus - nur ein kleiner Teil der rund 3000 Zeitschriftentitel, die auf dem deutschen Markt erhältlich sind.

In Zukunft gibt es überall das komplette und aktuelle Zeitschriftenangebot: durch das Multimedia-System InfoPoint. InfoPoint informiert über alle Zeitschriften multimedial, umfassend und aktuell. Nachschlagen, Informieren und Bestellen: Jeder noch so ausgefallene Titel, jedes Fachmagazin, jedes Stadtmagazin ist integriert.

InfoPoint wird in enger Zusammenarbeit mit den deutschen Presse-Grossisten entwickelt und realisiert. Die Verbindung von Information und Werbung ermöglicht, Zeitschriftenlesern und denen, die noch auf der Suche nach der richtigen Zeitschrift sind, diesen Service kostenlos anzubieten. Durch InfoPoint wird die Öffentlichkeit über das gesamte aktuelle Presseangebot multimedial informiert. Und zwar dort, wo es die Zeitschriften auch zu kaufen gibt.

Die deutschen Presse-Grossisten stellen bundesweit den Vertrieb aller deutschen Presseprodukte sicher. Die Bundesrepublik ist in Regionen unterteilt. In jeder Region ist ein Grossist für die Versorgung mit und den Vertrieb der Zeitschriften auf dem Weg vom Verlag zum Einzelhändler zuständig.

2 InfoPoint

Das vielfältige Zeitschriftenangebot in Deutschland macht es für den Zeitschriftenleser fast unmöglich, den Überblick zu behalten. Täglich erscheinen neue Titel für eine breite Zielgruppe oder für eine ganz spezielle Leserschaft, täglich verschwinden aber auch Titel vom Markt. InfoPoint ist gleichzeitig modernes Nachschlage- und Informationsmedium, gibt einen Überblick und erleichtert die Suche nach jedem noch so ausgefallenen Titel. Suchen Sie beispielsweise dringend ein Reisemagazin über Himalaja? Müssen Sie ständig aus vielen Quellen Fachthemen recherchieren oder zu ganz bestimmten oder aktuellen Themen aus allen Zeitschriften des Marktes Informationen sammeln? InfoPoint bietet umfassende Informationen und komfortable Suchmöglichkeiten.

Abbildung 1: InfoPoint (mit Beispiel-Werbung)

Und so funktioniert InfoPoint: Wichtigste inhaltliche Kriterien bei der Konzeption waren Aktualität und Vollständigkeit. Die Aktualität des Presseangebots wird durch eine Online-Verbindung zu jedem Terminal am Point of Sale (POS) im Zeitschriftenhandel gewährleistet.

InfoPoint hat eine klare und übersichtliche Struktur, die eine einfache und intuitive Bedienung ermöglicht. Abbildung 1 zeigt das Hauptmenü von InfoPoint. Der Anwender greift über den Menüpunkt *Presse* auf das komplette Zeitschriftensortiment zu. Das Hauptmenü ermöglicht außerdem den Zugriff auf *Non Press* - Produkte, *Neuerscheinungen*, *Geschenke* und enthält die Funktionen *Suchen* und *Individuelles Abo*.

Das Zeitschriftensortiment wird im Handel nach Objektgruppen segmentiert, z.B. Computer, Wirtschaft, Frauen, Mode etc. Diese Unterteilung nimmt InfoPoint analog zur Sortierung der Zeitschriften im Regal oder Kiosk auf.

Abbildung 2: Sortierung nach Objektgruppen führt zu intuitiver Bedienung

Das bietet den Anwendern eine schnelle und leichte Orientierung (vgl. Abbildung 2).

Über die Auswahlseiten verzweigt der Anwender in die tieferen Ebenen, bis er den gesuchten Titel, repräsentiert durch das Titelblatt, findet (vgl. Abbildung 2 und 3).

Abbildung 3: Die einzelnen Zeitschriften stellen sich dem Anwender übersichtlich dar

InfoPoint präsentiert für den gesuchten Titel immer das aktuelle Titelbild und das aktuelle Inhaltsverzeichnis. Und zwar für jeden Zeitschriftentitel in Deutschland.

Abbildung 4: InfoPoint bietet keine "Katze im Sack". Bestellung nur bei Gefallen

Jeder Titel kann über InfoPoint sofort bestellt werden. Schon am nächsten Tag liegt er zur Abholung beim Zeitschriftenhändler bereit.

Natürlich kommt der Anwender auch auf andere Weise zum gesuchten Titel. Der Menüpunkt *Suchen* bietet auf einer Bildschirmseite (vgl. Abbildung 5) verschiedene Suchkriterien an: nach *Verlag*, *Titel*, *Sachgebiet*, *Personen*. Die Volltextsuche nach Schlagworten ermöglicht das Suchkriterium *Suche in Inhaltsverzeichnissen.*

Abbildung 5: Mit Kategorien und Schlagworten kinderleicht und schnell suchen

InfoPoint hilft dem Anwender bei der Zusammenstellung seines individuellen Abonnements. Die persönlichen Interessen und Themen werden durch Schlagworte benannt und in das Multimedia-System eingegeben. Der Anwender kennzeichnet sein persönliches Abonnement mit seinem Namenskürzel. Sobald der Anwender sein Abo im InfoPoint aufruft, stellt das System eine aktuelle Liste von Zeitschriften zusammen, deren Inhalte mit den Schlagworten übereinstimmen.

Ein weiterer Service von InfoPoint verbirgt sich hinter dem Menüpunkt *Geschenke*. Nach Themen geordnet werden die verschiedenen Zeitschriftentitel präsentiert. Aus der Fülle lassen sich für jeden Lesertyp ein Geschenk oder gleich mehrere finden.

Abbildung 6: Das Zeitschriftenangebot von InfoPoint nach Themen geordnet

InfoPoint spricht eine breite Zielgruppe an. Aus diesem Grund ist eine einfache Benutzerführung unerläßlich. Am unteren Bildschirmrand findet der Anwender sein Navigationswerkzeug. Damit bewegt er sich innerhalb der Informationsebenen. Zusätzlich ist immer der Zugriff auf Themen aus dem Hauptmenü oder auf kontextsensitive Zusatzangebote möglich.

3 Informationen in InfoPoint

InfoPoint bietet nicht ausschließlich Informationen zu Presseprodukten. Zusätzliche Informationen enthält das Menüthema *Non-Press* des Hauptmenüs. InfoPoint bietet den Anwendern hier z.B. einen lokalen Veranstaltungskalender, Sportdaten, die aktuellen Lottozahlen, das lokale aktuelle Wetter, Stadtinformationen usw. an. InfoPoint stellt sich dadurch den Anwendern als ein nützliches Informationsangebot dar, das für viele Themen offen ist.

4 Werbung in InfoPoint

InfoPoint bietet ein innovatives Werbekonzept in einem Informationsmedium mit einem hohen Verbreitungsgrad. Darüber hinaus spricht InfoPoint viele unterschiedliche Zielgruppen an. Die Menü- und Informationsseiten bieten Werbefläche für unterschiedlichste Produkte. Auf jeder Bildschirmseite befindet sich eine multimediale *Plakatwand.* Auf dieser Fläche werden Werbebilder oder Videos in MPEG-Qualität präsentiert (vgl. Abbildungen 2, 3, 4, 5). Zusätzliche Dauerwerbeflächen auf jeder Bildschirmseite können besetzt werden. Nicht nur die Vielfalt der Werbeplätze und Werbegenres ist beeindruckend. Interessant ist die Möglichkeit, konkrete Zielgruppen parallel zum Zeitschriftensegment, z.B. alle Tennis-Interessierten, zu bewerben: Sportkleidung, Sporthotels, Reisen, Kurse, Turniere, Verbände. Je genauer die Zielgruppe bekannt ist, um so besser kann in InfoPoint die geeignete Werbung plaziert werden. Durch gezieltes Besetzen von Objektgruppen kann die Zielgruppe eines ganzen Interessengebietes erreicht werden.

Besonders die Unterteilung in überregionale, regionale, lokale und standortlokale Werbeschaltungen macht InfoPoint zu einer strategisch wertvollen Werbeplattform.

5 Systemstruktur

InfoPoint verfügt über eine komplexe Struktur, die über dezentrale Redaktionen eine ständige Aktualisierung der Informationen in einer Zentrale sicherstellt. Nach dem Zusammenführen der Informationen der einzelnen Redaktionen erfahren die POS-Terminals vor Ort über Nacht eine vollständige Online-Aktualisierung. Zur Ladenöffnung ist das System für den Anwender up-to-date.

Insbesondere die Partnerschaft mit den deutschen *Presse-Grossisten* stellt die Aktualität zu den Pressethemen sicher. InfoPoint ist für Partnerschaften offen, die das Informationsangebot um weitere Themen ergänzen.

6 Ausblick

Ziel ist, InfoPoint bundesweit im Zeitschriftenhandel zu etablieren und zu einem topaktuellen Informationsmedium nicht nur über Presseprodukte, sondern auch über andere Themen weiterzuentwickeln.

Installationen an branchenverwandten Plätzen sind in Planung. Eine InfoPoint-Internet-Version ist in Vorbereitung.

WOICE of ACHEMA: Multimedia-Katalog für Ausrüstungsgüter in der Chemischen Technik

Thomas Scheuring
DECHEMA e.V., Frankfurt am Main

Zusammenfassung. WOICE of ACHEMA, herausgegeben von der DECHEMA Deutsche Gesellschaft für Chemisches Apparatewesen, Chemische Technik und Biotechnologie e.V., ist weltweit der erste Multimedia-Katalog für Ausrüstungsgüter in den Bereichen Chemische Technik, Umweltschutz und Biotechnologie. Er ersetzt bzw. erweitert die bisher in Verbindung mit der Ausstellungstagung ACHEMA erschienenen gedruckten Verzeichnisse.

Schlüsselwörter. Multimedia-Katalog, Biotechnologie, Chemische Technik, Umweltschutz.

1 Zielgruppe und Medienkonzept

WOICE of ACHEMA (World Catalogue of International Chemical Equipment) ist weltweit der erste Multimedia-Katalog für Chemische Technik, Umweltschutz und Biotechnologie. Er wird herausgegeben von der DECHEMA (Deutsche Gesellschaft für Chemisches Apparatewesen, Chemische Technik und Biotechnologie e.V.), die mit der ACHEMA alle drei Jahre in Frankfurt am Main die weltweit größte Leistungsschau der Chemischen Technik veranstaltet.

Der Multimedia-Katalog WOICE of ACHEMA erscheint auf CD-ROM für windows-kompatible Personalcomputer und ersetzt das bisher im Vorfeld der ACHEMA publizierte dreibändige ACHEMA-Jahrbuch. WOICE of ACHEMA steht weltweit auch allen nicht an der ACHEMA teilnehmenden Firmen und Forschungseinrichtungen offen, die auf den Gebieten Chemische Technik, Umweltschutz und Biotechnologie tätig sind.

Somit wird für diese Fachgebiete erstmals ein Forum geschaffen, das Firmen zur Darstellung ihrer Kompetenz und ihres Angebots unter Verwendung aller Möglichkeiten moderner elektronischer Medien nutzen können. Zur Informationsübermittlung werden neben Texten und Abbildungen multimediale Techniken wie Audio-Slide-Shows und Computeranimationen mit gesprochenen Erläuterungen, Videoclips und Sound eingesetzt. Die Grundsprache aller Einträge ist englisch. Kurzinformationen zum Tätigkeitsfeld und zu den Erzeugnissen der teilnehmenden Firmen erscheinen in den vier Sprachen englisch, deutsch, französisch und spanisch, aus denen auch die Sprache der Systembenutzung ausgewählt werden kann (siehe Abbildung 1).

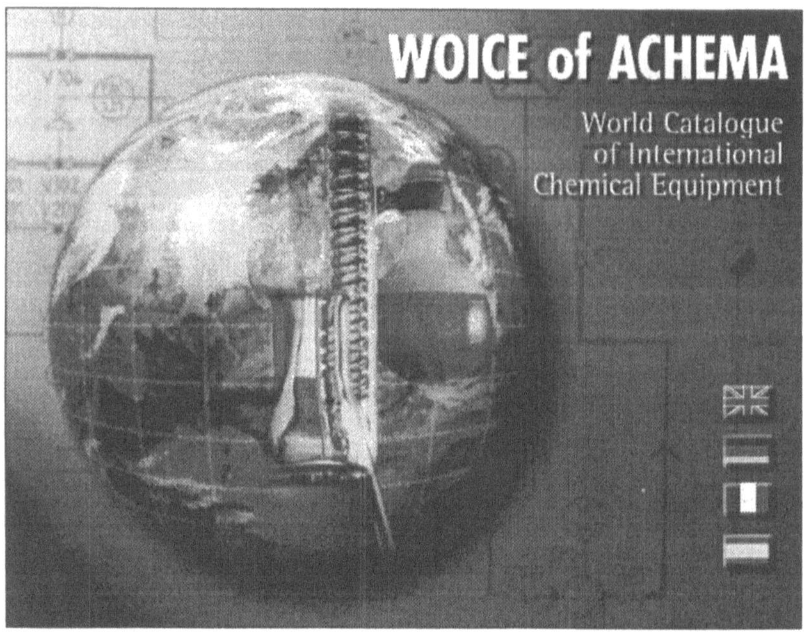

Abbildung 1

2 Architektur und Funktionalität

Die in WOICE of ACHEMA enthaltenen Angaben sind in eine Datenbank mit 12.000 Suchbegriffen eingebunden. Einfach zu nutzende, effiziente Suchstrategien, die speziell für WOICE of ACHEMA entwickelt wurden, erlauben auch Benutzern, die noch nie in einer Datenbank gearbeitet haben, einen schnellen und zielsicheren Zugriff auf eine gewünschte Information.

Durch die Kombination von Datenbanktechnik zur Informationsrepräsentation mit Multimediatechnik zur Informationspräsentation lassen sich intuitiv handhabbare, alternative Suchmechanismen realisieren. Die folgenden Abbildungen stellen drei Varianten von Informationszugriffen dar.

¿Que es lo que quiere buscar?
Informaciones completas de empresa
Informaciones seleccionadas de empresa
Informaciones standard
Informaciones técnicos
Desarrollos recientes
Servicios
Acreditamiento/Certificación
Cooperaciones
Representaciones existentes
Oferta de representaciones
Demanda de representaciones
Oferta de licencias
Demanda de licencias
← Pagina
Ayuda
Menu principal
Pagina →
WOICE of ACHEMA

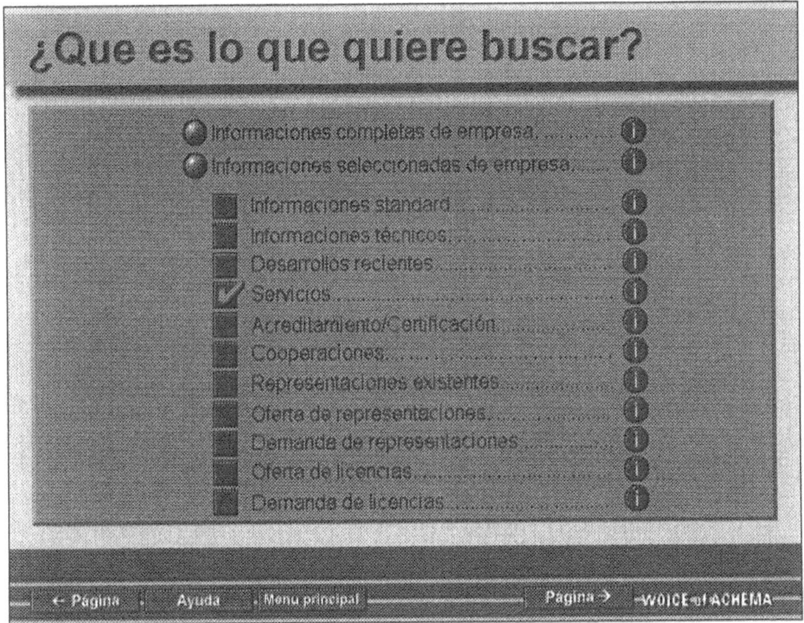

Abbildung 2

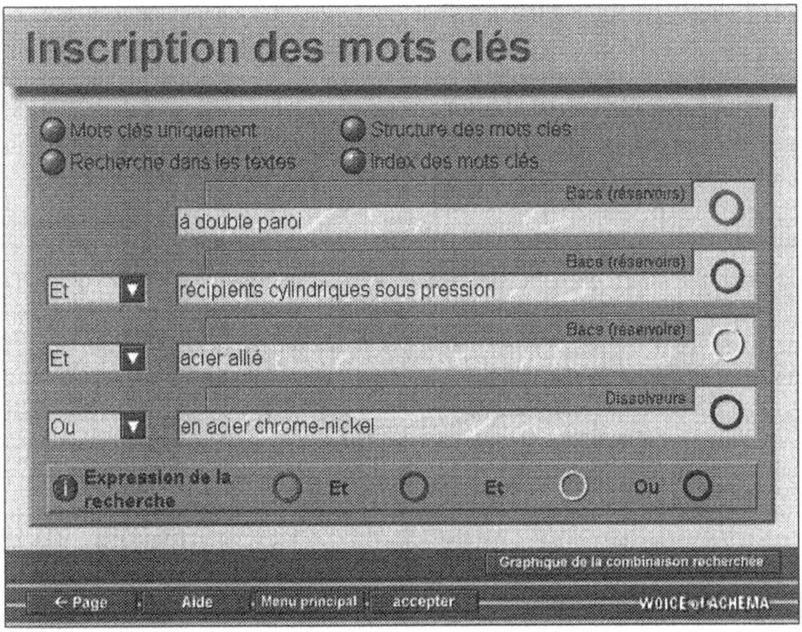

Inscription des mots clés
Mots clés uniquement
Structure des mots clés
Recherche dans les textes
Index des mots clés
Bacs (réservoirs)
à double paroi
Bacs (réservoirs)
Et
récipients cylindriques sous pression
Bacs (réservoirs)
Et
acier allié
Dissolveurs
Ou
en acier chrome-nickel
Expression de la recherche
Et
Et
Ou
Graphique de la combinaison recherchée
← Page
Aide
Menu principal
accepter
WOICE of ACHEMA

Abbildung 3

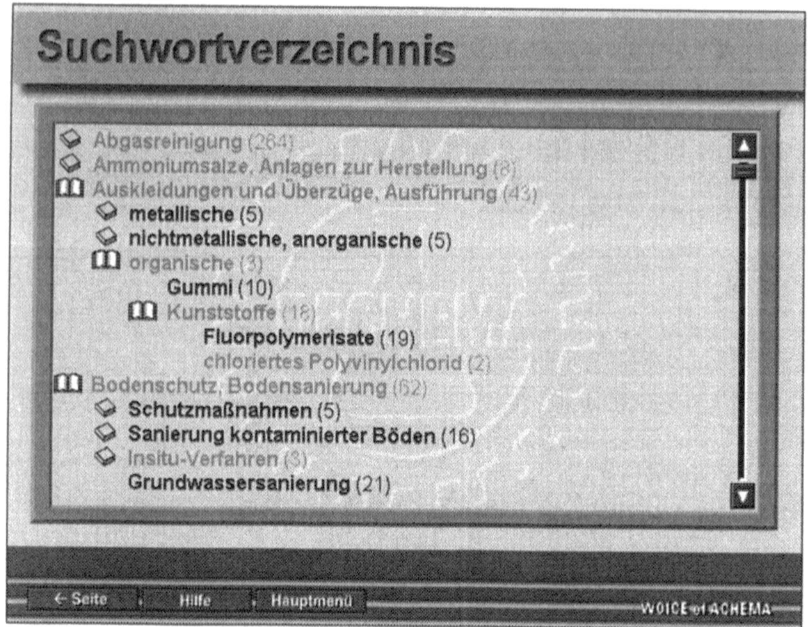

Abbildung 4

WOICE of ACHEMA hat durch die Anbindung an die ACHEMA beste Voraussetzungen, sich als ein gelungenes Multimedia-Produkt auf dem Markt zu etablieren. Auch wenn die Nutzung der multimedialen Möglichkeiten für einen Großteil der teilnehmenden Firmen und Forschungseinrichtungen noch neu und ungewohnt ist, sind von der ersten Auflage des Multimedia-Katalogs an durch die 3.500 Aussteller und 250.000 Besucher der ACHEMA sowohl eine hohe aktive Beteiligung mit hochwertigem informativen Input als auch eine weitverbreitete Nutzung des Systems gewährleistet.

Den Ausstellern der ACHEMA wird mit WOICE of ACHEMA eine einfache Gelegenheit geboten, mit den vielfältigen Möglichkeiten einer multimedialen Informationsaufbereitung vertraut zu werden. Den Firmen stehen zur Darstellung ihrer Produkte Möglichkeiten zur Verfügung, die hinsichtlich Präsentationsweise und Informationsgehalt weit über das hinausgehen, was bisher der ACHEMA-Katalog und die ACHEMA-Jahrbücher leisten konnten. Die jetzt erschienene Demo-Version von WOICE of ACHEMA mit den Basisdaten von 3.500 Ausstellern der letzten ACHEMA sowie 27 Beispielbeiträgen von Firmen, die das Potential der multimedialen Präsentationsweise illustrieren, kann dabei interessierten Firmen als wertvolle Hilfe für den Einstieg in Multimedia dienen (vgl. Abbildung 5).

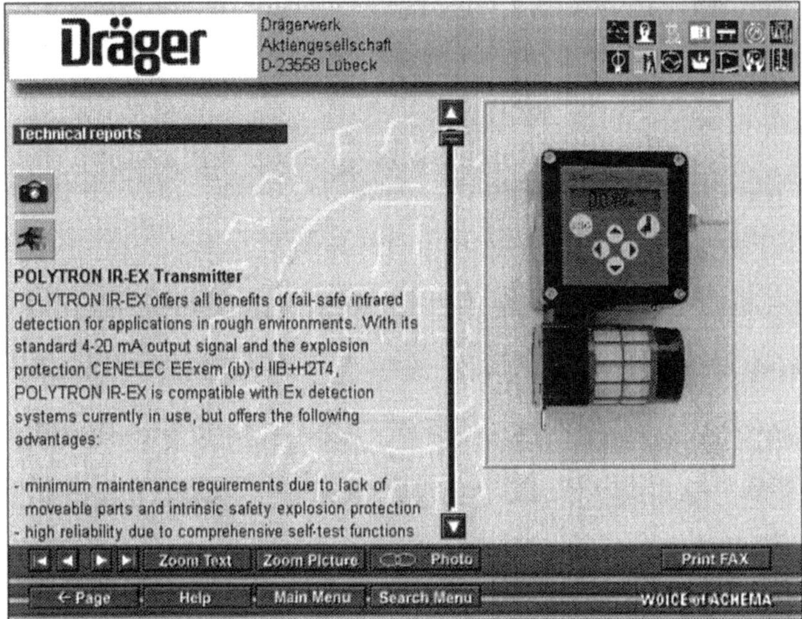

Abbildung 5

In WOICE of ACHEMA kann deutlich mehr Information zu einer bestimmten Firma aufgenommen werden, als in den bisherigen gedruckten Verzeichnissen. Der Multimedia-Katalog kann deshalb nicht nur als Nachschlagewerk bei der Suche nach bestimmten Produkten dienlich sein, sondern beispielsweise auch bei der Realisierung von Kooperationswünschen und der Vergabe bzw. Übernahme von Lizenzen oder Vertretungen.

3 Bewertung und Ausblick

Zunehmend kürzere Innovationszyklen stellen erhöhte Anforderungen an die Effektivität von Informationsübermittlung. Dies läßt sich nicht mehr allein durch Printmedien decken. Mit der jährlichen Aktualisierung von WOICE of ACHEMA erhalten die teilnehmenden Firmen die Möglichkeit, schnell und gezielt auf ihre neuen Produkte und Dienstleistungen aufmerksam zu machen. Weiterhin ist denkbar, durch eine Verknüpfung von WOICE of ACHEMA mit online-Techniken den Aktualisierungszyklus weiter zu verkürzen und zusätzliche Serviceangebote zu etablieren.

Über den aktuellen Stand des Multimedia-Informationssystems und erste Einsatzerfahrungen wird im Rahmen des Vortrags auf dem Kongreß berichtet.

Multimedia Market Place aus Sicht des Handels

Gerhard Middendorf
Karstadt AG, Essen

Zusammenfassung. Dem Handel kommt in seiner Mittlerrolle zwischen Produzenten und Konsumenten vor dem Hintergrund des sich intensivierenden Wandels unserer Gesellschaft von der Produktions- über die Dienstleistungs- zur Informationszentriertheit eine wesentliche Schlüsselfunktion zu. Der gezielte Einsatz neuer Medien ist geeignet, steigende Informations-, aber auch Erlebnisbedürfnisse der Kunden schnell, kostengünstig und variabel zu befriedigen. Er trägt damit wesentlich zur Verkaufsunterstützung bei. Eine Reihe von Beispielen, Erfahrungen und Projekten des Karstadt-Konzerns unterstreichen die hohe Bedeutung von Multimedia im Handel.

Schlüsselwörter. Verkaufsunterstützung, integrierte Warenwirtschaftssysteme, Erlebniswelten, elektronisches Verkaufen, virtuelles Kaufhaus.

1 Handel und Gesellschaft

Der globale Wettbewerb konfrontiert die hochentwickelten Gesellschaftsformen in Nordamerika, Japan und Europa mit zunehmendem Konkurrenzdruck durch die Schwellenländer. Diese verfügen über unerschöpflich scheinende Ressourcen in Form von Bodenschätzen, aber auch von kostengünstigen Mitarbeitern, welche zunehmend besser qualifiziert sind und auf wachsende Erfahrungen aus der eigenen Industrialisierung zurückgreifen können. Der Wettbewerb verlagert sich daher weg von klassischen Produktionsmärkten hin zu Dienstleistungsmärkten. Hier hat der Handel seine angestammte Rolle. Dies muß jedoch aufgrund der nachfolgend diskutierten Faktoren strategisch und konzeptionell erweitert werden. Dabei spielen die neuen Medien eine entscheidende Rolle.

1.1 Mittlerfunktion des Handels

"Zwei Systeme unterschiedlicher Komplexität können nie zusammenkommen, außer es gibt ein drittes System, welches beide verknüpft". Diesen Lehrsatz der Systemtheorie versucht der *Handel* als Bindeglied zwischen den höchst komplexen *Kunden* und den *Lieferanten*, die wegen ihrer eingeschränkten Produktpalette eine geringere Komplexität aufweisen, inhaltlich zu erfüllen.

Aus diesem Selbstverständnis des Handels sind die bisherigen klassischen Strukturen gewachsen. Diese Strukturen haben weiterhin Bestand, müssen jedoch um zukunftsorientierte Lösungsansätze ergänzt werden.

1.2 Geänderte Rahmenbedingungen im Handel

Die Verkaufsflächen in den Innenstädten sind nicht beliebig erweiterbar. Parallel dazu nimmt der Wettbewerb mit der "grünen" Wiese immer mehr zu. Dies gilt insbesondere in den neuen Bundesländern. Aus Produktivitätserfordernissen können die Anzahl und die Qualifikation der Mitarbeiter in vielen Handelsbetrieben nicht gesteigert bzw. beibehalten werden. Personalanpassungen sind vielfach die Regel. Notwendige Qualifikationsmaßnahmen für die Mitarbeiter werden in rezessiven Zeiten in die Folgejahre verschoben.

Der deutsche Einzelhandel zeichnet sich durch einen außerordentlich intensiven Preiswettbewerb aus. Dies zwingt zu kostensparenden Vereinfachungen und Beschleunigungen der Geschäftsabläufe. Gleichzeitig steigt das Informations- und Beratungsbedürfnis der Konsumenten. Der Wettbewerb wandelt sich. Die Kunden erwarten eine Liberalisierung der Ladenöffnungszeiten. Es entstehen neue Versorgungsstrukturen, die teilweise von Branchenfremden entwickelt werden. Hersteller (Lieferanten), unterstützt von Logistikern und Brokern, versuchen, in der Wertschöpfungskette vom Erzeuger bis zum Kunden die Handelsstufe zu überspringen. In den letzten Jahren ist zudem ein kontinuierliches Absinken der jugendlichen Kunden im innerstädtischen Einzelhandel zu verzeichnen.

2 Multimedia-Potentiale

Ebenso, wie sich einerseits die gesellschaftlichen Rahmenbedingungen ändern und diese Einfluß auf den Handel ausüben, lassen sich auf der anderen Seite Faktoren identifizieren, welche Einfluß auf die gesellschaftlichen Änderungsprozesse nehmen, und die damit bei gezieltem Einsatz positive Effekte auf die Ziele des Handels erwarten lassen. So sind wir im Hause Karstadt der Überzeugung, daß Multimedia u.a. Wertevorstellung, Kaufverhalten, Freizeitangebot, Informations- und Kommunikationsbedürfnis immer breiterer Käuferschichten beeinflußt. So führt z. B. die Vervielfältigung und Beschleunigung der Informationen zur Abnahme der Außensinnlichkeit (z. B. Sehen, Hören) und abnehmender Bewertung (Gleichgültigkeit). Multimediale Anwendungen bieten uns somit gute Chancen, auf die geänderten Kundenansprüche einzugehen und Wettbewerbsvorteile auszubauen.

2.1 Verkaufsförderung

Multimedia wird von Karstadt weniger als technische Darstellungsplattform gesehen. Nicht die Zusammenfassung von DV-Technologien, -Geräten, Netzinfrastrukturen und Online-Diensten steht im Vordergrund. Vielmehr entsteht durch die Verbindung vielfältiger (Multi) Informations- und Darstellungsinhalte (Media) eine neue *Philosophie* für die Unterstützung des Verkaufs und der Information von Kunden und Mitarbeitern als ganzheitliches Konzept. Hierdurch wird eine separate, völlig neue Wertschöpfungskette im Verkauf entstehen. Grundsätzlich sollte Multimedia als Integration in die vorhandenen Ablaufprozesse des Warenhauses verstanden werden. Multimedia ermöglicht eine Vereinfachung und Erweiterung des Geschäftssystems und neues Marketing im Unternehmen.

Hier erkennen wir die *Multioptionalität* von Multimedia. Diese zielt auf der einen Seite auf die Rationalität der Kunden ab, z. B. Zeitersparnis, Information und ständige Verfügbarkeit. Andererseits können in sehr hohem Maße emotionale Elemente der Animation, Stimulation und Simulation eingebunden werden, die zunehmend rationale Kaufentscheidungsfaktoren überlagern.

Hinzu kommt ein deutlich erkennbares, gestiegenes Informations- und Beratungsbedürfnis der Kunden. Die im Handel eingesetzten Warenwirtschafts- und Logistiksysteme geben im Detail Auskunft über alle in den Sortimenten verfügbaren Produkte des gesamten Beschaffungsmarktes. Durch die zielgruppenorientierte Aufbereitung und Präsentation dieser Daten mit multimedialen Anwendungssystemen erhalten die Kunden, aber auch die Mitarbeiter im Verkauf, Zugang zu dieser Information, die sie individuell und interaktiv abrufen können.

Durch Multimedia bieten sich auch über die unmittelbare Verkaufsförderung hinaus vielfältige Möglichkeiten für neue, bisher noch nicht erschlossene *Marketing-Dimensionen* an. Stichworte hierfür sind: Abwechslung, Erlebnis, Animation, Events, Inszenierungen, Kommunikation. Den realen Inszenierungen im Marketing werden jedoch zunehmend Grenzen gesetzt, da der Aufwand permanent steigt und die zeitliche Gültigkeit der Aussagen sinkt. In immer kürzeren Abständen muß mehr Konzertierungsaufwand betrieben werden. *Virtuelle Inszenierungen* über PC oder TV sind schneller und bei hohen Nutzerzahlen mit weniger Aufwand möglich, da bei hohen Fixkosten kaum variable Kosten anfallen und außerdem die Mehrfachverwendung multimedialer Bausteine und Szenarien erleichtert wird.

Vor dem Hintergrund des allenthalben *steigenden Medienkonsums* bietet Multimedia Karstadt die Chance, nicht nur die jugendlichen PC-Freaks, sondern zunehmend auch "professionelle" PC Nutzer zu erreichen, da insbesondere im Berufsumfeld der "kapitalkräftigen" Consumer der PC als Arbeitsmittel im Unternehmen/Betrieb bereits vorhanden ist und auch für den privaten Bereich zunehmend ins Kalkül gezogen wird.

2.2 Kosteneffekte

Das elektronische Verkaufen mit Hilfe multimedialer Anwendungen kann nach unseren bisherigen Erfahrungen insgesamt drei Kostenarten senken:

- Der Bildschirm als flexibel positionierbares Kommunikationsmedium ohne physische Grenzen ersetzt die *Verkaufsfläche*;
- On- oder Offline verfügbare Informationen zur Selbstbedienung können zum Teil den *Personaleinsatz* senken;

- Innerhalb der Prozeßkette muß die Ware nicht beim Handel gelagert werden, sondern sie wird bedarfsgerecht auf Veranlassung des Kunden beim Lieferanten abgerufen (Warenhaus als Mittler im just-in-time Prozeß). Dadurch fallen geringere *Lager-/Bestandskosten* an.

3 Multimedia-Anwendungen im Karstadt-Konzern

Karstadt forciert aus den zuvor genannten Gründen seit geraumer Zeit Multimedia-Anwendungen

- zur allgemeinen Kundeninformation, z. B. Hausleitsystem,
- zur weiteren Unterstützung und Ausweitung der Kundenselbstbedienung und Bestellabwicklung,
- zur Unterstützung und Qualifizierung des Verkaufspersonals im Kundengespräch,
- zur Animation im Verkaufsraum und Einbeziehung in die bestehende Präsentation sowie
- zur direkten und zeitlich unabhängigen Kommunikation mit dem Kunden.

Als technische Plattformen werden dabei eingesetzt:

- MultiMediaMaster als Kundeninformations- und Bestellterminal,
- Online Services,
- CD-ROM als Off-Linie Träger für umfassende Inhalte und
- Interaktives Fernsehen.

Nachfolgend werden die wohl bekannteste Multimedia-Applikation, der Karstadt MusicMaster, ausführlich und die weiteren Systeme und Projekte exemplarisch vorgestellt.

3.1 Karstadt MusicMaster

Am Beispiel des Karstadt MusicMasters lassen sich die konzeptionelle Entwicklung der Inhalte und der Einsatz von *Kundeninformations-* und *Bestellterminals* exemplarisch verfolgen.

Welche Rahmenbedingung herrschen im Musik- und Videosortiment für Multimedia vor? Die Anzahl der gelisteten bzw. geführten Artikel sprengt auch in den flächengrößten Abteilungen den zur Verfügung stehenden Raum; so werden beispielsweise ca. 110 Tsd. Artikel im Warenwirtschaftssystem gelistet. Die Anzahl der lieferbaren Artikel (CD, MC, Maxi-CD, CDI, Video) geht bis an ca. 200 Tsd. Stück. Alle Artikel des Beschaffungsmarktes sind via Datenbank eindeutig identifizier- und kurzfristig lieferbar. Die Verkaufspräsentation ist auf Kundenselbstbedienung ausgerichtet. Beratung erwartet der Kunde eher in "Randbereichen" des Sortimentes, insbesondere bei "Klassik" und "Spezialitäten". Ansonsten wird das Personal meist nur zum Auffinden der Artikel in der Warenpräsentation in Anspruch genommen.

Die Sortimentsstruktur der Abteilung ist, abhängig von der Flächenbemessung der einzelnen Filialen, unterschiedlich:

- Umsatzstarke Abteilungen, die als Marktführer positioniert sind, führen ca. 80 Tsd. Artikel,
- Abteilungen mit geringeren Verkaufsflächen führen ca. 10 Tsd. Artikel (Hits, Aktionen, Neuheiten).

Woraus ergibt sich nun die besondere Eignung von Multimedia für dieses Sortiment? Die Artikel des "Musik- & Videosortimentes" sprechen insbesondere die menschlichen Sinne Sehen, Hören, Lesen, Spielen und das Informationsbedürfnis an. Multimedia-Systeme können hier ideal unterstützen:

- *Sehen* — Videoclips, Bilder,
- *Hören* — Musik, Sprache,
- *Lesen* — Produktbeschreibung, ergänzende Produktinformationen,
- *Spielen/Veranlassen* — Die Abfolge der Tätigkeiten wird vom Kunden bestimmt (Interaktion),
- *Informieren* — Neuheiten, Artikel der TV-Werbung, Tourneedaten, Werbe-Clips von Lieferanten und Markenartikelherstellern.

Der Karstadt MusicMaster ist als multimediales, interaktives Auskunfts- und Bestellsystem in die Verkaufsabwicklung integriert und mit dem Karstadt Informationssystem Medien (Warenwirtschaftssystem) vernetzt. Unterstützt durch die Multimedia-Komponenten Text, Ton, Film-/Videosequenzen, Grafiken, Fotos und Animation können Kunden und Mitarbeiter Informationen abrufen und Aktionen anstoßen. Dies geschieht in selbständiger Interaktion über einen berührungsempfindlichen PC-Bildschirm (Touch-Screen Monitor) in der Verkaufsabteilung. Das System trägt maßgeblich zur Verkaufsunterstützung und Bedarfsdeckung bei durch die

- Darstellung von Bildern (Cover) und Film-/Videosequenzen (bewegte Clips, Animation),
- Artikelinformationen (Interpreten, Titel, Tracks, filialindividueller Verkaufspreis) und
- Hinweise zur Verfügbarkeit, Bestand und Stellplatz im Verkauf.

Die Karstadt MusicMaster erhalten vom Warenwirtschaftssystem sämtliche Veränderungen der Artikel- und Lieferantenstammdaten sowie filialindividuelle Information über Änderungen der Bestände. Der Kassenrechner in der Filiale liefert jeweils den aktuellen Verkaufspreis. Der Kunde kann sich ohne Inanspruchnahme eines Verkaufsmitarbeiters über sämtliche lieferbaren Artikel des Sortiments, deren Verfügbarkeit und den aktuellen Verkaufspreis informieren. Dabei werden visuelle und/oder inhaltliche Artikelinformationen und Bilder angezeigt sowie kurze Tonsequenzen vorgespielt. Hierdurch wird, wie Akzeptanzanalysen zeigen, zusätzlicher Bedarf beim Kunden geweckt. Artikel, die in der jeweiligen Filiale nicht geführt werden oder vorübergehend keinen Bestand aufweisen, werden als Extrabestellung beschafft.

Der Karstadt MusicMaster dient den Mitarbeitern, vor allem in den bedienungsintensiven Sortimentsbereichen, zur schnellen und qualifizierten Verkaufsunterstützung. Zusätzlich kann der Umsatz bei geringer Bedienungsintensität gesteigert werden.

3.2 Weitere Anwendungen

3.2.1 MultiMediaMaster

Derzeit wird die Entwicklung eines universellen MultiMediaMasters vorangetrieben. Damit haben künftig weitere Branchen, u.a. Computer-Software, Bücher, Möbel, Sport, Gastronomie und Lebensmittel die Möglichkeit, Sortimente multimedial darzustellen. Darüber hinaus sollen Anwendungen z. B. zur Kundenorientierung (Wegweiser als Hausleitsystem) multimedial unterstützt werden. Durch diese Konzeption können eine Vielzahl von Produkten und Anwendungen schnell und kostengünstig etabliert werden.

3.2.2 Reise-Informations- und Buchungssystem

Für die Unterstützung des Reisevertriebs wird die Möglichkeit der interaktiven Buchung von *Last Minute Reisen* mit Vakanzabfragen, Buchungs- und Zahlungsmöglichkeit über ein Kundenterminal entwickelt.

Ein weiteres Projekt zum multimedialen Einsatz ist das *Reiseinformations- und Buchungssystem* für beratungsintensive Segmente. Hier wird der Entscheidungsprozeß des Kunden durch vielfältige zusätzliche Informationen zu Reisegebieten, Sportarten, Hotelanlagen, Fluginformationen sowie freien Kapazitäten, Reservierung und Zahlung vereinfacht und beschleunigt.

3.2.3 Golf & Country CD-ROM

Der Vertrieb des Karstadt "Golf & Country" Versands wird neben dem Print-Katalog durch eine CD-Rom unterstützt. Neben den Inhalten des Print-Kataloges enthält diese Golf CD-ROM u.a. Informationen und Animationen zu Golf, Serviceangeboten, Hinweise über Events, z.B. die "Golf & Country Open", und auf Wunsch des Kunden ein persönliches Nutzerprofil. Der Kunde kann sowohl online als auch mit herkömmlichen Mitteln (Telefon, Fax, Brief) bestellen. Die Inhalte der Golf CD-ROM werden auf ein Kundenterminal übernommen.

3.2.4 CyberBar

Ende November 1995 wurde in der Karstadt Filiale Essen, Limbecker Platz, die erste CyberBar als Kommunikations-Marktplatz eröffnet. Kunden können dort im Rahmen der Ladenöffnungszeit im Internet surfen, per CyberTalk weltweit Informationen austauschen und Getränke konsumieren. Ähnliche Projekte an weiteren Standorten sind nach Auswertung einer Akzeptanzanalyse geplant.

3.2.5 Online und Internet

Im Internet bzw. über Online-Dienste bieten die Neckermann Versand AG, Neckermann Reisen und künftig Karstadt/Hertie einen Teil ihrer Produkt-/Servicepalette an. Die Online Angebote sollen in einem überschaubaren Zeitraum stufenweise ausgebaut werden. Die Kunden können dann mittels "Demo PC" einen Überblick des konzernweiten Online Spektrums gewinnen. Durch diese Maßnahmen soll auch der Verkauf für PC's, Modems, ISDN Anschlußvermittlung etc. forciert werden.

3.2.6 Bilddatenbanken zur Sortimentserstellung

Zur Erstellung von Sortimentslisten wurde für den Karstadt Zentraleinkauf eine Bilddatenbank entwickelt. Mit dieser haben die Fachbereiche die Möglichkeit, beim Lieferanten erstellte, digitalisierte Bilddaten in der Datenbank abzulegen. Hierdurch werden bei der Produktion von Sortimentslisten Einsparungspotentiale bei den Personalkosten erzielt. Darüber hinaus hat der Zentraleinkauf die Möglichkeit, die Sortimentsliste auf einer CD-ROM produzieren zu können. Dies unterstützt langfristig den Verkauf bei der Bedienung und Beratung von Kunden (Sortimentsabrundung).

3.2.7 Computer Based Training (CBT)

Für den Bereich Warenwirtschaft und Berichtswesen werden schon seit geraumer Zeit CBT Programme entwickelt. Dieses Medium hat sich sowohl als Schulungssystem als auch als Nachschlagewerk für die Karstadt-Mitarbeiter und bei der Integration der Hertie-Mitarbeiter bewährt. Weitere Anwendungen sind geplant.

3.2.8 Das virtuelle Warenhaus

Durch die Inhalte der MultiMediaMaster und der On-/Offline Angebote entsteht ein virtuelles Warenhaus im Baukastenprinzip. Im virtuellen Warenhaus können Shops, z.B. Musik & Video, Golf, Computer, Software, Reisen, Spielwaren, Gastronomie, Neckermann und Bank, implementiert sein. Das interaktive, multimediale Angebot wächst mit der Entwicklung neuer Anwendungen. Neben Sortimenten sollen Dienstleistungen und Informationen, z.B. Nachrichten, Wetter, Auskünfte, Gewinnspiele, CyberBar, Aktuelles und Call-Center/Hot-Linie, angeboten werden. Im virtuellen Warenhaus kann eine real existierende Filiale dargestellt werden. Die Produkte können von allen Seiten betrachtet und Artikel in Verbindung mit Warenwirtschaft und Logistik "Just in Time" geliefert werden.

3.2.9 Interaktives Fernsehen

Die Feldversuche des interaktiven Fernsehens in Baden Württemberg und Gelsenkirchen werden vom Karstadt Konzern strategisch und inhaltlich begleitet. Nach Auswertung der ersten Resultate soll dieses neue virtuelle Marktmedium frühzeitig eingeschätzt und den sich abzeichnenden Potentialen gemäß in das Medienkonzept des Karstadt-Konzerns integriert werden.

4 Ausblick

Bereits heute ist absehbar, daß virtuelle Erlebniswelten reale Erlebnisse überlagern und virtuelle Warenhäuser reale (physische) Angebote ergänzen oder in Teilbereichen ersetzen werden. Für den Handel bedeutet diese Tatsache, daß Materie in Form der Läden mit ihrer Einrichtung und der Ware, sofern sie elektronisch zu ersetzen ist (z.B. CD's), an Wert verlieren wird. Andererseits erzeugt jeder Trend einen Gegentrend. Erlebnisorientierter Handel, der sich an den geänderten Kundenwünschen orientiert und in den lokalen Szenen integriert ist, gewinnt.

Oberpollinger in München, das KaDeWe in Berlin oder die neue Karstadt Filiale in Dresden stehen als aktuelle Beispiele dafür, wie sich Karstadt zu einem Erlebniswarenhaus wandelt.

Mit steigender Dynamik und Komplexität des gesellschaftlichen und technischen Umfeldes läßt sich zukünftiges Kundenverhalten kaum noch prognostizieren. Durch die bestehende Infrastruktur im Karstadt Konzern, stationärer Handel mit Warenhäusern und Fachgeschäften,Versand, Reise sowie Warenwirtschaft und Logistik, können wir jedoch inhaltlich und zeitlich sehr schnell und flexibel auf künftige Markterfordernisse und Kundenwünsche reagieren.

Multimedia-Markt: Herausforderung durch neue Medien

Anne Zumbruch
Deutscher Kommunikationsverband BDW, Bonn und MERZ Werbeagentur, Düsseldorf

Zusammenfassung. Der Beitrag skizziert Gedanken zum Thema des Multimedia-Marktes aus der Sicht von Werbeagenturen. Deren Partizipation bei der Entwicklung von Strategien, Konzepten und Produkten rund um Multimedia als Transaktionsmedium, mitunter auch schon als Transaktionsgut, unterstützt die Anbieter aus den Bereichen Industrie und Handel sowie Dienstleistungen aktiv in ihrer Aufgabe, die neuen Medien innovativ für ihre Marketing- und Verkaufsaktivitäten einzusetzen. Gemeinsam werden so neue Kommunikationsformen kreiert und getestet, die den Multimedia-Markt der Zukunft bestimmen werden. Aus Sicht der Agenturen entsteht hier ein neuer, attraktiver Dienstleistungsmarkt.

Schlüsselwörter. Multimedia-Agenturen, Integrationskompetenz, beraterische Qualitätssicherung.

1 Vorhersagen

In der Vergangenheit haben sich Prognostiker meist auf mehrjährige Voraussagen eingelassen. Das dürfte beim Thema Multimedia und der von ihm ausgehenden Investitionsbereitschaft heute ganz anders aussehen - Praktiker raten zur kurzfristigen Vorausschau. Dies läßt sich am ehesten aus den aktuell absehbaren Fakten ableiten, mit denen wir zu tun haben, und aus den Faktoren, die für die Frage des Investitionsverhaltens im Hinblick auf die Marketing-Kommunikation entscheidend sind.

Beim Deutschen Kommunikationsverband stützt man sich im Rahmen des Monitoring auf Expertenbewertungen. Der jüngste - noch nicht veröffentlichte - Bericht sagt für die Zeit bis zur Jahrtausendwende ein Steigerung des Investitionsvolumens in Werbung und PR, Verkaufsförderung, Messen, Events, Sponsoring und Direktmarketing (um die wichtigsten zu nennen) von rd. 100 Milliarden DM heute auf (nominal) 150 Milliarden DM voraus. Damit ist der zu verteilende Kuchen beschrieben.

2 Bestimmungsfaktoren

Die Dynamik des Multimedia-Marktes wird nicht ausschließlich von einzelnen Medien oder Techniken bestimmt. Ausschlaggebend sind ergänzend unter anderem folgende Faktoren:

- Die Bedeutung von *Unternehmenskommunikation* (und die der Institution) wächst, denn die Einsicht in diesen erfolgssichernden Beitrag nimmt laufend zu. Ohne dieses Elixir wirken Produkte und Dienstleistungen ganz schnell veraltet und angestaubt.
- Natürlich sind die neuen *Kommunikationstechniken* und *-medien* ein weiterer Beschleuniger für das Wachstum. Auch die Verschärfung des Wettbewerbs im zusammenwachsenden Europa trägt zwangsläufig dazu bei, daß der Faktor Kommunikation immer umfassender eingesetzt und genutzt wird.
- Hinzu kommt, daß neue Techniken auch die *Phantasie* beflügeln und es erleichtern, neue Aufgaben zu übernehmen: Im Management, im Vertrieb, im Service, aber auch in der Entwicklung bisher nicht gekannter Angebotspräsentationen, zum Beispiel in Form von virtuellen Messen.
- Und schließlich birgt die *Leistungssteigerung der neuen Netze* jede Menge Entwicklungspotentiale.

3 Konsequenzen

Das alles sieht nach massiver Veränderung aus. Und die zeichnet sich ab: So wird sich nach Schätzung der Experten die Zahl der rund 600 Multimedia-Agenturen, die fast über Nacht auf den Markt getreten sind, voraussichtlich innerhalb der nächsten zwölf Monate verdoppeln.

Deshalb wird sich der Verteilungskampf weiter verschärfen - und der ist heute schon hart. Die klassischen Medien kämpfen um Positionen und Marktanteile. Indiz für die Intensität dieses Wettbewerbs ist die Tatsache, daß sich diese Medien auf der Skala der werbungtreibenden Gruppen an die zweite Position geschoben haben. Die Agenturen verschiedenster Spezialisierung kämpfen gleichfalls um Anteile: Werbung, Verkaufsförderung, Direktkommunikation, Public Relations, Event, Sponsoring - jeder will seinen Anteil am Kuchen halten beziehungsweise vergrößern.

Im Vertrieb wird es Verlagerungen auf die neuen Medien geben: Das Angebot von Internet, Online-Diensten, Teleshopping usw. steht erst am Anfang. Es treten aber auch zunehmend neue Marktpartner auf: Multimedia-Agenturen, Service Provider, Produzenten neuer Kommunikationsmittel. Sie wachsen aggressiv.

Die Folge ist, daß die Dienstleister nicht weiterhin auf auftragsbezogenes Wachstum bauen können. Sie müssen gleichzeitig auf diese Weichenstellung eingehen. Ihre Chance ist, daß auch noch so viel Dynamik in einem neuen Marktbereich der Kommunikationswirtschaft nicht ersetzen kann, was an Kompetenz in der Planung, in der kreativen Gestaltung etc. für die Markenpflege und Markenführung erforderlich ist.

Die Dienstleister werden sich aber auch auf zusätzliche Aufgaben einzustellen haben, und das sehr kurzfristig. Heute geht es um die Integration der neuen Techniken in das erprobte und bewährte Instrumentarium - und das hat Folgen. Das mehr oder weniger koordinierte Nebeneinander von Vertriebsmaßnahmen und PR, Werbung und Verkaufsförderung ist am Ende. Der Zwang zu integrierter Vorgehensweise ist in seiner Dramatik selten so deutlich geworden wie durch die neuen Angebote. Denn hier stehen jetzt in einem Medium Produktinformation und Service, Promotion und Bezahlung, durch Hyper-Links verknüpft, nebeneinander. Wehe, es gibt dabei konzeptionelle und gestalterische Brüche!

4 Ziele

Aufgabe und Investition Nummer eins ist folglich die Schaffung von Kompetenz in Sachen Integration. Es wird selbstverständlich weiterhin die Spezialisten für die verschiedensten Kommunikationstechniken und -arbeiten geben, aber die Kunst liegt jetzt in der Vernetzung und der Schaffung von Systemkomponenten in der Strategie, den Abläufen, der Gestaltung, die alle Medien mit einbeziehen, denn jetzt sind diese verschiedenen Bereiche unmittelbar neben- und nacheinander erlebbar und abrufbar.

Das erfordert vor allem Investition in die Ausbildung und Anpassungsbildung, bei Kreativen genauso wie bei Konzeptionären und Beratern. Entscheidend für die künftige Arbeit wird sein, wie die Wirksamkeit sichergestellt und nachgewiesen werden kann. Hierzu braucht es einen kreativen Schub in allen Bereichen, um diese Herausforderung in wünschenswerter Weise zu meistern.*Die Aufgabe lautet damit, Strategie, Kreation und Produktion kooperationsfähiger zu machen!*

Die Gleichzeitigkeit der Produktion braucht Datenpools, aus denen sich die Basismaterialien für die Werbung oder die Promotion oder die Präsentation im Internet ableiten lassen - auch das braucht qualifizierte Mitarbeiter, die damit umgehen können. Nicht das Denken in einem Bereich ist gefragt, sondern das Arbeiten in widerspruchsfreien Anwendungsformen ist Trumpf!

Die Frage nach der Investition angesichts der technologischen Entwicklung ist damit für die Dienstleister im Kommunikationsmarkt weniger eine Sache von Hardware und Leitungskosten. Im Zentrum steht die *Sicherung von beraterischer Qualität*, die sich durchsetzen muß gegen ein Konzept, das nur noch aus überraschenden und schnellen Lösungen besteht. Wenn dies nicht gelingt, verstärkt sich eine Fehlentwicklung auf Kosten der Marken, in die Milliarden investiert wurden, und zu Lasten einer Qualität, die durch Integration gekennzeichnet ist.

Die Integration der Methoden, der Techniken und der Mittel steht im Zentrum des Handelns. Dies wird allerdings nicht durch zusätzliche Arbeitsplätze geleistet, sondern durch intelligente Verknüpfung der Lösungsmöglichkeiten und durch eine Ausweitung der Kompetenzen. Es ist die Stunde der qualifizierten Beratung und Dienstleistung - und in die wird gewiß investiert werden.

Multimedia: Potentiale für den internationalen und den innernationalen Standortwettbewerb

Eric Schoop
Technische Universität Dresden, Lehrstuhl für Informationsmanagement

Zusammenfassung. Der Beitrag führt in das Thema "multimediales und internetbasiertes Standortmarketing" ein. Ausgangspunkt ist die aktuelle wirtschaftspolitische Standortdiskussion. Vor diesem Hintergrund werden die Möglichkeiten der Nutzung elektronischer Märkte für die Neupositionierung im globalen Wettbewerb wie auch im nationalen Vergleich beleuchtet. Unter Bezug auf die nachfolgenden vier Beiträge wird der besonderen Interessensicht von Ländern, Regionen und Kommunen im Standortmarketing Rechnung getragen.

Schlüsselwörter. Standortwettbewerb, elektronische Märkte, Internet, CD ROM.

1 Standorteffekte durch Multimedia

Die entwickelten Volkswirtschaften sehen sich mit den rasanten Veränderungen von Politik-, Markt-, Technik- und Verhaltenssystemen einem Phänomen gegenüber, dessen Wirkungsinterdependenzen und die sich daraus ergebenden Konsequenzen für das strategische Agieren heute weniger denn je bekannt sind beziehungsweise eingeschätzt werden können. Politische Umwälzungen öffnen plötzlich vor wenigen Jahren noch ungeahnte Perspektiven, globale Märkte senken bisherige Zutrittsschranken und intensivieren Wettbewerb wie Risiken, die Revolution im Informations- und Kommunikationsbereich strahlt mittlerweile in fast alle Lebensbereiche aus, was durch die Wahl von Multimedia zum Wort des Jahres 1995 deutlich wird, und induziert spürbare Verhaltensänderungen auf Seiten der Markttransakteure.

Klar ist, daß der internationale Wettbewerb zunächst zu Lasten der hochentwickelten Industrienationen und -zentren geht. Wähnten sie sich noch vor wenigen Jahren sicher, durch den intensiven Ausbau von IuK-Technik ihren Qualitätsvorsprung und damit das Wohlstandsniveau auf lange Zeit gesichert zu haben, erwächst jetzt selbst in diesem Bereich durch das qualifizierte Arbeitskräftepotential der Schwellenländer (Indien, Tigerstaaten) und aufgrund des gerade in der computerunterstützten Informationsverarbeitung leicht realisierbaren, globalen Outsourcing von Produktions- und Dienstleistungen ernsthafte Konkurrenz.

So kann beispielsweise in Frage gestellt werden, ob das Informationsmanagement als wichtige betriebliche Qerschnittfunktion die *Informationsinfrastruktur* – IuK-Technologie, Anwendungssysteme, Humankapital, Methoden und Werkzeuge – zur Erfüllung aller Informations- und Kommunikationsaufgaben im Unternehmen, die an den übergeordneten, strategischen Unternehmenszielen ausgerichtet sind, immer ausschließlich am Standort Deutschland vorhalten muß (zu den Begriffen vgl. Heinrich, 1992, S. 17).

Der tertiäre (Dienstleistungs-) Sektor wächst – nicht nur in Deutschland – komplementär zum abnehmenden sekundären (Produktions-) Sektor. Dessen Beitrag zum Bruttosozialprodukt sank in der Bundesrepublik von 38 % im Jahre 1970 auf 31 % in 1994 und wird im Jahr 2000 nur noch geschätzte 30 % betragen. Daher rät Bruno Tietz unter der Überschrift "Rückkehr zur Händlergesellschaft" konsequenterweise zur Flucht nach vorne, fordert "Systemkopfdenken" und meint damit das aktive Lenken von Produktivkapital durch inländische Zentralen in qualifizierte Verbundunternehmen im Ausland. Hierdurch kann *Spielraum für die Wertschöpfung* in den übergeordneten, den vor- und nachgelagerten Geschäftsprozessen zurückgewonnen werden. Den neuen Medien wird hierbei aufgrund ihrer starken Wirkung zur Globalisierung und Dezentralisierung eine wichtige Rolle zugewiesen. "Je mehr Dezentralisierung, desto mehr Handel, d.h. mehr dispositive und materielle Transaktionsaufgaben, die von der Händlergesellschaft gelöst werden müssen" (Tietz, zitiert aus Dressler, 1994).

Auch innerhalb der hochentwickelten Länder könnten die *Dezentralisierungseffekte der neuen Medien* künftig stärker zum Tragen kommen. Aus Sicht des Freistaates Sachsen bedeutet dies beispielsweise, daß eine rechtzeitige infrastrukturelle Erschließung der Randgebiete zu den östlichen Nachbarn und der Aufbau gemeinsamer politischer und wirtschaftlicher Strukturen unter intensivem Einsatz der neuen Medien dazu beitragen können, die Rolle des "Systemkopfes" für Osteuropa zu übernehmen, von dem dortigen wirtschaftlichen Aufschwung koordinierend zu profitieren und damit indirekt zur Ansiedelung innovativer Dienstleistungsunternehmen gerade in den bislang benachteiligten östlichen Randregionen Sachsens zu ermuntern (zu den diesbezüglichen Multimedia-Potentialen vgl. Schoop, 1996).

Telepräsenz und Telekooperation, Telelernen und Telemedizin, Home-Shopping, Home-Banking sowie verteiltes Lernen und Infotainment werden gerne als die Nutzenpotentiale von Online-Anwendungen zitiert. Den Multimedia-Netzen und -Telediensten wird die Rolle von Katalysatoren zur "Entkoppelung von Wirtschaftswachstum und Ressourcenverbrauch" auf dem Wege zu "Wachstum durch Intelligenz" als "Überlebensfrage einer wachsenden Weltbevölkerung" zugesprochen (Rüttgers, 1995, S. 21 f.). Auch wenn frühere euphorische Hoffnungen auf millionenfache Beschäftigungsimpulse durch Multimedia mittlerweile wieder vorsichtig relativiert werden, herrscht doch Konsens darüber, daß die neuen Medien prinzipiell allen Ländern und Regionen die gleichen Chancen globaler Arbeitsteilung, kosten- und zeitsparender Koordination, Kooperation und Kontrolle über Kontinente hinweg bieten können. Mit ihrer Hilfe diese Prozesse effizient zu beherrschen, setzt jedoch neben hoher

Basisqualifikation hinreichende Multimedia-Erfahrung und Offenheit für die sich abzeichnenden koordinations- und organisationsverändernden Impulse voraus.

2 Elektronische Märkte und Dienstleistungen

Wie werden die Mechanismen auf bestehenden Märkten durch Verfügbarkeit und Einsatz neuer Medien fortentwickelt? In unserem arbeitsteiligen Produktionssystem mit seiner Vielzahl untereinander in Beziehung stehender Leistungs- und Steuerungsprozesse übernehmen Märkte die Aggregation von Nachfrage und Angebot, bilden einen ökonomischen Ort des Tausches und können so die asymmetrische Verteilung von Ressourcen, Fähigkeiten und Gütern ausgleichen. Ihre Leistungskoordination läßt sich in drei Transaktionsphasen einteilen (vgl. Schmid, 1993, S. 467):

- *Information* (Produkte, Leistungen, Konditionen, Rahmenbedingungen),
- *Vereinbarung* (Kontaktaufnahme, Selektion des Transaktionspartners, Konditionen) und
- *Abwicklung* (Durchführung mit Güter-, Geld- und Informationsströmen).

Das Zustandekommen von Tauschbeziehungen wird in jeder der drei Phasen durch die dort entstehenden Transaktionskosten beeinflußt. Zur *hierarchischen Prozeßkoordination* innerhalb von Unternehmen, zur *kooperativen Prozeßkoordination* zwischen Unternehmen oder übergeordnet zur Abbildung *eigenständiger Marktplätze* können nun leistungsfähige Informations- und Kommunikationssysteme auf Basis der neuen Medien eingesetzt werden. Damit lassen sich die Transaktionskosten in allen Phasen der Marktkoordination verringern, die Prozesse können beschleunigt und Aktualität, Qualität und Zuverlässigkeit der Informationen verbessert werden.

Werden eigenständige Marktplätze in Multimedia-Kommunikationssystemen abgebildet und die Mechanismen des marktmäßigen Tausches von Gütern und Leistungen und damit auch die Preisbildung in allen Phasen der Transaktion durchgängig unterstützt, wird von *Elektronischen Märkten im engeren Sinne* gesprochen. Da auf diesen durch die Möglichkeit der Telekommunikation prinzipielle Ortslosigkeit – *Ubiquität* – herrscht (jeder Teilnehmer kann jederzeit von überall auf dieselben Informationen zu gleichen Kosten zugreifen) und bei geeigneter Organisation der Informationsaufbereitung (Indexierung von Dokumenten, automatische Suchfilter, intelligente Agenten) in der Phase der Informationsbeschaffung eine hohe *Transparenz* erzielt und Informationsasymmetrien verringert werden können, kommen elektronische Märkte dem theoretischen Ideal des transaktionskostenfreien Marktes näher als konventionelle Märkte (Schmid, 1993, S. 468).

Nach Kuhlen (1995, S. 77 ff.) identifizieren die folgenden Kriterien elektronische Märkte:

- *Offenheit* und *globale Ausrichtung* von Beschaffungs- und Absatzmärkten,
- Reduzierung von Hierarchien, Bildung vernetzter und *virtueller Organisationsformen* (vgl. auch Mertens, 1994, S. 169 ff.),
- Fortschreitende *Entpersonalisierung der Kommunikationsbeziehungen* durch Medialisierung mit zunehmendem Ersatz synchroner durch asynchrone Kommunikation,
- *Veränderung der Dienstleistungsformen* (Abbau bisheriger Mittler, Bildung neuer Intermediäre), sowie
- Erfordernis *formalisierter Marktsprachen* und *standardisierter Austauschformate* (z.B. EDIFACT, SGML, ODA/IF).

Damit können in Abhängigkeit von Partnern und auszutauschenden Inhalten fünf Institutionalisierungen elektronischer Märkte abgegrenzt werden (Tabelle 1; vgl. Kuhlen, 1995, S. 74; Schmid, 1993, S. 469 ff.). Eine umfangreiche Übersicht konkreter Implementierungen bestehender oder geplanter elektronischer Märkte wird in Kuntz (1996, Anlage 24, S. 339 ff.) aufgeführt.

Tabelle 1: Institutionalisierungsformen elektronischer Märkte

Markt	Partner	Beispiele
Elektr. Märkte der Geschäftskommunikation	Organisationen der Wirtschaft und Verwaltung	Börsen, Tourismus, Banken, Logistik
Elektr. Märkte der Verwaltungskommunikation	Organisationen der Verwaltung	Vertikale und horizontale Verflechtung der Verwaltungen
Informationsmarkt der Fachkommunikation	Produzenten und Nutzer in Wissenschaft und Technik	Fachpublikationen, Bibliothekswesen
Elektronische Publikumsmärkte	Organisationen der Wirtschaft und Verwaltung sowie individuelle, private Nutzer	Bürgerinformationssysteme, POI/POS Systeme, Free Nets
Elektronische Individualmärkte	Private Individuen	Elektronische Post, Mailboxen, Kommunikationsforen

Als weiteres Potential elektronischer Märkte kann neben kurzer Transaktionszeit und hoher Transaktionsflexibilität die Individualisierung der ausgetauschten Dienstleistungen genannt werden. Typisches Merkmal des Postinformationszeitalters wird damit die *personalisierte Information*, "an audience the size of one" (Negroponte, 1995, S. 164). Anstelle der Verfolgung quantitativer Kriterien in Form der *economies of scale* – also des Effektes, daß bei zunehmender Betriebsgröße die Ausbringungsmenge stärker steigt als die eingesetzten Kosten – stehen auf den globalen, wettbewerbsintensiven, gesättigten Märkten von heute qualitative Aspekte wie *Kundenzufriedenzeit* und *time to mar-*

ket im Vordergrund. Wurde vor 10 Jahren in der Fabrikautomatisierung die kostenoptimale Losgröße durch "Losgröße 1" ersetzt, um Flexibilitätsgewinn und Durchlaufzeitverkürzung zu erzielen, werden künftig die elektronischen Märkte anstelle des *information overload* nach dem push-Prinzip durch ein vom Kunden pull-gesteuertes *information on demand* gekennzeichnet sein und damit an Aktualität und tatsächlicher Bedarfsdeckung gewinnen (vgl. auch Bachem, 1996).

Wenn wir den Daten der jüngsten Inteco-Studie folgen, werden schon 1998 fast 40 % aller deutschen Haushalte über mindestens einen PC verfügen. Wenngleich heute erst 7 % der privaten Computerbesitzer Online-Dienste nutzen und weitere 9 % kurz vor der Anmeldung stehen, scheint die Akzeptanz gegenüber dem Home-Shopping als aktuellem Reizwort der Multimediadiskussion mit ca. 20 % der befragten Haushalte grundsätzlich bereits vorhanden (Inteco, referenziert in Dolak & Müller, 1995). Damit kommen schon heute nicht mehr nur privatwirtschaftliche Unternehmen und öffentliche Einrichtungen als potentielle Transakteure auf elektronischen Märkten in Betracht, sondern in zunehmendem Maße auch interessierte Endbenutzer.

3 Wettbewerb der Regionen

Mit dem Zusammenwachsen nationaler Märkte zu globalen Strukturen und internationalen Kommunikations- und Kooperationsgeflechten werden aufgrund des sich verschärfenden Konkurrenzdrucks zunehmend auch die öffentlichen Einrichtungen in den Standortwettbewerb eingebunden. Neben der *internationalen Strategie* zur Erschließung ferner Märkte und zur Akquisition ausländischer Partner für gemeinsame Produktion und Vermarktung rückt in jüngster Zeit auch die Werbung für den heimischen Standort zwecks Ansiedelung internationaler High-Tech-Unternehmen in den Vordergrund. Während auf dem internationalen Parkett mit den Botschaften und Außenhandelsinstitutionen eine intermediäre Infrastruktur existiert, stehen bei der umgekehrten Perspektive des Einwerbens externer Marktpartner die Bundesländer, Regionen und Kommunen in einer häufig unkoordinierten *innernationalen* Konkurrenz.

Für diesen Standortwettbewerb bietet die Multimedia-Kommunikation neben der internationalen Perspektive aufgrund der stark gesenkten Transaktionskosten neue Vorteile im Sinne lokaler Märkte und Informationsforen. Bisherige Marktzutrittsschranken fallen, und wir beobachten eine Intensivierung der Kommunikation mit lokalem/regionalem Bezug neben der nationalen/globalen Kommunikation in den gleichen Netzen und Diensten.

Hinsichtlich der Medienwahl wird für die nächsten Jahre aufgrund noch zu geringer Übertragungsbandbreiten und zu geringer verlustfreier Datenkompressionsverfahren ein Nebeneinander präsentationsorientierter multimedialer *offline* Angebote auf CD ROM und kommunikations-/interaktionsorientierter multimedialer *online* Angebote mit Aktualitätsbezug in proprietären Online-Diensten oder im Internet/WWW (vgl. Schoop & Glowalla, 1996) erwartet.

Die nachfolgenden Beiträge des Workshops "multimediales und internetbasiertes Standortmarketing" zeigen das Spannungsfeld internationaler und innernationaler Perspektive sowie den Aspekt der Medienwahl zwischen offline und online Angeboten an aktuellen Beispielen auf.

Andreas Thieme schildert die Potentiale des Multimedia-Marketings aus der Anwendersicht der Wirtschaftsförderung für den Freistaat Sachsen (Thieme, 1996). Im Vordergrund steht die Entwicklung einer den heterogenen Belangen der verschiedenen Institutionen, Verbände und Unternehmen im Freistaat Rechnung tragenden multimedialen Informationsstrategie.

Einen interessanten Vergleich erlaubt der anschließende Beitrag von *Frank Tietgens* (Tietgens, 1996). Hier liegt der Schwerpunkt auf der Realisierung einer sinnvollen offline/online Medienkombination für das Standortmarketing des Bundeslandes Nordrhein-Westfalen, betrachtet aus der Sicht eines Systemanbieters.

Herbert Kuhlmann und *Olaf Reubold* (Kuhlmann & Reubold, 1996) verstärken mit der Präsentation des regionalen Informationssystems Odenwald die lokal/regionale, dezentrale Perspektive. Hier wird in erster Linie Informations- und Beratungsinfrastruktur für die Anbieter in einer geschlossenen Wirtschaftsregion bereitgestellt.

Der Beitrag von *Rainer Kuhlen* (Kuhlen, 1996) schließt den Workshop ab. Die Vorstellung der "Electronic Mall Bodensee" erweitert den Focus eines lokal/regionalen Informations- und Kommunikationssystems um die länderübergreifende Kooperations- und Wettbewerbsperspektive im Dreiländereck Schweiz, Österreich und Deutschland.

Literatur

Bachem, C. (1996). Online Werbung. *Im vorliegenden Band.*

Dolak, G., & Müller, E. (1995). Multimedia – Highlife im Arbeitszimmer. *Focus*, 17, 267-272.

Dressler, S. (1994). Rückkehr zur Händlergesellschaft. *Absatzwirtschaft*, 01, 76.

Kuhlen, R. (1995). *Informationsmarkt: Chancen und Risiken der Kommerzialisierung von Wissen.* Konstanz: UVK Universitätsverlag.

Kuhlen, R. (1996). Regionale, elektronische Märkte für Wirtschaft und Infrastruktur am Beispiel der Electronic Mall Bodensee. *Im vorliegenden Band.*

Kuhlmann, H., & Reubold, O. (1996). Die Internet-Präsenz der Region Odenwald. *Im vorliegenden Band.*

Kuntz, A. (1996). *Veränderungsprozesse des elektronischen Marketings durch neue Entwicklungen der Informations- und Kommunikationstechnologien.* TU Dresden, Fakultät Wirtschaftswissenschaften: Dissertation.

Mertens, P. (1994). Virtuelle Unternehmen. *Wirtschaftsinformatik*, 36, 169-172.

Negroponte, N. (1995). *being digital.* New York: Alfred A. Knopf.

Rüttgers, J. (1995). Multimedia – Technische Entwicklung und Anwendungsperspektiven. In U. Glowalla, E. Engelmann, A. de Kemp, G.

Rossbach & E. Schoop (Hrsg.), *Deutscher Multimediakongreß '95. Auffahrt zum Information Highway*. Berlin, Heidelberg: Springer Verlag, 21-25.

Schmid, B. (1993). Elektronische Märkte. *Wirtschaftsinformatik*, 35, 465-480.

Schoop, E. (1996). Dezentrale Struktur elektronischer Märkte: Unterschätzter Promotor des Wandels? In K. Schweickart & R. Witt (Hrsg.), *Systemtransformation in Osteuropa: Herausforderungen an Unternehmen beim Übergang von der Plan- in die Marktwirtschaft*. Stuttgart: Pöschel Verlag (in Druck).

Thieme, A. (1996). Multimedia und Neue Medien – Einsatz für den Freistaat Sachsen und seine Unternehmen. *Im vorliegenden Band.*

Tietgens, F. (1996). Internationales Standortmarketing mit flexiblen Multimedia-Systemen: Ein innovativer Ansatz für Bundesländer und Wirtschaftsregionen. *Im vorliegenden Band.*

Multimedia und Neue Medien - Einsatz für den Freistaat Sachsen und seine Unternehmen

Andreas Thieme
Wirtschaftsförderung Sachsen GmbH, Dresden

Zusammenfassung. Auf dem Weg in die Informationsgesellschaft trägt die Wirtschaftsförderung Sachsen GmbH (WFS) zur Einbindung des Wirtschaftsstandortes Sachsen in die internationalen Wirtschaftsbeziehungen unter den Bedingungen des verstärkten Einsatzes von Multimedia und Neuen Medien bei. Dies geschieht insbesondere durch die Konzipierung und Umsetzung von Multimedia-Offline-Systemen sowie von Online-Systemen für den Freistaat Sachsen.

Schlüsselwörter. Wirtschaftsförderung, Online, Offline, Information, Standortwerbung, Absatzförderung.

1 Ziele und wirtschaftliche Aufgaben

Die Wirtschaftsförderung Sachsen GmbH (WFS) nimmt im Auftrag des Freistaates Sachsen die Aufgaben der Wirtschaftsförderung sowohl unter landesweitem Gesichtspunkt als auch mit Bezug auf die Unterstützung einzelner Regionen Sachsens wahr.

Unter Berücksichtigung des weltweiten Standortwettbewerbes sowie des aktuellen Standes der technischen Entwicklung hat die WFS ein modernes Instrumentarium geschaffen, um die sächsische Wirtschaft, aber auch die Regionen, Kommunen sowie die Staatsregierung in Sachsen unterstützen zu können. Zielstellung ist die schnelle, intelligente und attraktive Bereitstellung von Informationen unter Ausnutzung modernster Technologien, um die *Information* in zunehmendem Maße *als vierten Produktionsfaktor* für die eigene Arbeit wie auch für die im Freistaat angesiedelten Unternehmen benutzen zu können.

Hierzu wurde ein Bündel einander ergänzender elektronischer Informationssysteme konzipiert und bereits zu großen Teilen umgesetzt, welches primär zwei Hauptzielrichtungen unterstützt.

1.1 Wirkung nach außen

Es war schon früh erklärtes Ziel der sächsischen Wirtschaftspolitik, neue Informationstechnologien, Medien und entsprechende Dienstleistungen, die als Schlüsselfaktoren für den Neuaufbau eines leistungsstarken, international konkurrenzfähigen Mittelstandes mit positiver Wirkung auf den Arbeitsmarkt identifiziert wurden, erkennbar und nachhaltig zu fördern.

Hauptaufgabe für die WFS ist es in diesem Zusammenhang, den Wirtschaftsstandort Sachsen in den neu entstehenden und sich rasant entwickelnden "Neuen Medien" zu plazieren. Dies geschieht unter besonderer Berücksichtigung der Geschäftsbereiche der WFS: Standortwerbung, Absatzförderung, Unternehmensansiedlung und Kooperationsanbahnung.

Es gilt, eine zuverlässige Informationsbasis aufzubauen und ihre Präsentation mit Offline- und Online-Medien wirkungsvoll zu integrieren.

1.2 Wirkung nach innen

Die Bereitstellung einer breiten, aktuellen Informationsbasis über Sachsen und seine Regionen, Unternehmen und Produkte kann auch innerhalb Sachsens für die repräsentierten Unternehmen wie auch für die Verwaltungseinheiten als wirkungsvolle Basis eines engen Informations- und Kommunikationsgeflechtes sowie als Grundlage politischer und administrativer Entscheidungen und Strategien genutzt werden.

2 Informationstechnische Wege

Wirtschaftsförderung und der Einsatz neuer Medien stellen eine wichtige und dringende Kombination dar, um der zunehmenden Bedeutung des Faktors Information gerecht zu werden. In Sachsen wird diesem Zusammenhang schon seit Jahren eine große Bedeutung beigemessen.

Die informationswirtschaftlichen Gestaltungsaufgaben der WFS sind in die vom Sächsischen Staatsministerium für Wirtschaft und Arbeit (SMWA) koordinierte *Sächsische Informationsinitiative (SII)* eingebunden. Sie umfassen ein mehrschichtiges Informationssystem mit ganzheitlicher Strategie auf alternativen, zielgruppenorientierten Medien.

2.1 Aufgaben mit internationalem Charakter - Offline

Eine erfolgreiche Ansiedlungspolitik ist in entscheidendem Maße von den zur Verfügung stehenden Informationen über potentielle Standorte und Investitionsmöglichkeiten sowie vielen weiteren Informationen abhängig. Darüber hinaus wird es im internationalen Standortwettbewerb immer wichtiger, diese Informationen attraktiv und kompetent zu präsentieren.

Sachsen entschied sich schon sehr frühzeitig für multimediale Standortwerbung und übernahm damit bundesweit eine Vorreiterrolle. Seit Anfang 1994 wirbt Sachsen mit seinem Standortpräsentationssystem STAPS, das in Zusammenarbeit mit dem SMWA (Staatsministerium für Wirtschaft und Arbeit) entwickelt wurde.

Der mobile, persönliche Einsatz dieses Systems auch von hohen Entscheidungsträgern aus den Ministerien sorgte international bereits für Aufsehen. Bei zahlreichen Messen, Präsentationen und Veranstaltungen in Amerika, Asien und

Europa wurde die Präsentation des Wirtschaftsstandortes Sachsen schon durch STAPS unterstützt.

Das System STAPS wurde auf Grundlage vieler Erfahrungen entwickelt, die in einer Reihe von Standortberatungen mit in- und ausländischen Investoren gewonnen wurden. Der Dialog mit potentiellen Investoren wurde als Ansatz für den Aufbau des interaktiven Systems gewählt.

STAPS enthält vielfältige Informationen über Sachsen entsprechend der territorialen Gliederung, z.B. auf Landesebene:

- Entwicklung der Infrastruktur,
- Hauptbranchen der Wirtschaft,
- Produktivitätsentwicklung,
- Profil und Ausbildungsstand der sächsischen Bevölkerung,
- Fördermaßnahmen und -beispiele,
- wichtige Ansprechpartner.

Weitere Informationen gliedern sich nach Regierungsbezirken, Landkreisen, Gemeinden, z.B.:

- Regionale demographische Angaben,
- größte Arbeitgeber und territoriale Verteilung der Unternehmen,
- Verkehrsanbindungen,
- Kultur,
- Ortspässe,
- Gewerbegebiete.

Insgesamt kann somit auf einen Pool von *25 Videoclips*, mehr als *12000 Firmen- und Brancheninformationen, Strukturdaten* der wichtigsten Standorte sowie von mehr als ca. *260 Gewerbegebieten* in Form von Fotos, Graphiken und Datenbankinformationen zurückgegriffen werden.

STAPS unterstützt die Beratung potentieller Investoren in 10 verschiedenen Sprachen und ermöglicht somit den Mitarbeitern der WFS eine *effektive Informations- und Beratungspolitik* in der ganzen Welt. Es ist sowohl für den mobilen Einsatz als auch für Präsentationen auf großflächigen Displays geeignet. Dadurch ist STAPS besonders für *Messen, Ausstellungen* und für *Besuche vor Ort* geeignet.

Vor einigen Monaten wurde im Zuge der ständigen Weiterentwicklung der Konzepte zur Wirtschaftsförderung ein neuer Ansatz zur landesweiten Verfügbarkeit des Multimediasystems gefunden. Alle Einrichtungen Sachsens, die Investoren attraktiv und kompetent informieren müssen, können sich ab jetzt mit multimedialer Unterstützung durch die CD-ROM der Wirtschaftsförderung Sachsen GmbH innovativ und individuell präsentieren.

Die Basis dafür ist der *regionale Aufbau des Systems STAPS*, d.h. Regionen, *Regierungspräsidien und Landkreise in* Sachsen können mit diesem System arbeiten, als ob es für sie entwickelt worden wäre.

Ähnliches gilt für Gemeinden, da der *Gemeindeschlüssel Sachsens mit allen 971 Gemeinden* enthalten ist, die ebenfalls im Gesamtinformationskonzept eine wichtige Rolle spielen.

2.2 Aufgaben mit internationalem Charakter - Online

Seit 1992 ist der Freistaat Sachsen in den Online-Medien vertreten. Von Beginn an übernahm die WFS im Auftrag der Sächsischen Staatskanzlei sowie des SMWA die Betreuung dieser Systeme. Im Marketing-Mix erhalten diese Medien eine zunehmende Bedeutung.

Begonnen wurde mit *T-Online* (vormals BTX), dessen Schwerpunkt zunächst die Präsentation des Wirtschaftsstandortes war. Neuen Ideen gegenüber stets aufgeschlossen, war Sachsen als einer der ersten Anbieter im KIT-Standard vertreten. Ein zusätzlicher Bonus für Sachsen war dabei, daß "Sachsen-KIT" wesentlicher Bestandteil der T-Online Marketing-Kampagne der Telekom AG war.

Mit der Überarbeitung der T-Online-Nutzung wurden weitere Bestandteile wie Bürgerinformation, regionale Bereiche etc. aufgenommen, um die Informationsbasis auf eine breite thematische Basis zu stellen.

Im Zuge des weiteren Ausbaus der Online-Präsenz Sachsens wird auch das Medium *Internet* einbezogen. Bei der Konzipierung wurde von Anfang an eine enge Partnerschaft zwischen den Bereichen Wirtschaft, Technologie, Tourismus, Bürgerinformation etc. gesucht, so daß von einem koordinierten und kooperativen Zusammenwirken der verschiedenen Partner in Sachsen unter Führung der WFS gesprochen werden kann.

Die Analyse und Auswertung der weltweiten Verteilung verschiedener Online-Dienste ist Bestandteil der weiteren konzeptionellen Arbeit der WFS. Die Ergebnisse dieser Arbeiten, die in enger Kooperation mit der TU Dresden durchgeführt werden, kommen sowohl der weiteren Information über den Freistaat Sachsen als auch den sächsischen Unternehmen zugute.

Ebenfalls in der konkreten Umsetzungsphase befindet sich das umfassende Online-Management von Auslandsmessen Sachsens als Systemlösung.

Auch im Rahmen eines Pilotprojektes zur Nutzung der oben erwähnten multimedialen STAPS-Inhalte als Online-Multimediasystem unter dem Begriff *"Information-on-demand"* wird mit der Technischen Universität Dresden kooperiert.

3 Informationsstrategie

Generell ist die Information das eigentliche Betrachtungsobjekt sowohl der Online-Medien als auch der Offline-Medien. Dabei geht es insbesondere um die Mehrfachverwertung von Informationen in beiden Bereichen.

Aus informationstechnischer Sicht läßt sich folgende Informationsarchitektur ableiten:

a) Bereits strukturierte Informationen:
- Strukturdaten und Einzelinformationen über Gebiete und Unternehmen,
- überregionale und regionale Wirtschaftsstatistik.

b) Strukturierbare Informationen:
- Brancheninformationen,
- Bereichsinformationen.

c) Nichtstrukturierbare Einzelinformationen:
- Grafiken,
- Videos.

Wesentliche Grundlage der Strukturdaten und Einzelinformationen ist eine *kommunale Wirtschaftsdatenbank*, die dezentral in den Landkreisen Sachsens, den regionalen Wirtschaftsfördergesellschaften und den Regierungspräsidien eingesetzt wird. Desweiteren ist sie Informationsbasis ausgewählter Ministerien. Die flächendeckende Nutzung eines einheitlichen Wirtschaftsdatenbank-Systems im Freistaat Sachsen als Arbeitsmittel der zentralen und regionalen Wirtschaftsförderung ist eine *bundesweit einmalige Lösung.*

Damit ergibt sich für den Aufbau eines aktuellen, umfassenden Multimedia-Informationssystems des Freistaates Sachsen mit weiterentwickelten Offline- und Online-Komponenten eine sehr günstige Ausgangssituation. Aufgrund der Verfügbarkeit eines Kommunikationsmoduls mit einheitlicher Schnittstelle, das durch die WFS realisiert wurde, läßt sich eine effiziente Informationsbereitstellung der dezentral verwalteten Wirtschaftsdaten für die erwähnten multimedialen Offline- und Online-Medien erreichen.

Um zukünftigen Anforderungen an die Wirtschaftsförderung gerecht zu werden, wird gegenwärtig das Wirtschaftsinformationssystem in Zusammenarbeit mit einer regionalen Wirtschaftsfördergesellschaft sowie der TU Dresden weiterentwickelt. Dabei geht es insbesondere um die Bereiche *Wirtschaftsstatistik* und *Brancheninformationen*, die in enger Zusammenarbeit mit den Statistik-Einrichtungen des Landes, des Bundes und weiteren Partnern bearbeitet werden. Dabei wird versucht, in anderen Systemen vorhandene Statistikdaten, insbesondere aus dem Bereich Wirtschaft, in das Datenbanksystem einzubinden sowie eine durchgängige rechnergestützte Aktualisierung der Wirtschaftsdatenbank zu ermöglichen.

Als Ergebnis dieses Projektes werden Entscheidungen hinsichtlich der mittel- und langfristigen Nutzungsstrategie in Sachsen (Datenerfassung/-aktualisierung, Abgrenzung zu oder Kopplung mit anderen Datenbanken) erwartet, die direkt den regionalen Wirtschaftsförderern und damit letztlich den hierdurch vertretenen Regionen, Kommunen und Unternehmen zugutekommen werden.

Grundziel der Multimedia-Informationsstrategie in Sachsen bleibt, die in wichtigen Bereichen bereits erreichte bundesweit führende Rolle beizubehalten und möglichst auszubauen.

Internationales Standortmarketing mit flexiblen Multimedia-Systemen: Ein innovativer Ansatz für Bundesländer und Wirtschaftsregionen

Frank Tietgens
Concept! GmbH, Düsseldorf

Zusammenfassung. Der Wettbewerb der Wirtschaftsregionen um Investoren wird weltweit immer härter. Gleichzeitig müssen sich viele Unternehmen um die Erschließung neuer Exportmärkte und ausländische Partnerschaften bemühen. Eine effektive Möglichkeit für die Wirtschaftsförderungsgesellschaften von Bundesländern und Regionen, potentielle ausländische Investoren über den eigenen Wirtschaftsstandort zu informieren und zu beraten und darüber hinaus Kontakte herzustellen, sind flexible Multimedia-Systeme. Der modulare Aufbau ermöglicht schnelle Aktualisierungen und kostengünstige Erweiterungen.

Schlüsselwörter. Standortmarketing, POI, Multimedia, Internet.

1 Einleitung

Suchen und informieren, abwägen und vergleichen, diskutieren und entscheiden. Das sind die Stationen, die charakteristisch für die Entscheidung für einen Standort sind. Es gehört zu den ureigenen Aufgaben von Wirtschaftsförderungsgesellschaften, umfassend und zielgerichtet über Wirtschaftsregionen zu informieren, Detailfragen zu beantworten und den Standort ansprechend zu präsentieren. Die Aufmerksamkeit von potentiellen Investoren wird heute durch den weltweiten Wettbewerb der Standorte und die Globalisierung der Märkte nur noch erreicht, wenn ein Standort von Anfang an professionell und attraktiv präsentiert wird und für Interessierte die gewünschten Informationen sofort und ansprechend zur Verfügung stehen.

Weitere Aufgabe der Wirtschaftsförderung ist es unter anderem, den heimischen Firmen einer Wirtschaftsregion Absatzmärkte im Ausland zu erschließen, Exportunterstützung zu gewähren und Kooperationen mit ausländischen Unternehmen zu vermitteln.

Ein umfassendes Dienstleistungsangebot, welches professionell kommuniziert wird, unterstützt die Wirtschaftsförderungsgesellschaften bei der Wahrnehmung ihrer Aufgaben. Erforderlich dafür ist ein effektives Informationsmanagement, das übergreifend Präsentations-, Informations- und Beratungsfunktionen wahrnimmt.

Diesen Anforderungen an die Kommunikation werden multimediale Präsentations- und Beratungssysteme gerecht. Ihre flexiblen Einsatzmöglichkeiten lassen sie als ideales Hilfsmittel erscheinen. Als Präsentationsmedium unterstützen sie Vorträge, sie wecken Aufmerksamkeit am Point of Information auf Messen und Veranstaltungen, sie werden in der Kooperationsberatung eingesetzt oder dienen in Form von Disketten und CD-ROM als modernes Werbemedium.

Die professionelle Vorstellung einer Wirtschaftsregion mit Hilfe von Multimedia-Systemen bietet umfangreiche und durch die eingesetzte Medienvielfalt anschauliche Informationen. Vorteilhaft ist die schnelle Aktualisierbarkeit. Die modulare Struktur ermöglicht, daß Informationen je nach Präsentationsort und -aufgabe ganz individuell zusammengestellt oder gegebenenfalls ergänzt werden können.

Der Einsatz von Unternehmensdatenbanken dient der schnellen Weitergabe von exakten Adreßinformationen im Rahmen von Kooperations- und Beratungsgesprächen.

2 Beispiel Nordrhein-Westfalen: Die Wirtschaft innovativ unterstützen

Ein wichtiges Instrument der Wirtschaftsförderung in Nordrhein-Westfalen ist die Beteiligung des Landes auf Auslandsmessen. Mit diesen Beteiligungen werden drei Ziele verfolgt:

- die Präsentation des Wirtschaftsstandortes NRW,
- die Beratung ausländischer Interessenten über Produkte und Dienstleistungen sowie Kooperationsmöglichkeiten mit NRW-Unternehmen und
- die Unterstützung mittelständischer nordrhein-westfälischer Firmen bei der Erschließung von Absatzmärkten durch deren Einbeziehung im Rahmen eines NRW-Firmengemeinschaftsstandes.

Mit seinen Messeauftritten präsentiert sich das Land NRW als Wirtschaftsstandort und informiert ausländische Interessenten. Im wesentlichen werden jedoch für heimische Wirtschaftsunternehmen Kontakte zu Messebesuchern vermittelt.

Auf Branchenmessen in Ländern, deren Märkte für NRW-Unternehmen noch nicht ausreichend oder gar nicht erschlossen sind, bietet das Land den Unternehmen die Möglichkeit, sich auf einem Firmengemeinschaftsstand zu präsentieren und vor Ort Kontakte zu knüpfen.

Nordrhein-Westfalen verwendet zur Unterstützung der Auslandsmessen ein modulares Multimediasystem. Dieses Multimediasystem wurde als integraler Bestandteil in das Messe-Marketingkonzept des Landes eingebunden.

3 Das Multimediasystem "Wirtschaftsstandort NRW"

Die genannten verschiedenen Aufgabenstellungen der Wirtschaftsförderung auf den Auslandsmessen werden im Multimediasystem durch eine modulare Systemstruktur und die Untergliederung in einen Präsentations- und Beratungsteil gelöst.

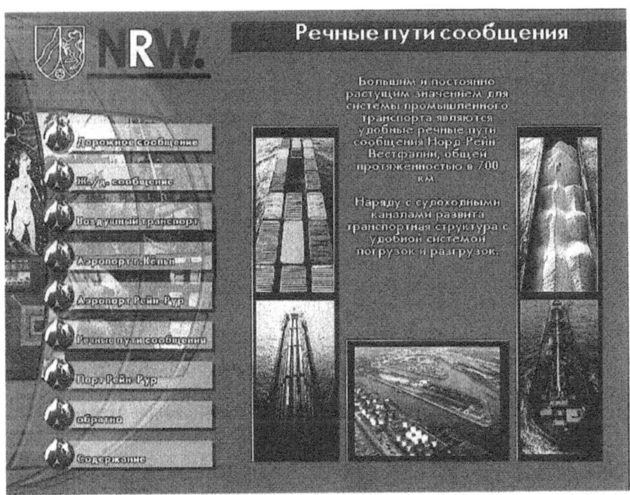

Abbildung 1: Multimediasystem "Wirtschaftsstandort NRW", Screenshot aus dem Präsentationsteil in russischer Sprache

Das Multimedia-Präsentations- und Beratungssystem "Wirtschaftsstandort NRW" bietet den ausländischen Messebesuchern eine umfangreiche Darstellung des Wirtschaftspartners Nordrhein-Westfalen. Tabellen, Videos, Fotos, Grafiken, 3D-Animationen und Texte informieren über wirtschaftliche Daten, Schwerpunktbranchen wie Umwelt- oder Mikrosystemtechnologie, Verkehrsverbindungen, aber auch über "Land und Leute" mit kulturellen Aspekten und viele andere Sachverhalte. Der Besucher bedient ein *Touchscreen-Terminal* und informiert sich seinen Interessen entsprechend selbständig und interaktiv über den Wirtschaftsstandort NRW. Selbstverständlich in der Sprache, die er versteht. Die Auslandsaktivitäten des Landes haben bisher *sechs Sprachversionen* für das Multimediasystem erfordert. Darunter befinden sich unter anderem auch nicht alltägliche Sprachen wie Russisch oder Mexikanisch. Die Sprachen sowie spezielle Programmeinstellungen über den Einsatzort, die Einsatzart und den Grad der Interaktivität des Systems werden in einem einfach zu bedienenden *Konfigurationsmenü* festgelegt. Damit läßt sich das Multimediasystem beliebig individualisieren und an die jeweiligen Kommunikationsbedürfnisse auf den einzelnen Veranstaltungen anpassen.

Neben dem Präsentationsteil stellt das Multimediasystem in einem Beratungsmodul einen Pool von Informationen über nordrhein-westfälische Unternehmen der unterschiedlichsten Branchen zur Verfügung. In einer Datenbank sind die Adressen und Kurzprofile von über 160.000 Firmen aus NRW gespeichert, die nach verschiedensten Kriterien selektiert werden können. Am Ende einer individuellen Beratung eines ausländischen Interessenten auf einer Messe durch einen Landesinformanten (dies sind die offiziellen Repräsentanten des Landes NRW auf den Veranstaltungen) kann der *Messebesucher eine Liste* mitnehmen, auf der die Adressen der für ihn interessanten Firmen verzeichnet sind. Automatisch werden die Daten des Messegastes in Korrelation zu den ausgegebenen NRW-Adressen gespeichert. Nach der Messe erhalten die *Unternehmen durch das Multimediasystem generierte Serienbriefe*, in denen sie Adresse und Anfrage des ausländischen Besuchers übergeben bekommen. So können beide Partner aktiv einen neuen Geschäftskontakt aufbauen.

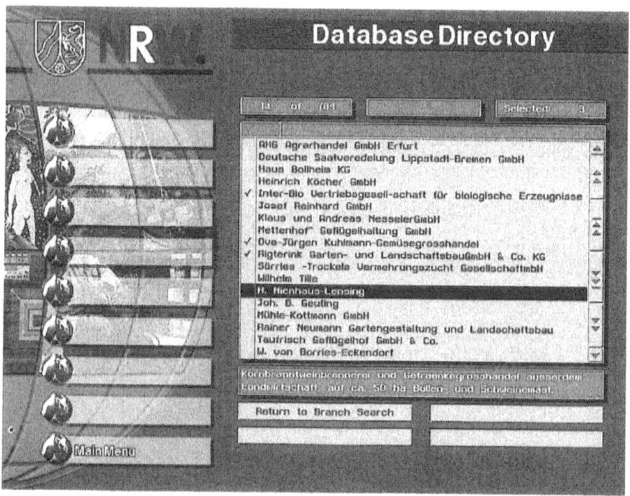

Abbildung 2: Multimediasystem "Wirtschaftsstandort NRW", Screenshot aus dem Beratungsmodul

Die modulare Struktur des Multimediasystems erlaubt eine ständige Erweiterung und Veränderung der Inhalte. Damit ist das Messeinformationssystem ein wichtiger und flexibler Baustein in der Landespräsentation und vielseitiges Kommunikationsinstrument. Für den Messeeinsatz werden *zusätzlich Diskettenversionen* erstellt und breit gestreut. Das ermöglicht einem breiten Publikum auch nach der Messe die Beschäftigung mit dem Wirtschaftstandort NRW.

4 Erfahrungen: Drei Jahre internationales Standortmarketing mit Multimediasystemen

Die in den vergangenen Jahren im Hause Concept! GmbH gesammelten positiven Erfahrungen mit den Multimediasystemen für die Bundesländer Hessen, Nordrhein-Westfalen und Rheinland-Pfalz beweisen, daß die langfristig angelegte Konzeption und der sinnvolle Einsatz dieser Multimediasysteme je nach den Informationsanforderungen und der Arbeitsweise der einzelnen Wirtschaftsförderungsgesellschaften diese bei ihren Kommunikations- und Beratungsaufgaben umfangreich unterstützen.

Seit Februar 1994 wurde allein das Multimediasystem "Wirtschaftsstandort NRW" bei über 40 Messen auf fünf Kontinenten eingesetzt. Dabei wurden mit dem Beratungsmodul mehrere tausend Kontakte zwischen Firmen aus NRW und ausländischen Unternehmen vermittelt. Ungezählt sind die vielen Messebesucher, die durch das Touchscreen-Terminal Nordrhein-Westfalen als Wirtschaftsstandort kennengelernt haben. Das Interesse für die Beratung und Information mit bzw. durch das Multimediasystem ist weltweit groß. Die Akzeptanz steht dabei trotz heterogener Zielgruppen auf den einzelnen Märkten außer Frage, da die Informationsanforderungen individuell abgedeckt werden können.

Vor allem die *modulare Systemstruktur* ermöglicht einen optimalen Zuschnitt der Inhalte auf die Bedürfnisse des jeweiligen Messelandes und der Besucher. Und dabei geht es nicht nur um die Sprache. Je nach Nationalität, Branche und Messepublikum muß das Multimediasystem inhaltlich sehr unterschiedlichen Informationswünschen gerecht werden. Der Inhalt muß variiert bzw. neu erstellt werden, je nachdem, ob das System zum Beispiel in den USA, Rußland oder in Vietnam zum Einsatz kommt. Beispielsweise stehen Bewegtbilder und modellhafte Darstellungen von Produkt- oder Brancheninformationen auf Veranstaltungen im asiatischen Raum im Vordergrund der Informationsanforderungen, die vorrangig mit Videos und Computeranimationen erfüllt werden. Ganz im Gegensatz dazu möchten sich Amerikaner häufig über weiche Standortfaktoren aus dem Bereich Lebensqualität informieren.

Die inhaltlichen Anforderungen an die Kommunikation der Wirtschaftsförderungen wechseln und unterliegen häufig Anpassungen, Ergänzungen und Erweiterungen, je nachdem, wo der Standort mit welchem Schwerpunktthema präsentiert werden soll. Das Multimediasystem leistet mit seiner *integrierten Recorderfunktion* an dieser Stelle wertvolle Unterstützung. Jeder einzelne Informationsabruf wird von einem Recorder während der Systembenutzung aufgezeichnet und im Anschluß an die Veranstaltung ausgewertet. Die daraus gezogenen Schlüsse über das Kommunikationsverhalten der Besucher auf den Auslandsmessen und anderen Veranstaltungen sind eine unschätzbare Hilfe bei der immer exakteren Abstimmung und Anpassung der übermittelten Inhalte.

Die Erfahrungen mit den Multimediasystemen für die Bundesländer Nordrhein-Westfalen, Rheinland-Pfalz und Hessen dienen der Weiterentwicklung der Effektivität des internationalen Standortmarketings mit Multimediasystemen.

5 Zukunft: Nutzung des Internet

Den unterschiedlichen Kommunikationswegen der einzelnen Wirtschaftsförderungen entsprechend werden die Multimediasysteme ständig weiterentwickelt und an die technischen Möglichkeiten angepaßt. Das Multimedia-Informations- und Beratungssystem "Wirtschaftsstandort NRW" wird derzeit in Form einer Online/ Offline-Kombination fortentwickelt. Offline werden sogenannte statische Daten wie branchen- und marktbezogene Videos, Animationen, Bilder etc. vorgehalten und mit einem Online-Abruf von dynamischen, aktuellen Wirtschaftsdaten kombiniert. So kommen Zahlen und Fakten direkt über das Internet in das Multimediasystem.

Mit dieser Innovation wird der internationale Ansatz, Standortmarketing grenzenlos zu betreiben, verwirklicht. Die Nutzung des Internet, das de facto weltweit verfügbar ist, bietet sich als Aktualisierungsmedium an. Auf der Basis von statistischen Daten aus dem Wirtschaftsministerium des Landes werden Branchenberichte und -informationen generiert, die auf die jeweils aktuelle Messe und die dort erwarteten, durch die Auswertung der Recorderdateien bekannten Informationsbedürfnisse zugeschnitten sind. Aktualisierungen sind in Zukunft kostengünstiger und schneller als beim bisherigen Multimediasystem möglich, da es sich hierbei um eine reine Offline-Lösung handelte.

Das Multimediasystem wird als hybride CD-ROM herausgegeben, auf der die statischen Daten sowie die gesamte Programmstruktur gespeichert sind. Die Verbindung mit den Informationsmöglichkeiten auf der Homepage des Wirtschaftsministeriums im WWW und den Aktualisierungsmöglichkeiten über das Internet sichert jedem Besitzer der CD-ROM über einen langen Zeitraum aktuelleste Informationen und eine kurzfristige Responsemöglichkeit. Voraussetzung ist lediglich ein Internet-Zugang.

Die auf den Messen erfaßten Daten wie Adressen, Anfragen und Kommentare von ausländischen Gesprächspartnern werden via Internet nach Deutschland geschickt. Das garantiert eine wesentlich schnellere und fast zur Messeveranstaltung parallele Information der nordrhein-westfälischen Unternehmen, die daraufhin zeitnah einen Kontakt einleiten können.

Für das Bundesland NRW als Hochtechnologie-Standort unterstreicht diese Multimedialösung auch die Vorreiterrolle des Landes in Sachen Multimedia. Die *Verbindung der Offlinepräsentation mit der Onlineaktualisierung* geht über die bisherigen Nutzungsmöglichkeiten des Internet weit hinaus.

Darüber hinaus sichert es dem Land Nordrhein-Westfalen einen zeitgemäßen, wirkungsvollen, effizienten und kostengünstigen Auftritt auf Auslandsmärkten, der der heimischen Wirtschaft Erfolge bringt.

Die Internet-Präsenz der Region Odenwald

Herbert Kuhlmann[1] und Olaf Reubold[2]
[1]ZGDV, Darmstadt
[2]IKTT, Erbach

Zusammenfassung. Der regionale Informationsdienst Odenwald RIO ist ein Internet-/WWW-basiertes Regionales Informationssystem. RIO dient als Kommunikations- und Marketinginstrument des Landkreises Odenwald, das Informationen über die Gebietskörperschaften, die gewerbliche Wirtschaft, aber auch Schulen und Vereine, aktuell im World- Wide Web präsentiert. RIO umfaßt zur Zeit ca. 1000 Informationsseiten.

Schlüsselwörter. WWW, Internet, Standortmarketing, Regionales Informationssystem, Odenwald.

1 Einleitung

In Darmstadt hat sich seit 1975 mit dem ZGDV, TH Darmstadt-GRIS und Fraunhofer IGD ein Schwerpunkt von internationalem Rang für Lehre und Forschung im Bereich Computer Graphik, Multimedia und Online-Kommunikation gebildet.

Das ZGDV übernimmt Forschungs- und Entwicklungsaufträge von industriellen und öffentlichen Auftraggebern und beteiligt sich an nationalen und europäischen Verbundprojekten. Im Rahmen seiner Aus- und Weiterbildungsaktivitäten werden ca. 100 Seminare und Workshops pro Jahr durchgeführt.

Ende 1994 wurde beschlossen, die nationalen und internationalen Aktivitäten des ZGDV durch eine regionale Technologie-Transfer-Aktivität in Südhessen zu ergänzen. Daraufhin wurde im März 1995 mit den Gebietskörperschaften und der lokalen Wirtschaft das Forum für Informations- und Kommunikationstechnologie-Transfer (IKTT) mit Sitz in Erbach, Odenwald, gegründet. Der Landkreis Odenwald ist Teil der Region Südhessen, die von der Wirtschaftskraft und Technologiekompetenz der lokalen Wirtschaft zu den stärksten in Deutschland gehört. Der Odenwald liegt zwischen dem Rhein-Main-Neckar-Gebiet und der Bayerischen Landesgrenze und ist bedeutend strukturschwächer. Die ansässige Wirtschaft ist zum großen Teil entweder Zulieferbetrieb oder Zweigwerk (z.B. Bosch, Pirelli) von Großunternehmen.

Zur Unterstützung des Wirtschaftswandels hin zur Informationsgesellschaft werden mit der Gründung des IKTT insbesondere die folgende Ziele verfolgt:

- die Förderung des Technologietransfers für Informations- und Kommunikations-Technologien (IuK-Technologie-Transfer),
- die Erforschung und Förderung von IuK-Technologie-Anwendungsbereichen mit Wirkung für die regionalen Wirtschaftsräume des Landes Hessen, sowie
- die allgemeine Förderung der regionalen Wirtschaftsräume im bevorstehenden technologischen und strukturellen Wandel.

Das Forum ist Anlaufstelle für alle, die sich für die neuen IuK-Technologien und die damit verbundenen Anwendungsmöglichkeiten und Nutzen interessieren. Das Forum bringt Anwender der IuK-Technologie aus Industrie und Dienstleistung, IuK-Technologieentwickler und -anbieter sowie die an einer leistungsfähigen regionalen Wirtschaftsstruktur Interessierten zusammen.

Dem Anwender gibt das IKTT Orientierung in dem sich immer schneller entwickelnden Technologiemarkt. Ihm werden mögliche Wettbewerbsvorteile, neue Vertriebswege und neuartige Gestaltungsmöglichkeiten für Geschäftsprozesse durch den Einsatz innovativer IuK-Technologien aufgezeigt. Darüber hinaus strebt das IKTT eine enge und vertrauensvolle Zusammenarbeit mit den regionalen Behörden und der Landesregierung sowie anderen mit den einschlägigen wirtschaftlichen und technologischen Fragestellungen befaßten Institutionen, auch in anderen Regionen und in anderen Bundesländern, an.

2 RIO - Regionaler Informationsdienst Odenwald

2.1 Informationsakquisition

Als Pilotprojekt innovativer Informations- und Kommunikationstechniken wurde im IKTT ein Service etabliert, mit dem sowohl die Einwohner der Odenwald-Region, als auch überregionale Nutzer und Interessenten schnell, bequem und einfach auf aktuelle Informationen mit regionalem Bezug zugreifen können.

Die Informationsakquisition erfolgte mit der aktiven Unterstützung der Gebietskörperschaften und des Landrates des Odenwaldkreises sowie der Industrie- und Handelskammer Darmstadt, die auch für den Landkreis zuständig ist. Als besonderes Testszenario wurde für Bad König die Informationssammlung durch Besuche vor Ort bei den Unternehmen (Handwerker, Einzelhandel, Gaststätten, etc.) vorgenommen, um zumindest an einer Stelle eine wirkliche Flächendeckung zu erreichen.

Dabei wird die Information, die von in der Region ansässigen Einrichtungen, Behörden und Firmen zur Verfügung gestellt wird, multimedial und mediengerecht für das World Wide Web aufbereitet.

2.2 Inhalte

Die Inhalte des Servers sind thematisch gegliedert, um dem Benutzer eine intuitive Navigation zu ermöglichen.

Allgemeine Informationen. Statistische Informationen über den Odenwaldkreis, Geschichte, Infrastruktur, Kreistag, Politik etc. In Zusammenarbeit mit dem Statistischen Amt des Landratsamtes und den Gemeindeverwaltungen wurden Informationen zur Fläche, Bevölkerung und Infrastruktur des Odenwaldes gesammelt und umgesetzt.

Städte und Gemeinden. Statistische Informationen, Sehenswürdigkeiten, Freizeitangebote, öffentliche und soziale Einrichtungen usw. In Zusammenarbeit mit der Stadt Bad König und der dort ansässigen Initiative "Stadt im Aufbruch" wurden neue Konzepte für die Präsentation einer Kurstadt im Internet erarbeitet.

Einrichtungen. Informationen zu öffentlichen Einrichtungen wie Schulen, Ämter, Behörden, medizinische Versorgung und vieles mehr.

Wirtschaft. In Zusammenarbeit mit der IHK-Darmstadt und unter Einbeziehung der regionalen Industrie entsteht ein ständig wachsender Wirtschaftsinformationsdienst des Odenwaldes. Am 07.11.95 fand in der Hirschgalerie des Erbacher Schlosses die Veranstaltung "Arbeitsplätze durch Technologieinnovation und Wirtschaftsförderung: Eine Chance für den ländlichen Raum?" statt. Auf Einladung der Friedrich-Ebert-Stiftung und des IKTT nahmen Vertreter der Politik, der regionalen Wirtschaft und Industrie sowie viele Privatpersonen die Gelegenheit wahr, zu diskutieren und sich zu informieren. In direkter Reaktion auf diese Veranstaltung nahmen mehrere Firmen (sowohl IKTT-Mitglieder als auch Nichtmitglieder) die vom IKTT angebotenen Dienstleistungen in Anspruch, was sich im ersten Schritt in einer umfassenden Firmenpräsentation im Odenwälder Wirtschaftsinformationsdienst innerhalb des RIO auswirkt und langfristig zur Entwicklung eigener Online-Konzepte für die entsprechenden Firmen führt.

Kultur. Der Kulturkalender des Odenwaldes; besonders hervorzuheben ist in diesem Zusammenhang die Zusammenarbeit mit Einrichtungen wie den katholischen öffentlichen Büchereien des Odenwaldkreises und der Katholischen Landjugendbewegung (KLJB) mit ständig aktuellen Informationen auf dem Odenwald-Informationssystem.

Eine Besonderheit ist das Buch "Voll Stoff Leben" von dem Odenwälder Autor Peter Diehl. Dieses kritische Werk ist vollständig in das Hypertextformat überführt worden und wird komplett auf dem Odenwald-Server angeboten.
Aktuell unterstützt das IKTT verschiedene Vereine in der Region bei ihrer Online-Präsenz (Sportvereine, etc.).

Schule am Sportpark. Der Haupt- und Realschule Erbach ist es durch Kooperation mit dem IKTT gelungen, als erste und bisher einzige nicht gymnasiale Schule Hessens im INTERNET vertreten zu sein. Das Schulinformationssystem der Schule am Sportpark ist unter der folgenden URL einzusehen: http://www.odenwald.de/erbschul/ einzusehen. Es wurde vom SchulWeb, einer Einrichtung des Instituts für Wirtschaft und Erwachsenenpädagogik der Humboldt-Universität in Berlin, als "besonders bemerkenswert" eingestuft.

Momentan wird an der Bereitstellung der ersten Online-Schülerzeitung des Odenwaldes gearbeitet.

2.3 Akzeptanz

RIO hat sich in der doch (relativ) kurzen Zeit seit seiner Existenz zu einem Identifikationspunkt bei den Bürgern und Firmen der Region entwickelt. Besonders interessant ist dabei sicher auch der folgende Gesichtspunkt:

- der Odenwaldkreis hat ca. 30.000 Haushalte,
- die Lokalzeitung hat ca. 15.000 Abonnenten,
- Online-Dienste wie T-Online, CompuServe etc. haben ca. 3000 Nutzer.

Dies bedeutet, daß ca. 10% aller Haushalte oder 20% aller Zeitungsleser bereits einen Online-Zugang zum Internet haben. Dies führt dazu, daß RIO als ein zur Zeit konkurrenzloses Informationssystem in einer Flächenregion von ca. 624 qkm gesehen wird.

2.4 Technische Umsetzung

Die bisher ca. 1000 Seiten von RIO wurden vor Ort im IKTT-Büro in Erbach erstellt. Verwendet werden hierzu PCs mit Windows und ein Flachbettscanner für die Bildeingabe. Einige Nutzer (z.B. Schule am Sportpark) liefern die Daten auf Diskette an. Das lokale Netz ist über eine ISDN-Wählleitung (ab Sommer 1996 über eine ISDN-Standleitung) an das Hausnetz im Haus der Graphischen Datenverarbeitung in Darmstadt angeschaltet. Über diese Netzwerkverbindung werden auch die Aktualisierungen des eigentlichen WWW-Serverinhaltes vorgenommen.

Der WWW-Server steht in Darmstadt vor einem Firewall in einem "unsecure" Netzwerksegment, damit keine unnötigen Angriffsmöglichkeiten auf das lokale Netzwerk bestehen. Die Internet-Ankoppelung erfolgt mit 2 Mbit/sec, ab Sommer 1996 mit 8 Mbit/sec. Die Serverwartung (Softwarebetreuung, Updates, Backup etc.) erfolgt im ZGDV.

3 Zusammenfassung und Ausblick

RIO ist ein ständig wachsendes Informationssystem im Internet mit einem momentanen Umfang von ca. 1000 Seiten an Information über den Odenwald, die weltweit zur Verfügung gestellt werden. Damit ist RIO im deutschen Raum eines der größten regionenbezogenen Informationssysteme im Internet.

In einer weiteren Ausbaustufe können zusätzliche Aspekte wie Edutainment (Ausbildung und Unterhaltung), Standortinformationen für den Mittelstand, Home-Shopping, Home-Banking und Möglichkeiten für Telearbeit und Computer Based Training in den Regionalen Dienst integriert werden.

Lokale Dienstleister und Multiplikatoren sollen eingeschaltet werden, um die laufende Pflege und Aktualisierung der Information zu gewährleisten und zusätzliche Angebote im Touristikbereich aufzunehmen.

Literatur

Themen-adäquat soll die Literaturliste aus URLs bestehen, unter denen sich Interessenten über weitere Details und aktuelle Fortentwicklungen informieren können:

http://www.odenwald.de/	Regionaler Informationsdienst Odenwald
http://iktt.zgdv.de/	Server des IKTT in Erbach, Odenwald
http://www.zgdv.de/	ZGDV Web
http://www.igd.fhg.de/	Gemeinsamer WWW-Server von ZGDV, Fraunhofer IGD und TH Darmstadt-GRIS

Regionale, elektronische Märkte für Wirtschaft und Infrastruktur am Beispiel der Electronic Mall Bodensee

Rainer Kuhlen
Universität Konstanz, FG Informationswissenschaften

Zusammenfassung. Der Beitrag stellt einige grundlegende Aspekte bei der Einrichtung von in einer Region vernetzten kommunalen Online-Zentren am Beispiel der Electronic Mall Bodensee (im folgenden abgekürzt als EMB) vor. Wir gehen davon aus, daß an der EMB als einem der ersten regionalen elektronischen Märkte, die sich zudem rasch am Markt mit starken Zuwachsraten etabliert hat, die wesentlichen Prinzipien solcher Märkte ersichtlich werden. Diese regionalen Kommunikationsstrukturen können künftig als stabile Teilnetze das Fundament für einen chancengleichen globalen Informationsaustausch bilden.

Schlüsselwörter. Elektronische Märkte, Informationsforen, Online-Zentren, regionaler Kommunikationsverbund.

1 EMB als autonomer und offener Markt und allgemeine Plattform

Eine "Electronic Mall" scheint zunächst nur eine Übertragung der aus den USA stammenden Idee der Mall auf elektronische Formen zu sein (vgl. Schmid, Dratva, Kuhn, Mausberg, Meli & Zimmermann, 1995; Zimmermann & Kuhn, 1995). Bei einer Mall handelt es sich um eine attraktive Bündelung von Geschäften jeder Art, verbunden mit vielfältigen Informationsangeboten. Kurz gesagt, um moderne Formen von Marktplätzen. Reale Malls sind Ausdruck der amerikanischen Philosophie des "one stop shopping", das eine kundenfreundliche Konzentration der verschiedensten Angebote unter einem Dach verfolgt. Wie wir zeigen werden, ist die EMB nicht nur eine Mall für das "Shopping", sondern auch allgemeiner Marktplatz für Informationen und Kommunikation.

Mit der EMB wird ein regionaler, grenzüberschreitender, elektronischer Markt mit europäischer Perspektive entwickelt. Das Projekt "Electronic Mall Bodensee" (EMB) ist ein internationales und verteilt-dezentrales Vorhaben. Es hat die Entwicklung eines regionalen, grenzüberschreitenden, elektronischen Marktes zum Gegenstand, an dem die zur Region Bodensee gehörenden Kreise, Länder oder Kantone der Bodenseestaaten, Deutschland, Österreich und Schweiz, einschließlich Liechtenstein, beteiligt sind. Die EMB nimmt ihren Ausgang von der Bodenseeregion, sucht aber selbstverständlich die Verbindung zu anderen kommunalen, regionalen, nationalen und globalen elektronischen Märkten. Insofern ist die EMB ein autonomer und offener elektronischer Markt gleichermaßen.

Die EMB will den regionalen Marktplatz des Bodenseegebietes mit selbst erstellten, regionalspezifischen, elektronischen Informationen, Produkten und Dienstleistungen versorgen. In die EMB werden aber auch Informationsangebote integriert, die nicht von den Betreibern der EMB erstellt worden sind, sondern von den Informationsanbietern selbst auf deren eigenen Servern. Darüberhinaus wird eine Vollständigkeit des Nachweises regionalspezifischer Informationen angestrebt, die bei anderen Mehrwertdiensten bereitgestellt werden.

Elektronische Märkte sind auch auf der Ebene von Regionen heute schon so weit entwickelt, daß sich durchaus Konkurrenzsituationen ergeben, im Gebiet der EMB vor allem durch VOL (Vorarlberg Online), den elektronischen Dienst der Vorarlberger Nachrichten[1], aber auch durch verschiedene andere lokale Anbieter. Diese Konkurrenzsituation ist im Sinne eines leistungsfähigen Marktes durchaus erwünscht. Die Betreiber der EMB sind allerdings der Ansicht, daß zum Vorteil der Region - sowohl für die Anbieter als auch für die Nutzer - ein gewisses Ausmaß an Koordination zwischen den verschiedenen lokalen und regionalen Diensten sinnvoll ist.

Die EMB versteht sich daher - unbeschadet der realen Konkurrenzsituation - als allgemeine Plattform für die verschiedensten Anwendungen und Anwender eines elektronischen Marktes am Bodensee. In der EMB sollen möglichst viele, im Prinzip alle potentiellen kommerziellen und nicht-kommerziellen Anbieter von Information und elektronisch dargestellten Produkten und Dienstleistungen der Region vertreten sein. Erleichtert wird die Offenheit zu heterogenen Diensten dadurch, daß sich auch die EMB auf die Kommunikationsmöglichkeiten des Internet abstützt und zur Realisierung ihrer Dienste in erster Linie das World Wide Web (WWW) verwendet. Auch bei autonomen Angeboten wird angestrebt, daß diese mit EMB-kompatiblen Orientierungs-, Such- und Navigationshilfen arbeiten sowie auch mit anderen Dienstleistungsprogrammen, z.B. für Zugriffsstatistiken oder elektronische Zahlungsformen.

1 http://www.vol.at/

2 Kommerzielle und Infrastrukturdienste der Electronic Mall Bodensee

Die EMB hat sich gleichermaßen einen kommerziellen und öffentlichen Auftrag gegeben. In der EMB wird "Markt" als Austauschforum zwischen kommerziellen, aber auch nicht-kommerziellen und öffentlichen Einrichtungen und dem Publikum verstanden[2]. So will die EMB der Wirtschaft, aber auch Non-Profit-Organisationen und Infrastruktureinrichtungen, die Teilnahme an der EMB gleichwertig ermöglichen. Und nicht zuletzt soll die EMB auch den öffentlichen Anbietern aus Verwaltung, Politik und Infrastruktur offenstehen. Für alle Teilnehmer sollen Kommunikations- und Informationsprozesse auf elektronischer Grundlage transparent, effizient und unter Einhalten der gesetzlichen Bestimmungen gestaltet werden. Angestrebt wird die Verbesserung der grenzüberschreitenden Kooperation und der Kommunikation zwischen Verwaltungen und den Bürgern sowie die Sicherung der Lebensqualität durch Bereitstellung regionaler Infrastrukturinformationen.

Nicht daß durch die elektronischen Angebote die tradierten Formen überflüssig werden, aber die vorhandenen Malls/Geschäftszentren und Märkte werden durch elektronische Entsprechungen ergänzt. Klassische Mittlerformen herkömmlicher Märkte (z.B. Groß- und Zwischenhandel) werden ersetzt oder durch elektronische Entsprechungen, zu denen die kooperative Organisationsform einer Electronic Mall selbst gehört, verwandelt.

2 Betreiber der EMB sind zum einen öffentlich finanzierte Einrichtungen, die für die Konzeption und die Forschungskomponenten, einschließlich der Begleitforschung, zuständig sind, z.B. Informationswissenschaft an der Universität Konstanz (Prof. Kuhlen), Institut für Wirtschaftsinformatik der Hochschule St. Gallen (Prof. Schmid), das Vorarlberger Technologie Transfer Zentrum (VTTZ), zum andern kommerziell operierende Organisationen, wie das IMAC-Transferzentrum in Konstanz, die Firma Delta in St. Gallen oder das Vorarlberger Rechenzentrum (VRZ) in Dornbirn. Die EMB hat sich im ersten Jahr ab Mitte 1995 eher in Form eines virtuellen Verbundes, eines losen Konsortiums, organisiert, wird aber nun im Frühjahr 1996 als EMB GmbH eingetragen. Technisch wird die EMB über verteilte Server realisiert, d.h. die einzelnen Partner der EMB, also in Konstanz, Dornbirn und St. Gallen, unterhalten jeweils autonome Server, auf denen sie ihre eigenen Produkte, aber auch - mit Blick auf die Infrastrukturdienste der Region (s. unten) - gemeinsame Dienste betreiben.

3 Die Angebotsstruktur der Electronic Mall Bodensee

Entsprechend ihrem gleichermaßen kommerziellen und infrastrukturellen Auftrag bietet die EMB über ihre Homepage Zugang zu den in Abbildung 1 angegebenen Punkten.

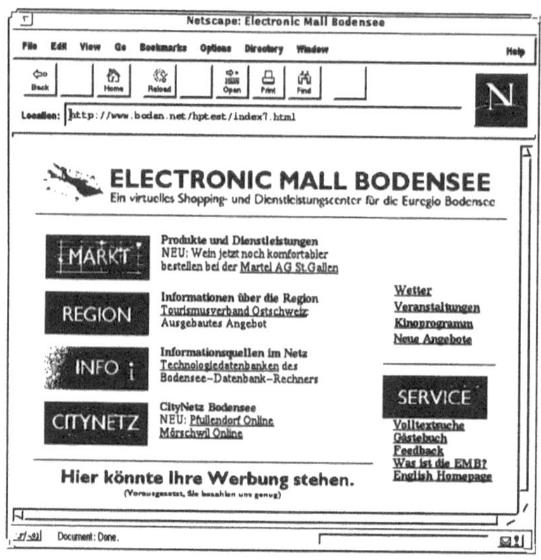

Abbildung 1: Entwurf einer neuen Homepage für die EMB

Die Welt, also auch die Welt der elektronischen Märkte, fügt sich natürlich keiner wie raffiniert auch immer entworfenen Klassifikation. Deshalb sind die im folgenden wiedergegebenen Aufteilungen der Hauptgebiete als pragmatische Lösungen ohne allgemeineren Gültigkeitsanspruch anzusehen. Schaut man sich verschiedene Märkte an, so ergeben sich durchaus unterschiedliche Aufteilungen. Das Problem der Zuordnung von Hauptgruppen oder einzelner Einträge kann nur durch eine offene polyhierarchische Ordnung gelöst werden. Dies ist ja auch einer der Vorteile einer vernetzten Struktur, wie sie in Hypertextsystemen (und dazu gehört auch trotz einiger Beschränkungen das WWW) üblich ist, d.h. unabhängig von dem faktischen Speicherstandort kann auf einen Eintrag von mehreren Bereichen und Ebenen her verwiesen werden. So kann z.B. ein Fort- und Weiterbildungsinstitut von dem Bereich "Markt/Informationsanbieter" angesprochen werden, natürlich aber auch aus dem Bereich "Region/Bildung", aus dem Bereich "INFO/Bildungseinrichtungen im Bodenseegebiet". Eine neue Veranstaltung dieses Instituts könnte auch kurzfristig unter "Aktuell" erscheinen, und natürlich ist das zum Beispiel gewählte Fort- und Weiterbildungsinstitut in einer Stadt/Gemeinde angesiedelt, so daß ein Zugriff auch aus dem "CityNet Bodensee" bei der konkreten Stadt wahrscheinlich ist. Man sieht, daß dieses Problem, allein schon aus Update-Gründen, dauerhaft nur gelöst werden kann, wenn in Ablösung von der einfachen File-Verwaltung ein Datenbank-Management-System eingesetzt wird, das dann unterschiedliche Sichten (Views) auf die Datenbestände ermöglicht. Weiterhin leistet die Datenbankabspeicherung einer Virtualisierung der Angebotspalette insofern Vorschub, als je nach Benutzersituation und -bedarf konkrete Leistungen erst in "query bzw. navigation time" generiert werden.

3.1 Markt

Zu den allgemeinen Zielen der EMB gehört die Steigerung der Wirtschaftskraft der in wirtschaftlicher Hinsicht durch den Standort benachteiligten Region. Der Wirtschaft der Region soll zur Förderung der Wettbewerbsfähigkeit die digitale Präsenz auf elektronischen Marktplätzen ermöglicht werden, und sie soll dadurch innovative Kompetenz auf den Wachstumsmärkten der Zukunft gewinnen. Die elektronische Abwicklung von Geschäftstransaktionen jeder Art mit schnellen, preisgünstigen und flexiblen Interaktionen zwischen Geschäftspartnern und zwischen Anbietern und Nachfragern eröffnet Rationalisierungs- und Innovationspotentiale.

Der Bereich Markt spiegelt in der EMB die breite Ausprägung des Wirtschaftsgeschehens wider. Neben den auch in der Informationsgesellschaft weiter stark vertretenen Anbietern aus der Industrie gibt es hier viele neue innovative Unternehmen aus den Sparten "Beratung, Kommunikation und Werbung", "Finanzdienstleistungen", "Informatik", “Medien und Informationsanbieter", "Stellenmarkt" und "Telekommunikation".

3.2 Region

Der Bereich Region wird den Bewohnern der Bodenseeregion, aber im Prinzip auch allen Internet-Nutzern, die an der Region interessiert sind, die breite Palette der Informationen "über" die Region, unterteilt nach themenorientierten Infrastrukturservern (Bildung, Kultur, Medien, Politik, Soziales, Sport, Freizeit, Technologietransfer, Touristik, Vereine, Verwaltung, Wissenschaft), erschließen.

Bei diesem Hauptbereich, der die Infrastruktur der Region visualisiert, zeigt sich besonders deutlich der auch nicht-kommerzielle Auftrag der EMB. Auch dem allgemeinen Publikum sollen für das Alltagshandeln die Informationen bereitstehen, die es braucht. Zu Informationen und Dienstleistungen der EMB sollen alle Bürgerinnen und Bürger der Region uneingeschränkt Zugriff haben. Die Navigation in den Informationen der EMB soll ohne Gebühren möglich sein.

Bezüglich der Angebotsseite werden viele der Einträge, z.B. aus den Bereichen Politik, Soziales, Verwaltung, ohne Gebühr erstellt und verwaltet. Partiell kann dies aus öffentlichen Mitteln, die aus dem INTERREG-II-Programm eingeworben wurden, finanziert werden, überwiegend aber aus Einnahmen aus den kommerziellen Teilen. Als besondere Dienstleistung wird zur Zeit ein datenbankgestützter bodenseeübergreifender Veranstaltungskalender aufgebaut, der sich anfänglich als Kultu(h)r eben auf den besonders veranstaltungsintensiven Kulturbereich mit den Themenbereichen Musik, Galerien, Vorträge/Lesungen, Parties/Feste, Kino, Sehenswürdigkeiten, Kleinkunst/Kabarett, Bühnenkunst, Museen bezieht (vgl. Abbildung 2).

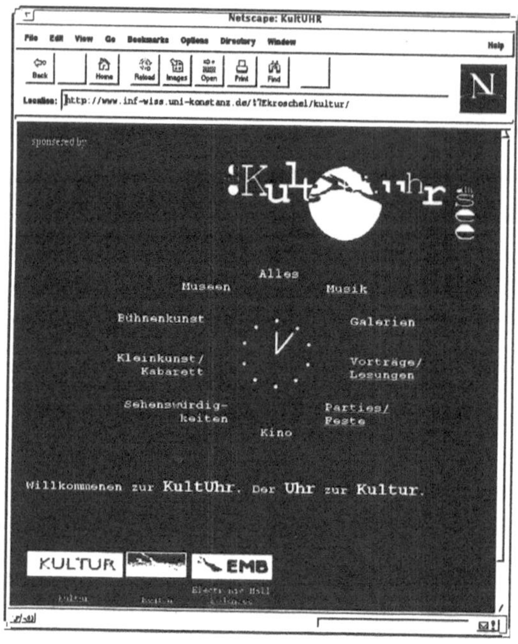

Abbildung 2: Entwurf der "Kultuhr", eines datenbankgestützten Veranstaltungskalenders für die EMB

3.3 Info

Ist unter Region überwiegend die Information über die Region untergebracht, so unter "Info" die Information "für" die Region, also alles, was die Region an Information braucht. Die EMB - entsprechend ihrem Leitbild einer informationellen Absicherung des Handelns für alle - will einen allgemeinen Zugang zur Information aus und für Wirtschaft, Verwaltung und das allgemeine Publikum ermöglichen. Unter der Annahme, daß die richtige Information zum richtigen Zeitpunkt für alle Wirtschaftsorganisationen, insbesondere für die kleinen und mittleren Unternehmen und das Handwerk, für den wirtschaftlichen Erfolg und für Innovationen entscheidend ist, wird die EMB neben dem elektronischen Handel und den elektronischen Informationsdienstleistungen zusätzlichen Augenmerk auf methodisch abgesicherten Informations- und Technologietransfer richten. Dazu müssen die bislang in der Region schon vorhandenen Dienste intensiver verteilt und der Nutzung zugänglich gemacht, unter Beteiligung der Einrichtungen der Informationsvermittlung und der Kammern neue regionsspezifische Dienste entwickelt und der Anschluß an die weltweiten Informationsmärkte gesichert werden. Weiterhin soll - in erster Linie über entsprechende Verweise - das nationale und weltweite Informationsangebot kommerzieller und nicht-kommerzieller Betreiber erschlossen werden. Natürlich kommen bei entsprechender Nutzung die Gebührenordnungen der jeweiligen EMB-externen Anbieter zum Tragen.

Genauer deckt "Info" die folgenden beiden Teilbereiche ab, wobei im ersten Teil weitgehend Originalinformationen eingetragen sind und der zweite Teil überwiegend Verknüpfungsinformation zu EMB-externen Ressourcen bereitstellt:

- Informationen für die Region aus der Region[3]
- Informationen für die Region aus externen Ressourcen[4]

3.4 CityNet Bodensee

In den Anfängen der EMB war nur der bodenseeübergreifende Zugriff entsprechend der angegebenen (sich immer wieder anpassenden) Klassifikation oder über direkte Suchhilfen (Volltextsuche) möglich. Es hat sich aber sehr bald gezeigt, daß das Setzen auf die regionale Identität (hier des länderübergreifenden Bodenseegebiets) alleine nicht ausreicht, so sehr dies auch politisch gefördert sein mag. Nach wie vor erleben die Menschen ihre Umwelt und betreiben ihre Geschäfte in erster Linie in ihrem kommunalen Umfeld. Dem hat die EMB Rechnung getragen mit dem Aufbau eines CityNet Bodensee. Singen Online, Dornbirn Online oder St. Gallen Online können von den Kommunen bei entsprechendem Engagement als wichtiger Wettbewerbsfaktor für Wirtschaft und Touristik und für die Herausbildung von Bürgeridentität genutzt werden.

---

3 Ausbildung, Fort- und Weiterbildung, Bibliotheksdienste der Region, Archive, Medien/Presse im Bodenseegebiet, Technologietransfer und Informationsvermittlung, Bodensee Datenbank Rechner, Messen, Konferenzen, Wirtschaftsförderung, Wie kommt man ans Netz?

4 Andere regionale elektronische Marktplätze, überregionale Online-Mehrwertdienste (Content Provider), Informationen zum nationalen und internationalen Informationsmarkt, Informationen zu Service Providern, Informationen aus der EU, Informationen aus Baden-Württemberg, Informationen aus Deutschland

Abbildung 3: Entwurf der HomePage für "Singen Online"

Da die Kommunen zur Zeit aber kaum große eigene Mittel dafür aufbringen können und da die EMB aus ihren Mitteln nur auf einem allgemeinen Niveau die öffentliche Information einbringen, keineswegs aber die gesamte Bandbreite aller kommunalen Informationen repräsentieren kann, entsteht in der EMB ein Geflecht von Allianzen, die als lokale Betreiber für den Aufbau der jeweiligen "Stadt Online" zuständig sind. Dabei können durchaus gekapselte Anwendungen entstehen, angestrebt wird aber, daß die einzelnen Städte Online, unabhängig von ihren individuellen Gestaltungsvorstellungen, sich im Design, den Orientierungs-, Navigations-, Suchmitteln und sonstigen Dienstleistungen der EMB anpassen und daß die EMB auf die einzelnen kommunalen Einträge aus ihrer Systematik verweist. Vergegenwärtigt man sich, daß allein im deutschen Teil der EMB über 600 Gemeinden vorhanden sind, die im Prinzip alle als "Gemeinde xyz Online" auftreten können, dann wird die Größe des Akquisitions- und Koordinationsaufwandes ersichtlich.

3.5 Aktuelles und Services

Unter dieser Rubrik, die in so gut wie allen Mehrwertdiensten und elektronischen Märkten vorhanden ist, besteht die Möglichkeit, entweder auf neue Einträge oder laufend aktuell zu haltende Dienste, wie Wetterbericht, Börseninformation, Sportnachrichten etc., hinzuweisen.

Und nicht zuletzt gibt es auch in der EMB einen ständig in Umfang und Qualität anwachsenden Servicebereich, durch den z.B. statistische Zugriffsinformation als Basis für gezieltes Marketing geliefert werden kann, in dem Volltextrecherchen möglich sind und in Zukunft elektronischer Zahlungsverkehr abgewickelt werden kann - um nur diese Hinweise zu geben.

4 Wissenschaftliche Begleitforschung

Abschließend soll darauf hingewiesen werden, daß die EMB der Wissenschaft als empirisches Untersuchungsfeld dient. Elektronische Märkte entwickeln sich durch die Bedürfnisse der Wirtschaft, der Verwaltung, der gesellschaftlichen Gruppierungen und der Bürgerinnen und Bürger. Die Entwicklung muß sich jedoch nicht quasi naturwüchsig vollziehen, sondern kann gestaltet werden. Die Gestaltung solch komplexer Gegenstände wie die entstehenden elektronischen Märkte ist nur noch auf wissenschaftlicher Grundlage möglich. Die Wissenschaft schafft sich durch aktive Teilnahme am Aufbau der EMB ein empirisches Testfeld, das der Erforschung und Gestaltung elektronischer Märkte dient. Entsprechend werden in der der EMB zuarbeitenden Forschung neue Formen der elektronischen Durchführung von Transaktionen, des Informationsaustausches, der Präsentation, Suche und Navigation oder der automatischen Informationserschliessung erarbeitet.

Literatur

Schmid, B., Dratva, R., Kuhn, Ch., Mausberg, P., Meli H., & Zimmermann H.-D. (1995) (Hrsg.), *Electronic Mall: Banking und Shopping in globalen Netzen.* Stuttgart: B. G. Teubner.

Zimmermann H.-D. & Kuhn C. (1995), Grundlegende Konzepte einer Electronic Mall (S. 33-94). In B. Schmid, R. Dratva, Ch. Kuhn, P. Mausberg, H. Meli & H.-D. Zimmermann (Hrsg.), *Electronic Mall: Banking und Shopping in globalen Netzen.* Stuttgart: B. G. Teubner.

IV

Multimedia-Prognosen und Unternehmensstrategien

The Multimedia Weather Report
Der Multimediamarkt zwischen Vision und Realität

Ralf Cordes[1], Ulrich Glowalla[2] und Christof Ehrhart[3]
[1]Bosch Telecom, Frankfurt
[2]Fachbereich Psychologie, Universität Gießen
[3]Bertelsmann AG, Gütersloh

Zusammenfassung. Durch eine mehrdimensionale Charakterisierung des Multimediamarktes liefert der Beitrag eine Basis, auf der Umsatz-, Wertschöpfungs- und Verdienstmöglichkeiten im Multimediamarkt aufgezeigt werden. Gleichzeitig liefert er Klassifikationshinweise und Fragestellungen, um die zahlreichen Studien und Prognosen sowie deren Aussagen zum Multimediamarkt kritisch beurteilen und angemessen bewerten zu können.

Schlüsselwörter. Multimediamarkt, Multimedia-Wertschöpfungskette, Prognosen zur Entwicklung des Multimediamarktes, Analysen des Multimediamarktes.

1 Motivation

Der Multimediamarkt ist seit einigen Jahren das Ziel zahlreicher Prognosen und Marktanalysen für Produkte, Dienstleistungen, Absatzentwicklungen, technologische Weiterentwicklungen und neue Programmangebote. In einigen Studien werden auch sozioökonomische Faktoren betrachtet. Die Aussagen der verschiedenen Prognosen und Studien sind äußerst vielschichtig und in Teilen widersprüchlich, so daß sie - ähnlich wie ein Wetterbericht - nur ein eher vages Bild der Zukunft des Multimediamarktes zulassen. Erschwerend kommt hinzu, daß sich viele Studien nur auf Teilbereiche des Marktes beziehen.

Dieser Beitrag diskutiert unterschiedliche Segmentierungen und Charakterisierungen des Multimediamarktes und stellt in Anlehnung an Booz•Allen & Hamilton (1995) und Middelhoff (1995) unterschiedliche Wertschöpfungsmöglichkeiten am Multimediamarkt dar. Aus der Klassifikation der verschiedenen Studien und Prognosen zum Thema Multimedia leiten wir einige Kriterien zur Analyse und Einschätzung der Studien zur weiteren Entwicklung des Multimediamarktes her.

Diese Kriterien bieten sicherlich auch Orientierung beim Studium der drei anderen Beiträge zum vierten Themenbereich dieses Tagungsbandes, den Multimedia-Prognosen und Unternehmensstrategien. Wittkemper (im vorliegenden Band) legt basierend auf einer umfassenden Wertschöpfungskette eine breite

Analyse des Multimediamarktes in den USA sowie in Japan, England und Frankreich vor. Außerdem diskutiert Wittkemper die Prinzipien, die auf dem Multimediamarkt tätige Unternehmen bei der Bildung von Allianzen und Beteiligungen anwenden, um ein möglichst breites Spektrum der Multimedia-Wertschöpfungskette abdecken zu können. Europäische Märkte - speziell den französischen Markt - analysiert Holken (im vorliegenden Band) und gibt einen Einblick in regionale Besonderheiten. Während Middelhoff (1995) im letzten Band den Multimediamarkt aus der Sicht eines global operierenden Medienunternehmens zeichnete und Einschätzungen über zukünftiges Wachstum und zukünftige Allianzen diskutierte, legt er am Beispiel des Themas Marketing und Multimedia in diesem Band dar, wie basierend auf einer kritischen Würdigung zahlreicher Marktanalysen eine Konzernstrategie ausgerichtet werden kann.

2 Der Multimediamarkt - Möglichkeiten der Segmentierung

Klassischerweise ist ein Markt zu segmentieren nach seinen Produkten und Produktklassen, nach seinen Produzenten, nach seinen Kunden sowie eventuell nach geografischen Regionen. Betrachten wir den Markt für Multimedia, so gibt es hier grundlegende Gemeinsamkeiten, aber auch gravierende Unterschiede.

Bei der Analyse der Kundengruppen treffen wir auf den privaten Endanwender (Privatkunde), auf den geschäftlichen Nutzer oder einen Unternehmensverbund (Geschäftskunden). Diese Gruppen unterscheiden sich nicht nur durch unterschiedliche Rabattierungen auf vergleichbare Produkte, sondern nutzen ganz unterschiedliche Angebote auf dem Multimediamarkt. Möchte ein Privatkunde beispielsweise ein kostengünstiges Endsystem zur Nutzung von interaktiven CD-ROMs in Verbindung mit Online-Diensten (Stichworte: Billig PC; Modem; CD-ROM; Software), so hat für einen Geschäftskunden eher eine kostengünstige Netzleistung in Verbindung mit einem umfassenden Angebot an multimedialen Mehrwertdiensten höchste Priorität (Stichworte: individuelle Preisgestaltung von Netz- und Diensteanbietern).

Neben einer Kundensegmentierung können wir alternativ potentielle Kunden des Multimediamarktes nach vertikalen Märkten (Branchen) klassifizieren. Beispiele für derartige vertikale Märkte lassen sich aus Begriffen wie Telemedizin, Telelernen, Disloziierte Verwaltung und Telemarketing ableiten. Interessante vertikale Märkte wie z.B. die Medizin zielen auf eine Vielzahl unterschiedlicher Produkte im Multimediamarkt: qualitativ hochwertige Bildübertragung und -bearbeitung, Schutz personenbezogener Daten auch bei multimedialen Befunden, Administration mit den Anforderungen für Workflow Computing sowie audiovisuelle Unterstützung oder Telemarketing in On- und Offline-Medien.

Ein wesentliches Klassifizierungsmerkmal des Multimediamarktes ist die Vernetzbarkeit von Produkten. Bei Offline-Multimedia (einem Einzelplatzsystem) sprechen wir von Systemkomponenten: PCs mit CD-ROM, von TV-Geräten mit Spielkonsolen, von Medien wie CD-I, Electronic Books, zumeist für private Haushalte. Diese Produkte sind bereits als Konsumgut in jedem High-Tech Supermarkt verfügbar. Bei Online-Multimedia sprechen wir heute von PCs mit Modem / ISDN Karte, in Zukunft vielleicht von TV-Geräten mit Breitband-Modem sowie von einer analogen / digitalen Netzinfrastruktur, in Zukunft von einem breitbandigen Glasfasernetz. Für Online-Multimedia gibt es consumerorientierte und professionelle Diensteangebote; zukünftig wird es additive TV-Dienste geben.

Idealtypisch schließlich klassifiziert die Standardisierungsbehörde der internationalen Telekommunikationsgesellschaften (ITU/TS) die verschiedenen Dienste folgendermaßen:

- *Conversational Services.* Damit sind Dienste wie Telekooperation, Bildtelefonie, Videokonferenz, Datenkommunikation oder Filetransfer gemeint.
- *Messaging Services.* Dienste im Umfeld von elektronischer Post und elektronischen Mailboxen.
- *Retrieval Services.* Darunter versteht man Medienabrufdienste wie Online Services, BTX, Minitel, AOL, etc.
- *Distribution Services.* Damit sind klassische Broadcast-Dienste wie Radio und Fernsehen gemeint.
- *Distribution Services with Individual Presentation Control.* Hierbei handelt es sich um Basisdienste für Interactive TV, Video-on-Demand, Near Video-on-Demand, etc.

Des weiteren kann man den Multimediamarkt grob nach Hardware, Software, Dienstleistungen und Medien einteilen. Diese Oberbegriffe lassen sich weiter untergliedern. In Anlehnung an OVUM (1994) können wir in Hardware und Software für vernetztes Multimedia klassifizieren. Teilen wir den Bereich Medien weiter auf, so können wir unterscheiden nach Paketierung und Kombination von Inhalten zu neuen Produkten (z.B. PC-Zeitschriften, Software zu einer PC-Info CD-ROM), Absatz von bestehenden Produkten auf neuen Medienplattformen (z.B. Stern-online, Focus-online, Spiegel-TV, ...) sowie die Weiterentwicklung von Autorensystemen zum Mediendesign).

Im Rahmen von generischen Applikationsszenarien können unterschiedliche Medienangebote sowohl für den Privatkunden als auch für den Geschäftskunden sowie für unterschiedliche Branchen analysiert werden. Beispiele für derartige abstrakte generische Szenarien sind:

- Teleworking (Home, Mobile und Small Office),
- Telemeeting (Videokonferenz, Telekooperation, Multi-Party Meetings),
- Teleteaching (Telelearning, Electronic Classroom),
- Telecommerce (Teleshopping, Electronic Cash, Telemarketing, Advertising),
- Info- und Edutainment (Online-Dienste, CD-ROM),
- Interactive TV (Video-on-Demand, Near Video-on-Demand, Zusatzdienste)
- Remote Surveillance (Diagnosis, Event-based Surveillance, Video Control).

Zusätzlich ist die Entwicklung des Marktes für Multimedia geprägt durch das Zusammenwachsen und Verschmelzen einzelner Segmente. Durch die Konvergenz gelangen wir zu ganzheitlichen Wertschöpfungsketten in bezug auf eine Gesamtdienstleistung für verschiedene Kundengruppen mit unterschiedlichen Anforderungen, die von einer Allianz von Anbietern erbracht wird. Nach Middelhoff (1995) entwickelt sich der Multimediamarkt durch mehrdimensionale Konvergenzen aus Technik, Produkten, Märkten und Industrien. Zusammenfassend kann man sagen, daß sich der Multimediamarkt mit seinen vielschichtigen Möglichkeiten und Wachstumspotentialen auf vielfältige Weise klassifizieren läßt. Der Wert der verschiedenen Klassifikationen ist danach zu bemessen, inwieweit sie interessante Einsichten in den Multimediamarkt vermitteln oder die Entwicklung von Unternehmensstrategien gestatten (Bangemann u.a, 1994; Eberspächer 1995; Glowalla, Engelmann, deKemp, Rossbach & Schoop, 1995).

3 Wertschöpfungen am Multimediamarkt

Eine Analysebasis für Wertschöpfungen am Multimediamarkt liefert die Wertschöpfungskette *Telekommunikation / Multimedia* gemäß Booz•Allen & Hamilton (1995). Die einzelnen Stufen der Wertschöpfungskette beginnen bei Netzinfrastruktur, Netzleistung und Servern und gehen über Inhalte, Service Provision, Endgeräte und Software bis hin zu Consulting und Systemlösungen (vgl. Abb. 1). In dieser Wertschöpfungskette lassen sich Technologien, Produkte, Geschäftsarten sowie Wettbewerbsvergleiche für unterschiedliche Lösungen, Szenarien und Applikationen einheitlich erfassen und bewerten. Ebenso lassen sich die Hauptlieferanten der einzelnen Wertschöpfungsstufen identifizieren und verschiedenen Branchen zuordnen.

Viele unterschiedliche Branchen finden sich in einer Multimedia Wertschöpfungskette wieder

Netz-infra-struktur	Netz leistung	Server HW/SW	Inhalte	Service Pro-vision	End-geräte	Soft-ware	Consul-ting

- ⊃ **Netzinfrastruktur (IuK-Industrie)**
- ⊃ **Netzleistung (Betreiber)**
- ⊃ **Server (Computerindustrie)**
- ⊃ **Inhalte (Medien Industrie)**
- ⊃ **Service Provision (Service Provider)**
- ⊃ **Endgeräte (IuK-Industrie, zunehmend Consumerindustrie)**
- ⊃ **Software (Softwarehäuser, Systemhäuser)**
- ⊃ **Lösungen und Consulting (Dienstleister, Systemhäuser, Berater)**

Abbildung 1: Multimedia-Wertschöpfungskette gemäß Booz•Allen & Hamilton (1995)

Unter Netzinfrastruktur verstehen wir die Netzkomponenten, um Lokale und Weitverkehrsnetze aufzubauen. In diesem Feld finden sich in erster Linie typische Komponentenlieferanten der IuK-Industrie. Im Segment der Netzleistung finden wir alle Betreiber von Netzen wieder, also neben den traditionellen nationalen Telefongesellschaften die neuen regionalen Anbieter oder Spartenanbieter sowie die Betreiber von Corporate Networks. Die technologische Plattform für vielfältige Mehrwertdienste auf dieser Netzinfrastruktur bilden Server. Neben Medienservern für Online-Dienste finden sich hier Fax- und Sprachserver für Fax-on-Demand und/oder Polling-Dienste sowie interaktive Sprachmehrwertdienste (z.B. 190er-Nummern).

Endgeräte ermöglichen den Abruf dieser Mehrwertdienste. Falls keine Netzleistung mit Mehrwert vorliegt, kann dies auch ein einfacher Offline-PC mit CD-ROM sein. Ansonsten sind dies in erster Linie vernetzbare PCs sowie TV-Endgeräte mit und ohne Set-Top Boxen, also meistens Konsumgüter.

Inhalte werden von den Häusern geliefert, die solche besitzen oder Lizenzen zur Vermarktung von multimedialen Informationen (Lexika, Filme, Landkarten, Zeitungen, Zeitschriften oder Bilder) erworben haben. Service Provider verschaffen den Zugang zu diesen Inhalten für ein Vielzahl von Kunden sowohl offline als auch online. Ihr Mehrwert ist die kundengerechte Paketierung und Aufbereitung der Inhalte sowie das entsprechende Abrechnen der angebotenen Dienste. Als Beispiel verweisen wir auf Online-Dienste wie T-Online, AOL oder CompuServe.

Softwarehersteller liefern die entsprechenden Werkzeuge zum Erstellen und Verknüpfen sowie zum Abruf von multimedialen Informationen. Beratungs-, Dienstleistungs- und Systemhäuser konzipieren und implementieren für Kunden spezifische multimediale Lösungen. Viele Unternehmen versuchen momentan, durch Allianzen und Beteiligungen ausgehend von ihren angestammten Kernkompetenzen die Wertschöpfungskette so breit wie möglich abzudecken.

4 Prognosen - Analyse und Tendenzen

4.1 Klassifikation

Die in den letzten Jahren vorgestellten Studien zum Multimediamarkt lassen sich nach folgenden Kriterien klassifizieren:

- *Umsatzentwicklung- und -prognosen für Produkte* beinhalten Absatzprognosen zu Hardware, Software, Inhalte/Medien und Dienstleistungen.
- *Kundenwünsche, -anforderungen und -befürchtungen* geben Auskunft über das allgemeine Interesse der Deutschen an Medien und Multimedia sowie die Nutzungsgewohnheiten von PC-Anwendern im privaten Bereich, in der Industrie und bei Behörden.
- *Bei Betrachtungen von Segmenten und Teilbereichen des Multimediamarktes* werden allgemeine Marktdaten, Nutzerprofile, Marktpreise, Akzeptanz sowie

gesellschaftliche Auswirkungen erfaßt. Diese Studien finden wir für Bereiche wie vernetztes Multimedia, Interaktives Fernsehen sowie Online-Dienste.

- *Methodik und Vorgehen* unterscheiden sich stark voneinander: z.B. Expertenumfrage, Analyse/Szenariotechnik, extrapolierte Marktdaten und -analysen sowie Projektübersichten.
- Auch an Hand ihrer *Plausibilität* lassen sich die Studie unterscheiden. Die Plausibilität ergibt sich aus der Betrachtung unterschiedlicher Parameter wie z.B. empirische Breite, Umfang und Art der Stichprobe, Art der Fragestellung bei Interviews (eher suggestiv oder neutral) sowie Betrachtungen von Substitutionseffekten bei Umsatzentwicklungen.

4.2 Umsatzprognosen

Alle Prognosen enthalten eine Vielzahl ganz unterschiedlicher qualitativer Aussagen zum Multimediamarkt. Diese Bandbreite zu dokumentieren würde den Rahmen unseres Beitrages sprengen. Wir konzentrieren uns daher auf die Umsatzerwartungen der verschiedenen Prognosen. Allen Studien gemein ist die Vorhersage von Wachstum. Wie stark die Angaben allerdings schwanken, verdeutlicht Abbildung 2, in der die Angaben des Büros für Technikfolgen-Abschätzung beim Deutschen Bundestag (TAB) wiedergegeben sind (Riehm & Wingert, 1995).

Prognose institut	Prognose-bereich	Jahr	Umsatz	Jahr	Umsatz	Zeitraum	Steigerung
Prognos	MM-Markt in Westeuropa	1991	0,4 Mrd. ECU	1995	2,5 Mrd. ECU	4 Jahre	7-fach
Telekom	MM-Dienste für Geschäfts-kunden in Deutschland	1994	0,3 Mrd. DM	2000	7,0 Mrd. DM	6 Jahre	23-fach
Frost & Sullivan	MM-Markt für Hard- und Software in USA	1990	3,0 Mrd. Dollar	2000	22,0 Mrd. Dollar	10 Jahre	7-fach
Market Vision	MM-Markt weltweit	1993	3,0 Mrd. Dollar	1998	35,0 Mrd. Dollar	5 Jahre	11-fach
Ovum	MM-Markt für Geschäfts-kunden in Europa	1993	0,2 Mrd. Dollar	2000	21,7 Mrd. Dollar	7 Jahre	109-fach

Abbildung 2: Umsatzerwartungen am Multimediamarkt gemäß TAB (Riehm & Wingert, 1995)

Betrachten wir die Aussagen zu den Wachstumschancen der unterschiedlichen Segmente der Wertschöpfungskette, so läßt für die nächsten Jahren ein starkes

Wachstum in den Bereichen Inhalte/Medien, Software und Dienstleistungen ermitteln. Dieses Wachstum geht einher mit einem anteilsmäßigen Rückgang im Bereich Endgeräte und Komponenten. Die Anteile bei der Netzleistung werden als gleichbleibend eingeschätzt. In Abbildung 3 sind diese Tendenzen in Anlehnung an Roland Berger & Partner (1996) sowie Booz•Allen & Hamilton (1995) dargestellt. Die Prozentzahlen geben den Anteil an der Gesamtwertschöpfung wieder. Ein Pluszeichen indiziert Wachstum, ein Minuszeichen Rückgang und eine Null eine gleichbleibende Tendenz bis zum Jahr 2000.

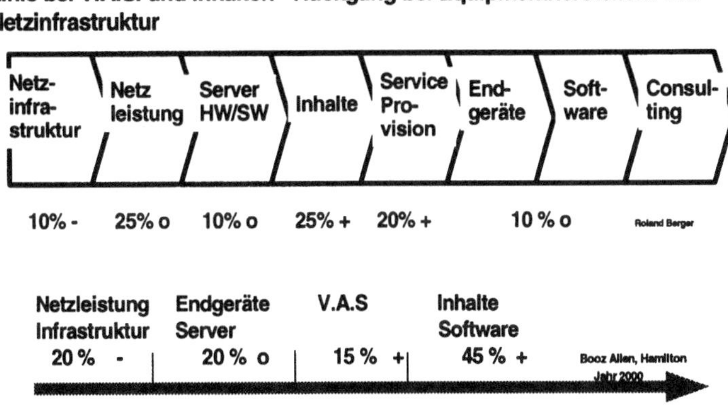

Abbildung 3: Umsatzprognosen in der Multimedia-Wertschöpfungskette (Anmerkung: V.A.S. steht für Value-Added Services).

5 Einige Fragen an Multimedia-Prognosen und Marktanalysen

Gibt es einen eigenständigen Multimediamarkt? Eingangs haben wir hergeleitet, daß der Multimediamarkt aus der Konvergenz klassischer Märkte mit bislang weitgehend getrennt arbeitenden Industrien, unterschiedlichen Technologien und Produkten entsteht. Zusätzlich zeigte die Analyse der verschiedenen Prognosen speziell zur quantitativen Entwicklung des Multimediamarktes eine starke Abweichung in den Umsatzprognosen.

Wer sind die Anbieter auf dem Multimediamarkt? Neben den Prognosen über einzelne Segmente des Multimediamarktes wie Online-Dienste oder Equipment gibt es Untersuchungen, die die oben beschriebene Wertschöpfungskette in den Mittelpunkt ihrer Betrachtung stellen. Aus dieser Betrachtung wird klar, daß das Beherrschen eines großen Stückes dieser Wertschöpfungskette nur über das

Verschmelzen von Industrien in Form von Beteiligungen, Übernahmen oder Allianzen führt. Häufig ist bei diesem Verschmelzungsprozeß nicht mehr klar, wer der eigentliche Anbieter für dezidierte Produkte der Wertschöpfungskette ist, und welche Branchen hier Stärken besitzen.

Wo sind wie große Umsätze am Multimediamarkt zu erwarten? Eine wesentliche Frage lautet, in welchen Segmenten der Wertschöpfungskette mit einem deutlich überproportionalen Wachstum zu rechnen ist, welche Dienste sich in generischen Szenarien wie dem Infotainment durchsetzen und wer somit am Multimediamarkt längerfristig verdienen wird.

Wer sind die Kunden im Multimediamarkt? Heutige Kunden am Multimediamarkt sind vornehmlich die Kundengruppen, die in PC-Shops Konsumgutartikel mit kleinen Margen beschaffen und gleichzeitig daheim in neuartigen Online-Netzen und -Diensten surfen bzw. interaktive CD-ROMs nutzen. Für ertragreiche Lösungen besitzen geschäftliche Anwendungen für die nächsten Jahre ein hohes Potential. Bei der Nutzung von interaktiven TV-Diensten oder Video-on-Demand-Equipment ist man in den privaten Haushalten momentan eher zurückhaltend, nachdem die letzten beiden Jahre doch eher durch Euphorie gekennzeichnet waren. Somit scheint es, daß sich Geschäftskunden und private Haushalte gleichermaßen am Multimediamarkt bedienen.

Wer wird längerfristig am Multimediamarkt verdienen? Auch bei einem positiven Verlauf der Umsätze für unterschiedliche Multimedia-Produkte sowie einer ausreichenden Klientel bleibt häufig die Frage nach dem Ertrag, dem Betriebsergebnis oder dem Break-Even Point bei großen Vorinvestitionen offen. Schaut man durch die aktuellen Analysen, so scheint die Ertragssituatuon am Multimediamarkt unklar.

Wie plausibel sind Prognosen für den Multimediamarkt? Im Verlauf des Beitrages wurden eine ganze Reihe unterschiedlicher Analysen erwähnt. Wir haben aufgezeigt, daß die Studien sowohl qualitativ widersprüchliche Aussagen enthalten als auch quantitativ starke Abweichungen bei den Umsatzprognosen vorliegen.

Sind Prognosen für den Multimediamarkt bereits validiert worden oder validierbar? Einige von den Studien sind bereits datierbar auf den Beginn der Neunziger Jahre. Ihre Vorhersagen für die Mittneunziger müßten also bereits validierbar sein.

Welche spezifischen Schwierigkeiten treten bei Prognosen für den Multimediamarkt auf? Braucht man bei Prognosen für den Multimediamarkt neue Analysemethoden? Eingangs wurde geschildert, wie schwierig der Multimediamarkt zu charakterisieren ist. Ist dieser Umstand, der durch die mehrfach erwähnte Konvergenz der Märkte noch verstärkt wird, ein Hauptschwierigkeit bei der Erstellung von Prognosen für den Multimediamarkt? Oder gibt es andere Faktoren, die im gesellschaftlichen oder technologischen Bereich liegen? Oder liegt es gar am methodischen Werkzeug?

Literatur

Bangemann, M. u.a. (1994). *Europa und die globale Informationsgesellschaft.* Brüssel: Empfehlungen für den Europäischen Rat.

Booz•Allen & Hamilton (1995). *Zukunft Multimedia - Grundlagen, Märkte und Perspektiven.* Frankfurt: IMK.

Eberspächer, J. (1995) (Hrsg.). *Neue Märkte durch Multimedia, Münchner Kreis.* Heidelberg u.a.: Springer-Verlag.

Glowalla, U., Engelmann, E., deKemp, A., Rossbach, G., & Schoop, E. (1995) (Hrsg.). *Auffahrt zum Information Highway, Deutscher Multimedia Kongreß '95.* Heidelberg: Springer-Verlag.

Holken, H. (1996). Multimediales aus Frankreich. *Im vorliegenden Band.*

Middelhoff, T. (1995). Zukunft Multimedia - Globale Informationsstrukturen und neue Märkte. *Bertelsmann Briefe - Dokumentation*, Gütersloh: Herbst/Winter 1995

Middelhoff, T. (1996). Multimedia und Marketing. Neue Chancen mit Neuen Medien. *Im vorliegenden Band.*

OVUM (1994). *Networked Multimedia - The Business Opportunities.* OVUM.

Riehm, U., & Wingert, B. (1995). *Multimedia. Mythen, Chancen und Herausforderungen.* Arbeitsbericht Nr. 33. Bonn: Büro für Technikfolgen-Abschätzung beim Deutschen Bundestag.

Roland Berger & Partner (1996). *Zukunftsmarkt Multimedia - 4 Thesen zu Chancen und Herausforderungen.* Referent: K.W. Vogel (Roland Berger-Projektleiter). 4. Niedersachsen Dialog, Hannover, Februar, 1996.

Wittkemper, G. (1996). Internationale Multimedia-Trends: Die Entwicklung der Märkte in USA, Japan, Frankreich und England. *Im vorliegenden Band.*

Appendix: Studien & Prognosen - eine Auswahl einschließlich grober Klassifizierung und Charakterisierung

Die nachfolgende Aufstellung liefert einen recht umfassenden Ausschnitt aus dem breiten Angebot an Multimedia-Studien und -Prognosen. Die aufgeführten Studien wurden nach allgemeinen Markteinschätzungen, adressierten Marktsegmenten sowie Nutzungswünschen und -anforderungen gruppiert. Soweit möglich wird eine kurze zusammenfassende Charakterisierung nach Zielsetzung, Fragestellung, Methodik und Art der Studien vorgenommen. Die Übersicht hat nicht den Anspruch auf Vollständigkeit. Detailliertere Auskünfte zu den Dokumenten sind über die Herausgeber des Bandes bei den Autoren dieses Beitrags erhältlich. Die Autoren stehen ferner zu einem Dialog über weitere Analysen, Prognosen und Studien zur Verfügung.

Multimediamarkt allgemein

Studien und Aufsätze zum allgemeinen Thema "Multimedia" stützen sich auf Analysen sowie Interviews und Expertenbefragungen. Salmony (1995) geht dabei sehr grundlegenden Fragestellungen nach und zeigt exemplarische Wirtschaftsbetrachtungen. Booz•Allen & Hamilton (1995) zeigen eine sehr breite und umfassende Analyse basierend auf einer Multimedia-Wertschöfungskette. Middelhoff (1995) und Sommerlatte (1995) nehmen ebenfalls Wertschöpfungsketten als Basis ihrer Analysen. Die Studien liefern i. a. eine Übersicht über Marktsegmente, Wertschöpfungsstufen, Absatzprognosen sowie Anbieter.

Booz•Allen & Hamilton (1995) *Siehe Literatur zu diesem Beitrag.*

CTR (1994). *Multimedia.*

Dataquest (1994). *Multimedia Market Trends.*

Dataquest (1995). *Multimedia Market Trends Report.*
Middelhoff (1995) *Siehe Literatur zu diesem Beitrag.*
Salmony, M. (1995) Multimedia - was ist das, wer will das, wie macht man das? In J. Eberspächer (Hrsg.). *Neue Märkte durch Multimedia, Münchner Kreis.*Heidelberg u.a.: Springer-Verlag.
Sommerlatte, T. (1995). Neue Märkte durch Multimedia - Chancen und Barrieren. In J. Eberspächer (Hrsg.). *Neue Märkte durch Multimedia, Münchner Kreis.* Heidelberg u.a.: Springer-Verlag.
Wirtschaftswoche (1995). *Multimedia.*

Nutzung von Multimedia

Diese Studien basieren bis auf eine Ausnahme (Universität Bremen, 1995) auf Umfragen in Privathaushalten. Einflußfaktoren für die Plausibilität ist hier die Art der Fragestellung. In einzelnen Fällen führen Suggestivfragen zu stark differierenden Aussagen zu einem Themenkomplex. In der Gesamtheit zeichnen diese Studien ein Bild, welche Erwartungen aber auch Befürchtungen in der Bevölkerung bestehen.

Allensbach (1995). *Das Interesse der Deutschen an Multimedia.*
BAT (1995). *Das multimediale Zeitalter hat noch nicht begonnen.*
FORSA (1995) FORSA/TV TODAY, *Mediennutzung im Alltag.*
IRES (1995) IRES/DM, *Multimedia.*
IZT (1995). *Multimedia im Privathaushalt.*
Universität Bremen (1995). *Multimedia im öffentlichen Bereich.*

Interactive TV

In diesem Bereich finden sich neben Expertenbefragungen und Analysen auch Projektübersichten mit abgeleiteten Folgerungen. Auch hier finden sich suggestive Fragestellungen wieder, was zu einer uneinheitlichen Plausibilität der Studien führt. Hauptzielsetzung der Studien ist, die unterschiedlichen Geschäftsmöglichkeiten und Produkte (Programmangebot, Inhalte, Set-Top Box, neue Netzinfrastruktur, ...) für das digitale, interaktive Fernsehen zu identifizieren und zu qualifizieren. In einigen Studien finden sich auch Hinweise zu technologischen Entwicklungen (z.B. der Übertragungstechnik oder Satelliten- vs. Kabelfernsehen).

EMNID (1995). *Digitales Fernsehen.*
Fraunhofer Institut ISI (1995). *Marktentwicklung Interaktives Fernsehen.*
MGM (1995a). *Marktübersicht interaktives Fernsehen.*
OVUM (1994a). *Interactive Television: the Market Opportunity.*
Prognos (1995). *Digitales Fernsehen.*

Online Dienste

Folgern MGM (1995b) ihre Aussagen auf der Basis von Szenarienanalysen, so setzt SIMBA (1995) auf eine klassische Marktdatenanalyse. Gibt SIMBA eine Übersicht über die Wachstumspotentiale und Marktanteile bestehender Service Provider, so setzt MGM auf zukünftig denkbare Szenarien, um Aussagen über Finanzierung von Online-Diensten oder neuen Diensten und Angeboten wie Online-Werbung abzuleiten.

MGM (1995b). *Marktübersicht Online Dienste.*
SIMBA (1995). *Online Dienste.*

Multimedia und Telekommunikation

Fast alle Studien basieren auf klassischen Marktdatenanalysen und verfolgen die Zielsetzung, zukünftige Geschäftsmöglichkeiten der Telekommunikation inklusive Mehrwertdienste und Equipment zu klassifizieren. EMO (1995), OVUM (1994b) und Dataquest (1995) weisen zusätzlich auf die Marktmöglichkeiten von Video-on-Demand Services hin. In OVUM (1994b) findet sich eine umfassende Übersicht über Anbieter der IuK-Industrie für Multimedia. Die Studien differieren in den Aussagen zu den Absatzprognosen.

Dataquest (1992). *Video Communication.*
EITO (1995). *Multimedia.*
Financial Times (1994). *European Multimedia - Business perspectives and potential for growth.*
OVUM (1994b). *Networked Multimedia - The Business Opportunities.*
Prognos (1992). *Telecomymunication Market 2000.*

Internationale Multimedia-Trends: Die Entwicklung der Märkte in USA, Japan, Frankreich und England

Gerd Wittkemper
Booz•Allen & Hamilton GmbH, Düsseldorf

Zusammenfassung. Nach einem Überblick über Multimedia als globaler Wirtschaftstrend werden 4 Länder bezüglich ihrer Multimediaaktivitäten näher analysiert: USA - Mythos und Realität des interaktiven Fernsehens; Japan - Später Start auf dem Superhighway; Frankreich - Multimedia über den PC; England - Telefonie über Kabelsysteme. Im Fazit und Ausblick wird zusammengefaßt, daß die Multimediamärkte weiterhin als sehr interessante Märkte einzustufen sind, daß aber ihre Entwicklung doch etwas langsamer vor sich geht, als ursprünglich von vielen Marktteilnehmern erwartet wurde.

1 Multimedia als globaler Wirtschaftstrend

Die Diskussion von Schlagworten wie Multimedia, Information Superhighway oder Datenautobahn nimmt nun schon seit einiger Zeit einen breiten Raum in der Fach- und Tagespresse ein. Häufig werden dabei einzelne Facetten der vielschichtigen Thematik hervorgehoben, ohne die Gesamtzusammenhänge offenzulegen. Aus diesem Grund ist die Diskussion nach wie vor häufig unklar und verschwommen. Insbesondere die Frage, ob und in welchem Umfang sich ein Markt für unterschiedliche Anwendungen entwickeln wird, ist mit großen Unsicherheiten behaftet. Der Blick auf andere, u.U. weiter entwickelte Länder kann in solchen Fällen erste Rückschlüsse auf die Entwicklung im eigenen Markt ermöglichen. Im folgenden wollen wir daher einige Aspekte der Mulitmedia-Marktentwicklung vor dem Hintergrund der internationalen Projekterfahrungen von Booz•Allen & Hamilton im Bereich Multimedia erörtern. Zunächst erfolgen jedoch einige Überlegungen zur generellen Entwicklung der Nachfrage und Anbieterstruktur in Multimedia-Märkten, die auch die globale Dimension dieser Entwicklung verdeutlichen.

Segmente / Anwendungsart	Geschäftliche Nutzung	Private Nutzung
Stand-alone-Anwendungen	• Personal Digital Assistant (PDA z.B. Newton) • Multimediale Lernprogramme (CD-ROM) • Multimediale Präsentationen • Multimediale Informationen (CD-ROM)	• Edutainment (CD-ROM) • Infotainment (CD-ROM) • MM-Spiele (z.B. Gameboy) • MM-Videos (CD-ROM) • MM-Information (CD-ROM)
	Migration	Migration
Netzorientierte Anwendungen	• Point-of-Sales (PoS) • Point-of-Information (PoI) • Teleworking • Videokonferenz • Bildtelefonie • MM-Informationsabfrage • MM-E-Mail • MM-Lernprogramme	• Interaktives Pay-TV (PPV, PPC, enhanced PPV) • Video-on-Demand (VoD) • Games-on-Demand (GoD) • Interaktives Homeshopping • Home-Service (z.B. elektronische Kontenführung) • Bildtelefonie • MM-Informationsabfrage (z.B. Reiseinformation, enhanced Datex-J) • MM-Lernprogramme

Abbildung 1: Marktsegmente Multimedia

Multimedia-Anwendungen sind durch drei Merkmale gekennzeichnet: *Interaktive Nutzung* und *integrative Verwendung* von *statischen* (z.B. Text, Graphik) und *dynamischen* (z.B. Video, Audio) Medientypen, die in *digitalisierter Form,* häufig unter Verwendung von Kompressionstechnologien, verarbeitet werden. Es müssen privat und geschäftlich genutzte Multimedia-Anwendungen unterschieden werden. Aus eher technischer Sicht ist eine Unterscheidung zwischen Stand-alone-Anwendungen, also Anwendungen, die nur ein Endgerät, aber kein Netz erfordern, und netzbasierten Anwendungen sinnvoll, da beide Kategorien eine unterschiedliche technische Infrastruktur beim Anwender erfordern. Nach dieser von Booz•Allen & Hamilton entwickelten Marktsegmentierung können die häufig diskutierten Multimedia-Anwendungen in vier Segmente eingeteilt werden (siehe Abbildung 1). Diese Unterteilung ist für die Analyse des Multimedia-Marktes sehr hilfreich, da sich die einzelnen Segmente in den wesentlichen Marktcharakteristika deutlich voneinander unterscheiden:

- Anforderungen an die technische Infrastruktur (Netze, Server, Endgeräte),
- Stadium der Marktentwicklung,
- Anbietergruppen,
- Technologisches Entwicklungsstadium,
- Einfluß des regulativen Umfeldes auf die Marktentwicklung.

	Hersteller von Multimedia-Systemen	Betreiber von Multimedia-Systemen	Gateway-Anbieter	Anbieter von Multimedia-Inhalten und -Diensten
Abgedeckte Funktionen/ Wertschöpfung	• Lieferung einzelner System-komponenten – Netzinfra-struktur – Server – Software/ Systeme – Endgeräte • System-integration	• Betrieb der technischen Infrastruktur • Angebot technischer Dienstleistun-gen, z.B. – Netz-leistung – Server-betrieb	• Kontrolle der Kunden-schnittstelle in Multimedia-Systemen – Marketing – Akquisition/ Vertrieb – Kunden-verwaltung – Abrech-nung	• Angebot von Multimedia-Inhalten, z.B. – Spiele – Videofilme – Finanz-informa-tionen • Angebot und Vermarktung von Multi-media-Diensten, z.B. – Home-shopping/ Home-banking – VoD
Anbieter, Beispiele Privatkunden	• Microsoft • Oracle • Philips • Sony • Siemens • Alcatel • Intel	• Telekom • Vebacom • CNI	• Bertelsmann • CompuServe • Burda • Telekom • Microsoft • Philips	• Bertelsmann • Burda • Sega • CNN • Disney • dpa • Otto • Deutsche Bank • Philips
Anbieter, Beispiele Geschäfts-kunden	• Microsoft • Oracle • Siemens • Alcatel • Intel • Picture Tel	• Telekom • Vebacom • CNI	• CompuServe • Telekom • Reuters	• Reuters • Deutsche Bank • Genios • CNN

Abbildung 2: Anbieterrollen im Multimedia-Geschäftssystem

Auf Basis der Wertschöpfungskette für netzbasierte Multimedia-Anwendungen lassen sich vier Anbieterrollen im Multimedia-Markt ableiten (siehe Abbildung 2):

- Hersteller von Multimedia-Systemen liefern die für netzbasierte Multimedia-Anwendungen erforderlichen Systemkomponenten - Netztechnologie, Server, Software und Endgeräte - und integrieren diese zu einem lauffähigen Gesamtsystem.
- *Betreiber von Multimedia-Systemen* stellen Anbietern von Multimedia-Diensten und z.T. für Gateway-Anbieter die technische Infrastruktur zur Verfügung.
- *Gateway-Anbieter* kontrollieren die Kundenschnittstelle eines Multimedia-Diensteangebotes, indem sie Funktionen wie Kundenakquisition und -management übernehmen. Nur sie haben den direkten Kundenzugang durch das Führen der Kundendatei sowie der Abrechnungssysteme. Sie kontrollieren auch die Benutzeroberfläche, die Programmführung bzw. -gestaltung. Der Pay-TV-Kanal Premiere ist ein Beispiel dafür, wie diese Funktion von dem Betrieb der Infrastruktur getrennt werden kann.
- *Anbieter von Multimedia-Inhalten und -Diensten* stellen die durch Multimedia-Systeme abrufbaren Inhalte gegen Bezahlung zur Verfügung. Sie können

dabei als Zulieferant eines Betreibers oder Gateway-Anbieters auftreten - beispielsweise eine Nachrichtenagentur, die einem Online-Diensteanbieter Informationen verkauft - oder selbst als Dienste- und Gateway-Anbieter im Markt aktiv werden. Bertelsmann hat z.B. für seinen Pay-TV-Sender Premiere letzteres Modell gewählt und kontrolliert als Inhalteanbieter selbstständig Akquisition, Verwaltung und Abrechnung seiner Kunden.

In Abbildung 2 sind Unternehmen, die die unterschiedlichen Anbieterrollen in den verschiedenen Marktsegmenten wahrnehmen, beispielhaft aufgeführt. Dabei werden zwei Dinge deutlich: In den unterschiedlichen Segmenten der privaten und geschäftlichen Anwendungen sind z. T. unterschiedliche Anbietertypen in den einzelnen Anbieterrollen aktiv. Darüber hinaus wird ersichtlich, daß das häufig be schriebene Zusammenwachsen der unterschiedlichen Anbieterindustrien in zwei Dimensionen gesehen werden muß. Bereits innerhalb der einzelnen Anbieterrollen kommt es zu neuen Wettbewerbskonstellationen im Kerngeschäft einzelner Anbietergruppen. So kämpfen z.B. heute schon Hersteller von Unterhaltungselektronik wie Philips, Sega oder Nintendo mit Computerherstellern um den lukrativen Markt der Videospiele-Konsolen. Ein weiteres Feld, in dem beide Anbietergruppen in Konkurrenz zueinander treten, sind die digitalen Set-Top Boxen, die im nächsten Schritt zu digitalen Fernsehern weiterentwickelt werden und sich dann technisch kaum noch von PCs unterscheiden. In diesen Gebieten sehen bereits heute so unterschiedliche Unternehmen wie General Instruments, Thompson, Microsoft, Scientific Atlanta und Sony zukünftige Wachstumsfelder, die es zu besetzen gilt.

Aber auch an den noch keineswegs klar definierten Schnittstellen des sich gerade entwickelnden Multimedia-Geschäftssystems entstehen neue Wettbewerbskonstellationen zwischen an sich unterschiedlichen Industrien. Diese zielen auf neu entstehende Märkte, meist im Dienstebereich, ab. Aber auch diese Entwicklungen können langfristig nachhaltige Auswirkungen auf das Kerngeschäft einzelner Anbietergruppen haben. Hersteller von Videospiele-Konsolen, wie z.B. Philips mit der CD-i-Konsole, stellen immer mehr fest, daß dieses Geschäft nur wirklich profitabel in Zusammenhang mit den dazugehörigen Inhalten betrieben werden kann und dringen in diese Wertschöpfungsstufe vor. Umgekehrt versuchen Inhalteanbieter wie Bertelsmann oder Burda im Online-Dienstegeschäft Fuß zu fassen. Dort werden sie bald neben traditionellen Anbietern wie Telekom oder CompuServe auch mit Microsoft, einem Software-Unternehmen, in Konkurrenz treten.

Bei der Thematik Multimedia wäre es zu kurz gegriffen, verschiedene nationale Märkte zu analysieren und zu versuchen, daraus Analogien zu ziehen. Denn es werden nicht nur nationale Märkte entstehen, die aufgrund der erzielbaren Economies of Scale am besten von global agierenden Anbietern bedient werden können. Eine Situation, die heute in fast allen hochwertigen Gütermärkten, wie z.B. bei Automobilen oder Unterhaltungselektronik, vorherrscht. Vielmehr werden tatsächlich virtuelle globale Marktplätze entstehen, die es Kunden erlauben, Produkte und Dienstleistungen unabhängig vom physischen Sitz der Anbieter weltweit zu vergleichen und zu beziehen. "Global Sourcing" rückt damit auch für Konsumenten in greifbare Nähe. Diese global wirkenden Trends müssen in die Betrachtung mit einbezogen werden. Aus den obigen Ausführungen lassen sich drei konkrete Fragestellungen ableiten, die im folgenden durch einige internationale Fallbeispiele näher erörtert werden sollen:

- Wie wird sich die Nachfrage in den einzelnen Marktsegmenten entwickeln?
- Wie stark wird sich der Trend zum Zusammenwachsen unterschiedlicher Industrien tatsächlich auswirken? Welche Industrien sind davon besonders betroffen?
- Welche Geschäftsmodelle werden sich entwickeln, und welche Anbietergruppen können davon besonders profitieren?

Bei den nachfolgenden Ausführungen wird zunächst etwas ausführlicher auf den bereits relativ weit entwickelten Multimedia-Markt in den USA eingegangen. Der Schwerpunkt liegt auf netzbasierten Anwendungen für private Nutzer. Bestandsaufnahmen der wesentlichen Entwicklungen in Japan, Frankreich und England sollen das Bild ergänzen.

2 USA: Mythos und Realität des interaktiven Fernsehens

Die USA gilt nicht zu unrecht als Urheberland des immensen Interesses an Multimedia und dem Information Superhighway. Einige äußerst spektakuläre Unternehmensübernahmen bzw. Ankündigungen hierzu ließen das Interesse an Multimedia vor zwei bis drei Jahren sprunghaft ansteigen. Insbesondere ist in diesem Zusammenhang die Übernahme von Paramount durch Viacom, einer US-Kabelgesellschaft, und der geplante Aufkauf von TCI, einem der größten Kabelnetzbetreiber in den USA, durch die Telefongesellschaft Bell Atlantic zu nennen. Letztere Übernahme, die kurz vor der Realisierung von Bell Atlantic gestoppt wurde, wäre mit einem Kaufpreis von etwa 50 Milliarden Dollar der größte der amerikanischen Wirtschaftsgeschichte gewesen. Etwa zeitgleich startete die Clinton/Gore-Regierung ihre Initiative zu den "Information Superhighways", die im wesentlichen zum Ziel hatte, die amerikanische Telekommunikationsinfrastruktur - ähnlich wie einst das Fernstraßennetz - in einer landesweiten Initiative auszubauen.

Die Übernahmehysterie ging jedoch schneller als gedacht ihrem Ende entgegen. Bei der Regierungsinitiative stellte sich sehr schnell heraus, daß es sich nicht, wie anfangs häufig fälschlicherweise vermutet, um ein staatlich finanziertes Infrastrukturprogramm handelt. Vielmehr versucht die Clinton-Administration durch visionäre Anstöße, Thought Leadership und die Moderation unterschiedlicher Interessengruppen eine Entwicklung anzustoßen und in eine gewisse Richtung voranzutreiben. Ein Ansatz, der in seinen Auswirkungen nicht unterschätzt werden darf. Dennoch trat nach dem anfänglichen Enthusiasmus zunächst eine Phase der Ernüchterung ein.

Um die Entwicklung in den USA und wahrscheinliche zukünftige Szenarien realistisch einschätzen zu konnen, muß man die Ausgangs- und Interessenlage der markttreibenden Anbietergruppen verstehen. Die Aktivitäten in den USA konzentrieren sich sehr stark auf das Privatkundensegment. Multimedia-Anwendungen für Geschäftskunden werden ebenfalls entwickelt und zum Teil bereits angeboten. Die Entwicklung in diesem Segment hat allerdings eher evolutionären Charakter. Dies ist u.a. darauf zurückzuführen, daß die für Multimedia erforderliche Netzinfrastruktur in Geschäftszentren aufgrund des steigenden generellen Kommunikationsbedarfs bereits installiert wird. Aus diesem Grund ist im Bereich der geschäftlichen Anwendungen eine sogenannte Killer-Anwendung, eine Anwendung also, deren Nachfrage so groß ist, daß sie die Investition in die Infrastruktur rechtfertigt, nicht unbedingt erforderlich. Die technologischen Voraussetzungen werden weitgehend unabhängig davon geschaffen.

Die treibenden Kräfte im amerikanischen Mutimedia-Markt sind die unterschiedlichen Telekommunikationsunternehmen. Der amerikanische Telekommunkationssektor ist, wie in anderen Ländern auch, sehr stark durch das regulative Umfeld geprägt. Nach der Zerschlagung des Telefonmonopols Anfang der 80er Jahre entstanden zwei Arten von Telefongesellschaften. Die sogenannten Regional Bell Operating Companies (häufig RBOCs genannt) erhielten regional begrenzte Monopole. Sie dürfen allerdings nur innerhalb dieser Region tätig sein. Für Gespräche zwischen verschiedenen Bundesstaaten oder für internationale Verbindungen sind sie auf die Dienstleistungen der Interexchange Carriers angewiesen. Dort stehen neben mehreren kleineren Unternehmen insbesondere MCI und Sprint mit dem ehemaligen Monopolisten AT&T, der immer noch einen Marktanteil von etwa 55% in diesem Segment hält, in direktem Wettbewerb.

Für den Betrieb von Kabelnetzen für TV-Angebote wurden regional und zeitlich begrenzte Lizenzen vergeben, die allerdings nach Ablauf verlängert werden können. In diesem Marktsegment, das mit einem Volumen von etwa 22 Milliarden Dollar (1993) etwa 12% des gesamten Telekommunikationsmarktes ausmacht, haben sich u.a. einige Medienunternehmen, wie z.B. Time Warner, engagiert. Durch diese regulativen Bestimmungen existieren drei Arten von Telekommunikationsunternehmen in den USA (vergleiche Abbildung 3), die die Entwicklung des Multimedia-Marktes maßgeblich beeinflussen. Die verschiedenen Anbietertypen haben bisher in weitgehend unabhängigen Teilmärkten operiert. Durch technologische und regulative Entwicklungen geraten sie jedoch zunehmend in direkte Wettbewerbsbeziehungen zueinander. Die Aktivitäten und strategischen Stoßrichtungen der einzelnen Anbietergruppen sind sehr unterschiedlich und müssen vor der jeweiligen Ausgangssituation gesehen werden.

Anbieter-typ	Vertreter	Zulässige Aktivitäten/Einschränkungen	Voraussichtliche Entwicklung
Long Distance Carriers	AT&T Sprint MCI	• Vermittlung, Übertragung und Abrechnung von Ferngesprächen und internationalen Verbindungen • F&E für Telekommunikations- und sonstige Ausrüstung • Herstellung von Telekommunikationsinfrastruktur und Endgeräten	• Bereits weitgehend liberalisiert
Regional Bell Operating Companies (RBOCs)	US West Nynex Ameritech Pacific Telesis Bell South Bell Atlantic South Western Bell	• Vermarktung von Telekommunikationsdienstleistungen an Haushalte und Unternehmen in zugewiesener Region • Seit 1992: Übertragung von Videosignalen, aber keine Vermarktung von Kabelfernsehen • Dürfen keine Kabelnetzbetreiber innerhalb ihres regionalen Marktes besitzen • Dürfen erst jetzt Fernverbindungen realisieren • Dürfen kein Telekommunikationsequipment herstellen	• Werden mittelfristig auch in den Fernsehmarkt eintreten • Eintritt in den "long distance"-Bereich seit Februar 1996 möglich
Kabelnetzbetreiber	Time Warner TCI Continental Cable Vision	• Regionalisierter Markt mit Lizenzen auf Zeit • Können Fernsehstationen und Telekommunikationsunternehmen kaufen • Kabelnetzbetreiber dürfen TV-Stationen nicht exklusiv an ihr Netz binden	• Auf absehbare Zeit keine weiteren Restriktionen erwartet

Abbildung 3: Anbieter in dem US-Telekommunikationsmarkt

Im Bereich der Ortsnetzebene ist zwar eine ganze Reihe von Unternehmen aktiv, dennoch weist dieser Sektor des amerikanischen Telekommunikationsmarktes einen hohen Konzentrationsgrad auf. Über 95% der ca. 140 Millionen Zugangsleitungen des Landes werden von den zehn größten Unternehmen kontrolliert. Diese Regional Bell Operating Companies haben bisher in einem gut geschützten Marktumfeld agiert. Die regionalen Monopole sicherten den Telefongesellschaften profitable Geschäfte und insbesondere einen sehr hohen Cash-flow. Die mögliche Ausweitung der Aktivitäten innerhalb des Landes war stark eingeschränkt: weder eine regionale Ausdehnung über das eigene Gebiet noch das Vordringen in wichtige andere Segmente wie die Fernübertragung oder die Herstellung von Telekommunikationsausrüstung ist bislang zulässig. Diese Einschränkungen führten dazu, daß die RBOCs innerhalb der letzten zehn Jahre umfangreiche Auslandsaktivitäten in Australien, Europa, Neuseeland und Lateinamerika aufgebaut haben. Die Auslandsbeteiligungen der RBOCs betragen nach neueren Schätzungen über 40 Milliarden US $.

Seit Februar 1996 jedoch hat der Regulierer den Markt der Telefonie im Nahbereich und Fernbereich für den Wettbewerb geöffnet. Die RBOCs werden nun von verschiedenen Seiten in ihrem Kerngeschäft bedroht. Auf der einen Seite werden Kabelgesellschaften, sobald dies technisch rentabel ist, Telefondienste anbieten. Auf der anderen Seite stehen Anbieter, die dieses Marktsegment auf Basis von mobilen Kommunikationstechnologien erschließen möchten. Insbesondere den gerade versteigerten Frequenzen für Personal Communication Services (PCS) ist hierbei eine große Bedeutung beizumessen. Aber auch traditionelle Mobilfunkanbieter sind in diesem Segment aktiv.

Umgekehrt werden aber auch die regionalen Telefongesellschaften größere Handlungsfreiräume erhalten. Drei Strategien werden im Moment bei den RBOCs diskutiert, um den zu erwartenden Marktanteilsverlusten im Kerngeschäft zu begegnen: Einstieg in die Fernübertragung, weiterer Aufbau eines Mobilfunkgeschäftes und das Angebot von Multimedia-Diensten. Die Gegenüberstellung der Marktvolumina macht deutlich, warum sich die RBOCs eher auf der Verliererseite der Marktöffnung sehen (siehe Abbildung 4). Der Verlust von 10% des lokalen Telefonmarktes könnte durch eine vollständige Übernahme des Mobilfunkmarktes gerade ausgeglichen werden. Aus diesem Grund wurden bereits frühzeitig Pilotversuche im Bereich interaktives Fernsehen initiiert, um mögliche neue Umsatzpotentiale zu erschließen. Ziel der Aktivitäten ist es, sowohl herkömmliche TV-orientierte Dienste wie z.B Pay-TV als auch neue interaktive Dienste über die Telefoninfrastruktur anzubieten.

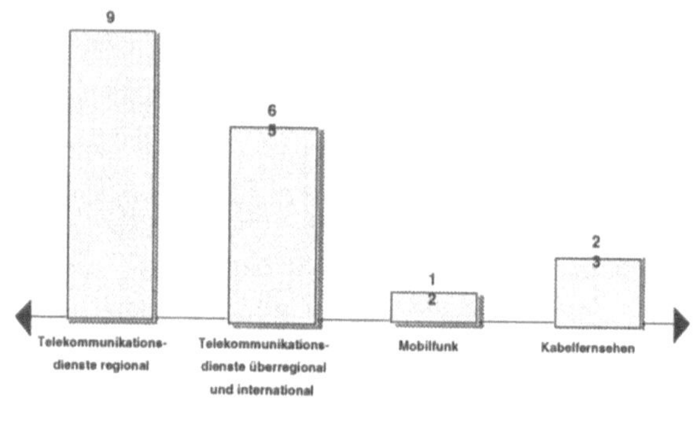

Abbildung 4: Marktvolumen US Telekommunikationsmarkt 1993 (Mrd. $)

Viele Telefongesellschaften haben umfangreiche Aktivitäten entwickelt, um den Markteinstieg in das Segment der Videodienste vorzubereiten (siehe Abbildung 5). Die Netze sollen mit umfangreichen Investitionen aufgerüstet werden. Zum Teil wurden die hierfür erforderlichen Genehmigungen von der amerikanischen Regulierungsbehörde (FCC) eingeholt bzw. beantragt. Umfangreiche Pilotversuche sollen die technische Machbarkeit und die Kundennachfrage nach interaktiven Diensten testen. Diese Aktivitäten haben einige Marktbeobachter zu der Annahme veranlaßt, daß eine breite kommerzielle Einführung interaktiver TV-Dienste kurz bevorsteht. Diese Hypothese wurde durch die spektakulären Übernahmeangebote vermeintlich bestätigt. Das Scheitern einiger der großen anvisierten Übernahmen und die ständigen Verzögerungen der Pilotversuche aufgrund technischer Schwierigkeiten führt nun zu einer realistischeren Einschätzung der Situation. So hat Bell Atlantic erst kürzlich einen der umfangreichsten Pilotversuche vorübergehend gestoppt, um das technische Konzept vollkommen neu zu überarbeiten. Diese und andere Verzögerungen rücken eine mögliche Markteinführung interaktiver Dienste wieder weiter in die Zukunft.

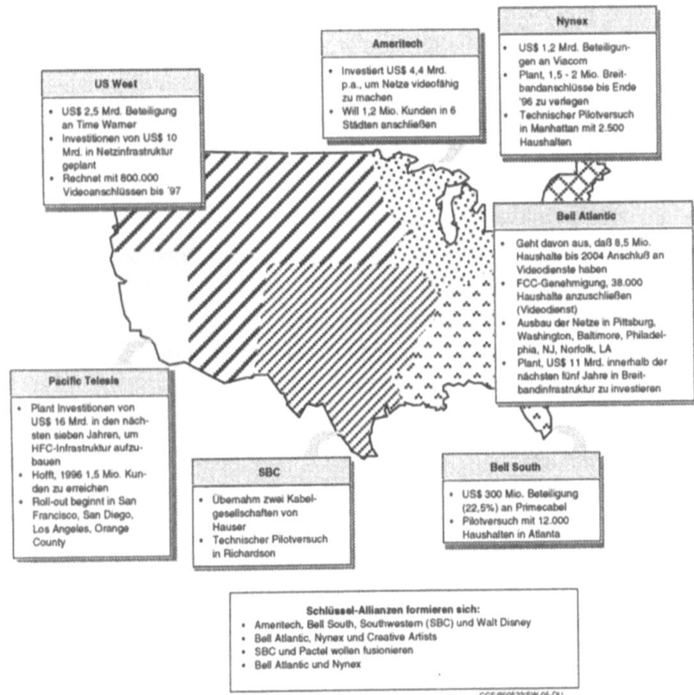

Abbildung 5: Multimedia-Aktivitäten der regionalen Telefongesellschaften (RBOCs) in den USA

Dennoch darf nicht übersehen werden, daß von seiten der RBOCs zum Teil umfangreiche Investitionen zum Ausbau von Videodiensten getätigt werden. So übernahm beispielsweise US West für US $ 2,5 Milliarden Anteile an dem Kabelgeschäft von Time Warner. Durch die Übernahme von Kabelgesellschaften in anderen Regionen verschaffen sich die regionalen Telefongesellschaften auch strategische Handlungsmöglichkeiten im Telefongeschäft außerhalb ihres Monopolgebietes. Daneben haben sämtliche RBOCs umfangreiche Investitionen für die Aufrüstung ihrer Netzinfrastruktur angekündigt, um die Voraussetzungen für die Übertragung von Videosignalen zu schaffen (siehe Abbildung 5). Zudem werden verstärkt Allianzen mit den sogenannten Inhalteanbietern, also Medienunternehmen, gebildet. Hierbei wird zwei Allianzen besondere Bedeutung beigemessen: Ameritech, Bell South, Southwestern Bell haben sich mit Walt Disney zusammengeschlossen. Pactel, Bell Atlantic und Nynex sind mit Creative Artists eine Allianz eingegangen. Beide Bündnisse zielen darauf ab, die Verbindung von Inhalten und interaktiven, multimedialen Vertriebswegen zu einem attraktiven Marktangebot zu bündeln. Die regionalen Telefongesellschaften sind also durchaus dabei, den Einstieg in die Welt des interaktiven Fernsehens vorzubereiten; der Zeithorizont ist allerdings eher mittelfristig anzusetzen.

Die US-Kabelfernseh-Industrie durchläuft gerade eine Konsolidierungsphase. Im letzten Jahr wurden Kabelgesellschaften, die annähernd 10 Millionen Kunden verwalten, übernommen. Innerhalb des letzten Jahres haben neun der 20 größten Kabelgesellschaften den Besitzer gewechselt. Mehrere Gründe sind hierfür ausschlaggebend: Der Markt für Kabelfernsehen erreichte Ende der 80er Jahre nach einer langanhaltenden Wachstumsphase eine gewisse Marktsaturierung - Kabelfernsehen war mit durchschnittlichen Wachstumsraten von kontinuierlich um die 10% über Jahre hinweg eines der dynamischsten Marktsegmente der amerikanischen Telekommunikationsmarktes. 90% der Haushalte sind technisch erschlossen, 60% abonnieren Kabeldienste. Zusätzlich erhöhte eine verschärfte Regulierung des KabelfernYeh-Sektors den ökonomischen Druck. Insbesondere die vor 1 1/2 Jahren erzwungene Reduzierung der Tarife verschlechterte die Cash-flow Situation der Kabelnetzbetreiber erheblich. Zudem können größere Anbieter nicht unbeträchtliche Economies of Scale erzielen. Diese können im Bereich des Programmeinkaufs und des Netzbetriebes realisiert werden.

Insbesondere die durch Übernahmen entstehenden großen Anbieter versuchen, sich auch im Bereich der interaktiven Broadband-Dienste zu etablieren und haben zu diesem Zweck umfangreiche Pilotversuche organisiert (siehe Abbildung 6). Der Pilotversuch von Time Warner in Orlando, Florida, testet eine der technisch anspruchsvollsten Lösungen und sehr umfangreiche Diensteangebote. Auch in diesem Versuch haben jedoch technische Schwierigkeiten, insbesondere im Bereich der Systemintegration, zu Verzögerungen geführt. Zahlreiche Industrieexperten sind inzwischen der Meinung, daß die dort getestete technische Lösung zu aufwendig ist, um ein wirtschaftlich tragfähiges Marktangebot zu ermöglichen.

Unternehmen	Time Warner	Viacom	TCI	Le Groupe Videotron	Rogers	GTE
Ort	Orlando	Castro Valley	Seattle, Denver	Sequenay, Quebec	-	Manassas, VA
Set Top Box	Sci. Atlanta MIPS/SGI	AT&T MIPS	Microsoft-Software	IBM	Microsoft-Software	AT&T
Video-Server	SGI	AT&T	Microsoft Tiger	IBM	Microsoft Tiger	AT&T
Switch	AT&T GCNS	AT&T GCNS	-	-	-	AT&T GCNS
Netz	HFC/ATM	HFC/ATM	HFC	HFC	HFC	HFC
Software-Tools	SGI, Andersen	AT&T	Microsoft	-	Microsoft	AT&T
Teilnehmer	4.000	1.000	Nach 2Q95	-	-	1.000
Dienste	Video-on-Demand, Multiplayer Games, Home-shopping, interaktive Werbung, Home Print, Promotions	Video-on-Demand, Multiplayer Games, Home-shopping, interaktive Werbung	Video-on-Demand	Video-on-Demand	Video-on-Demand, Home-shopping, Multiplayer Games	Video-on-Demand, Home-shopping, Multiplayer Games
System-Integrator	-	AT&T	-	-	-	AT&T
Benutzeroberfläche	Prevue	Starsight Telecast	-	-	-	-

Abbildung 6: Interaktive Pilotversuche der Kabelnetzanbieter in den USA

Kabelnetzbetreiber beschäftigen sich aus zwei Gründen mit interaktivem Fernsehen. Zum einen fühlen sie sich durch die Aktivitäten der RBOCs ebenfalls in ihrem Kerngeschäft bedroht und fürchten ernsthafte Konkurrenz im Segment der Videodienste. Zum anderen ermöglicht der Aufbau einer interaktiven Infrastruktur den Einstieg ins Telefongeschäft. Kabelnetzbetreiber können dann auf Basis eines sogenannten Full Service Networks Telefon- und Videodienste aus einer Hand bieten. Auch die Long Distance Carrier sehen hierin eine Möglichkeit, einen günstigeren Zugang in den Ortsnetzbereich zu bekommen. So hat Sprint beispielsweise eine Allianz mit den Kabelnetzbetreibern TCI, ComCast und Cox Cable geschlossen, um Orts- und Ferngespräche, Mobilfunk und Kabelfernsehen an Privat- und Geschäftskunden zu vermarkten. Die Bedeutung des Einstiegs in den Telefonmarkt muß in diesem Zusammenhang eine hohe Bedeutung beigemessen werden. Hier besteht aus Sicht der Kabelnetzbetreiber die Möglichkeit, an einem existierenden 150-Milliarden-US $-Markt zu partizipieren. Demgegenüber bieten die in ihrer zukünftigen Entwicklung noch höchst unsicheren interaktiven Videodienste eine weitaus riskantere Geschäftsmöglichkeit.

Die Long Distance Carrier AT&T, MCI und Sprint suchen seit langem nach Möglichkeiten, die hohen Interconnect-Kosten, die an die regionalen Telefongesellschaften abgeführt werden müssen, zu umgehen. Dies ist verständlich, wenn man sich das Ausmaß der Kostenbelastung verdeutlicht: Etwa 40 % des Umsatzes im Fernbereich werden an die RBOCs für die Benutzung der lokalen Infrastruktur abgeführt. Der Mobilfunk stellt für Long Distance Carrier neben den interaktiven Breitbandkabel der Kabelnetzbetreiber die zweite wichtige Alternative dar, einen direkten Zugang zum Endkunden zu schaffen. AT&T hat sich in diesem Segment durch die Übernahme von McCaw, dem größten Mobilfunkbetreiber in den USA, eine wichtige strategische Position aufgebaut. MCI und Sprint versuchen beide, über Kooperationen mit anderen Mobilfunkunternehmen in diesen Bereich vorzudringen. Das Angebot interaktiver Videodienste wird von den Long Distance Carriern ebenfalls geplant. Dieses Segment wird aber in der strategischen Bedeutung eher nachrangig gesehen.

AT&T ist daneben auch in seiner Rolle als Hersteller von Telekommunikationsausrüstung (Lucent) in vielen Feldversuchen im Bereich interaktives Fernsehen beteiligt. Auch innerhalb der unterschiedlichen Anbietergruppierungen, die an den technischen Lösungen arbeiten, formieren sich zahlreiche Allianzen. Dort wird versucht, das unterschiedliche Know-how aus der Telekommunikations-, der Computerindustrie und der Unterhaltungselektronik zu vereinen. Die aktuelle Übersicht von Übernahmen und Allianzen im Bereich Multimedia in den USA macht deutlich, daß ein großer Teil dieser Aktivitäten auf das Liefergeschäft für interaktive Breitbandsysteme abzielt (siehe Abbildung 7).

Beteiligte Unternehmen	Ziel	Anbieterrolle
• Broadband Technologies Corporation • Lucent (AT&T)	SLC 2000/FLX vermitteltes digitales Videosystem	Hersteller von MM-Systemen
• Lucent (AT&T) • Silicon Graphics Inc.	Video-Server – Systemlösungen	Hersteller von MM-Systemen
• Sun Microsystems • Thomson Electronics	Video-Server und Set Top Boxen	Hersteller von MM-Systemen
• Siemens • Scientific Atlanta • Sun Microsystems	Multimedia-Netzarchitektur	Hersteller von MM-Systemen
• IBM • ICTV	VoD-Hard- und -Software, interaktive Multimedia-Dienste	Hersteller von MM-Systemen
• Digital • General Instrument	Network-Produkte für interaktive Dienste	Hersteller von MM-Systemen
• Cablevision System Inc. • Lucent (AT&T)	VoD und Enhanced Pay-per-View-Systeme	Hersteller von MM-Systemen
• Microsoft • Sony	Hard- und Software für interaktives TV	Hersteller von MM-Systemen
• Microsoft • Southwestern Bell • Lockhead Corp.	VoD – Pilotversuch	• Hersteller von MM-Systemen • Betreiber von MM-Systemen
• Bell Atlantic • Nynex • Pacific Telesis • Creative Artists	Interaktive TV-Dienste	• Betreiber von MM-systemen • Gateway-Anbieter • Inhalteanbieter
• Ameritech • Bell South • Southwestern Bell • Walt Disney	VoD, interkative Programme	• Betreiber von MM-systemen • Gateway-Anbieter • Inhalteanbieter
• US West • Time Warner	Interkatives TV – Pilotversuch	• Betreiber von MM-systemen • Gateway-Anbieter

Quelle: Link Resources Corporation, Booz•Allen & Hamilton-Analyse CCE/950523/SW-07-DU

Abbildung 7: Multimedia-Allianzen in den USA

Zusammenfassend läßt sich folgendes Bild der Marktsituation von Multimedia-Anwendungen für Privatkunden zeichnen: Der Markt befindet sich immer noch in einem sehr frühen Stadium. Die Pilotversuche der Kabel- und Telefongesellschaften haben sich weiter verzögert - mit ersten stabilen Ergebnissen ist nicht vor Mitte/Ende 96 zu rechnen. Viele technische Fragen sowie die Nutzerakzeptanz sind nach wie vor weitgehend ungelöst. Dennoch lassen sich einige wichtige Hypothesen für die weitere Marktentwicklung ableiten: Von den drei wichtigen Anbietergruppen aus dem Bereich der Telekommunikationsunternehmen sind nur die regionalen Telefongesellschaften auf die zusätzlichen Einkünfte durch interaktive Dienste angewiesen, um die zusätzlichen Investitionen in die Netzinfrastruktur zu finanzieren. Für Kabelgesellschaften, die häufig in Allianz mit den Long Distance Carriern agieren, wird durch die Netzaufrüstung ein Einstieg in den Telefonmarkt ermöglicht. In Anbetracht der schieren Größe dieses Marktes treten interaktive Videodienste demgegenüber häufig in den Hintergrund. Konsequenterweise haben sich die RBOCs mit Inhalteanbietern in Allianzen formiert, um dieses für sie vollkommen neue Geschäft mit Videodiensten zu erschließen. Darüber hinaus positionieren sich Anbieter von interaktiven Breitbandsystemen, die diese

Technologie an Telefon- und Kabelnetzbetreiber vermarkten wollen und hierin ein großes Wachstumsfeld sehen. In diesem Sinne ist der Multimedia-Markt stark anbietergetrieben, was in einer so frühen Marktphase nicht ungewöhnlich ist.

Für die weitere Marktentwickung lassen sich drei Szenarien aufzeichnen:

- Die Multimedia-Marktentwicklung wird durch die Allianzen zwischen Long Distance Carriern und Kabelnetzgesellschaften getrieben. Diese Allianzen installieren als erste in größerem Umfang interaktive Breitbandanschlüsse, vermarkten aber zunächst ein Dienstebündel von konventionellen Telekommunikations- und Kabelfernsehdiensten.
- Der Ausbau der breitbandigen Infrastruktur erfolgt evolutionsartig - sowohl von Kabelnetzbetreibern als auch von regionalen Telefongesellschaften.
- Die regionalen Telefongesellschaften stellen ihren Markteintritt zurück und konzentrieren sich auf Mobilfunk und den Fernbereich. Kabelnetzgesellschaften bauen ihre Netze schrittweise aus. Die RBOCs investieren anschließend im nächsten Technologiezyklus in voll digitale Breitbandnetze (Fibre to the home).

Die oben dargelegten Überlegungen lassen das erste Szenario als das wahrscheinlichste erscheinen. Die Allianzen aus Long Distance Carriern und Kabelnetzbetreibern verfügen über die erforderliche Finanzkraft und das Know-how, um Telefon und Videodienste gemeinsam anbieten zu können. Das zweite Szenario würde voraussetzen, daß die Pilotversuche sehr bald nachhaltig positive Ergebnisse liefern, so daß die regionalen Telefongesellschaften die angekündigten Investitionen in die Netzinfrastruktur im geplanten Rahmen realisieren. Das könnte auch die Kabelnetzbetreiber zu einem vorsichtigeren Vorgehen veranlassen, um den Aufbau von Überkapazitäten im Markt zu vermeiden Bei einer in diesem Fall zu erwartenden Marktkonsolidierung hätten die finanzkräftigen Telefongesellschaften vermutlich den längeren Atem. Das letzte Szenario könnte bei einem negativen Ausgang der Pilotversuche in technischer oder ökonomischer Hinsicht eintreten.

Das Beispiel der Marktentwicklung in den USA macht deutlich, daß die Zukunft von multimedialen Diensteangeboten keineswegs ausschließlich von technologischen Entwicklung und der zu erwartenden Nachfrage abhängt. Die Randbedingungen des Marktumfeldes, die auch maßgeblich durch die regulativen Bestimmungen und deren Entwicklung bestimmt ist, und die darin agierenden Marktteilnehmer üben einen erheblichen Einfluß auf die Marktentwicklung aus.

3 Japan: Später Start auf dem Superhighway

Zu Beginn der Multimedia-Entwicklung waren in Japan zunächst wenig Aktivitäten erkennbar. Dies war im Land der Unterhaltungselektronik, das u.a. einen der wenigen bereits existierenden multimedialen Märkte - Videospiele - seit Jahren in einem de facto-Duopol beherrscht, zunächst überraschend. Die Impulse, die von diesem dynamischen und kreativen Markt ausgingen, machten sich zunächst in den USA bemerkbar. Dort eröffnete Sega bereits 1994 in Zusammenarbeit mit mehreren Kabelanbietern einen Videospielekanal. Damit können von zu Hause aus Videospiele abgerufen und mit mehreren Spielern von unterschiedlichen Standorten aus gespielt werden. In Japan hingegen blieb es ruhig. Es machte sich nach und nach das Gefühl breit, den Anschluß an die internationale Entwicklung in einem wichtigen Zukunftsmarkt zu verlieren.

Inzwischen haben sich einige Initiativen im Bereich interaktives TV entwickelt. Diese wurden zum Teil durch Lockerung der Bestimmungen für den unterentwickelten japanischen Kabelsektor begünstigt. Bisher sind nur etwa 4 % der japanischen Haushalte verkabelt. Die regulativen Rahmenbedingungen favorisierten bis dahin Investitionen mittelständischer regionaler Unternehmen. Aus diesem Grund ist der japanische Kabelsektor stark zersplittert. Neben kleineren regionalen Gesellschaften sind aber auch einige große Handelshäuser auf diesem Gebiet engagiert und gewinnen zunehmend an Bedeutung. Aber auch diesen gelang es bisher nicht, das Kabelfernsehen weiter voranzubringen. Häufig werden die schlechte Programmqualität, verfehlte Marketingkonzepte und unprofessionelles Management als Gründe hierfür angeführt. Mehrere große Handelshäuser wie Itochu oder Sumitomo, die auch im Kabelfernsehmarkt aktiv sind, starten nun Feldversuche, um interaktive TV-Dienste zu testen. An diesen Pilotversuchen sind zum Teil amerikanische Telefon- und Kabelgesellschaften beteiligt. Neben den in Abbildung 8 aufgelisteten, bereits angekündigten Projekten laufen zahlreiche weitere Verhandlungen. Dies dürfte bald zu weiteren Ankündigungen führen. Eine weitere Gruppe, die im Moment starkes Interesse an interaktivem TV zeigt, sind die Equipment-Hersteller. Hierzu ist z.B. Fujitsu zu zählen, Japans größter Computerhersteller, der ebenfalls einen Pilotversuch angekündigt hat.

Partner-unternehmen	Ort	Ange-schlossene Haushalte	Geleistete Dienste	Status
Fujitsu	Yokohama, Hachioji, Akashi, Nakano	300-1.000 pro Region	VoD, Videospiele, Infodienste, Telefon, Fax	Geplanter Start 12/94
Sumitomo Home-shopping Network TCI	–	–	Homeshopping	Feasibility Study
Sumitomo Otto-Sumisho	–	–	Homeshopping	–
Itochu Time Warner US West Toshiba	–	3 Mio. geplant	VoD, Health Care, Karaoke-on-Demand	Start Ende 1995
NTT Microsoft TCI	Seattle, USA	–	Video-on-Demand	Start 2. Hälfte 1995
NTT + 3 regionale Kabel-gesellschaften	Tokio, Chiga, Kenagawa	–	Video-on-Demand, Telefon	Start Mitte 1995 (bis Ende 1997)
NTT Silicon Graphics	–	300-500	VoD, Videospiele, Informationsdienste, Kabelfernsehen	Start Ende 1995
Matsushita 3DO Versandhandel	–	–	Homeshopping-Kombination CD/online	–
Hitachi Nissho Iwai Marabeni	Yokohama Hitachi	–		Keine Details veröffentlicht
Sega CSK Kandenko, Itochu, Sumitomo Nissho Mitsubishi	Tokio, Nagano, Mie	Plan: 20.000 Teilnehmer im ersten Jahr	Videospiele-on-Demand	Geplanter Start Ende 1994
Softbank NTT Data Communications	Landesweit	Plan: 10 Mio. bis 2000	Video-on-Demand, Games-on-Demand, Karaoke, Ticket-Reservierung	Offen

Abbildung 8: Multimedia-Aktivitäten in Japan

Zwei Änderungen in den rechtlichen Rahmenbedingungen haben nun mehr Bewegung in den Markt gebracht: Zum einen können nun ausländische Unternehmen in den Markt investieren. Zum anderen soll es den Kabelgesellschaften erlaubt werden, regionale Telefondienste über ihre Netze anzubieten. Daraufhin sind einige amerikanische Unternehmen in den Markt eingestiegen und planen bereits die ersten interaktiven Feldversuche. So haben sich beispielsweise Time Warner und US West mit Toshiba und Itochu in einem Joint Venture zusammengeschlossen (Time Warner Entertainment Japan). Dieses Unternehmen will einen interaktiven TV-Dienst starten. Während dies für Time Warner eine von vielen Aktivitäten ist, um den japanischen Medien- und Unterhaltungsmarkt zu erschließen, steht für US West der Einstieg in den Telekommunikationsmarkt im Vordergrund. Daneben hat sich ein umfangreiches Konsortium japanischer Telekommunikationsunternehmen, Kabelfernsehgesellschaften, Handelshäusern und Herstellern von Computern und Unterhaltungselektronik gebildet, um das Angebot von Telefondiensten über Kabelfernsehsysteme zu forcieren (siehe Abbildung 9).

Teilnehmer		Rolle/Funktion
Industrie	Unternehmen	
Telekommunikationsanbieter	• DDI • JT • KDD	• Fernverbindungen und internationale Verbindungen
Kabel-TV-Anbieter	• TTNet • Odakyu Information Service • Kintetsu Cable Network • Tokyo Cable TV • Tokyo Cable Network • Yokohama Cable Vision	• Angebot lokaler Telefondienste
Handelsunternehmen	• Sumitomo Corp. • Itochu Corp. • Mitsui and Co. • Mitsuibishi Corp.	• Handelsunternehmen sind treibende Kräfte im Kabel-TV-Markt
Hersteller	• Toshiba • NEC • Hitachi • Fujitsu • Matsushita • Nihon Tsushinki • Hitachi Denshi • Secom • Sakura Bank	• Entwicklung von Technologien für Kabel-Telefonie – Telefone – PC-Kommunikation – Netztechnologie

CCE/950523/SW-08-DU

Abbildung 9: Konsortium zur Förderung des Angebots von Telefondiensten über Kabelsysteme in Japan

Die Erfolgsaussichten dieser Projekte sind allerdings noch äußerst ungewiß. Auf seiten des Regulierers besteht noch Uneinigkeit, inwieweit die regionalen bzw. lokalen Märkte geöffnet werden sollen. Darüber hinaus ist der frühere Monopolist, Nippon Telegraph and Telephone Corporation (NTT), bezüglich der sogenannten Interconnection Charges in einer sehr starken Verhandlungsposition. Dabei handelt es sich um Gebühren, die die lokalen Anbieter an NTT abführen müssen, wenn Anrufe in das NTT-Netz geleitet werden, also ein NTT-Kunde angerufen wird. Diese Gebühren sind häufig bei Neueinsteigern in den Telekommunikationsmarkt einer der größten Kostenfaktoren. Zudem sind die regionalen Anbieter bei der Nummernvergabe benachteiligt. So müssen NTT-Kunden auch bei Ortsgesprächen die Vorwahl wählen, um die Kunden der regionalen Gesellschaften erreichen zu können.

NTT nimmt inzwischen selbst eine Vorreiterrolle bei interaktiven Feldversuchen ein. Das Unternehmen ist ein stiller Teilhaber an dem TCI-Feldversuch in Seattle. Aber auch in Japan will NTT 300-500 Haushalte in Tokio an einen interaktiven Dienst anschließen, der zusammen mit Silicon Graphics entwickelt wird. Neben den häufig getesteten Diensten wie Video-on-Demand, Informationsdiensten und Games-on-Demand sollen auch traditionelle Telekommunikationsdienste wie Kabelfernsehen, Telefon und Fax angeboten werden. Der Dienst verwendet ein von Silicon Graphics entwickeltes graphisches User Interface und basiert auf Glasfaser/ATM-Netzinfrastruktur.

Die NTT-Tochter NTT Data Communications Systems, Japans größtes Softwarehaus, will in einem Joint Venture mit Softbank, einem Verleger interaktiver

Titel, einen interaktiven TV-Dienst auf ISDN-Basis anbieten. Das Unternehmen mit dem Namen Medialab hat folgende Konditionen für den geplanten Dienst veröffentlicht: monatliche Grundgebühren von DM 30 und DM 4,50 pro Filmabruf. Die Set Top Boxen werden frei zur Verfügung gestellt. Der Dienst soll auch auf der von NTT geplanten Glasfaserinfrastruktur laufen. Bis zum Jahr 2000 sollen 10 Millionen Teilnehmer gewonnen werden. Diese ehrgeizige und bewußt visionäre Planung muß allerdings etwas skeptisch betrachtet werden. Die eher dürftige Kapitalausstattung von Medialab (US $ 500.000) lassen die Realisierung des ehrgeizigen Vorhabens schwierig erscheinen.

XING, ein Joint Venture von Brother Group und Intec, bietet allerdings bereits heute in einem multimedialen Dienst auf Basis des ISDN Music-on-Demand, Karaoke und Softwareprogramme mit beachtlichem Erfolg an. In diesem Segment werden bereits einige hundert Millionen Yen umgesetzt. Einige Experten sind der Meinung, daß Karaoke Multimedia in Japan zum Durchbruch verhelfen kann. Karaoke ist eine der beliebtesten Freizeitaktivitäten in Japan. Knapp 60 Millionen Japaner nehmen mindestens einmal im Jahr an einer Karaokeveranstaltung teil. Karaoke ist damit der viertgrößte Freizeitmarkt in Japan. Netzbasierte Karaokesysteme hätten gegenüber den heute dominierenden Laserdisk-Systemen den Vorteil, daß sie eine größere Auswahl bieten könnten und schneller aktualisierbar sind.

Zusammenfassend läßt sich feststellen, daß der japanische Multimedia-Markt deutlich an Momentum gewonnen hat. Auf der Nachfrageseite könnte der "Volkssport" Karaoke wichtige Impulse liefern. Die geringe Kabelpenetration und die immer noch restriktive Regulierung im gesamten Telekommunikationsbereich lassen die schnelle Installation von interaktiven Breitbandnetzen eher unwahrscheinlich erscheinen. ISDN-basierte Dienste könnten daher in Japan mittelfristig eine größere Bedeutung erlangen als in anderen Regionen.

4 Frankreich: Multimedia über den PC

Multimedia und der Information Superhighway nehmen seit längerer Zeit breiten Raum in der öffentlichen Diskussion in Frankreich ein. Eine kürzlich veröffentlichte Untersuchung der französischen Regierung geht davon aus, daß der Markt für "Teleservices" bis zum Jahr 2005 ein Volumen zwischen 86 und 195 Milliarden FF erreicht. Als "Teleservices" werden dabei alle Mehrwertdienste bezeichnet, die auf Telekommunikationsdienste zurückgreifen. Darunter fallen sprachgestützte Informationsdienste ebenso wie Datenbankabfragen oder Video-on-Demand. Man geht davon aus, daß in dieser Industrie zwischen 30.000 und 60.000 neue Arbeitsplätze entstehen werden. Dabei sind allerdings Rationalisierungseffekte der neuen Dienste und Technologien nicht berücksichtigt. Der Nettoeffekt dürfte insbesondere in den ersten Jahren nicht gravierend sein und könnte sogar negativ ausfallen.

Die französische Regierung hat, basierend auf diesen sehr positiven Erwartungen, eine Initiative zur Förderung der Marktentwicklung gestartet. Es wurden Studien in Auftrag gegeben, die Fragen der Infrastruktur und Dienstegestaltung untersuchen. Zudem wurde die Industrie aufgefordert, Projektvorschläge einzureichen, um neuartige interaktive Dienste zu testen. Die französische Regierung stellte für ausgewählte Projekte eine öffentliche Finanzierung in Aussicht. Zudem wurde zugesagt, auch Projekte, die außerhalb bestehender Regularien liegen und etwa Monopole der France Telecom brechen würden, wohlwollend zu prüfen. Man will aber nicht den zu erwartenden Widerstand der bei France Telecom aktiven Gewerkschaften provozieren. Letztendlich wurden nur Projekte genehmigt, die keine öffentlichen Mittel benötigen und innerhalb der bestehenden Gesetze operieren. Also Projekte, die sowieso keiner Genehmigung durch die Regierung bedurften. Dies hat sicherlich die bis dahin hochgeschraubten Erwartungen an die Marktentwicklung wieder gedämpft.

Insgesamt verfügt Frankreich über eine günstige Ausgangsposition im Multimedia-Markt. Mit Minitel ist ein interaktiver Datendienst bereits gut etabliert. Mit etwa 7 Millionen aktiven Teilnehmern wird ein Umsatz von ca. 7 Milliarden FF generiert. Der Dienst wird sehr stark von Privatleuten genutzt, die dadurch mit den Vorteilen interaktiver Dienste gut vertraut sind. Es existiert auch eine vergleichsweise weit entwickelte Anbieterindustrie, die Erfahrungen mit interaktiven Diensten hat: Über Minitel sind über 22.000 verschiedene Dienste von Homebanking über Online-Dienste bis hin zu Mitteilungsdiensten abrufbar. Insbesondere die weit entwickelten Electronic Banking-Dienste sind eine gute Voraussetzung, um später reibungslos Transaktionen über den Information Superhighway abwickeln zu können.

Die bereits stark digitalisierte Telekommunikationsinfrastruktur dürfte in der Lage sein, viele multimediale Diensteangebote zu unterstützen. Der Entwicklung des ISDN-Netzes wird hierbei eine große Bedeutung zukommen. Dienste, die auf eine breitbandige Netzinfrastrukur angewiesen sind, wie viele der TV-basierten Dienste wie Video-on-Demand, werden auch getestet, jedoch nicht in größerem Umfang. Die geringe Kabelpenetration spricht nicht für eine schnelle Entwicklung in diesem Bereich. 1994 waren ca. 1,3 Millionen Haushalte an Kabelsysteme angeschlossen. Es formieren sich aber auch hier erste lose Allianzen zwischen Inhalteanbietern wie Hachette, Kabelgesellschaften und Equipment-Herstellern. France Telecom, die mit 10% Marktanteil zu den kleineren Kabelgesellschaften zu zählen ist, hat ein eigenes Tochterunternehmen für den Bereich TV-basierter Multimedia-Dienste wie Pay-per-View gegründet. Dennoch ist in Frankreich zunächst mit einer Entwicklung von PC-basierten Multimedia-Diensten zu rechnen.

5 England: Telefonie über Kabelsysteme

In Großbritannien ist innerhalb der großen europäischen Länder der Telekommunikationsmarkt seit Jahren am weitesten liberalisiert. Häufig ist damit auch die Erwartung verknüpft, daß hier ebenfalls die Marktentwicklung im Bereich Multimedia weiter vorangeschritten sei als in anderen Ländern. Die Anbieterstruktur in Großbritannien ist mit der in den USA weitgehend identisch. Auch hier sind die Telefongesellschaften von den Kabelgesellschaften per Gesetz getrennt. Dabei dürfen Kabelgesellschaften zwar Telefondienste anbieten, die Telekommunikationsanbieter umgekehrt aber nicht in das Kabelgeschäft einsteigen. Durch diese Regelung soll zusätzlicher Wettbewerb in den Telekommunikationsmarkt gebracht werden. Zudem steht dem ehemaligen Monopolanbieter British Telecom (BT) mit Mercury im Telekommunikationsmarkt ein ernstzunehmender Wettbewerber gegenüber. Die Bedeutung der Kabelanbieter darf aber nicht überschätzt werden, da Großbritannien mit ca. 800.000 Kabelabonnenten eine vergleichsweise geringe Kabeldurchdringung aufweist. Dennoch, die Wachstumsraten haben in den letzten zwei Jahren die Erwartungen übertroffen und bis zum Jahr 2000 sollen über 12 Millionen Haushalte im Anschlußbereich von Kabelsystemen liegen.

Mehrere Kabelnetzbetreiber bieten bereits heute mit großem Erfolg die Übertragung von Sprache und Bildern über diese Netze an. Interessanterweise errichten die meisten Kabelnetzbetreiber zu diesem Zweck ein sogenanntes Overlay-Netz. Das heißt, für beide Dienste - Kabelfernsehen und Telefonie - wird jeweils ein eigenes Netz errichtet - und zwar bis hin zum Endkunden. Die Netzplaner von Videotron, einer kanadischen Kabelgesellschaft, die auch in England aktiv ist, gehen davon aus, daß dies aufgrund der fundamental unterschiedlichen Anforderungen beider Dienste die technologisch sinnvollste, aber auch die wirtschaftlichste Lösung ist. Beim Netzaufbau und der Wartung lassen sich dennoch große Synergien erzielen, etwa durch das parallele Verlegen der Kabel oder die Nutzung derselben Räume für Netzknoten und Vermittlungsstellen.

Den Kabelnetzbetreibern gelang es, etwa 70% ihrer Kabelabonnenten als Telefonkunden zu gewinnen. Hierfür war eine sehr erfolgreiche Vermarktungsstrategie - Telefondienste werden gezielt in gehobenen Wohngegenden vermarktet - und ein gegenüber den Telefongesellschaften günstigeres Tarifkonzept ausschlaggebend. Umgekehrt fällt es BT schwer, sich flexibel an die Herausforderung anzupassen: Die Kabelgesellschaften haben regional begrenzte Lizenzen und können sich daher in ihrer Tarifstruktur flexibel an die örtlichen Gegebenheiten anpassen. Darauf kann BT mit einer landesweit gültigen Tarifstruktur nur unzureichend reagieren. Die Kabelgesellschaften streben jetzt an, langfristig ihre Netze mit einem entsprechenden Backbone zu einem Verbund zusammenzuschließen und landesweit als gleichwertiger Wettbewerber im Telekommunikationsmarkt aufzutreten.

In diesem Zusammenhang ist auch der Feldversuch von BT in Kesgrave zu sehen, bei dem in 100 Haushalten Video-on-Demand-Dienste getestet werden. Es ist noch nicht abschließend geklärt, ob BT tatsächlich Video-on-Demand- und ähnliche interaktive Dienste über das Telefonnetz vermarkten darf. Es ist damit zu rechnen, daß die Kabelnetzbetreiber bei einem positiven Testverlauf gegen die Genehmigung der Regulierungsbehörde gerichtlich vorgehen werden. Bis zum Jahresende wird der Test auf 2.500 repräsentativ ausgewählte Haushalte erweitert. Kooperationspartner sind BBC (Inhalte) und Oracle (Multimedia-Server). Weitere Kooperationspartner für interaktive Dienste sind im Gespräch. Bei einem erfolgreichen Verlauf ist frühestens Ende 1996 mit kommerziellen Angeboten am Markt zu rechnen. BT räumt dem Thema Multimedia insgesamt einen hohen Stellenwert ein. In der Special Business Division ist eine Organisationseinheit mit etwa 500 Mitarbeitern mit diesem Thema betraut. Schwerpunkte der Aktivitäten liegen im Bereich der videogestützten Kommunikation - im wesentlichen Bildtelefonie und Videokonferenz. BT vermarktet hier eine eigene Produktlinie.

Der zweite große Anbieter im britischen Telekommunikationsmarkt, Mercury, verhält sich bisher sehr kooperativ gegenüber den Kabelgesellschaften und schloß mit sieben der größten Investoren im UK-Kabelgeschäft, unter denen sich mehrere amerikanische Telefon- und Kabelgesellschaften befinden, eine weitgehende Kooperationsvereinbarung. Mercury ist gegenüber BT durch die Aktivitäten der Kabelgesellschaften weniger gefährdet. Der Fokus lag zumindest bis 1992 sehr stark auf dem Geschäftskundensegment, in dem die Kabelnetzbetreiber bisher nur etwa 10% ihrer Anschlüsse verkaufen konnten. Ob die wohlwollende Grundhaltung von Mercury bei einer Ausweitung der Aktivitäten der Kabelgesellschaften anhält, bleibt abzuwarten.

Großbritannien stellt eine interessante Fallstudie für die Auswirkungen regulativer Entscheidungen auf Markt und Wettbewerb dar. Interessanterweise werden auch in diesem Markt interaktive TV-Anwendungen von BT, einer Telefongesellschaft, vorangetrieben. Die Kabelnetzgesellschaften, die in ihrem Kerngeschäft wesentlich näher an Diensten wie Video-on-Demand liegen, nutzen die regulativen Freiräume, um in den Telekommunikationsmarkt vorzudringen. Aber auch der englische Markt läßt noch kaum Rückschlüsse über die Akzeptanz von interaktiven Videodiensten zu. Umgekehrt läßt der Erfolg, mit dem britische Kabelanbieter Telefondienste vermarkten, bereits heute die Alarmglocken in den strategischen Planungsabteilungen vieler Telekommunikationsunternehmen läuten.

6 Fazit und Ausblick

Auf Basis des hier angestellten internationalen Vergleichs lassen sich die drei zu Beginn gestellten Fragen nicht abschließend beantworten. Dennoch ist es möglich, einige sehr interessante Rückschlüsse für die weitere Marktentwicklung zu ziehen. Die Nachfragesituation ist nach wie vor weitgehend ungeklärt. Die Pilotversuche im Bereich interaktives Fernsehen haben sich weiter verzögert oder sind, wie im Beispiel von Bell Atlantic, bis auf weiteres zurückgestellt worden. Die ersten veröffentlichten Ergebnisse lassen nur schwache Tendenzen erkennen und widersprechen sich teilweise. Ein dramatischer Unterschied läßt sich zwischen den einzelnen Regionen nicht klar erkennen. Die in den USA aufgesetzten Projekte sind mit die ehrgeizigsten und dürften auch als erste klare Aussagen liefern. Diese werden allerdings nur bedingt auf andere Regionen übertragbar sein. Sowohl die technischen und regulativen Voraussetzungen als auch unterschiedliches Konsumverhalten wird mit zu betrachten sein. Die Beliebtheit von Karaoke in Japan oder der selbstverständliche Umgang der Konsumenten mit einem Dienst wie Minitel in Frankreich können hier große Auswirkungen haben und zu stark unterschiedlichen Marktentwicklungen führen. Die internationale Analyse macht aber deutlich, daß es bei der Thematik Multimedia keineswegs nur um die Erschließung neu entstehender Märkte geht. Das Eindringen neuer Anbietergruppen in bereits existierende Märkte ist für viele Marktteilnehmer zumindest kurzfristig ein gleichbedeutender, wenn nicht sogar der dominierende Motivationsfaktor. Wie die Geschäftssysteme in den entstehenden Multimedia-Märkten aussehen werden, läßt sich nur in Ansätzen erkennen. In den meisten Märkten entstehen Allianzen über alle Wertschöpfungsstufen und zwischen fast allen von der Multimedia-Entwicklung betroffenen Industrien. Die meisten der Verbindungen sind allerdings eher lose Kooperationen und es läßt sich noch nicht eindeutig sagen, welche dieser Allianzen massiv in den Markt investieren wird und damit auch eine gewisse Dominanz erreichen könnte.

Zwei Arten von Allianzen gewinnen allerdings langsam an Momentum: Die Anbieter von Multimedia-Systemen bringen ihr unterschiedliches Know-how in Kooperationen ein, um möglichst schnell Marktpositionen besetzen zu können. In diesen Allianzen werden momentan zum Teil umfangreiche Entwicklungsarbeiten getätigt. Das Rennen um den vermuteten Milliardenmarkt ist aber immer noch offen. Daneben nimmt die Zusammenarbeit zwischen Infrastrukturanbietern wie Telekommunikations- und Kabelgesellschaften und Medienunternehmen zunehmend konkretere Formen an. Die Allianzen verschiedener RBOCs mit Disney bzw. Creative Artists sind gute Beispiele hierfür. Beide Seiten handeln eher aus defensiven Motiven: Die Telekommunikationsunternehmen befürchten, in die Rolle eines Commodity-Anbieters gedrückt zu werden, wohingegen die Medienunternehmen den Verlust der Kontrolle über ihre Vertriebskanäle vermeiden wollen. Bezeichnenderweise werden diese Kooperationen eher von Telefon- als von Kabelgesellschaften betrieben. Während erstere interaktive Videodienste als potentielle Einnahmequelle der Zukunft betrachten, steht für Kabelgesellschaften in den meisten Ländern der Einstieg in den Telekommunikationsmarkt kurz- bis mittelfristig im Vordergrund.

Wie die einzelnen der oben beschriebenen Anbieterrollen im Multimedia-Geschäftssystem (siehe Abbildung 2) zueinander stehen werden, hängt sehr stark von der Art und Weise ab, wie die noch am unschärfsten definierte Rolle des Gateway Providers tatsächlich wahrgenommen wird. Hier existieren bereits heute mehrere konkurrierende Modelle. Im Internet wird das Gateway beispielsweise weder von Anbietern auf der Dienste- noch auf der Softwareseite dominiert. Es handelt sich meist um frei verfügbare Software, sog. Shareware. Es wird in diesem System bewußt darauf verzichtet, den Kundenzugang in irgendeiner Form zu kontrollieren. Folglich besteht auch kein zentraler Überblick, wer in diesem System aktiv ist, d.h. die Position des Gateway-Betreibers ist sehr schwach. Die Inhalteanbieter haben mehr oder weniger direkten Zugang zum Endkunden. Das direkte Gegenbeispiel sind Online-Dienste wie CompuServe oder Pay-Dienste wie Premiere. Der Diensteanbieter hat dort sowohl auf der Seite des Inhalteangebotes als auch bei der Nutzung strikte Kontrolle über das System. So läuft auch die Abrechnung eines Dienstes, den er nicht selbst als Anbieter zur Verfügung stellt, über sein Abrechnungssystem. Wenn also beispielsweise ein CompuServe-Kunde Finanzinformationen von Reuters über CompuServe abruft, erhält er die Rechnung hierfür von CompuServe, die wiederum Reuters für den geleisteten Dienst bezahlen.

Der Erfolg des einen oder anderen Modells wird einen sehr starken Einfluß auf die Marktentwicklung haben. Bei der Dominanz von mehr oder weniger freien

Gateways werden die Inhalteanbieter eine sehr starke Marktposition einnehmen. Dieser Fall kann nicht nur bei einem Modell des völlig freien Zugangs eintreten, sondern auch bei einer zersplitterten Anbieterstruktur im Gateway-Bereich. Die konkurrierenden Anbieter müßten sich dann gegenseitig überbieten, um attraktive Inhalte für ihr System zu gewinnen. Es läßt sich aber auch ein Szenario konstruieren, in dem die Gateway-Anbieter so stark werden, daß Inhalteanbieter nicht an ihnen vorbei können. In diesem Fall werden sie eine dominante Anbieterrolle im Multimedia-Markt einnehmen. Dies wird dann eintreten, wenn es einzelnen Systemen gelingt, so viele Kunden an sich zu binden, daß die Inhalteanbieter nicht auf diese Nachfragekomponente verzichten können.

Zusammenfassend läßt sich sagen, daß der Multimedia-Markt sich immer noch in einem sehr frühen Stadium befindet. Dies betrifft die Nachfrageentwicklung ebenso wie die Gestaltung des Geschäftssystems auf Anbieterseite. In beiden Fällen werden nationale Unterschiede, die in kulturellen Gewohnheiten oder regulativen Rahmenbedingungen bestehen können, nachhaltige Auswirkungen auf die Marktentwicklung haben. Erste Tendenzen lassen sich, wie oben beschrieben, zwar erkennen, es bestehen dennoch ungewöhnlich große Gestaltungsspielräume. Diese können und sollten von Regulierern ebenso wie von Unternehmen genutzt werden, um diesen bedeutenden Zukunftsmarkt zu gestalten. Diejenigen Anbieter, die sich mit ihren Konzepten zuerst erfolgreich am Markt durchsetzen, werden nicht nur wirtschaftlichen Erfolg haben. Sie werden vermutlich über Jahre hinaus die Spielregeln in diesem neuen Markt zu ihren Gunsten festlegen können.

Multimediales aus Frankreich

Hadmut Holken
Holken Consultants & Partners, Paris, Frankreich

1 Was ist eigentlich "Multimedia"? Einige Beispiele

(1)*Casper*, ein CD-ROM nach dem gleichnamigen Film, um Geschmack am Lesen zu finden; *Abenteur des menschlichen Körpers*, spielerisches CD-ROM mit Quizz zur Vertiefung oder einfach zur Kenntnisnahme der menschlichen Anatomie; eine CD-ROM Adaptation von Prokoffievs *Peter und der Wolf* wird zu einer musikalischen Entdeckungsreise für Kinder.... Sprachkurse, Mathematik-Wiederholungen, Kurse über Buchführung, Investitionen und Finanzierungen werden auch für die *berufliche Fortbildung* angeboten; sie werden nicht nur über klassische Medien vertrieben, sondern über CD-ROM, oder sogar online über Internet. Encarta, kulturelle Enzyklopädie von Microsoft, ist verfügbar als CD-ROM und über Internet. Das alles fällt unter den Begriff Multimedia.

(2) Über Minitel werden in Frankreich Flug- und Bahntickets reserviert, Kontostände abgerufen, Schecks bestellt, interne Überweisungen durchgeführt. Als erste Bank hat der *Crédit Commercial de France* mit *"Bancoscope"* 1995 über intelligentere Terminals (PC, MacIntosh, portable Macs oder PCs zusätzlich zu Minitel- und Audiotel-Leistungen) interaktive Angebote für ihre Kundschaft eingeführt; außer den gewöhnlichen Bankgeschäften gehört auch virtuelles Shopping in das Angebot. Auch das ist Multimedia, interaktives Online-Multimedia als logische Entwicklung traditioneller Marktaktivitäten.

(3) Seit Jahren spielen die französischen Fernsehsender ihre interaktive Karte nicht nur über Telefon, sondern über Minitel; Fernsehzuschauer nehmen an (live-) Spielen teil, votieren bei Talkshows, haben die Möglichkeit, ein Nachmittagsprogramm selbst zu gestalten (Soap Opera, Film, Krimi, etc.) korrespondieren mit den einzelnen Sendungen und/oder Moderatoren, informieren sich detailliert über die Börsenreaktion oder den letzten Stand eines Attentates. Knapp 5 % des Umsatzes von TF1 (8,6 Mrd. FF) kamen 1994 aus der Video- und Telematik-"Diversifikation" : die Filiale *TF1 Entreprise* erzielte einen Umsatz von 400 Mio FF, wovon 15 % (60 Mio. FF) auf Telematik fallen. Mit nur 0,7 % des Gesamtumsatzes entspricht die Telematik hier dennoch einer profitablen Aktivität.

Seit Dezember ist TF1 auf Internet und gibt 7000 Verbindungen pro Tag an. Das Menu beinhaltet Real-time -Informationen über das Programmraster (mit einem Video- und Tonteil), finanzielle Informationen über die Gruppe, und Projekte hinsichtlich neuer Technologien (TV à la carte, bouquet numérique/Digitalfernsehen), sowie eine e-Mail. Gemeinsam mit den anderen Sendern und der Presse wird heute die Möglichkeit erörtert, Programme über Internet zu senden. Noch nicht festgelegt sind die Konditionen, die den Abruf eines solchen Angebots erlauben werden. Die gleiche Überlegung findet statt für Photoübertragungen, die heute auf Anfrage der Journalisten per Kurier übermittelt werden. Morgen sollen sie über Internet abgerufen werden können und digital verpackt direkt zum Kunden gelangen.

Auch das ist alles Multimedia. Aber Internet bezeichnet hier weder eine rentable Aktivität, noch einen neuen Markt, sondern ein ergänzendes Medium, ein neues Kommunikationsmittel.

(4) Werbeagenturen gehen den gleichen Weg, in dem sie die "*neuen interaktiven Medien*" in das Medienangebot für Werbeträger integrieren. Die neuen Medien haben nur dann einen Sinn für die Agenturen, wenn eine kritische Schwelle von ca. 3% Nutzern existiert, was man für 1998 erwartet (Quelle: Carat TV und Havas Advertising, Februar 1996).

Im letzten Jahrzehnt paßte sich die Werbung vom Massenfernsehen mit Vollprogramm an thematische Spartenprogramme an. Heute arbeitet man an der Entwicklung einer "persönliche" Beziehung zu dem Endverbraucher : eine interaktive Werbung muß mehrere Minuten lang die Aufmerksamkeit auf sich ziehen und zu vielen Fragen Stellung zu nehmen. Während die traditionelle Werbung nur *eine* Nachricht für alle Zielgruppen übermittelt, muß sich die Werbung im Netz an unterschiedliche Zielgruppen mit verschiedenen kulturellen Niveaus wenden.

Von dieser Art Multimedia erhoffen sich die Werbeagenturen zusätzliche Umsätze. So hat die Werberegie IP für ausländische Investoren, die in französische Firmen investieren möchten, *Kyte*, ein internationales Programm entwickelt, was über CD-ROM und Internet abrufbar ist : es handelt sich um ein Werkzeug für Entscheidungsträger, die das französische industrielle Gewerbe und dessen Vertriebsquellen nicht kennen; außer einer sektoriellen Analyse der französischen Wirtschaft listet *Kyte* z.B. die 20 wichtigsten Organisationen, die sich mit der französischen Außenpolitik beschäftigen sowie eine Datenbank mit 3000 führenden französischen international tätigen Firmen. Über eine virtuelle Messe und gegen ein Budget von 30.000 bis 200.000 FF, kann sich die Industrie in Daten, Bild, institutionellem Film, usf. selbst darzustellen. Im ersten Halbjahr 1996 werden 100.000 CD-ROMs (französisch/englisch) kostenlos in 120 Ländern öffentlichen oder halböffentlichen Institutionen (Botschaften, Postes d'expansions économiques), Industrie- und Handelskammern, usw. zur Verfügung gestellt. IP erhofft sich Ende des Jahres einen Umsatz zwischen 6 und 8 Millionen FF. Bei diesem Multimedia-Markt handelt es sich um eine Substitution traditioneller Vorgänge : die gleichen Recherchern wurden bisher - zwar ohne Interaktivität - über Handbooks oder spezifische Studien vertrieben.

(5) Seit knapp 6 Monaten vergeht kein Tag, ohne daß französische Firmen ihre zweisprachigen Web-Seiten aufmachen (z. B. GF, BNP, Bull, CCF, Club Med, Crédit Mutuel de Bretagne, Crédit duc Nord, Elle, FNAC, Gallimard, La Redoute, Les Trois Suisses, Météo France, Nouvelles Frontières, Parisbas, Pechiney, Publicis, Seita, SNCF, etc.). Ende 1995 gab es 1300 operationelle Webs (+43% im Vergleich zum Vorjahr), die über das Suffix "FR" identifizierbar

waren (Quelle: Inria, eine Organisation, welche die französischen Internet-Adressen listet). Man recnet mit der Eröffnung 60 neuer Webs pro Woche im Vergleich zu 6000 neue Web-Sites pro Monat weltweit (Quelle: Lycos (The Catalog of the Internet), zitiert in *Solutions Télématiques*, Nr. 43, Februar 1996)). Manche Firmen konzipieren ihre WebServers mit nur einigen Tausend FF, obwohl man in der Regel mit mindestens 70.000 bis150.000, oder sogar 500.000 FF für die größten Server rechnet. Bei niedrigen Budgets handelt es sich einfach um die Reproduktion einer Broschüre - in der Regel ohne Mehrwert. Multimedial gesehen verdienen hier Access Providers und Multimedia-Produzenten, sofern die Firmen ihre Webseiten nicht selbst produzieren.

(6) Das französische Andersen Consulting (900 Berater, 1 Milliarde FF Umsatz) ist im Februar von der futuristischen Satellitenstadt *La Défense* in Prestige-Burös an der Ecke *Avenue des Champs-Elysées/Avenue GeorgeV, Paris* umgezogen. Nur das administrative Personal behält hier "eigene" Büros. Für alle anderen Funktionen (Berater, Management) sorgt ein morgendliches Check-in für die Attribution des virtuellen Büros, in dem der Angestellte oder Partner seinen Tag oder einen Teil seines Arbeitstages verbringt : in einer *executive Lounge* (wie in Flughäfen für Business-Class-Reisende) zum kurzen Informationsaustausch, oder in einer Art PC-Bibliothek zur Konzentration für einen längeren Aufenthalt. Als eine auf Wissen basierte Organisation hat Andersen Consulting in dieser virtuellen "Bibliothek" sämtliche Dokumentationen angesiedelt und alle Berater mit identischer Arbeitssoftware ausgestattet, die überall genutzt werden kann (zuhause, auf Reisen, bei Kunden, usw.).

Das Programm existiert in dieser Form seit 2 Jahren, ist aber noch nicht in den allgemeinen Gebrauch übergegangen. Die neue Organisation wird das Phänomen der Nutzung dieser neuen Kommunikationstechniken beschleunigen und verschärfen : Der Bezug zum Raum, die Beziehungen zum Kunden, die an ein festes Büro gebundenen Gewohnheiten werden sich verändern. Auch das gehört unter die Rubrik "Multimedia".

(7) Darüber hinaus wird die Globalisierung und Internationalisierung der Märkte in Zusammenhang mit der Entwicklung der Infomations- und Kommunikationstechnologien, oder kurz der multimedialen Technologien, alle ökonomischen Akteure zur Veränderung zwingen, um Lösungen für die Kommunikation und die Verwaltung ihrer Strukturen zu finden. Multimediale Anwendungen werden nicht nur zu Kommunikationszwecken, sondern z.B. für den Vertrieb sehr wichtig : wenn viele Vertriebsleute heute noch wenig Informatik nutzen (weil sie nicht genügend ausgebildet sind), oder in den "neuen" Kommunikationstechnologien eine schärfere Kontrolle und Evaluierung ihrer Aktivitäten sehen, wird sich dennoch immer mehr (Télé- oder) Fernarbeit entwickeln : der Verkäufer kann von zuhause über PC und Modem seine Firma oder seinen Kunden kontaktieren; eine solche Kommunikation besteht nicht nur darin, geschriebene Information, Datenbanken zu teilen oder existierende Stocks abzurufen, sondern auch Videokonferenzen oder -verhandlungen zu organisieren.

Diese Art an "multimedialem" Nutzen wird sich stark entwickeln, da dadurch die Funktionskosten des Vertriebs sowie die Immobilienkosten drastisch heruntergesetzt werden können. Die Firma Intel, die sehr viel dazu beigetragen hat, Vertriebsorganisationen zu informatisieren, ist eines der ersten Unternehmen, die aus ihren Verkäufern "Fernverkäufer" gemacht hat. Hewlett Packard und IBM haben auch einen Teil ihrer Vertriebsführung so organisiert. Das Multimedia der Telemanager wird deren Arbeitsmethoden und kommerzielle Demonstrationen tief verändern. Multimedia muß sich an realen Notwendigkeiten orientiern, und umgekehrt werden sich die Nutzer an neue Methoden und Prozeduren gewöhnen. Sicher ist, daß bei der Einführung von Multimedia traditionelle Gewohnheiten aufgegeben werden und neue Apparate (NetPCs und -Services) alte (PCs und Offline-Anwendungen) ersetzen werden.

2 Multimedia: neue Technologien, um klassische und reife Märkte zu erneuern

2.1 Logische Entwicklung

Multimedia ist ein Modewort, was ursprünglich geschaffen wurde, um die Konvergenz unterschiedlicher Medien deutlich zu machen : Text, Ton, Daten, Bilder und Videos konnten plötzlich technisch kombiniert werden. *Interaktivität* ist heute das Schlüsselwort zum Zugang für Information, Kommunikation (e-mail, Foren) und Transaktionen (Reservierungen, home-banking, home-shopping). An den lokalen Gebrauch (off-line) gesellte sich sehr schnell die Möglichkeit, online zu funktionieren. Bei Multimedia handelt es sich nicht um eine Revolution, sondern um eine technologische Evolution, die mit ihren Konsequenzen den "multimedialen" Nutzen als solchen in der privaten Sphäre sowie auf beruflicher und Unternehmensebene revolutioniert, und folglich u.a. fundamentale Probleme unserer modernen Gesellschaft aufwirft und erweitert.

Technologische Entwicklungen mit klassischen Teilmärkten (Telekommunikation, EDV und Softwarelösungen, Consumer Electronics) zu verknüpfen, das liegt im Sinn unserer Konsum- und Marktwirtschaft, deren Medien- und Multimedia-Business sich auf Server und Endgeräte (Hardware, Software), Telekommunikation (Netzinfrastruktur- und Leistung), Inhalte und Content Provision sowie Copyrights stützt.

Neue Technologien schaffen neue Anwendungen und Lösungen für traditionelle und reife Märkte, wo präsente Firmen und natürlich Newcomers aus anderen traditionellen oder konvergierenden Märkten neue Möglichkeiten und Innovationen wahrnehmen, um bestehende Märkte neu zu gestalten und zu erschließen, oder existierende Inhalte oder neue Ideen in anderer bzw. "modernerer" Form wieder (neu) zu vermarkten.

Wie vorausgehende Beispiele zeigen, kann man grob gesehen davon ausgehen, daß die Märkte das *Massenpublikum* einerseits und den *professionellen Bereich* andererseits betreffen. Basis für die multimedialen Entwicklungen sind natürlich entsprechend ausgestattete Haushalte und Unternehmen mit den notwendigen Terminals (PC, TV, Modems, etc.) sowie einem nutzergerechten Angebot.

2.2 Frankreichs Verspätung

Die Existenz des Minitels und folglich die telematische Politik ist ein Hauptgrund, weshalb die französische Wirtschaft erst sehr viel später als andere europäische Länder dem Internet zugesagt hat.

Andere Faktoren spielen eine Rolle für die Verspätung : Während 27% aller amerikanischen Haushalte Anfang 1994 mit einem PC ausgestattet waren, lag der Protzentsatz in Frankreich nur bei 7,4% unter dem deutschen (9,3%), dem englischen (11,2%) oder dem japanischen (9,5%) und nur knapp vor Italien (7%) (Quelle: *Chiffres-Clés et indicateurs de l'information mondiale. 1994,* Observatoire mondial des systèmes de communication (Omsyc)). CD-ROM-Laufwerke und Modems waren zu diesem Zeitpunkt kaum vorhanden.

Während die Internet-Nutzerzahl weltweit auf 30-40 Millionen (mit etwa 25 Millionen Nutzern in den Staaten) geschätzt wird, kam man in Frankreich Ende 1995 nur auf ca. 50 000 bis höchstens 90 000 (wissenschaftliche Renater-Nutzer ausgeschlossen), was bei bei 5,33 Millionen Apparaten (knapp 70% in Unternehmen, 30 % in Privathaushalten (gegen 65,38 Mio inAmerika mit 58,6% in Unternehmen und 41,4% in Haushalten) verschwindend gering ist.

2.3 Trotzdem wurde 1995 das Jahr der Wende hin zu Multimedia

1995 wird definitiv als das Jahr der Wende hin zu Multimedia betrachtet :

- Die ersten Cybercafés, vergleichbar mit Cafés und Bars in den 50er Jahren, als das Fernsehen noch nicht in allen Haushalten war, sind eröffnet worden.
- Zum ersten Mal hat der Verkauf von Mikroinformatik den Consumer Electronics-Markt überholt und einen Gesamtumsatz von 40,7 Mrd. Francs erzielt (Quelle: GfK France). Die Haushalte investieren in Multimedia PCs (2 Millionen Stück verhauft in 1995), die mit CD-ROM-Laufwerk und teilweise mit Modems für Online-Dienste ausgestattet sind. Im Februar 1996 hatten ca. 1 Million Haushalte einen CD-ROM-Laufwerk, etwa 3 % der PCs waren mit einem Modem ausgerüstet.
- Das CD-ROM - Programmangebot hat sich bereichert : 1996 werden schätzungsweise 2,5 bis 3 Millionen CD-ROMs verkauft (gegen 1,5 Millionen in 1995). An der Spitze liegt der Titel *Le Louvre, peintures et palais* mit 100 000 verkauften Exemplaren.
- Online-Anbieter erhoffen sich ein Marktpotential : Grolier hat den *Club Internet* eröffnet; Infogrames hat ein privates Netz mit *Infonie* - derzeit 2.500 Abonnenten (Spiel, und in Zukunft edukative und kulturelle Angebote) ins Leben gerufen; America Online (weltweit 5 Millionen Abonnenten) in Allianz mit Bertelsmann sind offiziell seit Ende März im französischen Markt; CompuServe (42 000 Abonnenten in Frankreich) hat sein monatliches

Abonnement auf 70 FF heruntergesetzt; die Online-Services von Apple (eWorld) und Microsoft (Microsoft Network) sind in Frankreich verfügbar.

- Gruppen und Konzerne investieren in kleinere Multimediaproduzenten oder -entwickler : Havas kontrolliert *Arborescence* (CD-ROM-Produzent), Philips *Ecudis* (CD-I Produzent).
- Fernsehsender haben ihre ersten CD-ROMs und CD-Is produziert : *Le journal interactif* und *Le jeu des stars de l'info* (TF1), *Le cinema français et francophone de 1929 à nos jours* (France Télévision, 10 000 verkaufte Exemplare), *Les guignols de l'info, le jeu* (Canal +); *Eluard, cent et un poèmes* (Arte).
- Die NMPP (Pressedistribution) experimentiert mit der CD-ROM-Distribution über ihre Kiosks.
- Zeitungen und Zeitschriften gehen online : *Le Monde, L'Express, Libération, Elle* haben ihre Web-Seiten.
- France Télécom Multimédia operiert jetzt als Holding und fungiert u.a. als *Internet Access Provider.*

2.4 Frankreichs Online-Vorteil

Trotz des Austattungsrückstandes im internationalen Vergleich hat Frankreich einen Online-Vorsprung für elektronische Transaktionen und im elektronischen Handel (Quelle: Studie von Inteco, in *Online : l'avantage français*, Magazin *EDI*, März 1996): 1,2 Millionen der französischen Haushalte hätten 1994 regelmäßig Produkte *über Minitel* bestellt bzw. eingekauft. Nur 0,8 Millionen der amerikanischen Verbraucher haben zu dem gleichen Zeitpunkt ihre Einkäufe *online* getätigt. Nach der gleichen Quelle sind die meist betroffenen Wirtschaftssektoren der Tourismus, Banken und Versicherungen. 1998 sollen alle Haushalte mit einem Einkommen über 15.000 FF/Monat mit PC und Modem ausgestattet sein, was die Zahl der potentiellen elektonischen Einkäufer und Nutzer beachtlich erhöht, sofern ein verbrauchergerechtes Angebot besteht.

3 Minitel, Internet und France Télécoms Politikstrategie

3.1 Traditionelle Online-Dienste

Das Wort *Telematik*, zusammengesetzt aus Telephon und Informatik, ist seit Anfang der 80er Jahre Bestandteil des französischen Sprachgebrauchs. Als Multimedia-Online-Vorläufer bezeichnet es heute alle professionnellen und residentiellen Dienste, die über einen Computerterminal zugänglich werden. Wie in den Staaten können die telematischen Dienste zweierlei gegliedert werden : in Online-Dienste aus der *traditionellen Informatik* (wie America Online und CompuServe)und neuerdings solche, die über *Internet-Servers* (und speziell übers *Web*) angeboten werden und schnell wachsen.

Etwa 11 Millionen US-Subscribers zahlen in Anbetracht der hohen Konkurrenz das Basisangebot ähnlich für alle Anbieter: etwa 10US$ pro Monat (für 5 Stunden Anschluß), plus 3 US$ für jede weitere angefangene Stunde. Programmanbieter (Content Providers) haben - oft exklusive - Verträge mit den Online-Anbietern. Die Servers zahlen den Programmanbietern in der Regel etwa 10 bis 20% vom Umsatz der *connection time*. Es bestehen natürlich Varianten je nach Notorietät des Servers und/oder des Programmanbieters, nach Art des Inhaltes, etc.

Online-Dienste wachsen extrem stark : + 240% Abonnierung in 1995 für AOL und + 118% für CompuServe. Aber die meisten Anbieter sind defizitär (z. B. AOL), da u.a. mit sehr hohen Marketingskosten operiert wird.

3.2 WWW Servers: noch keine schwarzen Zahlen

Das Wachstum der US-Haushalte, die sich an das Internet anschließen, ist noch viel spektakulärer mit einer Million Ende 1995 (gegen 250 000 in 1994). In gleicher Weise ist 1995 das Wachstum der kommerziellen *Web-Servers* explodiert (120 000 in 1995 gegen 29 000 in 1994).

Die Internet-Anschlußanbieter (IAP) und die Web Servers sind nicht die gleichen Firmen wie die Online-Dienstleister. Der Markt für diese Servers ist durch hohe Konkurrenz gekennzeichnet; in Frankreich teilen sich etwa 40 IAPs den Markt, worunter 10 wichtigere hervorstechen. Alle IAPs, auch in den Staaten, verbuchen beachtliche Verluste. Und Newcomers (wie MCI, AT&T, Sprint und die RBOCs in den Staaten, oder auch die traditionellen Online-Anbieter) werden dieses Phänomen noch verschärfen.

Die Finanzierung der Web-Sites ist eine andere als die der traditionellen Online-Anbieter. Das Web-Modell erinnert an die Finanzierungsstruktur der Fernsehsender : Für die großen Web-Sites wird das Programmangebot (Inhalt) weitestgehend *zugangsfrei* und *werbefinanziert* sein; einige wenige Angebote mit spezifischem Inhalt werden sich über Subscription finanzieren, andere werden ein *pay-per-view* oder *pay-per-anything*-System entwickeln.

Auch transaktionelle Angebote wurden auf dem Web entwickelt (Virtual Malls, virtuelle Einkaufszentren), aber der Verkauf war bisher enttäuschend bis ernüchternd. Die größte Bremse für die Zahlung auf dem Web ist die fehlende Sicherheit der Transaktionen, die in diesem Jahr getestet werden.

3.3 Migration der Online-Dienste zum Net

Die amerikanischen Online-Dienste wie CompuServe oder AOL mußten sich an das neue Phänomen Internet finanziell und strategisch anpassen und ihre Strategie konsequenterweise modifizieren, um sich in der neuen Wettbewerbssituation behaupten zu können. Sie reagierten z. B. mit folgenden Aktionen :

- Eröffnung einer Webseite über den eigenen Service, mit hot links zu den Web Sites;
- Übernahme der Web-Browser für die Navigation von Netscape oder Microsoft,
- Einführung von *access services* zu Internet : GNN für AOL, Spryte für Compuserve;
- Einführung von interessanten *Pauschalpreisen für den Verbraucher*;
- *Organisation des Inhalts in Interessensgebiete* (wie das Programmangebot von Kabelnetzbetreibern), Schaffen von Diskussionsplattformen für Nutzer;
- Einführung von *Werbung* und *elektronischem Einkaufen* (CompuServe);
- *Diversifikation* : Verkauf von *Access Software*, Herstellung von Webseiten, Angebot für Digitalisierung von Photos, Verkauf von Informationen an "versteckte" (dezentralisierte) Sites.
- die Nachfrage für *Inhalt wird immer lebenswichtiger und schwieriger*: mit dem Transfer zum Web verlieren die Anbieter die Exklusivität eines großen Teils ihres Inhalts ... und streiten sich um den Inhalt bekannter Medien (Time, NBC, etc.). Außerdem entwickeln sie selbst Inhalt, indem sie das Modell der Hollywood Studios kopieren; in Sachen Inhalt sind die Online-Anbieter sehr aktiv in der Entwicklung von Allianzen mit Fernsehsendern und Kabelnetzbetreibern.

Obwohl die Anzahl der traditionellen Online-Abonnenten immer noch steigt (+240.000/Monat für AOL, +100.000/Monat für CompuServe, Stand : Ende 1995), hat die Webentwicklung deren Umgebung völlig verändert : ohne Anpassung an die neue Situation würden sie die Kontrolle über ihre ursprünglichen Aktivitäten verlieren. In diesem Kontext erscheint eine Veränderung in Richtung inhaltliche Produktion in Zukunft lebenswichtig.

3.4 France Télécom: Access und Service Provider

So rasante Wachstumsraten wie in den Staaten und in Nordeuropa konnte Internet in Frankreich in der kurzen Vergangenheit (noch) nicht verbuchen, denn trotz enormer Mediatisierung wurde die Zahl der angeschlossenen Personen an das Internet Anfang 1996 auf optimistische 250.000geschätzt, wovon zwei Drittel das Netzwerk Renater nutzen, welches Universitäten und Forschungszentren untereinander verbindet. Das entspricht etwa einem Viertel der Nutzer in England oder

Deutschland, wo die Zahl der Netz-Surfer zur gleichen Zeit auf etwa eine Million geschätzt wird.

Wir beobachten also eine Anpassung an die neuen Gegebenheiten, was auch für die Politikstrategie von France Télécom gilt, die Ende 1995 noch zögerte, trotz der Rolle von France Télécom Multimédia (FT2M). FT2M wurde 1991 ins Leben gerufen zur Entwicklung von interaktiven Dienstleistungen für Fernsehen und Telematik.

Seit Anfang 1996 föderiert FT2M alle an Internet gebundenen Aktivitäten sowie Online-Services. Drei wichtige Pole heben sich dabei heraus:

(1) France Télécom Interactive, eine Tochtergesellschaft von France Télécom Multimédia, kommt als Internet-Access Provider und als Anbieter von Online-Diensten auf den Markt

Überrascht wurde der Markt, da sich France Télécom Interactive sowohl als *Server* positionniert als auch als *Service Provider* tätig wird. Der Internet-Surfer wird Sparten-Angebote (bouquets de service thématiques) vorfinden, wo u.a. auch Partner von France Télécom (z. B. Bellanger/Filipacchi, ODA, Les Echos, Publicis, etc.) Serviceleistungen anbieten wie *Wanadoo* (Praktisches Leben und Verbraucher Information), *Infopro* (für Unternehmen) und *MinitelWeb*, schon auf Internet verfügbar. France Télécom steht also frontal im Wettbewerb zu Online-Anbietern wie Infonie, America Online, CompuServe oder Microsoft Network. Für den Access- und Service-Markt erhofft sich France Télécom einen Anteil von 25 bis 30% im Jahr 2000 (Quelle: Gérard Eymery, Vortand France Télécom Multimédia, in Planète, Mars 1996). Konkret heißt das rund 2 Milliarden FF Umsatz, wovon 800 Mio FF aus dem lokalen Anschluß an das Internet kommen, und weitere 600 bis 800 Mio aus dem Transport (über Transpac), sowie 500 bis 600 Mio aus dem Multimedia-Angebot der Gruppe France Télécom.

France Télécom will auf diese Art den Markt für *Online-Dienste* stimulieren : der neue Konkurrent versteht sich als Marktunterstützer zur Entwicklung und Verbreitung von Internet-Angeboten, so wie es vor 15 Jahren mit dem Minitel-Service gemacht wurde : minderheitliche und nicht exklusive Verträge mit volontären Anbietern, ein offenes Kioskangebot für dritte Anbieter sowie eine adequate Tarifpolitik sollen dabei helfen.[1]

Das Internet-Angebot von France Télécom, verfügbar im ersten Halbjahr 1996, bietet folgendes :

- einen kompletten und sicheren Zugang zu allen Angeboten via Transpac,

[1]Seit dem 15. März 1996 können Access Providers ihren Kunden einen einheitlichen Orts-Tarif für ganz Frankreich für den Internet Access anbieten (von 0,08 FF im Nachttarif bis zu 0,25 FF pro Minute im Hochverkehr). Mit dieser Lösung zahlen die Access Providers einen Teil der Tarife mit 13 200 FHT pro Monat und pro (Tranche de) 64 Kbit/s. Weitere Tarifmöglichkeiten werden angeboten, gerade für "gelegentliche" Internet-Besucher, die wie bei Minitel für die Dauer oder die einzelne Untersuchung zahlen, ohne ein monatliches Abonnement in Anspruch nehmen zu müssen.

- ein e-Mail-System zur weltweiten Korrespondenz,
- ein News-Service mit verschiedenen thematischen Diskussionsplattformen ,
- eine Brücke zum Minitel-Angebot und
- das elektronische Telefonbuch (Micro-11 in Anlehnung zur Minitel-11).

Obwohl in fünf Jahren die Zahl der französischen Net-PCs auf über 8 Millionen steigen wird, will France Télécom ihre Minitel -Strategie nicht sofort aufgegeben: *"Wir möchten, daß die Anbieter sich komplementär sowohl auf das Minitel-Angebot als auch auf die Internet-Möglichkeiten stützen."* (Quelle: Philippe Reynaud in Stratégies N°951, 19/1/1996).

Daher wird France Télécom gleichzeitig die Minitel-Kosten senken und dessen Leistung erhöhen. Seit einem Jahr stagniert die Entwicklung der Minitelaustattung bei ca. 6,5 Millionen Stück mit einem Umsatz von 6,6 Milliarden FF (-1% verglichen mit 1994). Trotzdem wird der Minitel noch einige Jahre das einzige elektronische Werkzeug in manchen französischen Privathaushalten sein, selbst dann, wenn viele Anbieter sich dem Web zuwenden, und trotz der Tatsache, daß der Minitel als teuer eingestuft wird, während das Internet den Eindruck gibt, quasi kostenlos zu sein.[2]

(2) Ein operationeller Pol stellt existierende technische Mittel zur Verfügung: France Télécom positioniert sich auch als technischer Anbieter mit *VTCom* auf dem Consumer Markt, mit *Questel Orbit* auf dem Business-to-business-Markt für Unternehmen, und mit *Intelmatique* im internationalen Angebot. Anderen Anbietern werden diese Leistungen im Wettbewerbsmarkt zu Marktpreisen angeboten.

(3) Ein weiterer Pol "Inhalt" kümmert sich um Partnerschaftspolitik: wie alle betroffenen Access Providers und Netzleister geht die Strategie in Richtung *Inhalt.*

4 Eigentliche Herausforderung: Inhalt

Internet verbuchte in Nordamerika 1995 einen Gesamtumsatz von 1,8 Milliarden $. Diese Zahl reflektiert nur den Zugang (subscription), den die *Access Provider* von ihren Kunden verlangen. Sie beinhaltet weder Werbung, noch über *electronic shopping* erzielte Einkünfte. Für das Jahr 2000 wird ein Umsatz von 7,25 Milliarden $ erwartet. Kommerzielle Aktivitäten im Internet könnten sich dann zwischen 46 und 73 Milliarden US$ bewegen (Quelle: Multimedia Research Group, in *Ecran Total,* N°118, 28. Februar 1996).

Der französische Markt verdient bisher kein Geld am Internet: Die meisten Anbieter werden nicht einmal abgerufen.

---

[2] Aus diesem Grund wird France Télécom die Tarife für *Télétel Vitesse Rapide* und *Kiosque Micro* den Télétel - Tarifen (3615) angleichen (auf der Basis von 0,45 FF/Minute wird die Tarifstufe modilierbar je nach Uhrzeit wie bei Telefon).

Interaktivität, Netze und Multimedia als Zweck an sich zu betrachten, führt zu nichts. Es handelt sich um Werkzeuge mit hohem Potential, von dessen Auswirkungen wir heute wenig wissen. Sicher ist, daß der zu übermittelnde Inhalt viel strategischere Auswirkungen hat und das richtige Challenge hier stattfindet, unabhängig davon, ob es sich um Programme, Bilder, Werke, Informationen oder andere Dienstleistungen handelt.

Nur : der Inhalt muß verbrauchergerecht verpackt werden und letztlich die Antwort auf eine echte Nachfrage sein; wenn das nicht der Fall ist, wird auch der ausgerüstete Verbraucher das Angebot nicht nutzen. Nach einer IDC-Studie werden 20 % der größten US-Firmen mit einem Web-Angebot auf Internet dieses Jahr aufgrund finanzieller Schwierigkeiten "aussteigen" (Quelle: *La conception d'un serveur Web*, in *Solutions Télématiques*, Nr. 43, Februar 1996). Andere Firmen werden sich an "Kiosk"-Angeboten beteiligen, weitere werden die Intranet-Idee aufgreifen, um interne Netze im Internet-Format zu nutzen. Es wird sicher nicht lange dauern, bis sich vermeintlich kostenlose und "freie" Online-Dienste über Internet langsam aber sicher zu wirtschaftlichen und kostenpflichtigen Zwecken und Eigentümernetzen entwickeln. Nur wenige Allianzen oder Partnerschaften werden das nötige Rückrat zum Überleben ihrer Web-Services haben.

Multimedia und Marketing
Neue Chancen mit Neuen Medien

Thomas Middelhoff
Mitglied des Vorstandes der Bertelsmann AG, Gütersloh

1 Multimedia als Massenmedium

Multimedia ist nicht länger Vision, sondern Realität. Auf dem Multimedia-Kongreß im vergangenen Jahr klang noch vieles wie Zukunftsmusik. In diesem Jahr sprechen wir über reale Geschäfte. Viele Indizien sprechen dafür, daß 1995 das Jahr des Übergangs war, in dem sich für Multimedia, einst eine Spielwiese jugendlicher Computerfreaks, ein Markt konkreter Anwendungen mit großem Gewinn- und Wachstumspotential entwickelt hat. Multimedia zeigt schon heute die strukturellen Merkmale eines Massenmediums:

- Die Ausstattung der Privathaushalte mit PCs, Modems und CD-ROM-Laufwerken nimmt auch in Europa rasant zu. Zum ersten Mal wurden in den USA mehr Computer verkauft als Fernseher. Praktisch jeder heute von Privatleuten gekaufte PC ist multimediafähig.
- America Online (AOL) verdoppelte die Anzahl seiner Abonnenten im Laufe eines Jahres von 2,5 Millionen auf heute 5 Millionen. Der durchschnittliche AOL-Abonnent war im Januar 1996 acht Stunden "online" (1995: 6,5 Stunden).
- Die demographische Durchmischung der Nutzergruppe nimmt zu. Heute sind 39 Prozent aller AOL-Nutzer in den USA Frauen, im Vorjahr waren es noch 15 Prozent. Gleichzeitig hat sich die Online-Nutzung durch Kinder verdoppelt, was maßgeblich dazu beiträgt, daß schmalbandige Online-Dienste zum Medium für die ganze Familie werden.

Diese Faktoren geben einen Eindruck von der gegenwärtigen Dynamik des Multimedia-Marktes. Hier entsteht ein neues Massenmedium, und es wird Wirtschaftsbranchen und Verbrauchergewohnheiten von Grund auf ändern.

2 Das Verhältnis zwischen Internet und Online-Diensten

Zur Zeit wird intensiv über die Marktpotentiale der verschiedenen multimedialen Angebote diskutiert. Im Mittelpunkt steht dabei die vermeintliche Konkurrenz zwischen dem Internet und den Online-Diensten. Nachdem im vergangenen

Herbst mehrere Häuser angekündigt hatten, Online-Dienste für ein breites Publikum aufzubauen, sind mittlerweile der Burda-Verlag mit Europe Online und Microsoft mit seinem Microsoft Network (MSN) auf das Internet als Plattform umgeschwenkt. Diese Entwicklung in Kombination mit den wirtschaftlichen Erfolgen von Unternehmen, die Software für die Nutzung des Internets herstellen (Netscape, SUN), hat dazu geführt, daß ein Paradigmenstreit entstanden ist.

2.1 Eine schmalbandige Welt

Wer die Marktentwicklung nüchtern betrachtet, stellt fest, daß Internet und Online-Dienste wie AOL und T-Online nicht im Gegensatz zueinander stehen. Sie bilden im Gegenteil Bestandteile *einer* Welt: der Welt der schmalbandigen Netze. Es gibt zahlreiche Indizien dafür, daß es sich um eine Koexistenz handelt, die weniger durch Konkurrenz als durch sinnvolle Ergänzung geprägt ist. So sind Online-Dienste die wichtigsten Internet-Provider. In den USA erfolgen 30 Prozent aller Internet-Zugriffe über AOL. Zugleich ist das World Wide Web (WWW), als geschäftlich vielversprechendster Teil des Internets, mit seinen rund 10 Millionen Webpages und Zehntausenden von News Groups der billigste und facettenreichste Content Provider für die Online-Dienste.

2.2 Die Attraktivität der Online-Dienste

Das Internet ist ein Datendschungel. Online-Dienste schlagen durch integrierte Browser oder spezielle Internet-Touren Schneisen in das Dickicht der Daten. Gleichzeitig bieten Online-Dienste im Gegensatz zum Internet ein auf die Interessen der Nutzer abgestimmtes Angebot von Informations-, Unterhaltungs- und Bildungsangeboten. Für den Nutzer werden Services angeboten, die von der Hilfestellung beim Umgang mit der Software bis hin zu Tips bei der Suche nach bestimmten Inhalten reichen.

Zudem versteht sich AOL ganz bewußt als "Gemeinschaft", in der Kommunikation zwischen den Mitgliedern eine wichtige Rolle spielt. Dieses Gefühl der Zugehörigkeit zu einer – wenn auch virtuellen – Gemeinschaft kann das "chaotisch" angelegte Internet nur sehr eingeschränkt vermitteln.

2.3 Konvergenz der multimedialen Angebote

Für die zukünftige Entwicklung von Internet und Online-Diensten ist entscheidend, daß sie sich vor dem Hintergrund einer Konvergenz der bisher weitgehend getrennt existierenden multimedialen Plattformen vollzieht. Erste Ansätze zeichnen sich bereits heute ab: verschiedene Angebote im Bereich multimedialer Produktinformationen kombinieren die Offline-Speicherung eines Datenstammes etwa auf einer CD-ROM mit der Online-Aktualisierung über das Internet bzw. Online-Dienste. Auch das interaktive Fernsehen, als breitbandige Ausbaustufe der Online-Dienste, wird auf mittlere Sicht mit anderen Multimedia-Diensten konvergieren. Bevor allerdings alle Multimedia technisch in eine breitbandige Übertragungs- und Abrufungstechnik integriert sind, werden noch Jahre vergehen. Einstweilen sind Konvergenzkonzepte von Interesse, die einzelne technische

Features sinnvoll kombinieren. So bieten die schmalbandigen Netze die Möglichkeit zur Einrichtung jenes Rückkanals, den das interaktive Fernsehen für die Kommunikation zwischen Nutzern und Anbietern von Diensten wie Video-on-demand oder Homeshopping benötigt.

3 Marketing-Potentiale von Multimedia

AOL hat seine Werbeeinnahmen im Lauf des vergangenen Jahres verdreifacht. Marketing- und Werbefachleute haben begonnen, Multimedia ernst zu nehmen. Wenn von Multimedia und Marketing die Rede ist, gilt es zu trennen zwischen Marketing *mit* und Marketing *für* Multimedia.

3.1 Marketing *mit* Multimedia

Zunächst einmal bietet Multimedia eine Reihe von Möglichkeiten, traditionelle Aufgaben des Marketing durch Einführung von sogenannten "Interactive Marketing Services" effizienter wahrzunehmen.

3.1.1 Interactive Marketing Services

In allen klassischen Bereichen des Marketing kann Multimedia eingesetzt werden:

- Im Bereich der *Informationssuche* sind nicht nur stationäre Point of Information (POI)-Systeme von Interesse. Auch über CD-ROM, Webpages im Internet oder Spezialangebote auf Online-Diensten können Produktinformationen attraktiv aufbereitet und unmittelbar an den Kunden herangetragen werden.
- Bei der *Produktauswahl* erlaubt es elektronisches Direct Marketing, den Kunden direkt anzusprechen, während er auf der Suche nach Informationen zu bestimmten Produkten ist. Mittelfristig rücken hier auf individuelle Bedürfnisse abgestimmte Marketingstrategien in Reichweite.
- Der eigentliche *Produktkauf* kann offline über interaktive Point of Sale (POS)-Systeme oder online über virtuelle Kaufhäuser abgewickelt werden.
- Auf der Ebene der *Produktauslieferung* eignen sich Multimedia vor allem für die Übermittlung von Software und Daten sowie für intelligentes Logistik-Management auf Basis telematischer Anwendungen.
- Was den wichtigen Bereich der *Abrechnung* angeht, so sind im Laufe dieses Jahres zuverlässige Sicherheitsstandards für Internet- und Online-Transaktionen zu erwarten. In Verbindung mit Home-Banking eröffnen sich damit neue Möglichkeiten für die Abrechnung von Produkten und Dienstleistungen.
- Durch interaktive Serviceleistungen wie Online-Beratung kann auch der *Kundendienst* umfassender gestaltet und damit zu einem Wettbewerbsvorteil ausgebaut werden.

3.1.2 Innovative Marketing-Strategien

Über einzelne Marketingmaßnahmen hinaus erlauben die speziellen Eigenschaften von Multimedia das Verfolgen neuer, erfolgversprechender Marketingstrategien.

Eine zentrale Eigenschaft multimedialer Angebote ist die Möglichkeit der interaktiven Nutzung. Multimedia verschafft unabhängig von Zeit und Raum Zugang zu jeder Information, die dann je nach individuellen Bedürfnissen abgerufen werden kann. Für die Marketingstrategie schafft das im Umkehrschluß die Möglichkeit, die Positionierung des Produkts, die Preispolitik und die Werbemaßnahmen zielgruppengerecht anzupassen. *Target-Marketing* oder *Zielgruppen-Marketing* unter deutlicher Verringerung von Streuverlusten wird so möglich.

Bertelsmann setzt beim Zielgruppen-Marketing auf sogenannte *communities of interest* (COI). Darunter sind Informationsangebote zu verstehen, die vielfältige Inhalte, Produkte und Dienstleistungen für spezifische Gruppen mit gemeinsamen Interessen und Präferenzen bündeln. So planen wir COIs für Musik, Business und Reisen. Es wird für jede COI ein virtuelles Kaufhaus geben, das dem Kunden neben den Produkten auch weitere Dienstleistungen wie – etwa im Falle der Musik-COIs – Hitparaden, Videomagazine, Tourneekalender und Diskussionsforen mit Künstlern bietet. Ähnliches kann man sich für Reise-COIs vorstellen.

Die Qualität von Serviceleistungen wird Kaufentscheidungen in Zukunft noch stärker beeinflussen als in der Vergangenheit. Die zunehmende Nivellierung der Produktqualität in wichtigen Bereichen wie etwa Haushalts- und Unterhaltungselektronik spielt hier eine entscheidende Rolle. Umfassendes *Service-Marketing* mit Hilfe interaktiver Dienste wie sogenannten "online help desks" oder elektronischen Kundendienst-Systemen wird ein Erfolgsfaktor auf den Konsumgütermärkten sein.

Weil multimediale Angebote omnipräsent und diachron sind, werden sie zukünftig Grundlage von Strategien des *Global Marketing* sein. Marketingmaßnahmen können auf die Bedürfnisse bestimmter Regionen und Kulturräume abgestimmt werden. Es wird möglich sein, globale Produkte zu entwickeln, um sie dann lokal zu vermarkten. Produktimages und Marken gewinnen vor diesem Hintergrund und den multimedialen Gestaltungsmöglichkeiten, denen letztlich nur die Phantasie Grenzen setzt, an Wert. In der bunten Welt von Multimedia unverwechselbar zu sein, lautet zukünftig die größte Herausforderung jeder Form von Global Marketing.

Indem vor allem Online-Dienste gemeinschaftsstiftend wirken und direkte Kommunikation mit jedem potentiellen Kunden ermöglichen, ergeben sich neue Perspektiven für *geplantes und kontrolliertes Marketing*. Ein Beispiel ist die Online-Werbung, wo die Verweildauer des Betrachters und seine speziellen Interessen automatisch erfaßt werden können. Mit diesem Wissen, das Marktforschung ergänzt, können Anbieter ihre Kunden direkt ansprechen.

3.1.3 Perspektiven interaktiver Marketing-Tools

Welche Elemente der Interactive Marketing Services versprechen in den nächsten 10 bis 15 Jahren Erfolg? Infomercials, also Formen informationsorientierter Werbung im Feld von Online-Multimedia, und elektronisches Direct Mailing bergen überdurchschnittliche Gewinnchancen. Online-Vertrieb wird erst dann profitabel sein, wenn breitbandige Netze und die entsprechenden Endgeräte uneingeschränkt verfügbar sind. Sind diese Voraussetzungen einmal erfüllt, werden wir dreidimensionale Werbespots und ebensolche Produktinformationen realisieren können. Mit Hilfe von dreidimensionalen Animationen sind dann auch *Panoptica* möglich, mit deren Hilfe der Kunde beispielsweise einen Stuhl oder einen Tisch in seinem virtuellen Wohnzimmer plazieren kann, um herauszufinden, wie die neuen Möbelstücke in seiner vertrauten Umgebung aussehen.

Unter Verwendung von Offline-Multimedia sind schon heute POI- und POS-Systeme erfolgreich. Es ist davon auszugehen, daß sie in Zukunft noch intensiver eingesetzt werden. Hinsichtlich des *interactive electronic shopping* hängt die Einschätzung der Potentiale von den Eigenschaften der zu verkaufenden Produkte ab. Über ein virtuelles Kaufhaus läßt sich unserer Erfahrung nach folgendes verkaufen:

- Produkte, die der Kunde beim Kauf nicht in den Händen halten muß, wie etwa CDs, Konzertkarten oder Flugtickets,
- Soft- und Hardware für Multimedia,
- Markenartikel,
- Unkomplizierte Produkte mit niedrigem Preis.

Ganz unabhängig von der Einschätzung der spezifischen Potentiale einzelner Instrumente wird Marketing *mit* Multimedia einer der entscheidenden Erfolgsfaktoren in Multimedia-Geschäften sein.

3.2 Marketing *für* Multimedia

Die zentralen Strategien und Maßnahmen des Marketing für Multimedia orientieren sich an den einzelnen Segmenten der multimedialen Wertschöpfungskette:

- Content Providing,
- Production/ Packaging,
- Networking,
- Gateway Providing,
- Subscriber Management.

3.2.1 Marketing-Erfolgsfaktoren in der Wertschöpfungskette

Hinsichtlich des *Content Providing* gilt es, etablierte Marken auf Multimedia zu übertragen und zugleich neue Marken zu etablieren. Consumer-Angebote wie Spiele sind getrennt von Business-Angeboten wie Börsenkursen anzubieten. Für die Preisgestaltung wird sich langfristig – etwa in der Marktkonkurrenz zwischen den Online-Diensten – als zentral erweisen, die Exklusivität der Inhalte zu sichern, angemessene Lizenzgebühren für die Übernahme von Inhalten zu vereinbaren und den Preis letztlich am Kundennutzen zu orientieren. Im Bereich der Promotion für bestimmte Inhalte wird Cross-Marketing, durch die Verknüpfung von Online-Werbemaßnahmen und Werbung in den klassischen Medien eine entscheidende Rolle spielen.

Für die Wertschöpfung im Segment von *Production/ Packaging* muß im Mittelpunkt einer erfolgreichen Strategie die Schaffung von Standards stehen, die dann mit möglichst vielen Partnern auf den Märkten für Multimedia durchzusetzen sind. Wer hier auf den Einsatz fortschrittlicher *Authoring Tools* und eine offene Architektur der Plattform achtet, kann Inhalte ausgehend von einer Quelle für jede multimediale Plattform, die der Kunde wünscht, produzieren. Da die Infrastruktur für diese Art von Produktion hohe Investitionen erfordert, sollten pay-per-use-Mechanismen entwickelt werden, im Rahmen derer etwa hochentwickelte Computer zur Programmierung multimedialer Anwendungen auch von externen Kunden genutzt werden können. Dabei ermöglicht die Vernetzung der Computersysteme die gemeinsame und zeitgleiche Produktion an verschiedenen Orten.

Erfolgreiches *Networking* für Online-Dienste hängt von mehreren Variablen ab. Zu nennen sind hier ein leistungsfähiges Leitungsnetz, intelligente Netzbetreiber-Software inklusive des TCP/IP-Protokoll-Standards und garantierte Datensicherheit. Für den Markteintritt muß man hier die Kooperation mit bestehenden Corporate Networks empfehlen. Nur so kann man aus dem Stand heraus flächendeckende und preiswerte Angebote schaffen. Marketing für eigene Fähigkeiten im Bereich des Networking ist unmittelbar über die erfolgreiche Marktpräsenz mit eigenen multimedialen Angeboten zu realisieren.

Im Bereich des *Gateway Providing* kommt einer benutzerfreundlichen Oberfläche, die für alle Multimedia-Plattformen – CD-ROM, Internet, Online-Dienste und später auch interaktives Fernsehen – geeignet ist, entscheidende Bedeutung zu. Was die Preisgestaltung für den jeweiligen Gateway angeht, so liegt die Zukunft bei einer transparenten Gebührenstruktur, wie sie sich am ehesten durch Pauschalpreise realisieren läßt. Das Marketing für den Gateway kann nur auf dem Wege von Direct Marketing und informativer Produkt-PR erfolgen, weil etwa im Falle eines Online-Service zunächst Wissensdefizite und Schwellenangst abgebaut werden müssen.

Die Sicherung der Kundenbindung durch ein effektives *Subscriber Management* spielt innerhalb der Wertschöpfungskette von Multimedia eine ganz entscheidende Rolle. Wer hier die unerläßliche Dienstleistungskultur entwickeln will, muß zunächst einmal mit den Gegebenheiten des jeweiligen Landes vertraut sein. Mitarbeiter, die im Rahmen von Hausbesuchen, Telefongesprächen oder auch online mit Kunden in Kontakt treten, müssen Muttersprachler sein und kulturelle Besonderheiten kennen. Für Kundendienste sollten keinesfalls zusätzliche Gebühren erhoben werden. Das Marketing für das jeweilige Subscriber Management kann mit Werbemaßnahmen für das entsprechende Gateway einhergehen.

3.2.2 Die Marketing-Strategie am Beispiel von AOL

Wir positionieren AOL in Deutschland und in Europa über folgende Kerneigenschaften, die unmittelbar den Zusatznutzen für den Kunden signalisieren und im Wettbewerb ein erkennbares Profil bilden:

- Individualität,
- Gemeinschaft,
- Moderne Technologie und Software,
- Aktuelle Inhalte.

Instrumente der Vermarktung von AOL waren in erster Linie "Welcome Packages", "Mailings" und "Online Packs". Freistunden wurden als Anreiz etwa im Bereich der Direct Response-Werbung eingesetzt. Die Kombination von Zielgruppen-Mailings mit "After Delivery-Mailings" stellte sicher, daß so gut wie keine Ausfälle durch Installationsprobleme der Startsoftware auftraten.

Was die Ansprache der Zielgruppen angeht, so ist man in mehreren Stufen vorgegangen. AOL sprach zunächst die Computerfreaks an – eine sehr kleine Zielgruppe, die aber besonders vertraut mit Multimedia- und Online-Themen ist. Die zweite Zielgruppe waren Kunden, die auf anderem Wege wie zum Beispiel den Arbeitsplatz bereits Kontakt mit Computern hatten. Danach zielten wir auf jene, die generell aufgeschlossen für moderne Technologien sind, und auf junge Menschen, die Spaß an Kommunikation haben. Die letzte Zielgruppe für die Startphase von AOL in Deutschland war die moderne Familie inklusive Kinder und älterer Familienmitglieder.

3.2.3 Zur Multimedia-Strategie von Bertelsmann

AOL ist die Schlüsselplattform für unsere Multimedia-Strategie, wobei unsere Beteiligung an T-Online garantiert, daß wir auch im Markt der Geschäftskunden vertreten sind. Mit der America Online-Tochter ANS haben wir jetzt auch eine Netzwerkgesellschaft gegründet, um unseren Einfluß auf einen wichtigen Kostenfaktor im Geschäft mit Online-Services zu sichern und Gewinne durch externe Netzkunden zu erwirtschaften.

Darüber hinaus verfolgen wir aber auch andere Projekte. So wird die Bertelsmann-Tochter Telemedia umfassende Leistungen rund um das Internet anbieten. Dort arbeitet man auch intensiv an einem System für Autonavigation, das MONICAR heißen wird. Im Sommer 1995 wurde die Bertelsmann-Springer-Gesundheitsgesellschaft gegründet. Ziel des Joint Ventures der Bertelsmann AG und des wissenschaftlichen Springer-Verlages ist die Publikation medizinischer Themen auf Basis von Multimedia. An der Berliner Multimediaagentur Pixelpark hält das Joint Venture America Online/ Bertelsmann eine Beteiligung von 75 Prozent. Pixelpark ist in Europa eines der kreativsten Unternehmen der Multimedia-Branche. Arbeitsschwerpunkte liegen in den Bereichen Inhalteaufbereitung, Screen Design und Kundenakquisition.

Im Feld der Hardware für breitbandige Online-Dienste entwickeln wir gemeinsam mit Canal+ den SECA-Decoder. Gleichzeitig bereitet die Multimedia-Betriebsgesellschaft (MMBG) dem Interaktiven Fernsehen in Deutschland und Europa den Boden.

Insgesamt zielt die Multimedia-Strategie von Bertelsmann darauf ab, internationale Allianzen zu bilden und zusammen mit starken Partnern aus verschiedenen Industriezweigen die Entwicklung im Multimedia-Markt mitzugestalten.

4 Die Zukunft von Multimedia

Die Entwicklung der Märkte für Multimedia und der entsprechenden Marketing-Strategien hängt in letzter Konsequenz von einigen Fragen ab, die heute nur auf der Basis "begründeter Spekulation" beantwortet werden können.

Hinsichtlich der *technischen Plattformen* werden sich in den nächsten Jahren PC und Modem durchsetzen. Erst ab dem Jahr 2000 ist eine allmähliche Verschiebung in Richtung Fernsehen und Decoder zu erwarten. Auf mittlere Sicht werden Schmal- und Breitband-Plattform konvergieren. Schon heute zeichnet sich die Substitution der CD-ROM durch Online-Angebote ab.
Die Ausstattung der Haushalte mit multimediafähigen Endgeräten nimmt deutlich zu. Im Jahr 2000 wird angesichts heutiger Zuwachsraten in 40 Prozent aller deutschen Haushalte ein PC zu finden sein. Heute liegt der Wert bei 24 Prozent.

Bei den *Business-Ansätzen* der Online-Dienste werden wir eine Verschiebung von reiner Gebührenfinanzierung zu einer Mischfinanzierung aus Gebühren und Werbung erleben. Gleichzeitig wird die Zahl der von Nutzern generierten Inhalte im Verhältnis zu den von professionellen Produzenten geschaffenen Inhalten zunehmen. Bei AOL in den USA läßt sich schon heute beobachten, daß immer mehr Inhalte von den Mitgliedern selbst angeboten werden. Hinsichtlich des *Nutzungsverhaltens* im Internet erwarten wir einen Trend vom "ziellosen Surfen" hin zum kontinuierlichen Aufsuchen bekannter "Orte".

Als zentrale Frage wird sich zukünftig die *rechtliche und steuerliche Behandlung* von Online-Diensten erweisen. Sollten etwa Online-Dienste in Deutschland und Europa unter die Kontrolle des Rundfunkrechts kommen, so besteht die Gefahr, daß die Entwicklung dieser multimedialen Angebote nachhaltig gebremst wird. Gleichzeitig hängt von der steuerlichen Gleichbehandlung in- und ausländischer Anbieter die Konkurrenzfähigkeit deutscher Online-Dienste und Internet Provider ab.

Letztlich ist nicht auszuschließen, daß auch in Deutschland bei der Entwicklung von Multimediageschäften Irrwege gegangen werden. Das sollte aber kein Grund sein, die Welt von Multimedia mit Zögern zu betreten. Nicholas Negroponte sagt: "Das größte Hindernis bei der Entwicklung von Multimedia ist unser Mangel an Phantasie". Ich möchte aus meiner Sicht ein zweites Hindernis hinzufügen: Mangel an unternehmerischem Mut.

V

Kurzbiographien der Autoren

Christian Bachem,
Jahrgang 1966, Studium der Publizistik, Soziologie, Cognitive Science und VWL in Mainz, Bloomington/USA und Berlin, danach Mediaplaner und -berater bei der Werbeagentur Venus & Klein. 1994 war er in gleicher Position für Communication House Intl. in New York tätig. Im selben Jahr promovierte er mit einer Arbeit über den Fernsehmarkt in den USA. Seit 1995 ist er Director Strategic Marketing bei der Multimedia-Agentur Pixelpark und Lehrbeauftragter für „Online Marketing" am Institut für Publizistik der Freien Universität Berlin.

Michael Bartsch,
Jahrgang 1946, studierte Rechtswissenschaften in Hamburg, Genf und Freiburg. Seit 1976 ist er als Rechtsanwalt und Partner der Anwaltskanzlei Bartsch und Partner in Karlsruhe mit den Arbeitsschwerpunkten nationales und internationales EDV-Zivilrecht sowie Rechtsfragen komplexer Bauvorhaben tätig. Er ist Lehrbeauftragter der Universität Karlsruhe für EDV-Vertragsrecht, Vorstand der Deutschen Gesellschaft für Recht und Informatik e.V. (DGRI), sowie ständiger Mitarbeiter der Fachzeitschrift „Computer und Recht".

Ulrich Booms
wechselte nach einer fünfjährigen Tätigkeit im Bereich Research und Dokumentation bei Report (Südwestfunk Baden-Baden) 1991 zum SPIEGEL als Dokumentationsjournalist. Dort war er zuständig für die Einführung und Nutzung externer Datenbanken, den Aufbau interner Datenbanken, sowie die Entwicklung der SPIEGEL-Jahrgangs-CD-ROM. Seit 1995 ist er SPIEGEL-Redakteur im neu gegründeten Ressort Electronic Services.

Kurt Biedenkopf,
Jahrgang 1930, studierte Political Science, Rechtswissenschaften und Nationalökonomie in Davidson (USA), München und Frankfurt/Main - Promotion 1958, Habilitation 1963. Er ist Ehrendoktor des Davidson College, der Georgetown University, der New School for Social Research New York und der Kath. Universität Brüssel. Von 1964 bis 1970 als Ordinarius an der Ruhr-Universität Bochum, war er dort 1966/67 Dekan und 1967-1969 Rektor. 1967 und 1968 war er Vorsitzender der Landesrektorenkonferenz in NRW, von 1968 bis 1970 Vorsitzender der von der Bundesregierung eingesetzten Mitbestimmungskommission. Als Mitglied der zentralen Geschäftsführung des Henkel-Konzerns war er von 1971 bis 1973 tätig. Nach dem Eintritt in die CDU 1966 war er von 1973 bis 1977 deren Generalsekretär, 1977 bis 1983 stellvertretender Vorsitzender, und von 1980 bis 1984 Vorsitzender des Präsidiums der CDU NRW. 1976 bis 1980 und 1987 bis 1990 war er Mitglied des Deutschen Bundestages. 1990 lehrte er als Gastprofessor an der Universität Leipzig. Von 1991 bis 1995 Vorsitzender der CDU Sachsen, ist er seit Oktober 1990 Mitglied des Landtages und Ministerpräsident des Freistaates Sachsen.

Ralf Cordes
promovierte 1989 an der TU Braunschweig im Bereich Multimediale Büroinformationssysteme. Von 1989 bis 1992 war er Leiter der Arbeitsgruppe Multimedia Techniken in der Vorentwicklung der Telenorma GmbH in Frankfurt. Im Bereich ESPRIT war er von 1991 bis 1993 Expert Reviewer der EG und Projektmanager im Rahmen von RACE-II Projekten. 1993 und 1994 leitete er die Multimediakommunikation in einem Produktbereich der Telenorma GmbH. Seit April 1994 ist er verantwortlich für das Produktmanagement der Computer Telephony Integration im Breitengeschäft von Bosch Telecom.

Christof Ehrhart,
Jahrgang 1966, studierte Politikwissenschaft, Wirtschafts- und Sozialgeschichte sowie Deutsche Literaturwissenschaft an der Universität des Saarlandes und der University of Wales. Nach einer Tätigkeit als Wissenschaftlicher Mitarbeiter am Institut für Politikwissenschaft der Universität des Saarlandes und als freier Fernsehjournalist übernahm er 1995 die Leitung des Referats *Inhalte und Grundlagen* in der Zentralen Öffentlichkeitsarbeit der Bertelsmann AG. Seine Aufgabengebiete umfassen das Monitoring gesellschaftlicher und kultureller Trends, medienpolitische Analysen und die Redaktionsleitung der Bertelsmann Briefe.

H. Jürgen Feuerstake,
Jahrgang 1946, studierte Physik in Jena und Halle. Nach der Promotion zum Dr.-Ing. war er Direktor für Vertrieb sowie Forschung und Entwicklung im Gleichrichterwerk Stahnsdorf. 1990 und 1991 war er Leiter des Vertriebsbüros für Ostdeutschland und Osteuropa der ABB-IXYS GmbH Lampertheim/San José (Color-Technik GmbH). 1992 gründete er das Unternehmen „multi media point“, 1994 das Unternehmen „InterActive Films“. Er ist Mitglied des Informationsausschusses des DIHT und arbeitet in beratenden Arbeitsgruppen des MW BL Brandenburg für IuK-Technologien und Medienintegration mit.

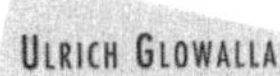

Ulrich Glowalla,
Jahrgang 1951, studierte Psychologie und Statistik an der Universität Konstanz, promovierte 1981 in Psychologie an der Technischen Universität Braunschweig und habilitierte sich 1994 für das Fach Psychologie an der Universität Marburg. Er sammelte Lehr- und Forschungserfahrung an verschiedenen amerikanischen und europäischen Universitäten und Großforschungseinrichtungen. Seit 1989 lehrt er als Professor für Kognitive und Pädagogische Psychologie an der Universität Gießen. Im selben Jahr gründete er die Forschungsgruppe *Entwicklung und Evaluation interaktiver Lern- und Informationssysteme*, die bis heute unter seiner Leitung in rund 30 Untersuchungen die Wirksamkeit elektronischer Medien untersucht hat. Unter anderem leitet er den Arbeitskreis *Hypermedia in der Aus- und Weiterbildung* der Gesellschaft für Informatik und die Special Interest Group *Comprehension of Verbal und Pictorial Information* der European Association for Research in Learning and Instruction.

Martin Göbel,

Jahrgang 1955, studierte Informatik an der TH Darmstadt, wo er 1990 auch promovierte. Bis zum Jahre 1986 war er wissenschaftlicher Assistent im Fachgebiet Graphisch Interaktive Systeme an der TH Darmstadt, bevor er zur Fraunhofer Gesellschaft wechselte und dort Forschungs- und Entwicklungsprojekte in den Bereichen Interaktive Höchstleistungs-Graphik, numerische Simulationen und Virtuelle Realität leitete. Seit Januar 1996 ist er als Leiter des Forschungsbereichs *Visualisierung & MediaSystem Design (VMSD)* im Institut für Medienkommunikation des Forschungszentrums Informationstechnik (GMD) in Bonn verantwortlich für F&E-Projekte im Bereich der Echtzeit-Computer Graphik, Visualisierung, Virtuelle Studios und Virtuelle Realität.

Gernot Grunst,

Jahrgang 1950, studierte Kommunikationswissenschaft und promovierte in Linguistik an der Ruhr Universität in Bochum. Berufserfahrungen erwarb er am Lehrstuhl für Hör- und Sprachgeschädigtenpädagogik der Universität Köln. Seit 1987 ist er wissenschaftlich tätig am Institut für Angewandte Informationstechnik der GMD in Sankt Augustin. Das Projekt SCENE (Realisierung von medizinischen Enablingsystemen) leitet er seit 1992 verantwortlich bei der GMD.

Markus Gunter,

Jahrgang 1966, studierte Betriebswirtschaftslehre an der Universität Bayreuth. Seit Mai 1995 ist er im Bereich Unternehmenskommunikation/Zentrale Marketingaufgaben bei der HYPO-BANK tätig. Dort ist er mit der Vertriebswege-Strategie, der Entwicklung neuer Vertriebswege, dem Internet-Angebot der HYPO-BANK sowie der Marketing-Koordination befaßt.

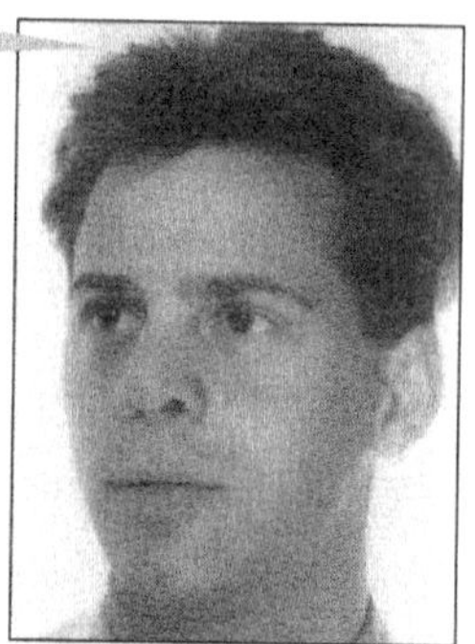

Gudrun Häfele,

Jahrgang 1962, studierte Sozialpädagogik und Psychologie an den Universitäten Frankfurt und Marburg. Seit 1990 arbeitet sie als wissenschaftliche Mitarbeiterin an der Universität Gießen. Anfang 1995 promovierte sie in Psychologie an der Universität Marburg mit einer Arbeit zum Lernen mit elektronischen Medien. Sie hat maßgeblichen Anteil an den umfangreichen Forschungs- und Beratungsaktivitäten der Forschungsgruppe *Entwicklung und Evaluation interaktiver Lern- und Informationssysteme* am Fachbereich Psychologie der Universität Gießen.

Hans-Peter Hebestreit,

Jahrgang 1940, studierte Medizin in Kiel und München. Nach der Promotion über ein Thema in der Nuklearmedizin habilitierte er sich für Radiologie und Nuklearmedizin 1974 am Klinikum Mannheim der Universität Heidelberg. Er leitet das Radiologische Zentrum der „Krankenhäuser des Märkischen Kreises GmbH" in Lüdenscheid seit 1977. Seit 1980 ist er Professor am Klinikum Mannheim der Universität Heidelberg und unternimmt seit 1994 Aktivitäten auf dem Gebiet der Teleradiologie. Er hat einen Lehrauftrag an der Universität Bonn und ist Mitglied des Lehrkörpers am Klinikum Mannheim.

Hadmut Holken

gründete 1987 ihr eigenes Beratungsunternehmen in Paris und spezialisierte sich auf Strategie- und Marketinganalysen im Bereich Medien sowie Informations- und Kommunikationstechnologien. Als Multimedia-Spezialistin führte sie mehrere internationale Studien für Telekommunikationsgesellschaften und Regierungsbehörden durch. Sie lehrt an den Pariser Universitäten Sorbonne und Paris-Nord Kommunikationswissenschaften.

Bettina Horster,

Jahrgang 1964, studierte Informatik an der Universität Dortmund und an der University of California, Berkeley, wo sie sich insbesondere mit dem Themengebiet Cognitive Science auseinandersetzte. Sie promovierte an der Universität Münster im Fachbereich Wirtschaftswissenschaften über den Themenkomplex „Software-Sales-Management - Entwicklung eines Konzepts zur Effizienzverbesserung des Absatzbereichs mittelständischer Softwarehäuser". Ihre berufliche Laufbahn begann sie als Marketingleiterin bei der Quantum GmbH, Dortmund. Zur Zeit ist sie für den Marketing- und Vertriebsbereich der VIVAI-Consulting verantwortlich.

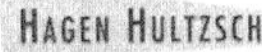

Hagen Hultzsch,

Jahrgang 1940, studierte und promovierte in Physik an der Universität in Mainz. Nach einer Lehrtätigkeit im Bereich Informationstechnologie für Physiker an der Universität Mainz führten ihn seine beruflichen Stationen bei der Gesellschaft für Schwerionenforschung in Darmstadt und bei der Volkswagen AG in Wolfsburg zur Deutschen Telekom AG in Bonn, wo er seit 1993 Vorstandsmitglied ist.

Steffen Jakob,
Jahrgang 1967, studierte Wirtschaftsingenieurwesen an der Universität Karlsruhe (TU) und der Ecole de Management Européen in Straßburg. Nachdem er das Top-Nachwuchsprogramm der Bertelsmann AG durchlaufen hatte, war er von 1993 bis 1995 Projektmanager Electronic Publishing für die Bertelsmann Fachinformation und leitete Entwicklungsprojekte für diverse CD-ROMs und Web-Sites. Seit 1996 ist er Leiter elektronische Medien für den Bereich Verkehr der Bertelsmann Fachinformation.

Uwe Kauß,
Jahrgang 1964, erwarb Berufserfahrung als Mitarbeiter bei der Frankfurter Rundschau sowie als Volontär und Redakteur beim Computermagazin CHIP in München. Im Stammhaus Würzburg konzipierte und realisierte er diverse Online- und Zeitschriftenprojekte. Als Ressortleiter Magazin entwarf und realisierte er das CD-ROM-Magazin CHIP-TV und das CHIP-Online-Angebot in America Online und im World-WideWeb. Seit 1996 ist er Mitinhaber des Redaktionsbüros TigerVision Medienprojekte und spezialisiert auf die Konzeption und Redaktion sowie das Projektmanagement für Print-, CD-ROM- und Online-Objekte.

Wolfgang Knobloch
studierte Mathematik an der Johannes Gutenberg Universität Mainz, bevor er 1985 seine berufliche Laufbahn bei IBM begann. Seit 1989 ist er am Europäischen Zentrum für Netzwerkforschung (ENC) der IBM tätig, wo er im Bereich Offene Bürokommunikation verschiedene Projekte zu Dokumenten- (ODA, SGML) und e-mail Standards (X.400, MIME) leitete. Seit 1994 leitet er die Abteilung Kommerzielle Netzdienste des ENC und beschäftigt sich vorwiegend mit der Sicherheit in offenen Netzen und der kommerziellen Nutzung des Internet.

Tobias Kollmann,
Jahrgang 1970, studierte an den Universitäten Bonn und Trier Volkswirtschaftslehre mit dem Schwerpunkt Marketing und ist seit 1995 wissenschaftlicher Mitarbeiter am Lehrstuhl für Marketing von Prof. Dr. Rolf Weiber. Er ist verantwortlicher Leiter der Forschungsprojekte *Vermarktung von interaktiven Multimedia-Diensten.* Seine bevorzugten Forschungsgebiete liegen in den Bereichen Kommunikation mit Neuen Medien, Multimedia, Interaktives Fernsehen und Akzeptanzforschung.

Rainer Kuhlen,

Jahrgang 1944, studierte Philosophie, Literaturwissenschaft und Soziologie in Münster und promovierte 1976 an der Universität Regensburg. Seit 1980 ist er Inhaber des Lehrstuhls für Informationswissenschaft an der Universität Konstanz und forscht im Kontext des experimentellen Information Retrieval, der Curriculumsforschung, der wissensbasierten Textverarbeitung, der Flexibilisierung und Entlinearisierung von Wissen sowie des Informationsmarktes. Er ist Mitglied des Vorstandes des Hochschulverbandes für Informationswissenschaft (HI), Vorstandsvorsitzender der Gesellschaft für Angewandte Informationswissenschaft, Konstanz (GAIK), Geschäftsführer des Steinbeis-Transferzentrums IMAC (Informationsmärkte und Management Consulting) und Mitglied des Konsortiums der Electronic Mall Bodensee (EMB).

Herbert Kuhlmann

studierte Informatik an der Technischen Hochschule Darmstadt und war dort von 1979 bis 1984 wissenschaftlicher Mitarbeiter am Fachgebiet Graphisch-Interaktive Systeme mit den Schwerpunkten Programmierung von Realzeitsystemen sowie Entwicklung und Standardisierung des Graphischen Kern-Systems GKS. Seit 1984 ist er alleiniger Geschäftsführer des Zentrums für Graphische Datenverarbeitung (ZGDV) in Darmstadt und leitet u. a. den deutschen Normungsausschuß und die deutsche Delegation auf den ISO-Normungstreffen bei den Arbeiten zum Computer Graphics Metafile (CGM), Computer Graphics Interface (CGI) und Programmers Hierarchical Graphics System (PHIGS).

Volker Kühn

studierte Informatik an der Technischen Hochschule Darmstadt und promovierte dort 1994 in der Fachrichtung Graphisch-Interaktive Systeme. Seit 1993 leitet er die F&E-Abteilung „Visual Computing" am Zentrum der Graphischen Datenverarbeitung Darmstadt und beschäftigt sich hier mit der Integration von Computergraphik und Bildverarbeitung für Anwendungen in den Bereichen Informationssysteme, Telekommunikation, Medizin- und Umwelttechnologie. Seine Forschungsschwerpunkte liegen auf dem kombinierten Einsatz von CSCW-Techniken und WAN-Strukturen, wie ISDN und ATM, sowie auf der Entwicklung neuer innovativer 3D Ein-/Ausgabemechanismen und 3D Interaktionstechniken.

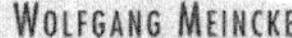

Wolfgang Meincke,

Jahrgang 1951, studierte Flugzeugbau an der Fachhochschule Hamburg und Jura an der Universität Hamburg. Von 1990 bis 1995 war er Prokurist und Chefsyndikus bei der debis Systemhaus GmbH, Stuttgart, und zugleich zuständig für neue Medien und Online-Dienste. Seit 1996 ist er Geschäftsführer der neugegründeten Bertelsmann-Springer Gesundheitsgesellschaft, ein Unternehmen, welches auf elektronischem Wege Informationen, Nachrichten und Fachthemen aus den Bereichen Medizin und Gesundheit anbieten möchte.

NICOLAS PASCAL METZKE,
Jahrgang 1966, studierte Betriebswirtschaftslehre an der Universität Mannheim und der Ecole Superieure de Sciences Economiques et Commerciales (ESSEC) in Paris. 1992 bis 1995 führte er bei Gemini Consulting, Bad Homburg, internationale Beratungsprojekte im Marketing und Vertrieb im Telekommunikations- und Dienstleistungssektor durch. Seit Oktober 1995 ist er bei Apple Computer, Ismaning, verantwortlich für das Marketing im New Media & Entertainment Segment im deutschsprachigen Raum; seit 1996 ist er European Marketing Manager für Cross Media Publishing Solutions.

THOMAS MIDDELHOFF,
Jahrgang 1953, begann 1984 nach dem Studium der Betriebswirtschaftslehre an der Universität Münster seine berufliche Laufbahn mit der Leitung Marketing/Vertrieb sowie Aufbau und Leitung der ausländischen Produktionsstätten (Fernost/Griechenland) der Middelhoff GmbH. 1986 promovierte er über ein planungsorientiertes Thema aus dem Bereich der Infomationstechnologien / Neue Medien. Nach der Tätigkeit als Assistent der Geschäftsführung bei der Mohndruck Graphische Betriebe GmbH, Gütersloh, war er bis Ende 1989 Geschäftsführer der Elsnerdruck GmbH, Berlin, und der Mohndruck Graphische Betriebe GmbH, Gütersloh. 1990 wurde er zum Bereichsvorstandsmitglied des Unternehmensbereichs Druck- und Industriebetriebe der Bertelsmann AG berufen. Seit 1994 ist er Vorstandsmitglied der Bertelsmann AG, leitet die Zentrale Unternehmensentwicklung und koordiniert sämtliche Multimedia-Geschäfte von Bertelsmann.

GERHARD MIDDENDORF
ist seit 1973 bei der Karstadt AG tätig, u. a. als Abteilungsleiter in Berlin und München und Regionaleinkäufer für den Bereich Tonträger in München und Essen. Ab 1992 leitete er den Einkauf für den Bereich Musik & Video. Seit 1995 ist er Einkaufsdirektor für den Bereich Multimedia.

THOMAS MÖLLER,
Jahrgang 1963, studierte Informatik an der Universität Dortmund mit dem Spezialgebiet Internationalisierung von Softwaresystemen. Bei der Quantum GmbH, Dortmund, war er als Produktmanager, Produktgruppenmanager und Vertriebsleiter tätig, wobei der Schwerpunkt seiner Tätigkeit neben der Vertriebssteuerung in der Konzeption und Implementierung moderner Electronic Marketing-Strategien lag. Zur Zeit ist er geschäftsführender Gesellschafter der VIVAI Consulting GmbH und dort verantwortlich für WorldWideWeb- und Multimediaprojekte. 1995 erhielt er den ersten Preis beim WorldWideWeb-Wettbewerb der Bayerischen Hypotheken- und Wechselbank AG.

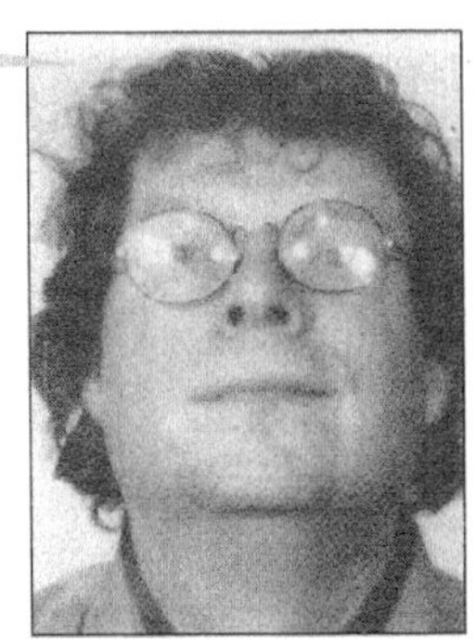

Wolfgang E. Müller,
Jahrgang 1955, ist freier Journalist in Düsseldorf. Nach einem Volontariat und mehrjähriger Tätigkeit bei einer Tageszeitung gründete er 1990 die con/text-Medienagentur und schreibt seitdem für eine Reihe von Wirtschaftsmagazinen und Fachzeitschriften. Ein Schwerpunkt sind interaktive Medien. Unter anderem hat er die Bücher „Multimedia - Interaktive Medien in Städten und Gemeinden" (1993, Gemini-Verlag Düsseldorf) und „Interaktive Medien im professionellen Einsatz" (1995, Addison-Wesley-Verlag Bonn) verfaßt.

Jaan Netzow,
Jahrgang 1961, studierte Betriebswirtschaftslehre an der Universität Hamburg. In den Bereichen Produkt- und Key-Account-Management sammelte er Berufserfahrungen. Seit 1992 ist er für das ILS (Bertelsmann Fachinformation) tätig und berät Firmen und Institutionen beim Einsatz moderner Fernlehrsysteme. Zur Zeit entwickelt er einen Online-Weiterbildungsdienst, der auch maßgeschneidert in Firmen und Institutionen eingesetzt werden kann.

Rainer Pudlo,
Jahrgang 1960, studierte Elektronik mit Schwerpunkt Halbleitertechnik und Datenverarbeitung. Seit 1989 war er in der Robert Bosch GmbH zunächst als Entwicklungs-Ingenieur zuständig für eCAE/eCAD (electronic Computer-Aided-Engineering/-Design). Seit 1992 ist er in der Zentralstelle Weiterbildung, Technik und Informationsverarbeitung als Bildungs- und Prozeßberater mit der IV-Weiterbildung und dem CBT befaßt.

Alexander Rau,

Jahrgang 1962, studierte Medientechnik an der Fachhochschule für Druck und war dort auch als Dozent tätig. 1993 gründete er die informedia GmbH und nimmt die Position des Geschäftsführer ein.

Jürgen Rüttgers,
Jahrgang 1951, studierte Rechtswissenschaften und Geschichte und promovierte in den Rechtswissenschaften an der Universität in Köln. Er war Referent beim Städte- und Gemeindebund Nordrhein-Westfalen und Erster Beigeordneter der Stadt Pulheim für Stadtentwicklung, Finanzen und Umweltschutz. Seit 1987 ist er Mitglied des Deutschen Bundestages, seit 1993 stellvertretender Landesvorsitzender der CDU Nordrhein-Westfalens, und seit November 1994 ist er Bundesminister für Bildung, Wissenschaft, Forschung und Technologie.

Christian Russ
ist Rechtsanwalt in der Wiesbadener Kanzlei des Preisbindungstreuhänders Dieter Wallenfels. Er ist Mitglied der Arbeitsgruppe „Recht" im Arbeitskreis „Electronic Publishing" des Börsenvereins. Sein besonderes Interesse gilt der Rechtsentwicklung und Vertragsgestaltung im Bereich der Neuen Medien.

Scheuring Thomas,
Jahrgang 1956, studierte Chemie an der TH Darmstadt und promovierte 1985 im Fach Physikalische Chemie. Von 1979 bis 1985 war er als Lektor der Bunsengesellschaft für Physikalische Chemie beschäftigt. Seit 1986 ist er tätig für die DECHEMA Deutsche Gesellschaft für Chemisches Apparatewesen, Chemische Technik und Biotechnik e. V. in Frankfurt/Main, und leitet dort zur Zeit die Abteilung Ausstellungstagungen.

Eric Schoop,
Jahrgang 1958, studierte Volkswirtschaftslehre an der Universität Heidelberg, wurde 1987 an der Universität Bamberg zum Dr.rer.pol. promoviert und habilitierte sich 1993 an der Universität Würzburg mit einer Arbeit über entscheidungsorientierte Informationsverarbeitung mit Hypertext. Er ist seit 1993 Inhaber des Lehrstuhls für Wirtschaftsinformatik, insbesondere Informationsmanagement, an der Technischen Universität Dresden. 1995 gründete er das Steinbeis-Transferzentrum „Betriebliches Informationsmanagement Dresden", welches er seither leitet. Schwerpunkte in Forschung, Lehre, Gremien- und Projekttätigkeit sowie Gegenstand diverser Publikationen sind multimediales Dokumentenmanagement, computerunterstütztes kooperatives Arbeiten und Hypermedia in der Aus- und Weiterbildung.

Berndt Schramka,
Jahrgang 1952, begann seine berufliche Laufbahn als Journalist 1971. Er war u. a. Chef vom Dienst bei der Abendzeitung München und stellvertretender Chefredakteur bei der Chemnitzer Morgenpost. Seit 1991 ist er stellvertretender Leiter der Hamburger Journalistenschule (Henri-Nannen-Schule). Er veranstaltet Fortbildungsseminare über Electronic Publishing, Multimedia und Online-Journalismus und veröffentlichte auf einer interaktiven CD-ROM im ZV-Verlag, Bonn

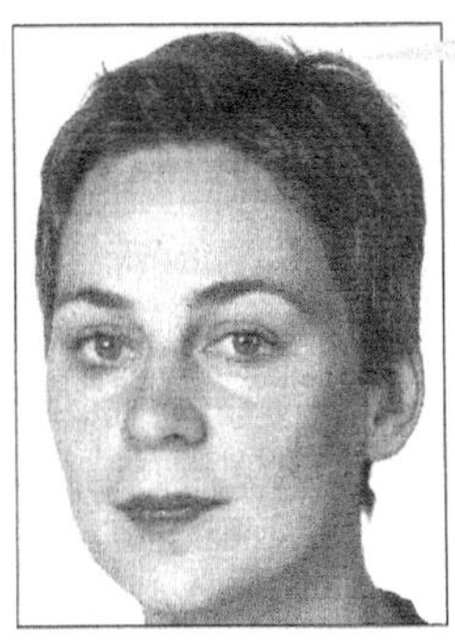

Mathias Schwarz
wurde 1979 als Rechtsanwalt zugelassen und leitete von 1984 bis 1987 die Rechtsabteilung der KirchGruppe. Seit 1988 ist er Partner der Anwaltssozietät SCHWARZ KURTZE SCHNIEWIND KELWING WICKE. Als Dozent ist er tätig an der Hochschule für Film und Fernsehen (HFF), München, sowie an der Universität Leipzig als Honorarprofessor. Er ist Vorsitzender des Committee L (Entertainment and Intellectual Property) der Section on Business Law der International Bar Association.

Sibylle Seidel,
Jahrgang 1963, studierte Jura in Hamburg mit Schwerpunkt Europa- und internationales Privatrecht. Im Stab der SPIEGEL-Verlagsleitung ist sie seit 1994 verantwortlich für den Bereich elektronisches Publizieren. Der Schwerpunkt ihrer Arbeit liegt in der Entwicklung und Durchführung von Projekten im Bereich der digitalen Medien, wie dem SPIEGEL-Forum bei CompServe und SPIEGEL Online bei T-Online und im World Wide Web.

Wolf Siegert,
Jahrgang 1949, studierte in Bremen, Berlin und Paris Germanistik, Geschichte und Kunstgeschichte und promovierte 1983 zum Dr. phil. Er ist Gründer und Leiter der IRIS Media Berlin, Gründungsmitglied der europäischen VISION Consultancy Group und Vizepräsident des Steering Committees des Europäischen ISDN User Forums, EIUF (EU/DGXIII). Seit Beginn der achtziger Jahre war er in Zusammenarbeit mit Communications and Information Technology, CIT, in London und der Mission TV Cable in Paris mit Entwicklung und Umsetzung neuer Technologien im Bereich der Breitbandverkabelung befaßt.

Henry Steinhau,
Jahrgang 1961, arbeitet seit rund 14 Jahren als (Fach-)Journalist mit Erfahrungen als Publizist und Übersetzer. Nach einer Ausbildung zum technischen Assistenten für Elektronik und Datentechnik arbeitete er von 1991 an als technischer Redakteur beim DTP-Magazin PAGE. Danach war er maßgeblich an der Entwicklung des Konzepts der Fachzeitschrift screen Multimedia beteiligt, bei der er von deren Start im März 1993 an als leitender Redakteur fungierte. Seit Juni 1993 ist er Chefredakteur von screen Multimedia.

Harald A. Summa,
Jahrgang 1954, ist Inhaber der SUMMA Unternehmensberatung Dortmund/Rügge und auf das Thema Marketing in Online-Medien spezialisiert. Er kann auf langjährige Erfahrung in leitenden Positionen im Marketing zurückgreifen, die er mit den neuen Medien zu erfolgreichen Marketing-Konzepten ergänzt. Als Vorsitzender des eco Forum e. V., Bonn, engagiert er sich für die kommerzielle Nutzung des Internet. Er ist Autor zahlreicher Artikel und Herausgeber des Buches „Online-Marketing" im Verlag Neue Medien, München.

Andreas Thieme,
Jahrgang 1961, studierte Informationstechnik an der Hochschule für Verkehrswesen „Friedrich List" in Dresden, Promotion 1991. Seit 1992 ist er in der Wirtschaftsförderung Sachsen GmbH tätig, seit 1995 als Abteilungsleiter Systemtechnik, Information und Organisation. Neben Aufgaben des Informationsmanagements ist er verantwortlich für die inhaltliche und finanzielle Projektierung des multimedialen Standortpräsentationssystems Sachsen, die Online-Präsenz Sachsens sowie für den systemtechnischen Aufbau des Landesinformationsverbundes der Ministerien, Regierungspräsidien und Landratsämter im Freistaat Sachsen.

Rainer Thome,
Jahrgang 1948, studierte Volkswirtschaftslehre an der Universität Heidelberg. Nach der Promotion 1972 und Habilitation 1976 war er Professor für Betriebswirtschaftslehre und Wirtschaftsinformatik an den Universitäten Hamburg, Heidelberg und Bamberg und lehrt seit 1985 an der Universität Würzburg. Sein Lehrstuhl gab entscheidende Impulse für die praxis- und informationsorientierte Ausbildung in Betriebswirtschaftslehre und ist bekannt für anwendungsbezogene Forschungsergebnisse. In diversen Publikationen werden Forschungsthemen wie Adaption und Anwendung integrierter betriebswirtschaftlicher Standard-Software, elektronischer Geschäftsdatenaustausch, Multimedia-Systementwicklung für betriebliche Anwendungen und für interaktive Lernumgebungen sowie der Einsatz von Verfahren der Optimierungsrechnung behandelt.

Frank Tietgens,
Jahrgang 1969, studierte nach einer Ausbildung zum Industriekaufmann in Berlin Wirtschaftsinformatik und Betriebswirtschaftslehre in Konstanz und Mainz. Nach Tätigkeiten in einer Beratungsgesellschaft und der Concept! GmbH in Wiesbaden ist er seit 1995 Geschäftsführer der Concept! GmbH in Düsseldorf.

Volker Tietgens,
Jahrgang 1961, studierte Wirtschaftsinformatik an der FH Konstanz. Nach dem Studium war er von 1986 bis 1989 als Projektleiter einer Unternehmensberatung mit der Entwicklung von Management-Informationssystemen befaßt. Von 1989 bis 1991 war er selbständig als Berater tätig. Seit 1991 ist er Gesellschafter und Geschäftsführer der Concept! GmbH, Wiesbaden und seit 1993 Marketing Director der Concept! USA, Atlanta.

Wolfgang Vierbuchen,
Jahrgang 1966, studierte Nachrichtentechnik/Informationsverarbeitung an der Fachhochschule Köln. Seit 1989 führt er Projekte auf den Gebieten Computer-Based-Training und Multimedia durch. Seit 1992 ist er Geschäftsführer der MicroMediaArts Software-Entwicklung und Vertrieb von Multimediasystemen GmbH in Köln. Die MicroMediaArts GmbH arbeitet schwerpunktmäßig in den Bereichen Marketing und Entertainment.

Rolf Weiber,
Jahrgang 1957, war nach seiner Promotion im Jahre 1985 über drei Jahre als Systemberater bei der IBM Deutschland im Bereich Telekommunikation beschäftigt. 1991 habilitierte er sich mit einer Arbeit zur Diffusion von Telekommunikation für das Fach Betriebswirtschaftslehre an der Universität zu Münster und ist seit April 1992 Inhaber des Lehrstuhls für Marketing an der Universität Trier. Seine bevorzugten Forschungsgebiete liegen in den Bereichen Business-to-Business-Marketing und in der Vermarktung technologischer Innovationen. Anwendungsfelder seiner Forschung sind die Gebiete Telekommunikation und Multimedia.

Hartmut Wittig,
Jahrgang 1969, studierte Informatik an der TU Dresden. Seine berufliche Laufbahn begann er in Böblingen beim Europäischen Banking Center von IBM. Seit 1993 ist er als Wissenschaftler am IBM European Networking Center tätig, u. a. in den Projekten HeiTS (Heidelberg Transport System) und GLASS (Globally Accessible Services). Er ist Hauptherausgeber des Computer Society Multimedia Newsletters und Vorsitzender des European Youth Forum in Computer Science and Engineering (YUFORIC). IBM repräsentiert er in der Interactive Multimedia Association (IMA) und im Digital Audio-Visual Council (DAVIC).

Gerd Wittkemper,
Jahrgang 1943, ist Senior Vice President von Booz•Allen & Hamilton in Düsseldorf. Er ist Mitglied des Executive Committee der Firma und leitet weltweit die Division Communications, Computing and Electronics (CCE). Seine Beratungsschwerpunkte sind Organisation, Strategie und Technologiemanagement, insbesondere für Unternehmen in technologieintensiven Industrien und für Behörden.

Mark M. Wössner,
Jahrgang 1938, Maschinenbau- und Betriebswirtschaftslehre-Studium an der Technischen Hochschule Stuttgart, 4 Jahre Wissenschaftlicher Mitarbeiter am Institut für Feinwerktechnik der Technischen Hochschule Stuttgart und Promotion zum Dr.-Ing.. Er trat 1968 als Assistent der Geschäftsleitung bei Bertelsmann ein, wurde 1970 zum technischen Betriebsleiter von Mohndruck ernannt, übernahm dort 1972 die technische Gesamtleitung und wurde 1974 Geschäftsführer von Mohndruck. 1976 erfolgte die Berufung zum Vorstandsmitglied der Bertelsmann AG mit der Gesamtverantwortung für den Unternehmensbereich Druck- und Industriebetriebe, 1981 die Berufung zum Stellvertretenden Vorsitzenden des Vorstandes der Bertelsmann AG, 1983 die Berufung zum Vorsitzenden des Vorstandes der Bertelsmann AG.

Anne Zumbruch,
Jahrgang 1945, ist Präsidentin des Deutschen Kommunikationsverbandes BDW, Bonn, und Geschäftsführende Gesellschafterin der MERZ Werbeagentur, Düsseldorf.